# Pflanzen der Heimat

## Bestimmungsbuch für jedermann

Für das Gebiet von
Mecklenburg-Vorpommern
Brandenburg und Berlin
Sachsen-Anhalt
Thüringen und
Sachsen

Herausgegeben von
Gertrud Kummer
Manfred Neubauer
Ute Püschel
Erwin Zabel

Volk und Wissen Verlag GmbH

Autoren:
Dr. Annerose Klopfer
Prof. Dr. Klaus Klopfer
Dr. Wolfgang Klug
Dr. Susanne Kosmale
Gertrud Kummer
Dr. Irmtraut Meincke
Dr. Manfred Neubauer
Ute Püschel
Horst Theuerkauf
Prof. Dr. Erwin Zabel

Pflanzen der Heimat : Bestimmungsbuch
für jedermann/hrsg. von Gertrud Kummer ... –
2. Aufl. – Berlin : Volk
u. Wissen, 1995
430 S. : zahlr. Ill.
NE: Kummer, Gertrud [Hrsg.]

**ISBN 3-06-011713-6**

2. Auflage
© Volk und Wissen Verlag GmbH, Berlin 1995
Printed in Germany
Satz und Repro: Dresdner Druck- und Verlagshaus GmbH
Druck: Westermann Druck Zwickau GmbH
Gesamtgestaltung: Wolfgang Lorenz
Zeichnungen: Ulrike Braun, Matthias Kleinwächter, Christine Klemke
Redaktion: Brigitte Lenz, Gertrud Kummer

# Inhalt

# *Vorwort*

**Aus dem Vorwort der ersten Auflage**

Mit dem hier vorgelegten Buch soll dem wachsenden Bedürfnis vieler Menschen, die heimische Pflanzenwelt besser kennenzulernen, entsprochen werden. Es soll vor allem jungen Menschen helfen, sich immer besser in der Natur zurechtzufinden. Mit den überschaubar gestalteten und durch über 1 200 Detailzeichnungen ergänzten Bestimmungsschlüsseln kann der Benutzer ihm unbekannte wildwachsende Farn- und Samenpflanzen bestimmen. Kulturpflanzen können mit diesem Buch nicht bestimmt werden.

Die Bestimmungsschlüssel führen in vielen Fällen bis zur Art. Bei manchen – sehr artenreichen, unscheinbaren oder auch sehr seltenen Pflanzengruppen – gelangt man mit den Schlüsseln nur bis zu einer systematisch höheren Pflanzengruppe; das Bestimmungsergebnis ist dann eine Familie oder eine Gattung. Wen anfängliche Irrtümer nicht entmutigen, der wird bald zunehmend sicherer unbekannte Pflanzen bestimmen und seine Kenntnis über die einheimische Pflanzenwelt immer mehr erweitern können.

Wir danken allen, die uns bei der Realisierung unseres Vorhabens unterstützt haben: den Autoren, den Zeichnern, den Fotografen, aber auch den Gutachtern – Biologen, Biologiedidaktikern und Biologiefachlehrern –, die sachliche und kritische Hinweise zum Manuskript gaben, uns aber auch Mut machten und halfen, manche Schwierigkeiten zu überwinden.

Wir wünschen dem Buch gute Aufnahme durch die Benutzer und allen viel Freude und Erfolg beim Kennenlernen der heimischen Pflanzenwelt. Für Hinweise, die zur Verbesserung des Buches beitragen können, sind wir dankbar.

Die Herausgeber                                                                    Berlin, im März 1991

**Vorwort zur zweiten Auflage**

Das vorliegende Buch hat eine so gute Aufnahme gefunden, daß wir uns entschlossen haben, umgehend eine zweite, durchgesehene Auflage herauszubringen. Obwohl ursprünglich für die im Untertitel genannten Gebiete entwickelt, hat sich gezeigt, daß das Buch in der gesamten Bundesrepublik mit Ausnahme der Alpen mit Erfolg benutzt werden kann. Wir danken allen, die uns durch Hinweise und Einschätzungen ihr Interesse an diesem Bestimmungsbuch und seinem Anliegen bekundeten und hoffen, daß es auch weiterhin recht viele Benutzer findet.

Die Herausgeber                                                              Berlin, im Dezember 1994

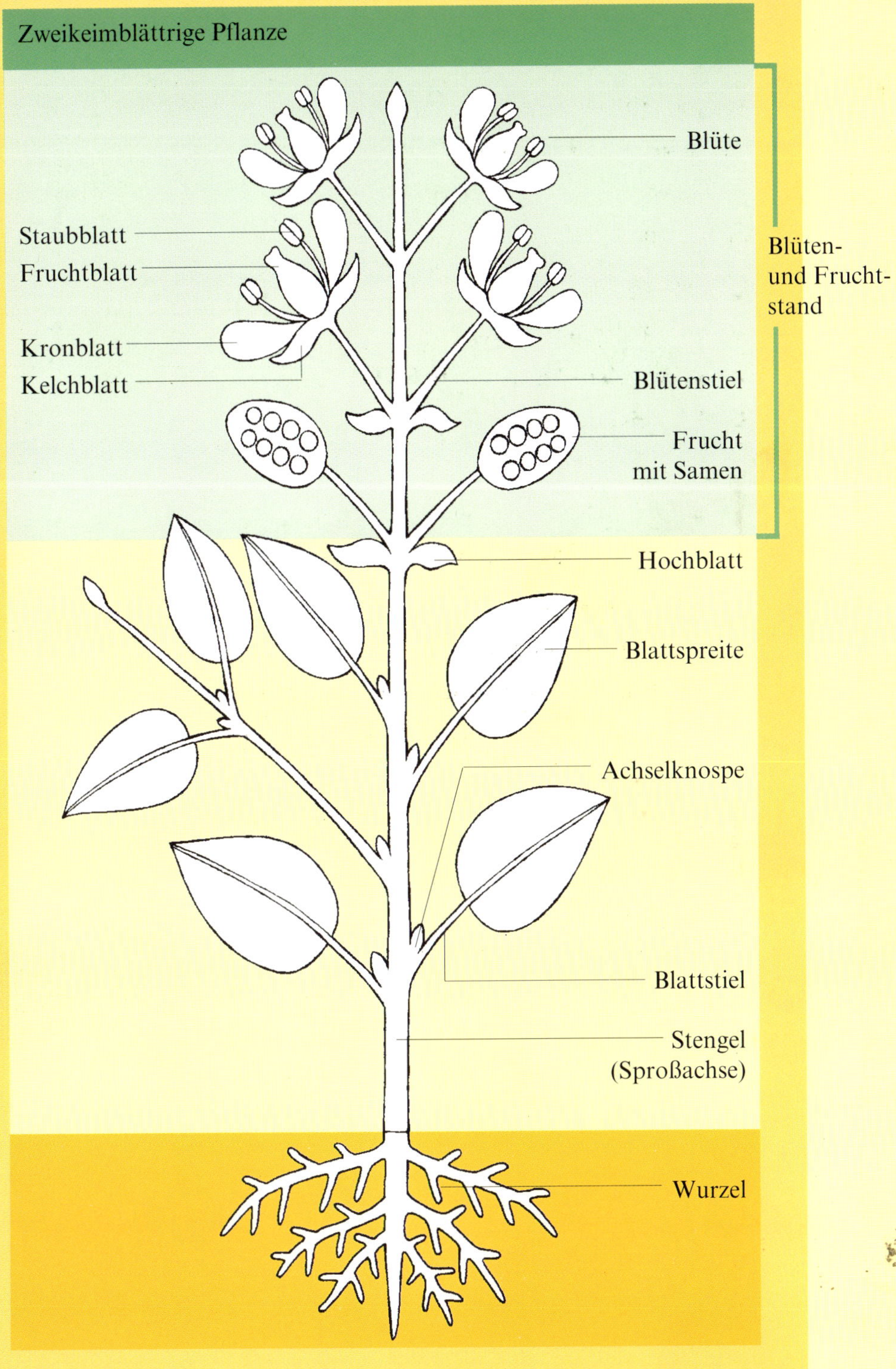

# Zweikeimblättrige Pflanze

Blüte

Staubblatt

Fruchtblatt

Kronblatt

Kelchblatt

Blütenstiel

Frucht
mit Samen

Blüten-
und Frucht-
stand

Hochblatt

Blattspreite

Achselknospe

Blattstiel

Stengel
(Sproßachse)

Wurzel

Pflanzen spielen im Leben eines jeden Menschen eine bedeutende Rolle. Überall in seiner Umgebung begegnet er ihnen: in den Grünanlagen und Parks von Städten und Dörfern, in den Wäldern der Erholungsgebiete, auf Wiesen und Auen, in Gärten und an Feldrändern, aber auch in der Wohnung und am Arbeitsplatz. Viele Menschen erholen und entspannen sich im eigenen Garten mit seinen verschiedenartigen Pflanzen, die durch ihre unterschiedlichen Farben und Formen den Betrachter erfreuen.

Pflanzen bestimmen oft das Landschaftsbild: Kiefern bilden die typischen Wälder in Brandenburg, Buchen prägen die Wälder der mecklenburgischen Seenplatte, Hasenohr und Silberdistel sind typisch für die Trockenrasen in Thüringen.

Viele Pflanzen haben große wirtschaftliche Bedeutung. Obwohl nur wenige Pflanzenarten in vielen unterschiedlichen Sorten als Kulturpflanzen genutzt werden, gewinnen wir von diesen direkt oder indirekt (z. B. Futtermittel für Nutztiere) unsere gesamte Nahrung.

Pflanzen liefern außerdem Rohstoffe für verschiedene Industriezweige (z. B. Pflanzenfasern, Gerbstoffe, Farbstoffe, Harze und Holz) und finden als Arzneimittel Verwendung.

Pflanzen enthalten in den Zellen der Laubblätter und der krautigen Sproßachsen Farbstoffe, vor allem das grüne Chlorophyll. Mit deren Hilfe werden in der Pflanze unter Nutzung des Sonnenlichtes aus anorganischen energiearmen Stoffen (Kohlendioxid und Wasser) energiereiche organische Stoffe (hauptsächlich Kohlenhydrate) gebildet. Bei diesem Prozeß, der Kohlenstoffassimilation durch Photosynthese, wird gleichzeitig Sauerstoff freigesetzt und an die Umwelt abgegeben. Diese für die Erhaltung der Pflanze notwendige Photosynthese sichert zugleich die Nahrungsgrundlage für alle anderen Lebewesen. Sie bewirkt auch die Erhaltung eines relativ gleichbleibenden Verhältnisses von Sauerstoff und Kohlendioxid in der Atmosphäre, obwohl durch die ständig wachsende Bevölkerungszahl auf der Erde, die Zunahme der Anzahl von Nutztieren und die wachsende Industrieproduktion der Sauerstoffbedarf zunimmt und gleichzeitig immer mehr Kohlendioxid (z. B. durch Atmung, Abgase von Verbrennungsmotoren und Industrieanlagen, Heizung) an die Umwelt abgegeben wird.

Pflanzen sind also für die Erhaltung des Lebens auf der Erde eine wesentliche Voraussetzung.

Obwohl Pflanzen in der Geschichte der Menschheit von Anfang an Bedeutung hatten, auch schon früh das Interesse der Menschen weckten und bald zum Gegenstand von Beobachtungen und Untersuchungen wurden, ist bis heute die genaue Anzahl der auf der Erde vorkommenden Pflanzenarten nicht bekannt. Noch immer sind manche Gebiete wenig durchforscht. Jährlich werden etwa 2 000 Pflanzenarten entdeckt und beschrieben. Man geht davon aus, daß es gegenwärtig etwa 300 000 Pflanzenarten auf der Erde gibt.

Davon sind zur Zeit bekannt:

Algen          etwa 25 000 Arten
Moose          etwa 25 000 Arten
Farnpflanzen   etwa 11 000 Arten
Samenpflanzen  etwa 230 000 Arten
(davon Nacktsamer etwa 800 Arten).

Die Festlandgebiete der Erde sind zum größten Teil von grünen Pflanzen bedeckt. Nur wenige Gebiete, beispielsweise die Inlandeiswüsten der Antarktis und die oberen Spitzen der Hochgebirge, bieten Pflanzen keine Existenzmöglichkeiten.

Trockenwüsten, die scheinbar ohne Pflanzenwuchs sind, zeigen nach Regen oder Bewässerung oft einen erstaunlichen Pflanzenreichtum. Auch in den Binnengewässern und den Meeren kommen zahlreiche Pflanzen vor.

Häufigkeit und Verbreitung der Pflanzenarten sind – abhängig von Klima und Bodenbeschaffenheit – sehr unterschiedlich. Besonders artenreich sind die tropischen Gebiete, beispielsweise rechnet man im Amazonasgebiet mit etwa 40 000 Arten. Relativ artenarm sind die polnahen Gebiete, auf Grönland zum Beispiel findet man nur ungefähr 400 Pflanzenarten.

Im Gebiet kommen etwa 2 400 Farn- und Samenpflanzen vor. Sie sind im Gebiet ganz unterschiedlich verbreitet. Manche Arten sind sehr eng an bestimmte Lebensbedingungen gebunden (z. B. Wollgräser nur auf Moorboden), andere können fast überall beobachtet werden (z. B. Robinien). Viele Pflanzenarten kommen schon seit Jahrtausenden oder Jahrhunderten in unserem Gebiet vor, andere erst seit einigen Jahren oder Jahrzehnten. Manche Pflanzenarten kann man nur zu bestimmten Zeiten finden (z. B. Busch-Windröschen), anderen das ganze Jahr über begegnen. Viele Pflanzenarten keimen, wachsen, blühen, fruchten und vergehen in einem Sommer, andere überdauern Jahre und Jahrzehnte. Einige Arten können ein sehr hohes Alter erreichen, beispielsweise sind die Ivenacker Eichen in der Nähe von Neubrandenburg etwa tausend Jahre alt. Das Alter gefällter Bäume kann man u. a. an den Jahresringen auf der Schnittfläche des Stubbens erkennen, bei lebenden Nadelbäumen erkennt man es an der Anzahl der Astquirle.

Auch die Größe der Pflanzen ist ganz unterschiedlich. So werden beispielsweise Wasserlinsen nur wenige Millimeter groß. In alten Parkanlagen findet man Laub- und Nadelbäume von über 30 Meter Höhe mit meterdicken Stämmen. Pflanzen wachsen, so lange sie leben.

Die Pflanzen einer Art können in ihrem Aussehen voneinander abweichen. Sie können groß und kräftig sein, wenn sie auf nährstoffreichen oder feuchten Böden stehen und klein und zierlich erscheinen, wenn der Standort nährstoffarm oder trocken ist. Doch auch während des Jahres verändert sich das Aussehen vieler Pflanzen. Bei manchen Laubbäumen beispielsweise fällt uns im Winter eine typische Wuchsform auf, an der wir sie erkennen können. Im Frühling sind die fri-

schen Blätter leuchtend grün, im Herbst dagegen erfreuen uns deren Gold- und Brauntöne oder ihr intensives Rot. Oft hängen an den Ästen noch die typischen Früchte, an denen wir die Baumart erkennen können. Es lohnt sich also, vor allem die Bäume in unserer Umgebung das ganze Jahr über zu beobachten und ihre Besonderheiten kennenzulernen.

Im Verlauf der Erdgeschichte hat sich die Pflanzenwelt durch verschiedene Einflüsse (z. B. Klimaänderungen während der Eiszeiten) auch in unserem Gebiet ständig verändert. Manche Arten sind stark zurückgegangen oder ganz ausgestorben. Die veränderten Lebens- und Produktionsbedingungen haben auch bei uns vor allem in diesem Jahrhundert großen Einfluß auf die Pflanzenwelt ausgeübt. Um für die nachfolgenden Generationen eine schöne, artenreiche, gesunde Pflanzenwelt zu erhalten, werden gegenwärtig große Anstrengungen unternommen, um die Natur sinnvoll zu nutzen, zu gestalten und zu schützen. In vielen Ländern ist der Schutz der Natur gesetzlich geregelt. Ganze Gebiete wurden unter Schutz gestellt. In ihnen ist es beispielsweise nicht gestattet, Baumaßnahmen durchzuführen, die

13/1 Bocks-Riemenzunge ▼

13/2 Gelber Eisenhut ▼

13/3 Siegwurz ▼

13/4 Arnika oder Berg-Wohlverleih ▼

14/1 Blick in ein Naturschutzgebiet

14/2 Trollblume ▼

Wege zu verlassen, Pflanzen zu entnehmen, zu beschädigen oder zu vernichten. Eines der bekannten Naturschutzgebiete in Mecklenburg-Vorpommern ist das Ostufer der Müritz mit einer Fläche von 4 832 ha.

Auch einzelne Pflanzenarten, die selten und in ihrem Bestand gefährdet sind oder die besondere Bedeutung für die Forschung haben, sind gesetzlich unter Schutz gestellt. Exemplare geschützter Pflanzenarten dürfen nicht beschädigt, zerstört, abgepflückt oder ausgegraben werden, der Handel mit ihnen ist verboten. In diesem Buch sind die durch die Bundesartenschutzverordnung gesetzlich unter Schutz gestellten Arten durch ein Symbol (▼) gekennzeichnet (Abb. 13/1 bis 4, 14/2). Auch weitere Pflanzenarten sind heute in ihrem Bestand gefährdet und werden deshalb von Wissenschaftlern und Naturschützern regelmäßig beobachtet. Solche Pflanzenarten werden in den „Roten Listen" erfaßt. Diese Listen sind länderspezifisch, die nur darin aufgeführten Arten wurden deshalb im vorliegenden Buch nicht besonders gekennzeichnet.

# Zur Gestaltung des Buches

Mit diesem Buch können die im Gebiet wildwachsenden Farnpflanzen und Samenpflanzen (bis auf wenige, sehr seltene Arten) bestimmt werden. Mit den Bestimmungsschlüsseln kann entweder die Art oder die Zugehörigkeit der Pflanze zu einer Gattung oder Familie ermittelt werden. Bestimmungsergebnis ist aber in jedem Fall ein Pflanzenname (der Art- oder Gattungs- oder Familienname). Zum Bestimmen werden Merkmale herangezogen, die mit dem bloßen Auge oder mit einer sechsfach vergrößernden Lupe erkannt werden können. In der Regel werden die Merkmale der oberirdischen Teile einer blühenden (selten fruchtenden) Pflanze im Schlüssel angegeben. Unterirdische Pflanzenteile werden zum Bestimmen nicht herangezogen. Am besten eignen sich frische Pflanzen zum Bestimmen.

In der Regel führt der Bestimmungsweg zu immer kleineren Gruppen (z. B. Nacktsamige Pflanzen ⸬⸬→ Kieferngewächse ⸬⸬→ Kiefer ⸬⸬→ Gemeine Kiefer) bis zur Art. Ist das Bestimmen der Art zu schwierig, führt der Schlüssel nur bis zur Gattung oder Familie (z. B. Gattung Vergißmeinnicht), dazu wird die Anzahl der im Gebiet vorkommenden Arten dieser Gruppe genannt, eine Art oder mehrere Arten werden als Beispiele abgebildet und beschrieben. Durch diese Darstellung soll der Benutzer eine Vorstellung vom Aussehen und von der Vielfalt der jeweiligen Pflanzengruppe erhalten. Die Beispiele sind ebenfalls durch ein Symbol (■, □) gekennzeichnet. Keinesfalls kann die Pflanzenart nur anhand dieser Abbildung sicher erkannt werden. Wer allerdings auch in diesen Gruppen bis zur Art bestimmen will, muß andere Bestimmungsbücher benutzen (Beispiele ↗ Seite 414). Dort kann dann gleich bei der entsprechenden Gruppe mit dem Bestimmen begonnen werden.

Führt der Bestimmungsweg bis zu einer Art, werden dort weitere Informationen gegeben (z. B. Blütezeit, Verbreitungsgebiete). Einige der bestimmten Arten sind als Color-Fotos abgebildet, diese und die weiterführenden Angaben sollen u. a. auch eine Kontrolle des Bestimmungsergebnisses ermöglichen.

Bei der Gestaltung der Bestimmungsschlüssel wurde Wert darauf gelegt, mit wenigen, typischen, gegensätzlichen Merkmalen zu einem eindeutigen Ergebnis zu führen. Schwer beschreibbare Bestimmungsmerkmale sind auch zeichnerisch dargestellt. Diese einfarbigen Zeichnungen sind als Bestimmungshilfe gedacht, sie sollen das Erkennen der zu unterscheidenden Merkmale erleichtern. Alle Fotos dagegen zeigen Bestimmungsergebnisse (durch Bestimmen erkannte Arten oder Artbeispiele für eine durch Bestimmen erreichte Gruppe).

Die Familienschlüssel beginnen mit einer Übersicht über die Familienmerkmale. Bei artenreichen Familien werden diese Beschreibungen durch Detailabbildungen vervollständigt. Außerdem werden diese Übersichten durch „allgemeine Angaben" (z. B. Verbreitungsangaben, Verwendungsmöglichkeiten, Besonderheiten) ergänzt. Bei der Bezeichnung der Gruppen und auch der Arten werden deutsche Namen verwendet. Wenn im Gebiet mehrere Namen für eine Art verbreitet sind, wurde in der Regel der bekannteste ausgewählt, manchmal wurden auch 2 Namen angegeben. Da diese deutschen Namen oft sehr willkürlich festgelegt wurden, ist für eine exakte Benennung – vor allem auch, wenn mit anderen Bestimmungsbüchern weitergearbeitet werden soll – die Verwendung der wissenschaftlichen Benennung notwendig. Diese wissenschaftlichen Namen sind ein wichtiges Mittel der internationalen Verständigung der Fachwissenschaftler. Sie bestehen aus einem Gattungs- und aus einem Artnamen. Diese doppelte Bezeichnung (binäre Nomenklatur) wurde 1735 durch den schwedischen Naturforscher Carl von Linné (1707 bis 1778) eingeführt. In dem vorliegenden Buch sind diese Namen im Register jeweils hinter dem deutschen Namen aufgeführt.

In den Bestimmungsschlüsseln werden in der Regel jeweils die Merkmale der vollentwickelten blühenden Pflanze angegeben. Häufig aber kann man die Pflanze auch an ihren Früchten, Bäume und Sträucher im Winter auch an ihren Knospen erkennen. Um dem Benutzer die Möglichkeit zu geben, auch solche Merkmale zum Erkennen der Pflanzen nutzen zu können, wurden von einigen häufigen Arten am Ende des Buches verschiedene Details abgebildet(↗ S. 369 bis 413).

Anliegen des Buches ist das möglichst rasche, sichere Bestimmen, nicht aber die lückenlose Darstellung des Systems der Pflanzen.

Da in diesem Buch die Sproßpflanzen aufgeschlüsselt werden, zeigt die Übersicht 1 (↗ S. 17) die systematische Gliederung nur dieser Pflanzengruppe.

## Zum Gebrauch der Bestimmungsschlüssel

Charakteristische Merkmale der verschiedenen Pflanzengruppen und Pflanzenarten sind in diesem Buch wie in anderen Pflanzenbestimmungsbüchern in sogenannten Bestimmungsschlüsseln angeordnet. Wer damit richtig arbeitet, hat im wahrsten Sinne des Wortes einen Schlüssel zu neuem Wissen in der Hand – einen Schlüssel zum Kennenlernen der heimatlichen Pflanzenwelt. Wie aber können Beschreibungen und Namen von Hunderten verschiedener Pflanzenarten so übersichtlich angeordnet werden, daß der Benutzer den Namen einer ihm unbekannten Pflanze relativ schnell und sicher finden kann? Die Erläuterung des Aufbaus der Bestimmungsschlüssel soll helfen, sie richtig und sicher zu gebrauchen.

Übersicht 1

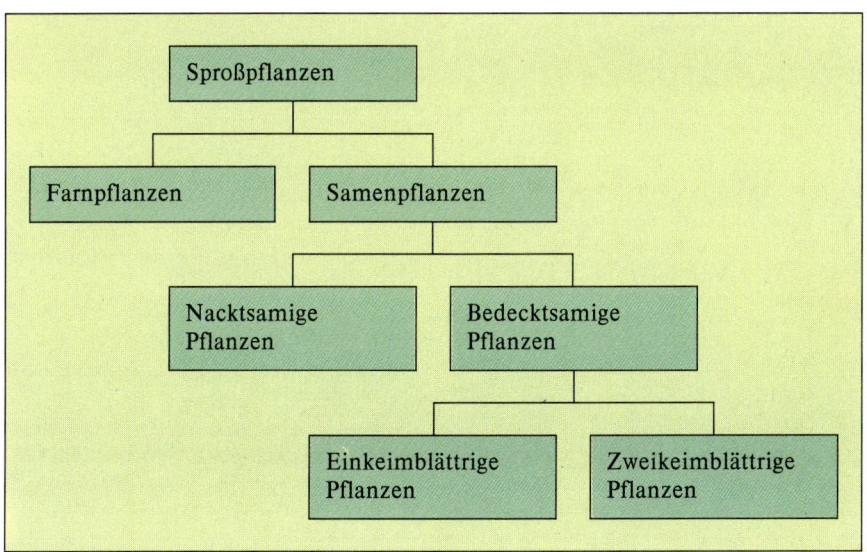

Übersicht 2

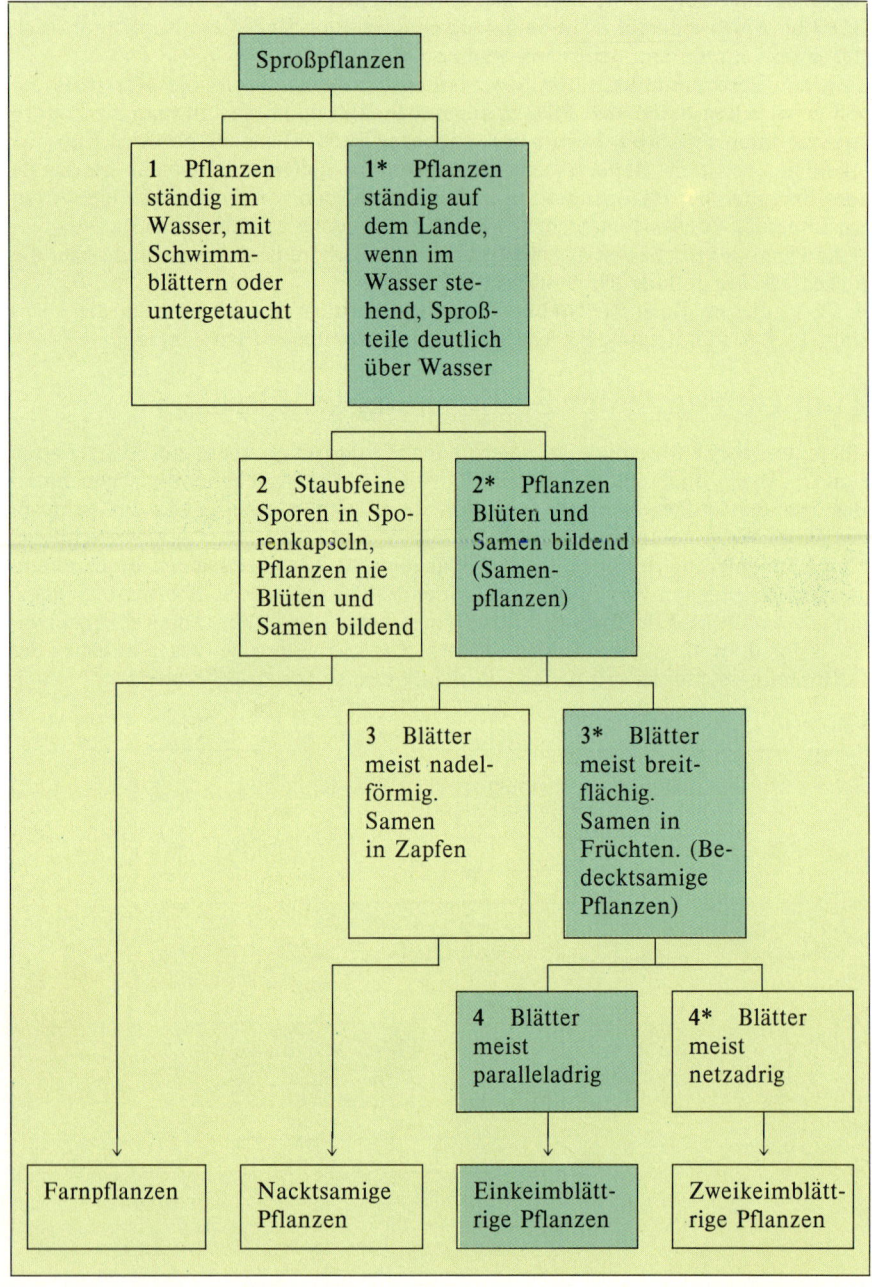

Nach ihren Merkmalen werden alle Lebewesen, also auch die Pflanzen, in verschiedene Gruppen eingeteilt (↗ Seite 17, Übersicht 1). Dieser Einteilung entsprechen auch die Schlüssel in diesem Buch. Für Wasserpflanzen sowie für zweikeimblättrige Bäume und Sträucher wurden gesonderte Schlüssel entwickelt.

Wer also eine Pflanze einer dieser Gruppen zuordnen kann, beginnt das exakte Bestimmen gleich an der entsprechenden Stelle. Wem diese Gruppen nicht bekannt sind, der muß das Bestimmen mit dem Übersichtsschlüssel beginnen. (Übersicht 2 zeigt vereinfacht den Inhalt des Übersichtsschlüssels von S. 42.)

Die Unterscheidungsmerkmale werden paarweise gegenübergestellt. In der Regel gibt es bei jedem Bestimmungsschritt nur 2 Entscheidungsmöglichkeiten, ein „Entweder – Oder" (z. B. Blätter nadelförmig – Blätter breitflächig).

Die Merkmalspaare werden fortlaufend numeriert. Das jeweils zweite Merkmal jedes Paares wird mit * gekennzeichnet, also 1 und 1*, 2 und 2*. Liest man diese Merkmalspaare als Entscheidungsfragen und prüft man, ob entweder das eine oder

Übersicht 3

---

**Sproßpflanzen**

| | | |
|---|---|---|
| entweder 1 | Pflanzen ständig im Wasser, mit Schwimmblättern oder untergetaucht | **Wasserpflanzen** ↗ S. 44 |
| oder 1* | Pflanzen ständig auf dem Land, wenn im Wasser, Sproßteile noch deutlich über der Wasseroberfläche . . . . . . . . . . 2 | |
| entweder 2 | Sproßpflanzen mit staubfeinen Sporen in Sporenkapseln. Pflanzen nie Blüten und Samen bildend | **Farnpflanzen** ↗ S. 46 |
| oder 2* | Pflanzen Blüten und Samen bildend . . . . . . . . . . . . 3 | |
| entweder 3 | Blätter meist nadelförmig. Samen in Zapfen. | **Nacktsamige Pflanzen** ↗ S. 49 |
| oder 3* | Blätter meist breitflächig. Samen in Früchten . . . . . . . 4 | |
| entweder 4 | Blätter meist paralleladrig. | |
| | **Einkeimblättrige Pflanzen** | ↗ S. 69 |
| oder 4* | Blätter meist netzadrig.   **Zweikeimblättrige Pflanzen** ↗ S. 50 | |

das andere Merkmal eines Paares zutrifft, dann findet man den Weg zu jener Gruppe, zu der die unbekannte Pflanze gehören muß. Dabei werden hinter jeder Ziffer (1 bzw. 1*) in der Regel mehrere Merkmale angegeben (z. B. Blätter ganzrandig, gegenständig, Stengel kantig). Beim Bestimmen ist jedes Merkmal von 1 dem entsprechenden von 1* gegenüberzustellen. Man liest erst die erste Angabe hinter beiden Ziffern, trifft seine Entscheidung, liest dann die zweite und so fort. Seine ersten Bestimmungsübungen sollte man an einer bereits bekannten Pflanze durchführen, um das Ergebnis überprüfen zu können.

Übersicht 4

| | | |
|---|---|---|
| **1** | Krone deutlich ausgebildet, meist auffällig gefärbt . . . . . . . . . . | 2 |
| **1\*** | Krone unscheinbar: spelzenartig, schuppenförmig, borstenförmig oder nicht vorhanden . . . . . . . . . . . . . . . . . . . . . . . . | 10 |
| **2** | Blätter netzadrig. Blütenhülle strahlig, mit 8 Blättern. **Einbeerengewächse** ↗ S. 354 | |
| **2\*** | Blätter paralleladrig. Blütenhülle strahlig, mit 6 Blütenhüllblättern oder zweilippig . . . . . . . . . . . . . . . . . . . . . . . . . | 3 |
| **3** | Blütenhülle zweiseitig-symmetrisch, zweilippig (↗Abb. 70/1 u. 2). Staubblätter mit dem Griffel verwachsen **Knabenkrautgewächse** ↗ S. 357 | |
| **3\*** | Blütenhülle strahlig. Staubblätter frei . . . . . . . . . . . . | 4 |
| **4** | Blütenhülle aus 3 Kelchblättern und 3 Kronblättern. Mehr als 6 Fruchtknoten. **Froschlöffelgewächse** ↗ S. 340 | |
| **4\*** | Blütenhülle aus 6 Kronblättern. 1 oder 6 Fruchtknoten . . . . . . . . | 5 |
| **5** | 9 Staubblätter, 6 Fruchtknoten (↗Abb. 70/3 u. 4). **Schwanenblumengewächse** ↗ S. 341 | |
| **5\*** | 3 oder 6 Staubblätter, 1 Fruchtknoten . . . . . . . . . . . . . . . | 6 |
| **6** | Fruchtknoten zur Blütezeit sichtbar, über dem Erdboden . . . . . . | 8 |
| **6\*** | Fruchtknoten zur Blütezeit unsichtbar, im Erdboden . . . . . . . . . | 7 |
| **7** | 3 Staubblätter. Pflanze zur Blütezeit mit Blättern. (↗Schwertliliengewächse) **Krokus** ↗ S. 356 | |
| **7\*** | 6 Staubblätter. Pflanze zur Blütezeit (Herbst) ohne Blätter. (↗Liliengewächse) **Zeitlose** ↗ S. 349 | |
| **8** | (6) Fruchtknoten oberständig. (↗Abb. 70/5). 6 Staubblätter. | |
| | **Liliengewächse** ↗ S. 346 | |

Wollen wir beispielsweise ein **Maiglöckchen** bestimmen, dann führt der Bestimmungsschlüssel zunächst zur Gruppe der einkeimblättrigen Pflanzen (↗ Übersicht 2, farbig gekennzeichneter Weg). Solche Bestimmungsübersichten sind aber zu umfangreich und unhandlich, wenn alle Merkmale und Gruppen in dieser Weise nebeneinander angeordnet werden. Deshalb müssen in den Bestimmungsschlüsseln die Merkmale untereinander gesetzt werden (↗ Übersicht 3).

Ziffern am Zeilenende hinter den zutreffenden Merkmalen zeigen an, bei welchem Merkmalspaar die Bestimmung fortzusetzen ist. Steht am Zeilenende ein Name mit Seitenverweis, haben wir ein Zwischenergebnis erreicht und können mit dem Schlüssel auf der angegebenen Seite weiterbestimmen. Bei dem schon genannten Beispiel des Maiglöckchens würde der Bestimmungsweg auch wieder zu „Einkeimblättrige Pflanzen" führen (↗ Übersicht 3, farbig gekennzeichneter Weg).

Damit ist schon nach wenigen Bestimmungsschritten ein Zwischenergebnis erreicht. Mit jeder weiteren Entscheidung nach gegensätzlichen Merkmalspaaren wird die Anzahl der möglichen Namen für das Bestimmungsobjekt immer kleiner, bis eine letzte Möglichkeit übrigbleibt. Der Name der bisher unbekannten Pflanze ist gefunden, und damit ist die Pflanze bestimmt. Jede Bestimmung ist erst dann beendet, wenn wir einen Pflanzennamen ohne weiteren Seitenverweis gefunden haben. Im Schlüssel für einkeimblättrige Pflanzen (↗ S. 69) treffen für das Maiglöckchen jene Bestimmungsmerkmale zu, die in Übersicht 4 farbig hervorgehoben sind.

Manchmal verweist die Ziffer am Zeilenende nicht auf das nächste Merkmalspaar, sondern erst auf ein späteres. In solchen Fällen zeigt eine in Klammern stehende Ziffer, von welchem Merkmalspaar man gekommen ist (↗S. 70; Merkmalspaar 8 (6)). Diese Ziffern ermöglichen uns, den Bestimmungsweg auch teilweise zurückzugehen. Sie sind der „Wegweiser" für den Rückweg, der zur Kontrolle des bisher gegangenen Bestimmungsweges, zum Finden und zur Korrektur eines Entscheidungsfehlers notwendig sein kann. Man spart in diesem Falle die Wiederholung der Bestimmung von Anfang an.

Mit dem bisher verfolgten Weg haben wir die Familie bestimmt, zu der unsere Pflanze gehören muß.

Wir folgen dem Seitenverweis und schlagen „Liliengewächse" auf. Die Übersicht (↗S. 346) zeigt mit Zeichnungen und stichwortartigem Text die wesentlichen Merkmale der Pflanzenfamilie. Wir nutzen diese Angaben als Zwischenkontrolle für das bisherige Bestimmungsergebnis. Folgende Merkmale treffen auf das Beispiel **Maiglöckchen** zu: Blüten zwittrig, strahlig, mit 6 verwachsenen Kronblättern, 6 Staubblättern, 1 Fruchtknoten, oberständig, Blüten in Trauben. Hat sich bestätigt, daß die zu bestimmende Pflanze ein Liliengewächs ist, wird nach dem Schlüssel für diese Pflanzenfamilie weiterbestimmt (↗S. 346). Dort kommen wir nach 6 Bestimmungsschritten zum nächsten Ergebnis. Dieser Bestimmungsweg kann mit den Ziffern derjenigen Merkmale, die wir beim genaueren Betrachten der Pflanze als zutreffend festgestellt haben, kurz gekennzeichnet werden (↗Schlüssel S. 346): 1*, 2*, 3*, 4, 5*, 6  **Maiglöckchen** ↗S. 350

Nach „Einkeimblättrigen Pflanzen" und „Liliengewächsen" haben wir jetzt das 3. Zwischenergebnis mit einem weiteren Seitenverweis erreicht. Dort lesen wir hinter dem (Gattungs-) Namen „Maiglöckchen", daß es davon nur eine Art gibt. Die angegebenen weiteren Merkmale treffen alle zu und bestätigen das Bestimmungsergebnis „Maiglöckchen". Auch das Foto bietet noch eine Möglichkeit, durch Vergleich mit dem Naturobjekt die Richtigkeit der Bestimmung zu kontrollieren. Außer dem Namen werden in knapper Form einige weitere Informationen über das Maiglöckchen gegeben, die wir beim Bestimmen der blühenden Pflanze nicht feststellen konnten, in diesem Falle zu Farbe und Form der Früchte, Lebensdauer, Standorten, Häufigkeit sowie zur Giftigkeit und zum Naturschutz. Da wir jetzt den Namen der Pflanze kennen, können wir auch in anderen Büchern nachschlagen, um noch mehr Wissenswertes und interessante Einzelheiten über die durch Bestimmen erkannte Pflanzenart zu erfahren.

Zu den meisten Pflanzengattungen gehören mehrere Arten. Deshalb sollen noch zwei weitere Beispiele aus der Pflanzenfamilie „Liliengewächse" angeführt werden.

Wenn wir beispielsweise die unter Naturschutz stehende Türkenbund-Lilie gefunden haben, bestimmen wir sie ( ↗ Schlüssel S. 346) zunächst über die Merkmale 1*, 2*, 3*, 4*, 7, 8 als **Lilie** ↗ S. 349.

Auf Seite 349 erfahren wir, daß die Gattung Lilie im Gebiet 2 Arten umfaßt, die sich durch deutliche Merkmale unterscheiden. Diese Merkmale sind in einem Schlüssel aufgeführt, wir können die Art bestimmen. An den zurückgebogenen Kronblättern und den quirlständig am Stengel angeordneten Blättern erkennen wir sicher die **Türkenbund-Lilie**. Die ergänzenden Angaben zu Pflanzengröße, Blütezeit und Standort sowie das Foto bestätigen das Bestimmungsergebnis.

Als letztes Beispiel wird eine Blaustern-Pflanze ausgewählt. Der Bestimmungsweg (↗ Schlüssel S. 346) führt über die Merkmale 1*, 2*, 3*, 4*, 7*, 10*, 11*, 12 zu **Blaustern** ↗ S. 350

Bei den verschiedenen Blaustern-Arten sind – im Gegensatz zu den beiden einheimischen Lilien-Arten – die Merkmale nicht leicht zu unterscheiden und deshalb nicht in einem Schlüssel aufgeführt. In diesem Buch sind die einzelnen Blaustern-Arten nicht verschlüsselt worden. Wir können also nur den Gattungsnamen „Blaustern", nicht aber die Artnamen durch Bestimmen feststellen. Von den 3 Blaustern-Arten, die im Gebiet als Wildpflanzen oder als verwilderte Zierpflanzen vorkommen, wurde hier der Sibirische Blaustern als Beispiel ausgewählt. Solche Beispielarten sind immer mit ■ gekennzeichnet und abgebildet (↗ S. 350). Die Fotos vermitteln nur eine Vorstellung der ausgewählten Arten und teilweise der anderen ähnlichen, aber nicht abgebildeten Arten der Gattung. Wer in solchen Fällen die Art bestimmen will, das heißt ihren Namen mit Gewißheit ermitteln möchte, muß mit der Exkursionsflora (Band 2) von Rothmaler oder einem anderen ausführlichen Bestimmungsbuch weiterarbeiten.

Die beiden wichtigsten Bedingungen für erfolgreiches Bestimmen sind aufmerksames Lesen des Schlüssels und kritisches Betrachten möglichst mehrerer Teile oder Exemplare der unbekannten Pflanzenart. Häufige Bestimmungsübungen werden dem Benutzer helfen, im Umgang mit dem Buch schnell sicherer zu werden und in immer kürzerer Zeit zu richtigen Ergebnissen zu gelangen. Selbständig durchgeführtes Bestimmen ist und bleibt die beste Möglichkeit, sich dauerhafte Kenntnisse über die Pflanzenwelt der Heimat anzueignen.

# Welche Merkmale sind zum Bestimmen wichtig?

Für das Erkennen der Merkmale von Pflanzen und für die Benutzung der Bestimmungsschlüssel muß man einige Kenntnisse über den Bau der Pflanzen und ihrer Teile haben. Auf den folgenden Seiten sind wichtige Merkmale und ihre Bezeichnungen, die in den Bestimmungsschlüsseln dieses Buches verwendet werden, in übersichtlicher Form dargestellt.

## Die Teile der Sproßpflanzen

Sproßpflanzen bestehen aus Wurzel (↗ S. 25) und Sproß. Der Sproß gliedert sich bei Samenpflanzen in Sproßachse (↗ S. 25), Laubblätter (↗ S. 36) und Blüten (↗ S. 29); er gliedert sich bei Farnpflanzen in Sproßachse und Laubblätter, die zum Teil als sporentragende Blätter (↗ S. 39) ausgebildet sein können.

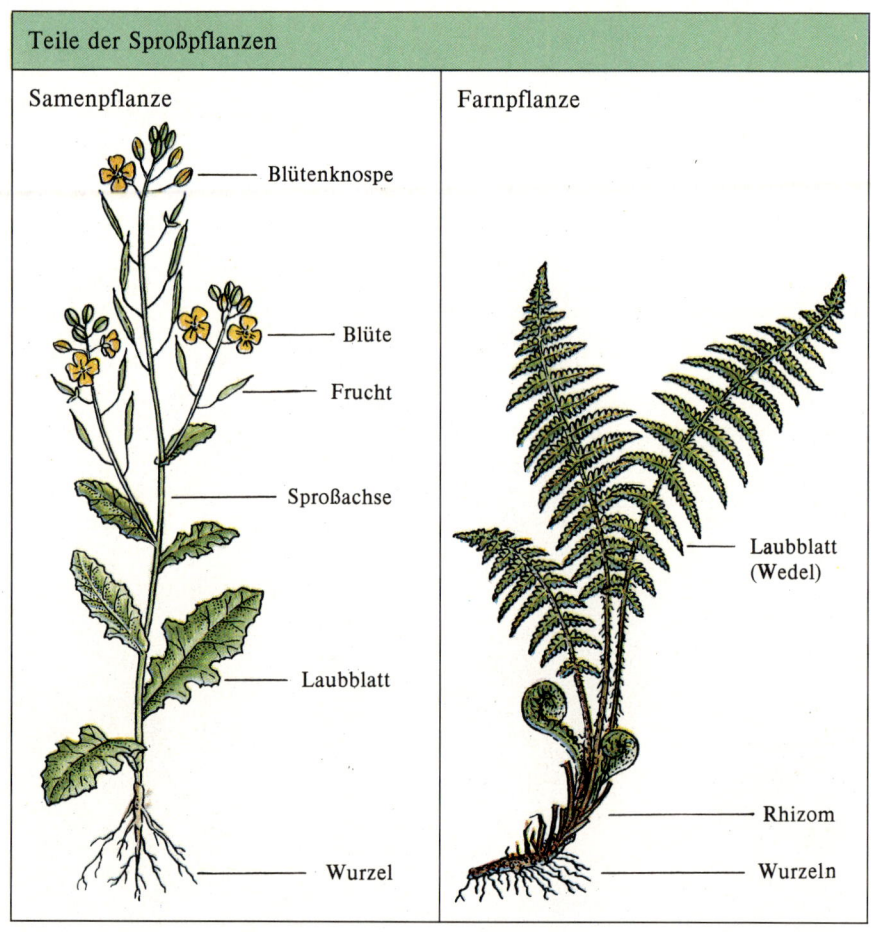

**Teile der Sproßpflanzen**

Samenpflanze

- Blütenknospe
- Blüte
- Frucht
- Sproßachse
- Laubblatt
- Wurzel

Farnpflanze

- Laubblatt (Wedel)
- Rhizom
- Wurzeln

## Wurzel

Wächst unterirdisch. Ist meist verzweigt, hat aber nie Blatt- oder Stengelknospen, kann als Speicherorgan verdickt sein und dann eine Rübe oder Knolle bilden.

| Wurzelformen | | | |
|---|---|---|---|
| Hauptwurzel Sproßbürtige Wurzel | | Rübe – verdickte Hauptwurzel | Knolle – verdickte Seitenwurzel |

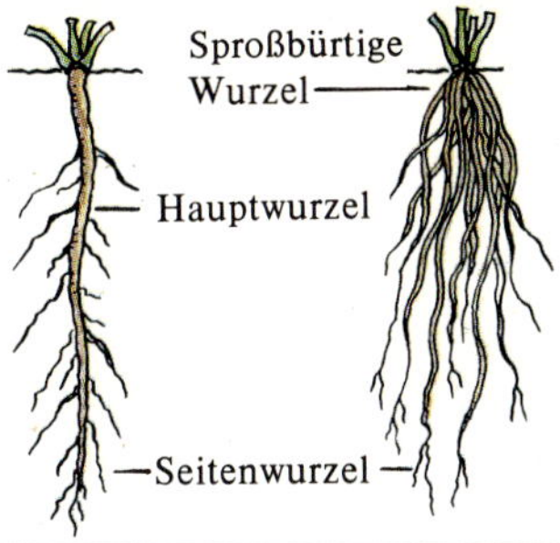

Sproßbürtige Wurzel

Hauptwurzel

Seitenwurzel

■ Kohl-rübe ■ Rettich

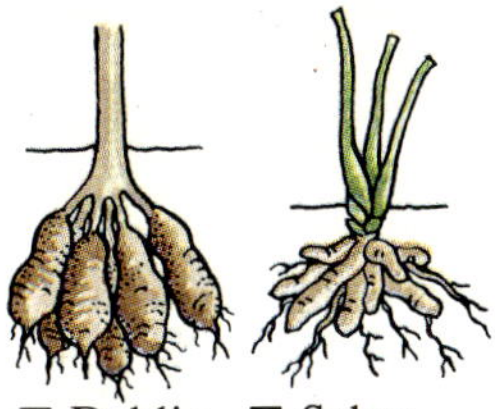

■ Dahlie ■ Schar-bocks-kraut

## Sproßachse

Ist meist verzweigt, trägt Laubblätter und Blüten. Ist in die manchmal verdickten **Knoten** (Ansatzstellen der Blätter und Seitenzweige) und **Zwischenknotenstücke** gegliedert. Die Sproßachse ist bei Bäumen und Sträuchern **holzig** (Stamm, Äste, Zweige), bei allen anderen Pflanzen **krautig** (Stengel, Halm).

| Wuchsformen von Sproßachsen | |
|---|---|
| aufrecht | aufsteigend |
|   | Liegt am Grunde, zur Spitze hin aufrecht  |

■ Hederich ■ Rot-Buche

■ Heidekraut

## Wuchsformen von Sproßachsen

| windend | kletternd |
|---|---|
| Wächst um eine Stütze herum | Hält sich mit Ranken, Haaren oder auch an einer Stütze fest |

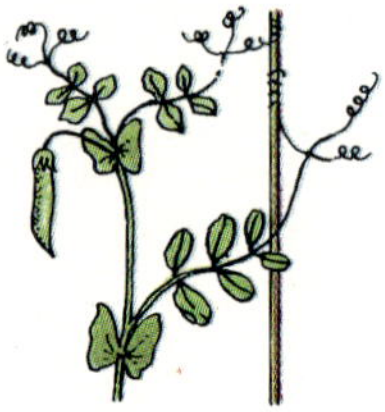

■ Zaunwinde

■ Garten-Erbse   ■ Labkraut

| liegend | kriechend |
|---|---|
| Liegt lose dem Erdboden auf | An den Knoten im Boden wurzelnd |

■ Vogel-Knöterich

■ Wassernabel   ■ Kriechender Hahnenfuß

## Verzweigungen der Sproßachse

| unverzweigt | verzweigt |
|---|---|
|  | Weiterwachsender Hauptstengel mit Seitenzweigen |

■ Mehl-Primel   ■ Kuhblume

■ Acker-Senf   ■ Gemeiner Wacholder

## gabelig verzweigt (gabelteilig)

Hauptstengel wird an der Spitze durch 2 oder mehr Seitenzweige fortgesetzt

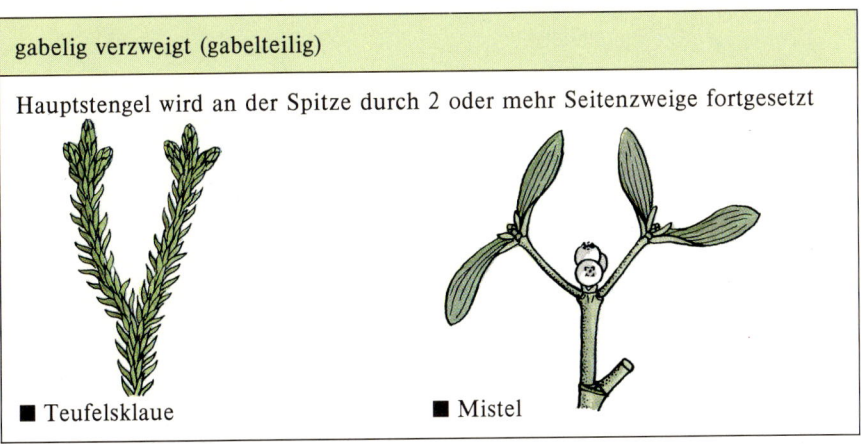

■ Teufelsklaue                    ■ Mistel

## Form von Sproßachsen im Querschnitt

| rund | flach | kantig |
|------|-------|--------|
| ■ Dill | ■ Liegendes Hart-<br>heu | ■ Segge         ■ Taubnes-<br>sel |

| geflügelt | gefurcht |
|-----------|----------|
| mit dünnen Längsleisten | |
| ■ Wald-<br>Platterbse     ■ Flügel-<br>Braunwurz | ■ Acker-<br>Schachtelhalm     ■ Riesen-<br>Bärenklau |

## Sonderformen der Sproßachse

### Halm

Stengel der Süßgräser; hohl, nur an den Knoten ausgefüllt

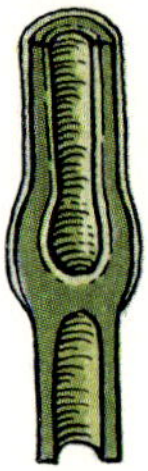

■ Roggen

### Ausläufer

Oberirdische oder unterirdische Verzweigungen, waagerecht kriechend, an den Knoten neue Pflanzen bildend

■ Erdbeere    ■ Gemeine Quecke

### Zwiebel

Sproßachse ganz kurz; Blätter daher dicht zusammenstehend, schuppenartig

■ Küchenzwiebel    ■ Brutzwiebel der Feuerlilie

### Rhizom

Meist unterirdisch wachsend, durch Speicherstoffe dickfleischig

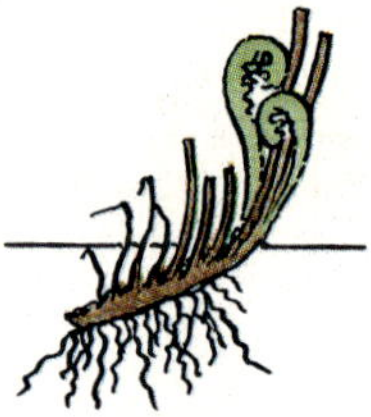

■ Farn 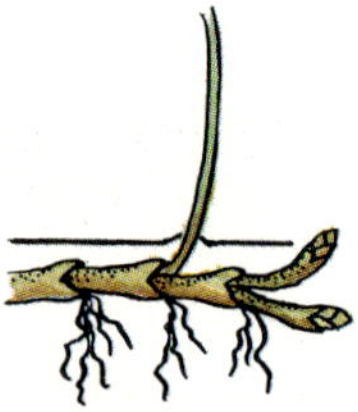   ■ Maiglöckchen

### Sproßdornen

Stechend-spitze Seitenzweige oder Zweigenden

■ Zweigriffl. Weißdorn    ■ Dornige Hauhechel

### Sproßranken

Zu Ranken umgebildete Seitenzweige

■ Wilder Wein

## Blüte

Enthält die Fortpflanzungsorgane der Samenpflanzen: ♂ Staubblätter mit Pollen;
♀ Fruchtknoten mit Samenanlagen, entwickeln sich zur Frucht mit Samen.

### Teile der Blüte

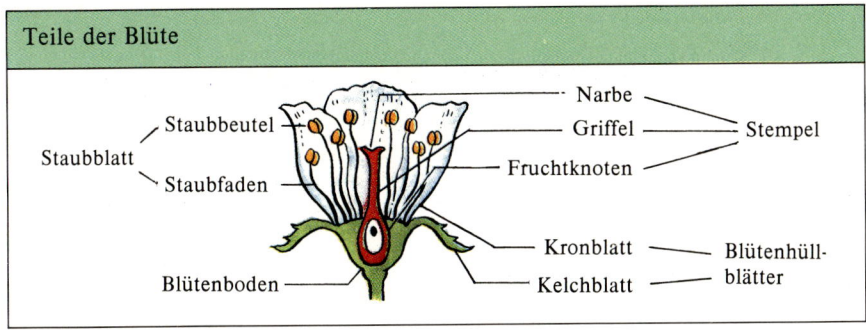

Bei einigen Arten sind auch andere Blätter am Aufbau der Blüte beteiligt, zum Beispiel **Honigblätter**, die oft wie Kronblätter aussehen, oder **Hochblätter**, die so dicht
unter der Blüte stehen, daß sie wie Kelchblätter aussehen. Nach ihrem Aussehen
werden diese Blätter in den nachfolgenden Schlüsseln auch Kronblätter oder
Kelchblätter genannt.

### Blütenhülle

#### Einfache Blütenhülle aus gleichgestalteten Blättern

■ Tulpe

■ Binse

#### Doppelte Blütenhülle mit Kelch aus Kelchblättern und Krone aus Kronblättern

■ Rose

■ Primel

■ Hahnenfuß

| Kelchblätter | | | |
|---|---|---|---|
| frei | zu Haaren oder Schuppen umgebildet | gespornt | miteinander verwachsen |
| ■ Finger-hut | ■ Kuhblume ■ Witwen-blume | ■ Spring-kraut | ■ Taub-nessel |

| Symmetrie von Blüten | | |
|---|---|---|
| strahlig | zweiseitig symmetrisch | unregelmäßig |
| ■ Raps | ■ Knabenkraut   ■ Erbse | ■ Baldrian |

| Kronblätter frei | | |
|---|---|---|
| ganzrandig | geteilt | zerschlitzt |
| ■ Hahnenfuß | ■ Sternmiere | ■ Kuckucks-Lichtnelke |
| genagelt | mit Nebenkronblättern | gespornt |
| Platte<br>Nagel<br>■ Acker-Senf | Nebenkrone<br>■ Leimkraut | ■ Erdrauch |

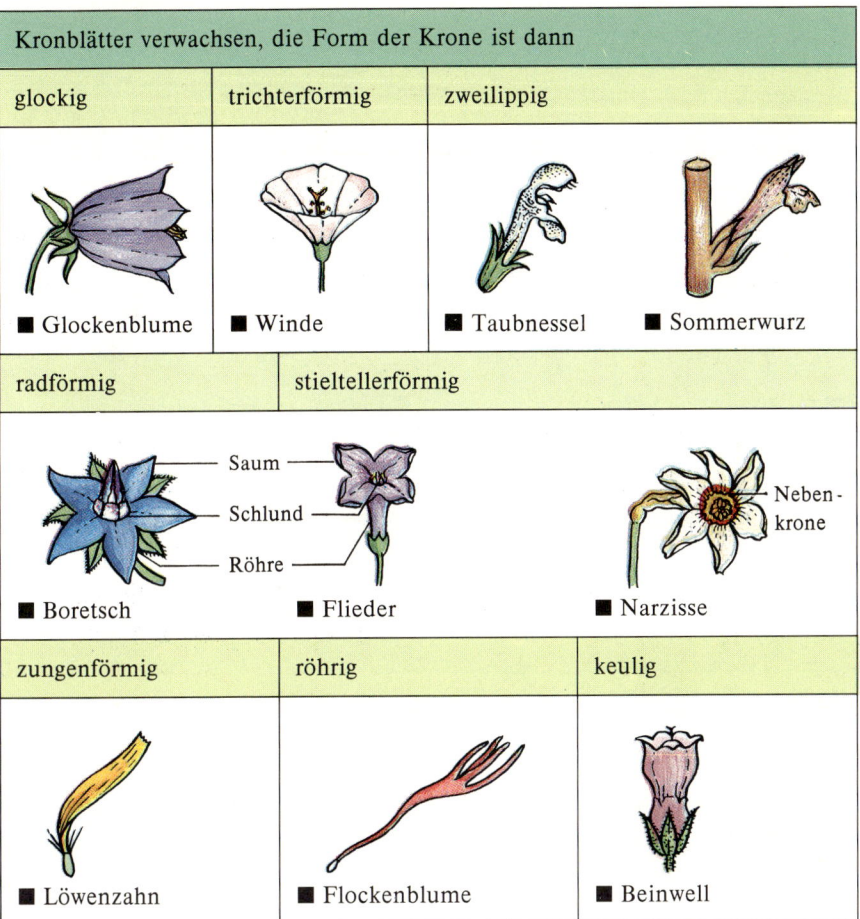

Kronblätter verwachsen, die Form der Krone ist dann

| glockig | trichterförmig | zweilippig | |
|---|---|---|---|
| ■ Glockenblume | ■ Winde | ■ Taubnessel | ■ Sommerwurz |

| radförmig | stieltellerförmig | |
|---|---|---|

Saum
Schlund
Röhre
Neben-krone

| ■ Boretsch | ■ Flieder | ■ Narzisse |
|---|---|---|

| zungenförmig | röhrig | keulig |
|---|---|---|
| ■ Löwenzahn | ■ Flockenblume | ■ Beinwell |

Stellung des Fruchtknotens

| oberständig | mittelständig | unterständig |
|---|---|---|

| Sonderbildungen der Blüte | |
|---|---|
| **Außenkelch** | **Spelzen** |
| Blütenhülle außerhalb der Kelchblätter, kommt nur bei einigen Arten vor | Trockenhäutige, schuppenförmige Blätter, die die Blüten oder Blütenstände bei Süßgräsern und Sauergräsern einhüllen |
| ■ Nelke    ■ Malve | ■ Einblütiges Perlgras |

## Blütenstand

Mehrere Blüten an einer gemeinsamen Sproßachse, der Spindel, bilden einen Blütenstand, oft mit Hülle oder Außenhülle.

| Blütenstand | | |
|---|---|---|
| **Traube** | **Rispe** | **Ähre** |
| Spindel ist unverzweigt, Blüten sind gestielt | Spindel ist mehrfach verzweigt | Spindel ist unverzweigt, Blüten sind ungestielt |
| ■ Türkenbund | ■ Flieder | ■ Wegerich |
| **Dolde** | **Doppeldolde** | |
| Blütenstiele entspringen alle an einem Punkt. Ihre Tragblätter bilden oft eine Hülle | Kommt nur bei Doldengewächsen vor |
| | Hüllchen |
| | Hülle |
| ■ Primel | ■ Möhre | |

| Kolben | Kopf | Korb |
|---|---|---|
| Spindel verdickt | Spindel kegelförmig oder scheibenförmig | Kopf, der von Außenhülle umgeben wird |
| ■ Schlangenwurz | ■ Rot-Klee | Außenhülle<br>■ Sonnenblume |

| Knäuel | Büschel |
|---|---|
| Spindel mit sehr kurzen Seitenzweigen, sitzt immer seitlich an der Sproßachse | Spindel verzweigt, Blüten alle nach einer Seite gerichtet |
| ■ Gänsefuß | ■ Ulme |

| Spirre | Zyme | Wickel |
|---|---|---|
| Spindel verzweigt; Blüten in Form eines Trichters angeordnet | Spindel endet in einer Blüte, unter der 1, 2 oder mehrere Seitenzweige entspringen, die in gleicher Weise verzweigt sind | Blüten stehen in 2 Reihen, Spindel vor dem Aufblühen meist nach unten gekrümmt |
| ■ Spierstaude | ■ Leimkraut | ■ Beinwell |

| Kätzchen | Zapfen |
|---|---|
| Ähre oder Rispe, die nur ♂ oder nur ♀ Blüten enthalten | Ähre oder Rispe, deren Spindel und Tragblätter holzig werden |
| ■ Weide   ■ Hasel | ■ Erle |

**Frucht**

Entwickelt sich aus dem Fruchtknoten. Enthält die Samen. Trägt oft zur Verbreitung bei, zum Beispiel durch Flugeinrichtungen (Flügel, Haarschöpfe), Kletthaare, Schleudermechanismen.

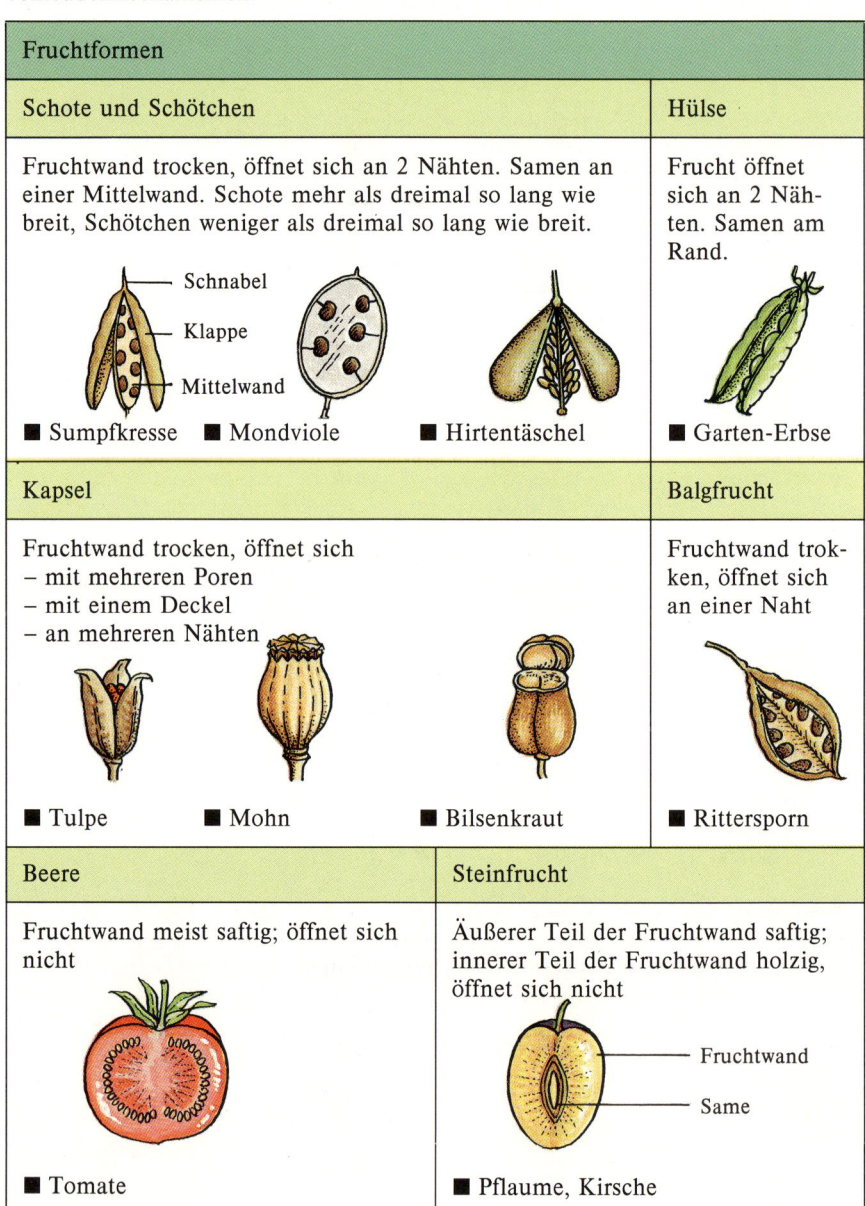

| Fruchtformen | |
|---|---|
| **Schote und Schötchen** | **Hülse** |
| Fruchtwand trocken, öffnet sich an 2 Nähten. Samen an einer Mittelwand. Schote mehr als dreimal so lang wie breit, Schötchen weniger als dreimal so lang wie breit. | Frucht öffnet sich an 2 Nähten. Samen am Rand. |
| Schnabel — Klappe — Mittelwand ■ Sumpfkresse   ■ Mondviole   ■ Hirtentäschel | ■ Garten-Erbse |
| **Kapsel** | **Balgfrucht** |
| Fruchtwand trocken, öffnet sich<br>– mit mehreren Poren<br>– mit einem Deckel<br>– an mehreren Nähten<br><br>■ Tulpe   ■ Mohn   ■ Bilsenkraut | Fruchtwand trocken, öffnet sich an einer Naht<br><br>■ Rittersporn |
| **Beere** | **Steinfrucht** |
| Fruchtwand meist saftig; öffnet sich nicht<br><br>■ Tomate | Äußerer Teil der Fruchtwand saftig; innerer Teil der Fruchtwand holzig, öffnet sich nicht<br><br>Fruchtwand — Same<br><br>■ Pflaume, Kirsche |

## Nuß

Fruchtwand trocken, oft holzig; öffnet sich nicht.
Bei Süßgräsern und Korbblütengewächsen verwachsen Fruchtwand und Samen.

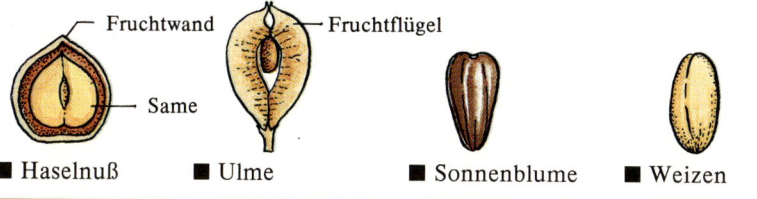

■ Haselnuß ■ Ulme ■ Sonnenblume ■ Weizen

## Spaltfrucht

Fruchtwand trocken, Frucht zerfällt in mehrere Teilfrüchte

■ Ahorn ■ Möhre ■ Hundszunge

## Sammelfrucht

Früchte aus Blüten mit mehreren Fruchtknoten, die miteinander verwachsen
oder durch den Blütenboden miteinander verbunden sind

■ Brombeere ■ Erdbeere ■ Eisenhut

## Scheinfrucht

Fruchtwand trocken, aber in den fleischigen Blütenboden eingeschlossen

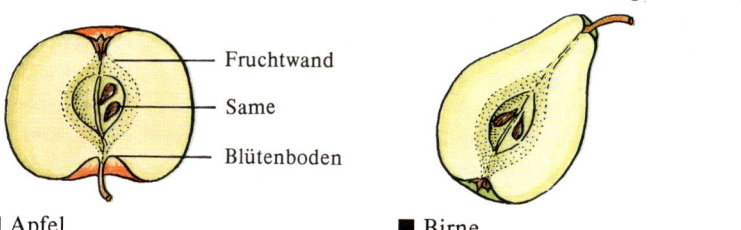

■ Apfel ■ Birne

3*

## Laubblatt

Laubblätter gehören zu den grünen Teilen der Pflanze, sie sind nach der Form und der Anordnung an der Sproßachse zu unterscheiden. In den Bestimmungsschlüsseln werden sie als Blätter bezeichnet.

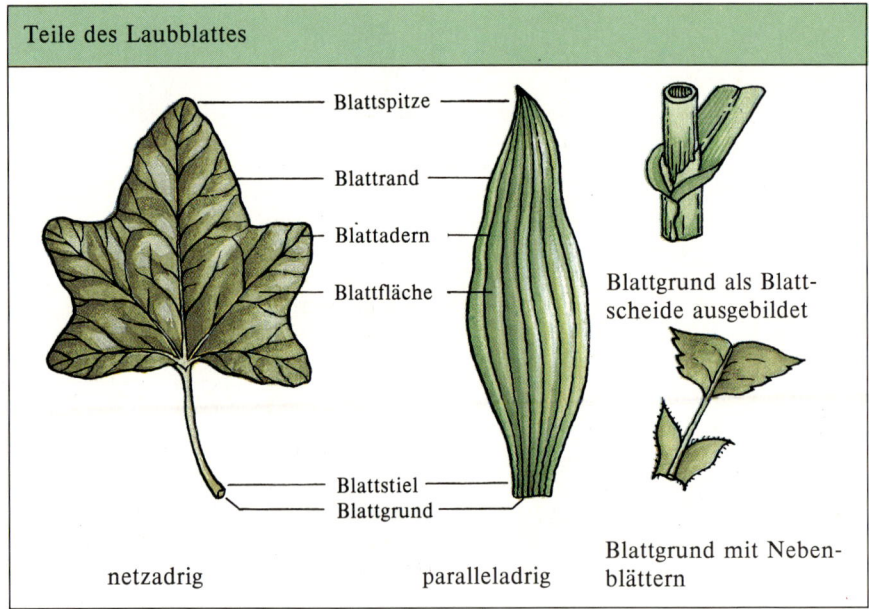

**Teile des Laubblattes**

Blattspitze

Blattrand

Blattadern

Blattfläche

Blattgrund als Blattscheide ausgebildet

Blattstiel
Blattgrund

netzadrig

paralleladrig

Blattgrund mit Nebenblättern

**Blattstellung**

| rosettig | grundständig | gegenständig | wechselständig | quirlständig |
|---|---|---|---|---|
| ■ Stengellose Kratzdistel | ■ Kuhblume | ■ Nelke | ■ Acker-Senf | ■ Waldmeister |

| Anheftung an der Sproßachse | | | |
|---|---|---|---|
| gestielt | ungestielt | stengelumf. | durchwachsen |
| ■ Sauer-Kirsche | ■ Großer Ehrenpreis | ■ Schlaf-Mohn | ■ Rundblättriges Hasenohr |

| Einfache Laubblätter, Blatt besteht nur aus einer Fläche | | | |
|---|---|---|---|
| ungeteilt | gelappt | handf. geteilt | haarf. geteilt |
| ■ Rot-Buche | ■ Echter Weinstock | ■ Scharfer Hahnenfuß | ■ Frühlings-Adonisröschen |

| Zusammengesetzte Laubblätter, Blattfläche besteht aus mehreren, völlig getrennten Teilen – Blättchen | | | | |
|---|---|---|---|---|
| paarig gefiedert | unpaarig gefiedert | mehrfach gefiedert | dreizählig | gefingert |
| ■ Frühlings-Platterbse | ■ Robinie | ■ Wurm-farn | ■ Rot-Klee | ■ Gemeine Roßkastanie |

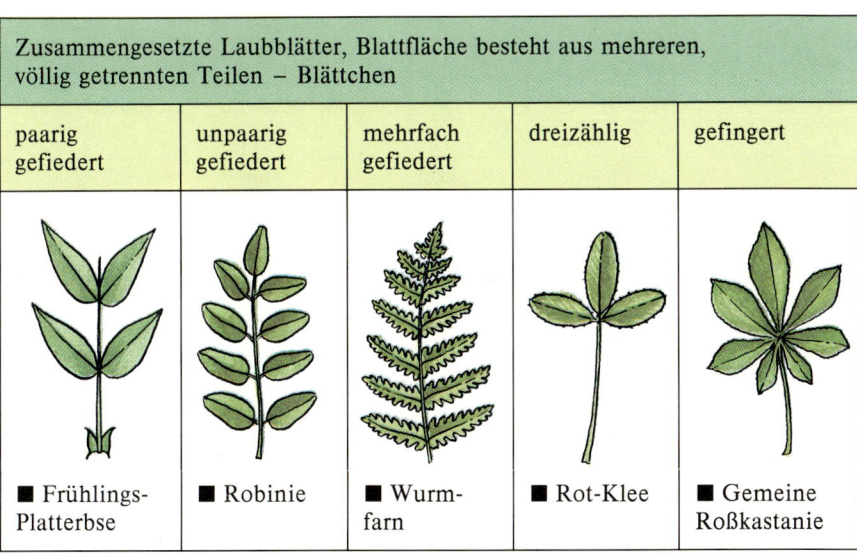

## Formen der Blattfläche

| herzförmig | eiförmig | verkehrt eiförmig | nieren- förmig | pfeilförmig |
|---|---|---|---|---|
| ■ Linde | ■ Breit- Wegerich | ■ Primel | ■ Hasel- wurz | ■ Acker- winde |
| lanzett- lich | linealisch | rund | spatel- förmig | elliptisch |
| ■ Spitz- Wegerich | ■ Rispen- gras | ■ Wasser- nabel | ■ Gänse- blümchen | ■ Felsenbirne |
| nadel- förmig | spieß- förmig | schuppen- förmig | handförmig | |
| ■ Kiefer | ■ Sauer- ampfer | ■ Heide- kraut | ■ Storch- schnabel | |

## Blattspitze

| abgerundet | stumpf | spitz |
|---|---|---|
| ■ Sand- Veilchen | ■ Kriechende Hauhechel | ■ Nesselblättrige Glockenblume |

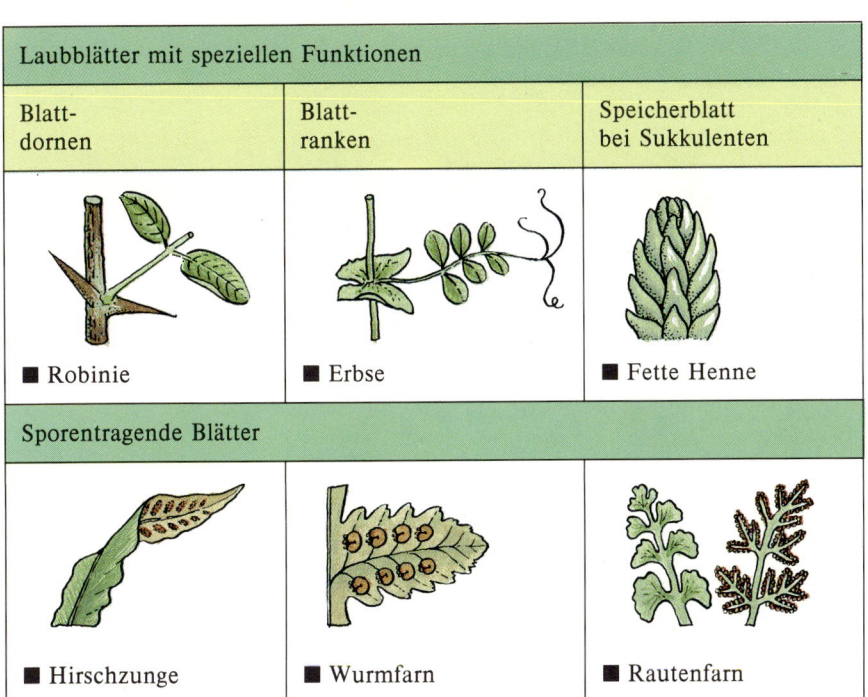

| Blattrand | | | | |
|---|---|---|---|---|
| ganzrandig | gesägt | gezähnt | gekerbt | gebuchtet |
| | Mit spitzen Vorsprüngen zwischen spitzen Buchten | Mit spitzen Vorsprüngen zwischen runden Buchten | Mit abgerundeten Vorsprüngen und abgerundeten Buchten | |
| ■ Rot-Buche | ■ Brennnessel | ■ Huflattich | ■ Veilchen | ■ Eiche |

| Laubblätter mit speziellen Funktionen | | |
|---|---|---|
| Blattdornen | Blattranken | Speicherblatt bei Sukkulenten |
| ■ Robinie | ■ Erbse | ■ Fette Henne |
| Sporentragende Blätter | | |
| ■ Hirschzunge | ■ Wurmfarn | ■ Rautenfarn |

# Lebensdauer der Sproßpflanzen

Nach ihrer Lebensdauer werden die Pflanzen in Gruppen eingeteilt; jede Gruppe wird mit einem bestimmten Zeichen gekennzeichnet.

| | |
|---|---|
| ☉ ① | Einjährige Pflanzen, die von der Keimung bis zur Fruchtreife maximal die Zeitdauer von einem Jahr brauchen; sie überwintern als Same oder als Keimpflanze. |
| ☉ | Zweijährige Pflanzen, die von der Keimung bis zur Fruchtreife maximal die Zeitdauer von zwei Jahren (zwei Sommer und einen oder zwei Winter) brauchen; sie überwintern als Same bzw. Keimpflanze oder als Rosette (z. B. Mohrrübe, Zuckerrübe). |
| ⚇ | Mehrjährige Pflanzen, die von der Keimung bis zur Fruchtreife mehrere Jahre brauchen und nur im letzten Entwicklungsjahr blühen und fruchten; sie überwintern als Rosette. |
| ♃ | Ausdauernde krautige Pflanzen, das sind Stauden die mehrere Jahre lang in jedem Sommer Blüten und Früchte bilden. Meistens überwintern unterirdische oder erdnahe Teile der Sproßachse, die zum Beispiel durch Erde oder abgestorbene Blattreste vor Frost geschützt sind. Zu den Stauden gehören beispielsweise die Frühblüher, die in unterirdischen Sproßteilen (Zwiebeln, Wurzelstöcken, Knollen) Nährstoffe speichern. Dadurch ist den Pflanzen ein zeitiges Austreiben möglich. |
| ♄ | Ausdauernde holzige Pflanzen, das sind Bäume und Sträucher, die viele Jahre lang in jedem Frühjahr oder Sommer blühen und Früchte bilden. Von ihnen überwintert die ganze Sproßachse, bei wintergrünen Bäumen und Sträuchern überwintern auch die Laubblätter. |

**Schlüssel zum Bestimmen der Sproßpflanzen**

# Hauptgruppen der Sproßpflanzen

**1** Pflanzen ständig im Wasser, mit Schwimmblättern (↗Abb. 43/1) oder untergetaucht. **Wasserpflanzen** ↗ S. 44

**1\*** Pflanzen ständig auf dem Land, wenn im Wasser stehend, dann Sproßteile noch deutlich über der Wasseroberfläche . . . . . . . . . . . . . . 2

**2** Pflanzen Blüten und Samen bildend (Samenpflanzen). Samen in Zapfen oder Früchten. Kräuter oder Holzgewächse . . . . . . . . . . . . . . . 3

**2\*** Pflanzen nie Blüten und Samen bildend. Staubfeine Sporen in Sporenkapseln. Nur Kräuter (↗Abb. 42/1 bis 4, 43/2). **Farnpflanzen** ↗ S. 46

**3** Blätter nadelförmig oder schuppenförmig (↗Abb. 42/5), selten breitfächerförmig (nur Ginkgo – ↗Abb. 42/6). Samen oft in holzigen (↗Abb. 42/7) oder beerenartigen Zapfen (↗Abb. 42/8) oder von einem fleischigen becherförmigen Mantel umgeben (↗Abb. 42/9). Nur Holzgewächse. (Abb. 43/3).
**Nacktsamige Pflanzen** ↗ S. 49

**3\*** Blätter meist breitflächig (↗Abb. 42/10 bis 13), selten nadelförmig. Samen in Früchten. Blüten oft mit auffallend gefärbten Kronblättern. Kräuter oder Holzgewächse . . . . . . 4

**4** Blätter meist paralleladrig, stets einfach (↗Abb. 42/10). Nur Kräuter.
**Einkeimblättrige Landpflanzen** ↗ S. 69

**4\*** Blätter meist netzadrig, vielgestaltig, einfach (↗Abb. 42/11 u. 12) oder zusammengesetzt (↗Abb. 42/13). Kräuter oder Holzgewächse (↗**Zweikeimblättrige Landpflanzen**) . 5

**5** Sproßachse holzig, Bäume oder Sträucher (↗Abb. 43/6).
**Zweikeimblättrige Holzgewächse** ↗ S. 61

**5\*** Sproßachse krautig (↗Abb. 43/4 u. 5). **Zweikeimblättrige krautige Landpflanzen** ↗ S. 50

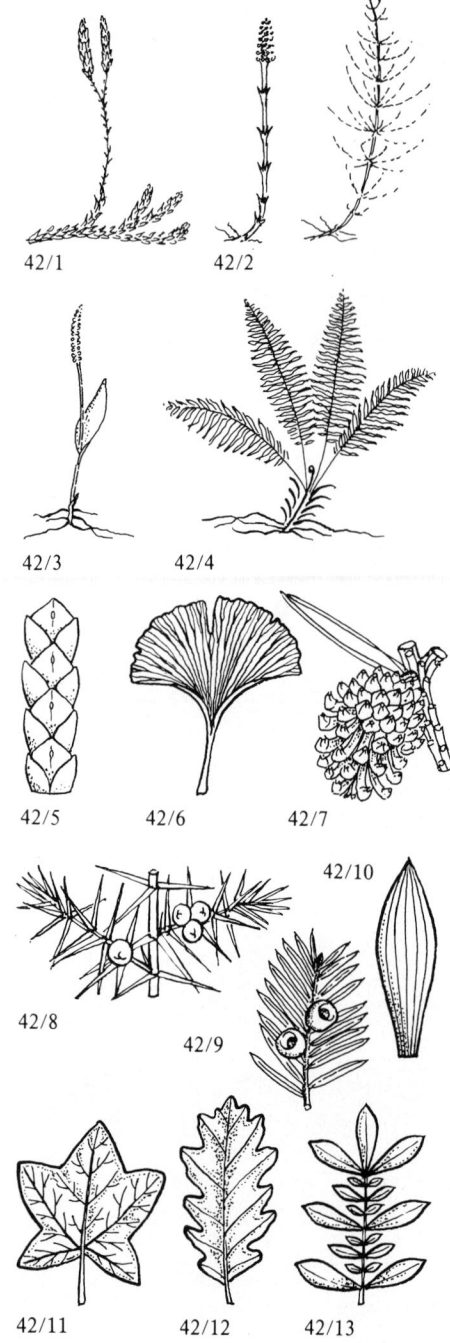

42/1     42/2

42/3     42/4

42/5     42/6     42/7

42/8     42/9     42/10

42/11     42/12     42/13

43/1  Weiße Seerose ▼

43/2  Adlerfarn

43/3  Douglasie

43/4  Wald-Rispengras

43/5  Gelbes Windröschen

43/6  Rot-Buche

# Wasserpflanzen

**1** Salzwasserpflanzen. Blätter alle untergetaucht . . . . . . . . . . . . .2

**1\*** Süßwasserpflanzen. Blätter untergetaucht oder schwimmend . . . . . . 4

**2** Blätter linealisch. Pflanze grasähnlich (↗Abb. 44/1). (Seegrasgewächse, 2 Arten in der Ostsee) **Seegras**

**2\*** Blätter faden- oder borstenförmig (↗Abb. 44/2 u. 3). Pflanze nicht grasähnlich . . . . . . . . . . . . . . . . .3

**3** Blätter quirlständig, meist zu 3 (↗Abb. 44/2). Blüten untergetaucht. (Teichfadengewächse, 1 Art im Brack- und Süßwasser) **Teichfaden**

**3\*** Blätter zweizeilig (↗Abb. 44/3). Blüten aus dem Wasser herausragend. (Saldengewächse, 1 Art in der Ostsee.) **Salde**

**4** (1) Pflanzen nicht in Stengel und Blätter gegliedert, kleiner als 1 cm, meist linsenförmig. (↗Abb. 44/4). **Wasserlinsengewächse** ↗ S. 393

**4\*** Pflanzen in Stengel und Blätter gegliedert, viel größer als 1 cm, nicht linsenförmig . . . . . . . . . . . . .5

**5** Pflanzen mit Schwimmblättern . 6

**5\*** Pflanzen ohne Schwimmblätter 15

**6** Schwimmblätter fiederförmig angeordnet (↗Abb. 44/7), Oberfläche mit silbrigen Haaren bedeckt. (↗Farnpflanzen) **Schwimmfarn** ↗ S. 86

**6\*** Schwimmblätter anders angeordnet, ohne silbrige Haare . . . . . . .7

**7** Schwimmblätter gelappt bis geteilt. Untergetauchte Blätter haarförmig zerschlitzt (↗Abb. 44/5 u. 44/6). (↗Hahnenfußgewächse) **Wasserhahnenfuß** ↗ S. 106

**7\*** Schwimmblätter ungeteilt . . . . 8

**8** Blattfläche der Schwimmblätter etwa so lang wie breit . . . . . . . . 9

**8\*** Blattfläche der Schwimmblätter deutlich länger als breit . . . . . . 12

**9** Schwimmblätter rautenförmig bis dreieckig, ihre Stiele bauchig aufgebla-

44/1

44/2

44/3

44/4

44/5

44/6

44/7

44/8

44/9

sen (↗Abb. 44/8). (↗Wassernußge-
wächse)          **Wassernuß**↗S. 246
**9*** Schwimmblätter rundlich
(↗Abb. 44/9, 45/1 u. 2), ihre Stiele
nicht aufgeblasen . . . . . . . . . . 10
**10** Blattfläche der Schwimmblätter
10 bis 30 cm breit, rundlich herzförmig
(↗Abb. 44/9). Blüten 3 bis 12 cm
breit, weiß oder gelb. Pflanzen im Ge-
wässergrund wurzelnd.
          **Seerosengewächse**↗S. 97
**10*** Blattfläche der Schwimmblätter
bis 5 cm breit, fast kreisrund, mit tief
herzförmigem Grund (↗Abb. 45/1 u.
2). Blüten bis 3 cm breit. Pflanzen
meist frei schwimmend . . . . . . . 11
**11** Blätter mit 2 Nebenblättern
(↗Abb. 45/1). Blüten weiß. (↗Frosch-
bißgewächse)        **Froschbiß**↗S. 342
**11*** Blätter ohne Nebenblätter
(↗Abb. 45/2). Blüten gelb. (↗Fieber-
kleegewächse)        **Seekanne**↗S. 267
**12** (8) Blätter stachlig gezähnt bis gesägt, schwertförmig, dreikantig, zur
Blütezeit halb aus dem Wasser ragend.
Blüten weiß. (↗Froschbißgewächse)
          **Krebsschere**↗S. 343
**12*** Blätter ganzrandig, flach. Blüten
grün oder rötlich . . . . . . . . . . 13
**13** Blätter bis 2 cm lang; untergetauchte Blätter gegenständig,
Schwimmblätter rosettig (↗Abb. 45/3).
(↗Wassersterngewächse)
          **Wasserstern**↗S. 313
**13*** Blätter länger als 2 cm; alle Blätter wechselständig oder nur die obersten Blätter gegenständig . . . . . 14
**14** Blätter paralleladrig, mit 1 Neben-
blatt (↗Abb. 45/4). (↗Laichkrautge-
wächse)        **Laichkraut**↗S. 344
**14*** Blätter netzadrig, mit Tute
(↗Abb. 45/5). (↗Knöterichgewächse)
          **Wasser-Knöterich**↗S. 146
**15** (5) Blätter eiförmig oder lanzettlich, stets ungeteilt . . . . . . . . 16
**15*** Blätter borsten- oder fadenförmig
oder in fadenförmige Zipfel geteilt . 18

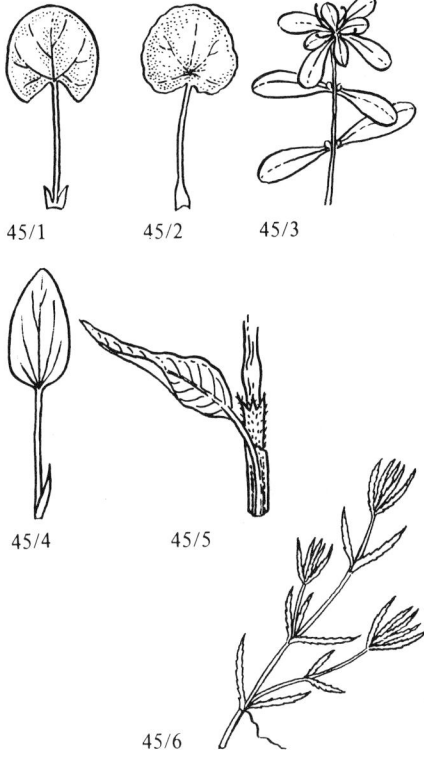

45/1          45/2          45/3

45/4          45/5

45/6

**16** Blätter länger als 2 cm, mit 1 Ne-
benblatt; meist wechselständig, nur
oberste Blätter gegenständig. (↗Laich-
krautgewächse)        **Laichkraut**↗S. 344
**16*** Blätter bis 2 cm lang, ohne Ne-
benblatt, gegenständig oder quirlständig . . . . . . . . . . . . . . . . 17
**17** Blätter gegenständig. Stengel lokker beblättert (↗Abb. 45/3). (↗Was-
sersterngewächse) **Wasserstern**↗S. 313
**17*** Blätter quirlständig. Stengel dicht
beblättert. (↗Froschbißgewächse)
          **Wasserpest**↗S. 342
**18** (15) Blätter ungeteilt . . . . . . 19
**18*** Blätter geteilt . . . . . . . . . 21
**19** Blätter borstenförmig, stachlig gezähnt, spitz (↗Abb. 45/6). Pflanzen
steif und zerbrechlich. (Nixkrautge-
wächse, 2 seltene Arten)        **Nixkraut**

19* Blätter fadenförmig, ganzrandig. Pflanzen weich und biegsam . . . . 20
20 Blätter quirlständig, meist zu 3 Blüten einzeln in Blattachseln, untergetaucht. (Teichfadengewächse, 1 Art im Brack- und Süßwasser) **Teichfaden**
20* Blätter meist wechselständig, nur oberste gegenständig. Blüten in Ähren, aus dem Wasser herausragend. (↗Laichkrautgewächse)
**Laichkraut**↗S. 344
21 (18) Blätter mit Bläschen (↗Abb. 46/1, Lupe!). Blüten zweilippig, gespornt, gelb. (↗Wasserschlauchgewächse) **Wasserschlauch**↗S. 300
21* Blätter ohne Bläschen. Blüten strahlig . . . . . . . . . . . . . . 22
22 Blätter kammförmig fiederteilig (↗Abb. 46/2 u. 3). Blütenstände aus dem Wasser herausragend . . . . . 23
22* Blätter gabelteilig (↗Abb. 46/4). Blüten einzeln, schwimmend oder untergetaucht . . . . . . . . . . . . . 24
23 Blätter quirlständig (↗Abb. 247/1 u. 2). Blüten grünlich, unscheinbar, in Ähren. (↗Seebeerengewächse)
**Tausendblatt**↗S. 247
23* Blätter (↗Abb. 46/3) wechselständig oder rosettig. Blüten rosa oder weiß, in Trauben. (↗Primelgewächse)
**Wasserfeder**↗S. 199

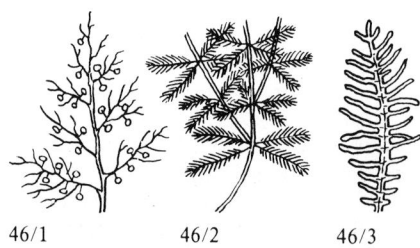

46/1          46/2          46/3

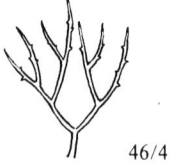

46/4

24 (22) Blätter hornartig hart. Blattzipfel stachlig gezähnt (↗Abb. 46/4, Lupe!). Blüten unscheinbar, in den Blattachseln, untergetaucht. (↗Hornblattgewächse) **Hornblatt**↗S. 99
24* Blätter krautig weich, Blattzipfel glatt (↗Abb. 44/5 u. 6). Blüten weiß, schwimmend. (↗Hahnenfußgewächse)
**Wasserhahnenfuß**↗S. 106

# Farnpflanzen

1 Stengel deutlich gegliedert, einfach oder verzweigt (↗Abb. 47/1 u. 2). Blätter zu gezähnten Scheiden verwachsen (↗Abb. S. 76).
**Schachtelhalmgewächse**↗S. 76
1* Stengel nicht gegliedert. Blätter nicht zu Scheiden verwachsen . . . . 2
2 Blätter bis 1 cm lang. Stengel gabelig verzweigt (↗Abb. 47/3). . . . . 3
2* Blätter über 3 cm lang, meist gefiedert . . . . . . . . . . . . . . . 4
3 Stengel und Seitenzweige mehr oder weniger aufrecht; alle Seitenzweige etwa gleich hoch endend (↗Abb. 47/3). Sporenkapseln in Blattachseln. **Teufelsklauengewächse**↗S. 78
3* Stengel kriechend; Seitenzweige aufrecht (↗Abb. 47/4). Sporenkapseln in endständigen Ähren.
**Bärlappgewächse**↗S. 74
4 (2) Sporenkapseln in endständigen Sporenständen: Ähren, Rispen oder Trauben (↗Abb. 47/5 bis 47/7) . . . 5
4* Sporenkapseln in Häufchen auf der Unterseite oder am Rand der Blätter (↗Abb. 47/8 u. 9) . . . . . . . . 6
5 Sporenähre oder Sporenrispe seitlich der grünen Blattfläche (↗Abb. 47/6 u. 7). Pflanze 8 bis 30 cm hoch. **Natternzungengewächse**↗S. 79
5* Sporenrispe an der Spitze der grünen Blattfläche (↗Abb. 47/5). Pflanze 50 bis 200 cm hoch.
**Rispenfarngewächse**↗S. 78

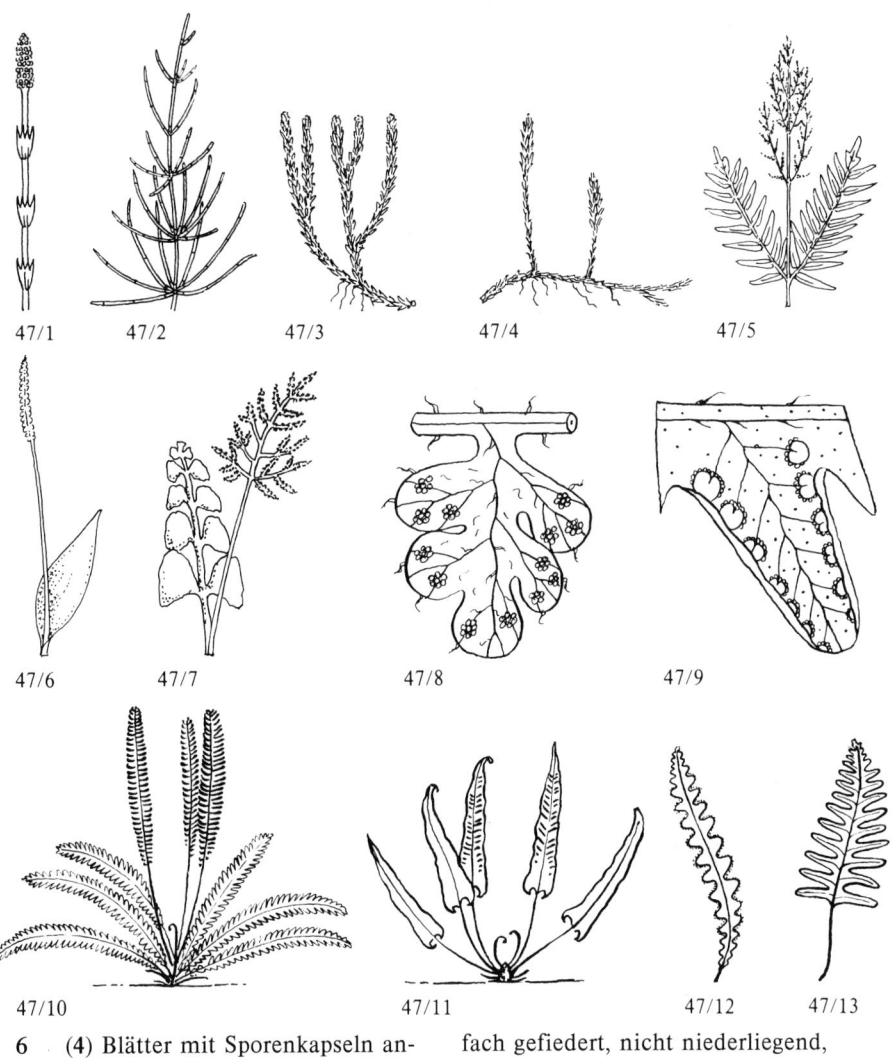

47/1    47/2    47/3      47/4      47/5

47/6    47/7       47/8      47/9

47/10             47/11        47/12    47/13

6   (4) Blätter mit Sporenkapseln anders gestaltet als Blätter ohne Sporenkapseln (↗Abb. 47/10), meist braun . 7

6*  Blätter mit Sporenkapseln gleichgestaltet wie Blätter ohne Sporenkapseln, immer grün . . . . . . . . . . 8

7   Blätter ohne Sporenkapseln fiederteilig, meist niederliegend, in Rosetten. (↗Abb. 47/10).

            **Rippenfarngewächse**↗S. 83

7*  Blätter ohne Sporenkapseln einfach gefiedert, nicht niederliegend, trichterförmig (↗Frauenfarngewächse)

            **Straußenfarn**↗S. 81

8   (6) Blätter ungeteilt. Sporenkapseln in linealischen Häufchen (↗Abb. 47/11). (↗Streifenfarngewächse)

            **Hirschzunge**↗S. 84

8*  Blätter geteilt oder zusammengesetzt . . . . . . . . . . . . . . . . 9

9   Blätter fiederteilig (↗Abb. 47/12 u. 47/13) . . . . . . . . . . . . . . 10

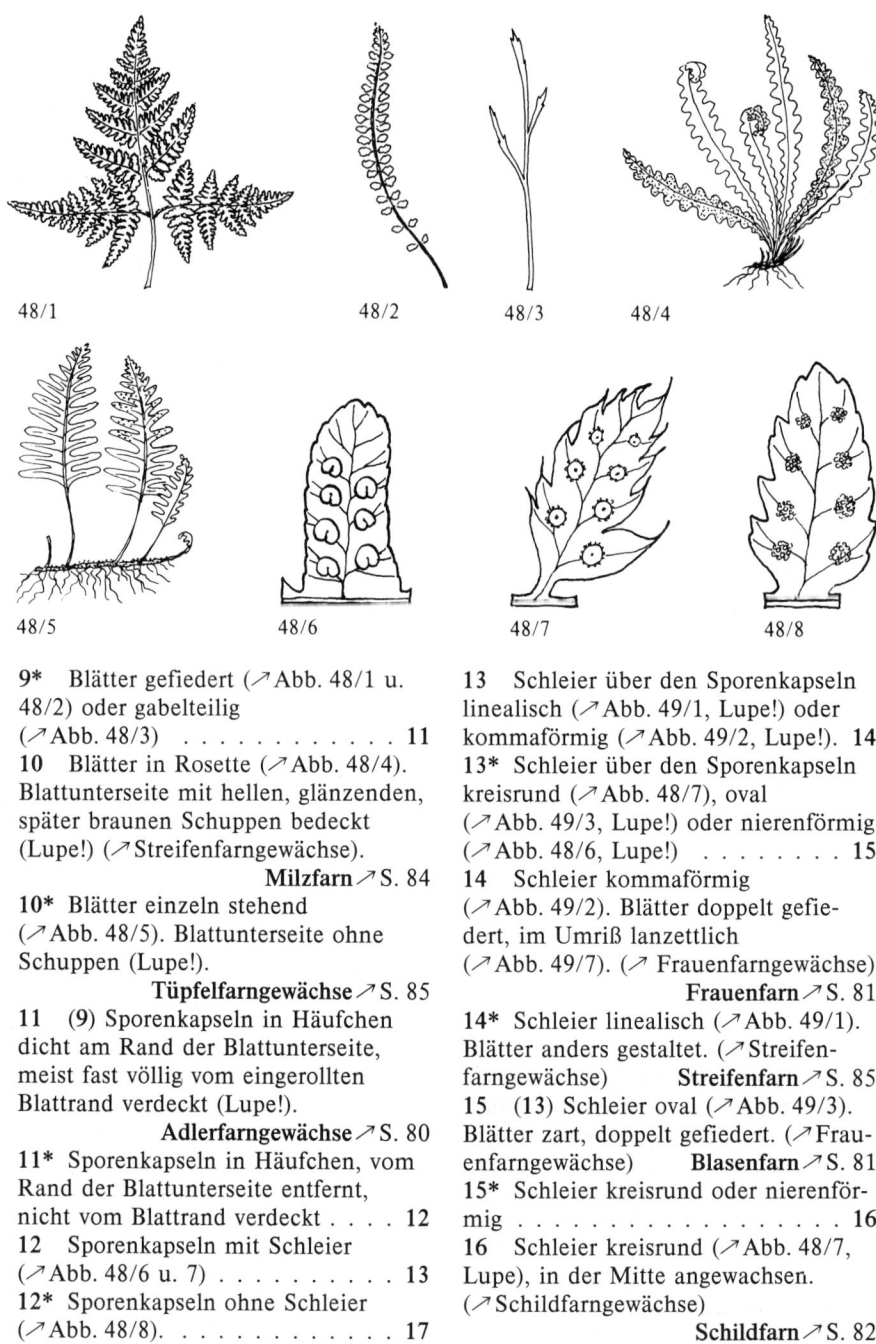

48/1          48/2      48/3      48/4

48/5          48/6          48/7          48/8

**9\*** Blätter gefiedert (↗Abb. 48/1 u. 48/2) oder gabelteilig (↗Abb. 48/3) . . . . . . . . . . . . 11

**10** Blätter in Rosette (↗Abb. 48/4). Blattunterseite mit hellen, glänzenden, später braunen Schuppen bedeckt (Lupe!) (↗Streifenfarngewächse).
                **Milzfarn** ↗ S. 84

**10\*** Blätter einzeln stehend (↗Abb. 48/5). Blattunterseite ohne Schuppen (Lupe!).
            **Tüpfelfarngewächse** ↗ S. 85

**11** (9) Sporenkapseln in Häufchen dicht am Rand der Blattunterseite, meist fast völlig vom eingerollten Blattrand verdeckt (Lupe!).
            **Adlerfarngewächse** ↗ S. 80

**11\*** Sporenkapseln in Häufchen, vom Rand der Blattunterseite entfernt, nicht vom Blattrand verdeckt . . . . 12

**12** Sporenkapseln mit Schleier (↗Abb. 48/6 u. 7) . . . . . . . . . 13

**12\*** Sporenkapseln ohne Schleier (↗Abb. 48/8). . . . . . . . . . . . 17

**13** Schleier über den Sporenkapseln linealisch (↗Abb. 49/1, Lupe!) oder kommaförmig (↗Abb. 49/2, Lupe!). 14

**13\*** Schleier über den Sporenkapseln kreisrund (↗Abb. 48/7), oval (↗Abb. 49/3, Lupe!) oder nierenförmig (↗Abb. 48/6, Lupe!) . . . . . . . . 15

**14** Schleier kommaförmig (↗Abb. 49/2). Blätter doppelt gefiedert, im Umriß lanzettlich (↗Abb. 49/7). (↗ Frauenfarngewächse)
               **Frauenfarn** ↗ S. 81

**14\*** Schleier linealisch (↗Abb. 49/1). Blätter anders gestaltet. (↗Streifenfarngewächse)     **Streifenfarn** ↗ S. 85

**15** (13) Schleier oval (↗Abb. 49/3). Blätter zart, doppelt gefiedert. (↗Frauenfarngewächse)    **Blasenfarn** ↗ S. 81

**15\*** Schleier kreisrund oder nierenförmig . . . . . . . . . . . . . . . 16

**16** Schleier kreisrund (↗Abb. 48/7, Lupe), in der Mitte angewachsen. (↗Schildfarngewächse)
               **Schildfarn** ↗ S. 82

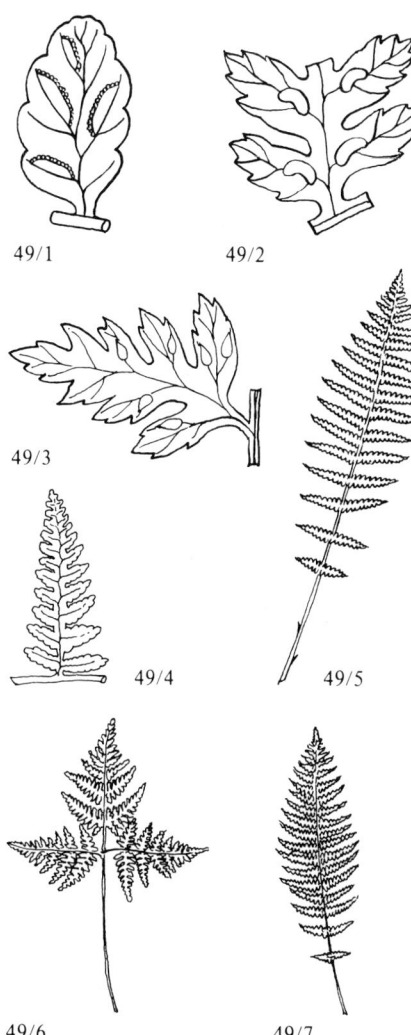

49/1    49/2

49/3

49/4    49/5

49/6    49/7

**18** Blattfläche im Umriß fast dreiekkig. Unterstes Fiederpaar am größten (↗Abb. 49/6).    **Eichenfarn**↗S. 82
**18\*** Blattfläche im Umriß lanzettlich. Unterstes Fiederpaar kleiner als die mittleren (↗Abb. 49/7). (↗Frauenfarngewächse)    **Frauenfarn**↗S. 81

# Nacktsamige Pflanzen

**1** Blätter breit-fächerförmig (↗Abb. 49/8). **Ginkgogewächse**↗S. 86
**1\*** Blätter nadelförmig (Abb. 49/9 u. 49/12) oder schuppenförmig (Abb. 49/10 u. 11) . . . . . . . . . . . 2
**2** Blätter schuppenförmig (↗Abb. 49/10 u. 11).
    **Zypressengewächse**↗S. 95
**2\*** Blätter nadelförmig (↗Abb. 49/9 u. 12, 50/1 u. 2) . . . . . . . . . . . . 3
**3** Nadeln zu 2 bis 5, in einer kurzen, trockenhäutigen Scheide (↗Abb. 49/12) oder zu 15 bis vielen in Büscheln (↗Abb. 50/2).
    **Kieferngewächse**↗S. 88

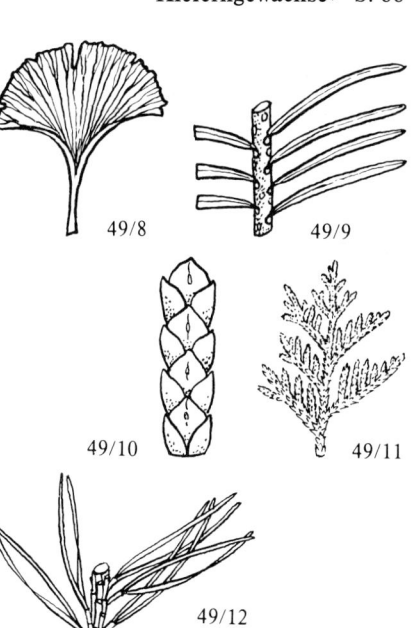

49/8    49/9

49/10    49/11

49/12

**16\*** Schleier nierenförmig (↗Abb. 48/6, Lupe), in der Nierenbucht angewachsen, bis zur Sporenreife die Sporenkapseln bedeckend, (↗Schildfarngewächse)    **Wurmfarn**↗S. 82
**17** (12) Blätter einfach gefiedert (↗Abb. 49/5).
    **Sumpffarngewächse**↗S. 80
**17\*** Blätter wenigstens im unteren Teil doppelt gefiedert (↗Abb. 49/4) . . . 18

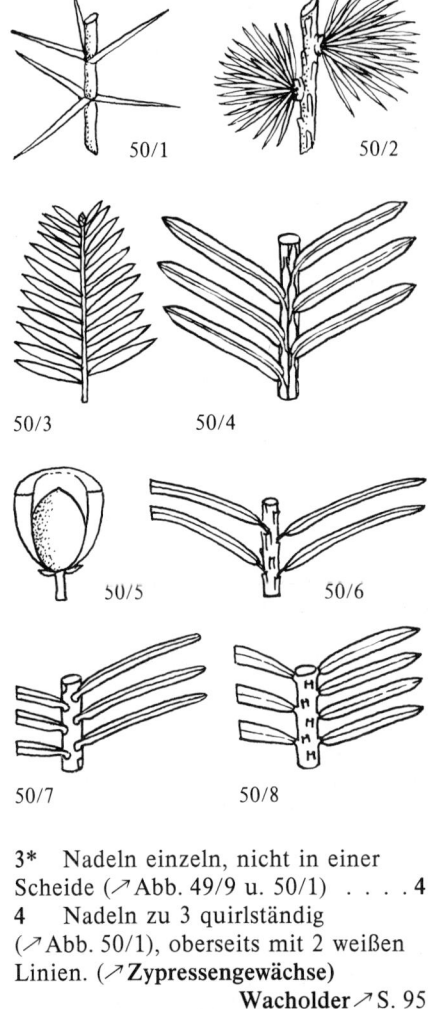

50/1 50/2

50/3 50/4

50/5 50/6

50/7 50/8

3* Nadeln einzeln, nicht in einer Scheide (↗Abb. 49/9 u. 50/1) . . . . 4
4 Nadeln zu 3 quirlständig (↗Abb. 50/1), oberseits mit 2 weißen Linien. (↗Zypressengewächse) **Wacholder**↗S. 95
4* Nadeln wechselständig oder gegenständig . . . . . . . . . . . . . . 5
5 Nadeln weich, deutlich zweireihig (↗Abb. 50/3) an kurzen Zweigen, Nadeln im Herbst mit diesen Zweigen abfallend („sommergrün"). Selten, nur in Parkanlagen.
**Sumpfzypressengewächse**↗S. 94
5* Nadeln derb, im Herbst nicht mit den Zweigen abfallend („wintergrün") . . . . . . . . . . . . . . . . 6

6 Nadeln kürzer als 1 cm, gekrümmt dem Zweig anliegend. Selten, nur in Parkanlagen. (↗Sumpfzypressengewächse) **Mammutbaum**↗S. 94
6* Nadeln länger als 1 cm, vom Zweig abstehend . . . . . . . . . . . 7
7 Nadeln als grüne Leiste am Zweig herablaufend, nicht gestielt (↗Abb. 50/4). Pflanze zweihäusig. Samen einzeln, zur Reife von einem rotfleischigen Mantel umgeben (↗Abb. 50/5). **Eibengewächse**↗S. 87
7* Nadeln nicht als Leiste am Zweig herablaufend, gestielt. Stiel nicht verbreitert (↗Abb. 50/6 u. 8) oder mit scheibenartig verbreitertem Grund (↗Abb. 50/7). Pflanze einhäusig. Samen in holzigen Zapfen.
**Kieferngewächse**↗S. 88

# Zweikeimblättrige krautige Landpflanzen

1 Pflanze mit Blattgrün . . . . . . 6
1* Pflanze ohne Blattgrün. Blühende Stengel ohne Blätter oder nur mit schuppenförmigen Blättern . . . . . . 2
2 Blüten in Körben. Körbe einzeln und gelb oder zu mehreren und rötlich oder weißlich. Grüne Blätter erst nach der Blütezeit erscheinend.
**Korbblütengewächse**↗S. 317
2* Blüten nicht in Körben. Schmarotzer. Grüne Blätter nie vorhanden . 3
3 Stengel fadenförmig, ohne Blätter. Blüten 2–3 mm lang, in kugeligen Knäueln. **Seidengewächse**↗S. 282
3* Stengel nicht fadenförmig, mit schuppenförmigen Blättern. Blüten mehr als 10 mm lang, in Trauben . . 4
4 Blüten strahlig; 8 bis 10 Staubblätter. Trauben anfangs nickend (↗Abb. 51/1).
**Fichtenspargelgewächse**↗S. 194
4* Blüten zweiseitig-symmetrisch; 5 Staubblätter . . . . . . . . . . . . 5

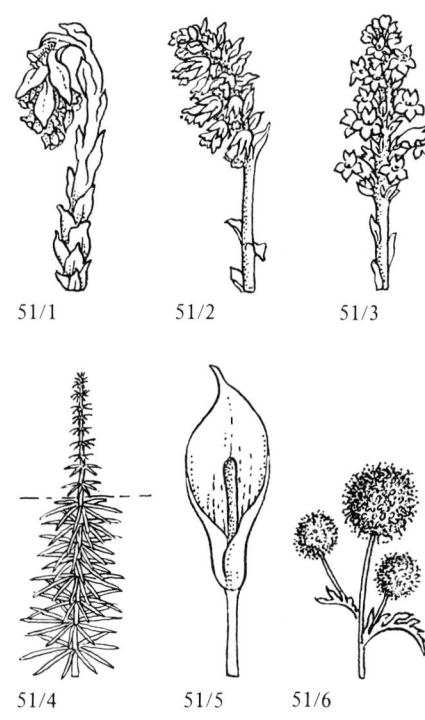

51/1          51/2          51/3

51/4          51/5          51/6

5    Blüten nach einer Seite gerichtet.
Stengel übergebogen (↗Abb. 51/2).
Pflanze rosa. (↗Braunwurzgewächse)
**Schuppenwurz** ↗S. 295
5*   Blüten nach allen Seiten gerichtet. Stengel gerade (↗Abb. 51/3).
Pflanze gelblich, bräunlich oder violett.
**Sommerwurzgewächse** ↗S. 299
6    (1) Pflanze schachtelhalmähnlich.
Blätter linealisch, zu 6 bis 12 quirlig
(↗Abb. 51/4). (↗Tannenwedelge-
wächse)        **Tannenwedel** ↗S. 248
6*   Pflanze nicht schachtelhalmähnlich . . . . . . . . . . . . . . . . . . 7
7    Blüten in einem Kolben. Kolben
vom Hochblatt umhüllt (↗Abb. 51/5).
(Einkeimblättrige Pflanze, Aronstabgewächse)        **Aronstab** ↗S. 392
7*   Blüten nicht in einem Kolben  . 8
8    Blüten in Körben oder Köpfen
(↗S. 33) . . . . . . . . . . . . . . . 9

8*   Blüten nicht in Körben oder Köpfen . . . . . . . . . . . . . . . . . 20
9    Blüten in Körben. Blütenkörbe
meist flach, oft eine Einzelblüte vortäuschend (↗Abb. S. 317); Einzelblüte
aus 5 Kronblättern, zu einer Röhre
(Röhrenblüten – ↗Abb. S. 317) oder
Zunge (Zungenblüten – ↗Abb.
S. 317) verwachsen. 5 Staubblätter.
**Korbblütengewächse** ↗S. 317
9*   Blüten in Köpfen . . . . . . . 10
10   Köpfe mit dornähnlichen oder ste-
chenden Hüllblättern . . . . . . . 11
10*  Köpfe ohne Hüllblätter oder Hüllblätter nicht stechend . . . . . . . 12
11   Blattrand stachlig gezähnt, Blätter
geteilt oder ungeteilt. Pflanze bis
60 cm. (↗Doldengewächse)
**Mannstreu, Stranddistel** ▼ ↗S. 255
11*  Blattrand stumpf gekerbt oder
glatt, Blätter ungeteilt. Pflanze meist
größer als 60 cm. (↗Kardengewächse)
**Karde** ↗S. 280
12   (10) Blätter grasähnlich, grundständig. (↗Bleiwurzgewächse)
**Grasnelke** ↗S. 147
12*  Blätter nicht grasähnlich . . . . 13
13   Köpfe kugelig (↗Abb. 51/6)   14
13*  Köpfe nicht kugelig, vierkantig
(↗Abb. 51/7), halbkugelig oder flach
(↗Abb. 51/8) oder eiförmig
(↗Abb. 51/9) . . . . . . . . . . . 16
14   Köpfe igelähnlich (Abb. 51/6),
bläulich. Blätter distelähnlich, unterseits weißfilzig behaart. Pflanze bis
2 m. (↗Korbblütengewächse)
**Kugeldistel** ↗S. 332

51/7          51/8          51/9

4*

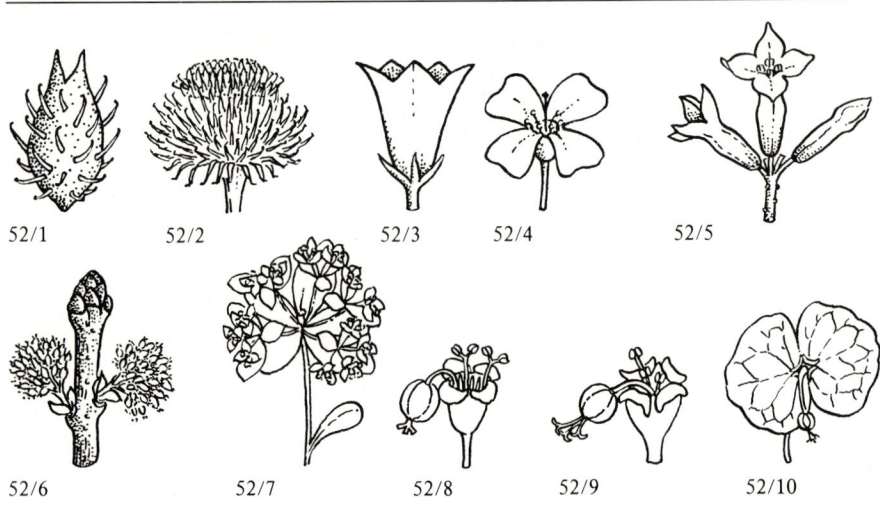

52/1      52/2      52/3      52/4      52/5

52/6      52/7      52/8      52/9      52/10

14* Köpfe nicht igelähnlich. Blätter
nicht distelähnlich, weich . . . . . . 15
15 Blütenstände einzeln, am Ende eines Stengels (Abb. 51/8), Blüten him-
melblau. Grundblätter rosettig. (↗Ku-
gelblumengewächse – 1 seltene Art)
                         **Kugelblume ▼**
15* Blütenstände gehäuft oder einzeln
in den Blattachseln. Köpfe klettend
(↗Abb. 52/1 u. 2).
            **Korbblütengewächse**↗S. 317
16 (13) Köpfe vierkantig, aus wenigen dichtgedrängten Blüten
(↗Abb. 51/7). Gipfelblüte vierzählig.
Seitenblüten fünfzählig.
      **Moschuskrautgewächse**↗S. 278
16* Köpfe halbkugelig oder flach
(↗Abb. 51/8) oder eiförmig
(↗Abb. 51/9) . . . . . . . . . . . 17
17 Blätter dreizählig. Einzelblüten
schmetterlingsförmig. (↗Schmetter-
lingsblütengewächse)   **Klee**↗S. 224
17* Blätter nicht dreizählig . . . . 18
18 Blätter gegenständig. Einzelblüten
mit 4 Staubblättern (Lupe!).
            **Kardengewächse**↗S. 279
18* Blätter wechselständig. Einzelblüten mit 5 Staubblättern (Lupe!) . . 19
19 Blätter herzförmig. Köpfe eiförmig (↗Abb. 51/9). Kronblätter der

Einzelblüten krallenartig gekrümmt.
(↗Glockenblumengewächse)
                 **Teufelskralle**↗S. 315
19* Blätter schmal. Köpfe flach. Kronblätter nicht krallenartig gekrümmt.
(↗Glockenblumengewächse)
                      **Jasione**↗S. 315
20 (8) Blütenhülle in Kelch und
Krone gegliedert (↗Abb. S. 29) . . 21
20* Blütenhülle nicht in Kelch und
Krone gegliedert (↗Abb. S. 29) oder
fehlend. (Zweikeimblättrige Kräuter
mit einfacher oder fehlender Blütenhülle) . . . . . . . . . . . . . . . 22
21 Kronblätter nicht verwachsen (also
frei) (↗Abb. 52/4). (Zweikeimblättrige
Kräuter mit freien Kronblättern) . . 52
21* Kronblätter verwachsen
(↗Abb. 52/3 u. 5) (Zweikeimblättrige
Kräuter mit verwachsenen Kronblättern) . . . . . . . . . . . . . . . 90
22 (20) Pflanze mit Milchsaft . . . 23
22* Pflanze ohne Milchsaft . . . . 24
23 Blüten einzeln. 4 Kronblätter.
                  **Mohngewächse**↗S. 111
23* Blüten in doldenähnlichen Blütenständen (↗Abb. 52/7). Jede Blüte
mit glockenförmigem Hüllbecher
(↗Abb. 52/8 bis 10).
            **Wolfsmilchgewächse**↗S. 184

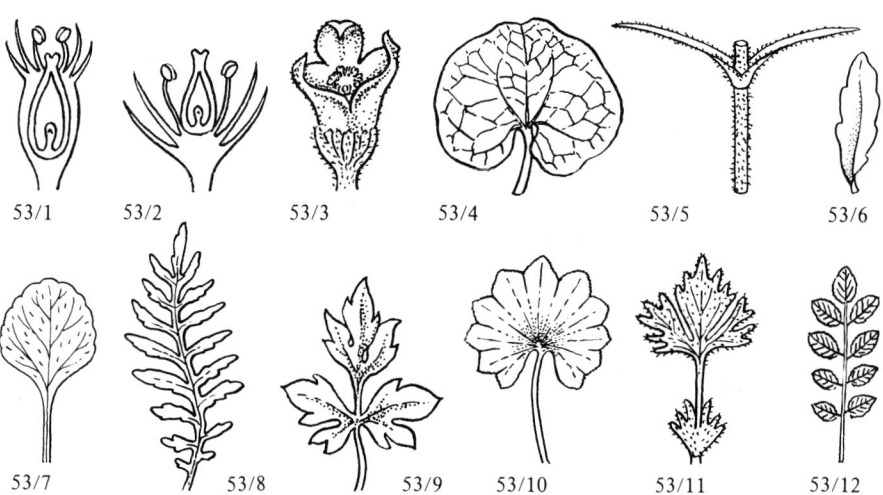

53/1 53/2 53/3 53/4 53/5 53/6

53/7 53/8 53/9 53/10 53/11 53/12

24 (22) Fruchtknoten unterständig
(Abb. 53/1 u. S. 31, Lupe!) . . . . . 25
24* Fruchtknoten oberständig
(↗Abb. 53/2 u. S. 31, Lupe!) . . . . 35
25 Blätter quirlständig. Blüten strahlig. Krone vierzipflig. 4 Staubblätter.
Rötegewächse ↗ S. 271
25* Blätter nicht quirlständig . . . 26
26 Blätter gegenständig . . . . . . 27
26* Blätter wechselständig . . . . . 31
27 Blüten einzeln, 1 bis 2 cm lang.
Krone dreiteilig, braun (↗Abb. 53/3).
Blüten in den Achseln der Blätter,
Blätter nierenförmig (↗Abb. 53/4).
(↗Osterluzeigewächse)
Haselwurz ↗ S. 115
27* Blüten zu mehreren, kleiner als
1 cm; 4 oder 5 Kronblätter . . . . . 28
28 Blätter ungeteilt (↗Abb. 53/5
bis 7) . . . . . . . . . . . . . . . 29
28* Blätter tief geteilt (↗Abb. 53/8)
oder dreizählig (↗Abb. 53/9) . . . . 30
29 Blätter linealisch (↗Abb. 53/5).
Blüten grünlich, in Knäueln in den
Blattachseln. 10 Staubblätter. (↗Nel-
kengewächse) Knäuel ↗ S. 132
29* Blätter länglich-spatelförmig.
(↗Abb. 53/6). Blüten an der Stengel-
spitze gehäuft, 3 Staubblätter. (↗Bal-
driangewächse) Rapünzchen ↗ S. 277

29** Blätter rundlich, Blattrand gekerbt. (↗Abb. 53/7). Blüten in Rispen
mit gelbgrünen Hochblättern. 8 Staubblätter. (↗Steinbrechgewächse)
Milzkraut ↗ S. 218
30 (28) Wenigstens Stengelblätter tief
geteilt (↗Abb. 53/8). Blüten in doldenähnlichen Blütenständen. Kronblätter
fünfspaltig. 3 oder 1 Staubblatt. (↗Bal-
driangewächse) Baldrian ↗ S. 278
30* Blätter dreizählig (↗Abb. 53/9).
Blüten in einem endständigen kanti-
gen Kopf, Gipfelblüte vierzählig, Seitenblüten fünfzählig (↗Abb. 51/7).
Moschuskraut ↗ S. 278
31 (26) 1 bis 5 Staubblätter . . . . 32
31* 6 bis viele Staubblätter . . . . 34
32 Blüten in Dolden (↗S. 32).
5 Kronblätter, 5 Staubblätter, 2 Griffel.
Stengel knotig, hohl.
Doldengewächse ↗ S. 250
32* Blüten nicht in Dolden . . . . 33
33 Blätter lanzettlich. Blütenhülle
fünfzipflig. 5 Staubblätter.
Sandelgewächse ↗ S. 264
33* Blätter nicht lanzettlich, gelappt
(↗Abb. 53/10), geteilt (↗Abb. 53/11)
oder gefiedert (↗Abb. 53/12). Blütenhülle vierzipflig. 1 oder 4 Staubblätter.
Rosengewächse ↗ S. 200

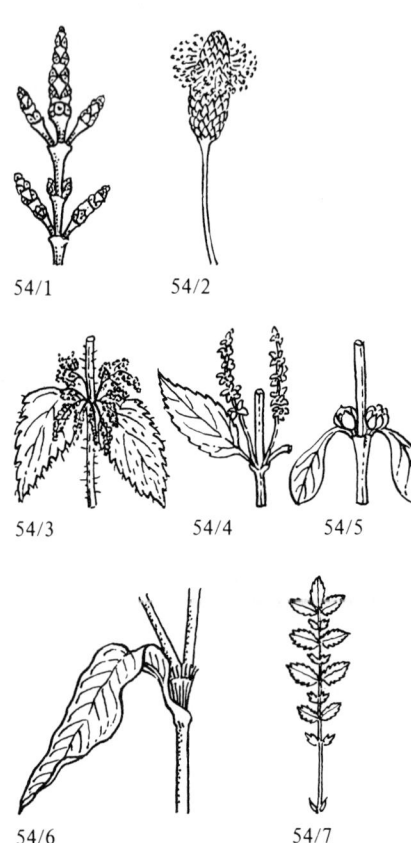

54/1    54/2

54/3    54/4    54/5

54/6    54/7

**34** (31) Pflanze 30 bis 70 cm hoch.
Blüten zweilippig, röhrenförmig, mehr
als 2 cm lang. Blätter herzförmig.
(⁊Osterluzeigewächse)
Osterluzei ⁊ S. 115
**34\*** Pflanze bis 15 cm hoch. Blüten
strahlig, etwa 0,5 cm lang. Blätter
rundlich. (⁊Steinbrechgewächse)
Milzkraut ⁊ S. 218
**35** (24) Pflanze blattlos, dickfleischig
(⁊Abb. 54/1). (⁊Gänsefußgewächse)
Queller ⁊ S. 140
**35\*** Pflanze mit Blättern, nicht dickfleischig . . . . . . . . . . . . . . 36
**36** Blätter quirlständig. Stengel nur
mit 1 Blattquirl aus 4 Blättern. Nur
eine Blüte, endständig. Frucht schwarz

glänzend. (⁊Einkeimblättrige Pflanze,
Einbeerengewächse) Einbeere ⁊ S. 354
**36\*** Blätter grundständig, gegenständig
oder wechselständig . . . . . . . . . 37
**37** Blätter meist grundständig. Blüten
meist in dichter Ähre (⁊Abb. 54/2),
selten einzeln. Staubblätter auffällig
weit aus der Blüte herausragend.
Wegerichgewächse ⁊ S. 301
**37\*** Blätter gegenständig oder wechselständig, Staubblätter nicht auffällig aus
der Blüte herausragend . . . . . . . 38
**38** Blätter gegenständig . . . . . . 39
**38\*** Blätter wechselständig . . . . . 43
**39** Blüten eingeschlechtig . . . . . 40
**39\*** Blüten zwittrig . . . . . . . . 42
**40** Blätter handförmig gelappt oder
geteilt. Hanfgewächse ⁊ S. 125
**40\*** Blätter ungeteilt, aber Blattrand
oft stark gesägt . . . . . . . . . . 41
**41** Pflanze mit Brennhaaren. ♂ und
♀ Blüten in Rispen (⁊Abb. 54/3).
4 Staubblätter.
Brennesselgewächse ⁊ S. 126
**41\*** Pflanze ohne Brennhaare. ♂ Blüten in lockeren Ähren (⁊Abb. 54/4). 9
bis 12 Staubblätter. (⁊Wolfsmilchge-
wächse) Bingelkraut ⁊ S. 185
**42** (39) Kelch vier- oder fünfspaltig. 4
bis 10 Staubblätter; 1 bis 5 Griffel.
Nelkengewächse ⁊ S. 127
**42\*** Kelch sechs- bis zwölfspaltig, glok-
kig; meist 6 Staubblätter; 1 Griffel
(⁊Abb. 54/5). (⁊Blutweiderichge-
wächse) Sumpfquendel ⁊ S. 242
**43** (38) Blätter mit häutiger, stengel-
umfassender Tute (⁊Abb. 54/6) oder
mit Nebenblättern (⁊Abb. 54/7) . . 44
**43\*** Blätter ohne Tute oder ohne Nebenblätter . . . . . . . . . . . . . 45
**44** Blätter mit Tute (⁊Abb. 54/6).
Blätter ungeteilt. Stengel knotig gegliedert. Knöterichgewächse ⁊ S. 143
**44\*** Blätter mit zwei Nebenblättern
(⁊Abb. 54/7). Blätter gefingert
(⁊Abb. 57/7), gefiedert (⁊Abb. 53/12)
oder gelappt (⁊Abb. 53/10).
Rosengewächse ⁊ S. 200

55/1     55/2     55/3

55/4     55/5

45 (43) Blüten mit Sporn
(↗Abb. 55/1 bis 3) . . . . . . . . 46
45* Blüten ohne Sporn . . . . . . . 48
46 Blätter ungeteilt. Stengel glasig
durchscheinend. Reife Früchte bei Berührung aufspringend.
          Springkraut ↗ S. 235
46* Blätter fiederteilig . . . . . . . 47
47 Kronblätter blau, viele Staubblätter (↗Abb. 55/2). (↗Hahnenfußge-
wächse)        Rittersporn ↗ S. 103
47* Kronblätter rosa oder gelb,
6 Staubblätter (↗Abb. 55/3).
        Erdrauchgewächse ↗ S. 113
48 (45) Viele Staubblätter. Blätter gefiedert. (↗Hahnenfußgewächse)
               Wiesenraute
  und Christophskraut  ↗ S. 102
48* 2 bis 8 Staubblätter. Frucht keine
Beere . . . . . . . . . . . . . . . 49
49 Blüten eingeschlechtig. 4 Staubblätter. Frucht eine Kapsel. (↗Brenn-
nesselgewächse)    Glaskraut ↗ S. 126
49* Blüten zwittrig . . . . . . . . 50
50 6 Staubblätter, 4 längere, 2 kürzere; 4 Kronblätter, kreuzweise gegen-
überstehend.
    Kreuzblütengewächse ↗ S. 157
50* 1 bis 5 Staubblätter, gleichlang.

Blüten klein, gehäuft in Blattachseln
oder in lockeren Blütenständen
(↗Abb. 55/4 u. 5) . . . . . . . . . 51
51 Pflanze oft mehlig bestäubt. Blütenhüllblätter krautig (Lupe!).
       Gänsefußgewächse ↗ S. 138
51* Pflanze nie mehlig bestäubt. Blütenhüllblätter trockenhäutig.
       Amarantgewächse ↗ S. 137
52 (21) Pflanzen sumpfiger oder sehr
feuchter Standorte (Sumpfpflanzen) 53
52* Pflanzen auf trockeneren Standorten . . . . . . . . . . . . . . . . 62
53 Pflanze ohne Blätter, dickfleischig, oft verzweigt (↗Abb. 54/1)
(↗Gänsefußgewächse) Queller ↗ S. 140
53* Pflanze mit Blättern . . . . . . 54
54 Blätter rund, Stiel in der Mitte
ansitzend (↗ S. 38). Stengel kriechend.
          Wassernabel ↗ S. 262
54* Blätter anders . . . . . . . . . 55
55 Pflanze nur mit grundständiger
Blattrosette . . . . . . . . . . . . 56
55* Pflanze mit beblättertem Stengel,
mit oder ohne Grundblätter . . . . 57
56 Blätter mit langen klebrigen Drüsenhaaren (↗Abb. 219/2). Blüten weiß.
Pflanze 5 bis 20 cm. Nur auf Mooren.
(↗Sonnentaugewächse)
          Sonnentau ↗ S. 219
56* Blätter ohne klebrige Drüsenhaare, spatelförmig. Blüten blauviolett.
Pflanze 20 bis 50 cm. Nur Ostseeküste.
(↗Bleiwurzgewächse)
        Strandflieder ↗ S. 147
57 (55) Blätter gefiedert. Blüten in
Dolden (↗ S. 32).
       Doldengewächse ↗ S. 250
57* Blätter ungeteilt. Blüten nicht in
Dolden . . . . . . . . . . . . . . 58
58 Pflanze meist unter 10 cm hoch.
Stengel aufsteigend oder niederliegend.
Blätter gegenständig oder quirlig
(↗Abb. 56/1). Schlammkräuter. (Un-
terwasserform ist schachtelhalmähnlich
wie Tannenwedel ↗Abb. 51/4 – nicht
verwechseln!). 4 seltene Arten.
          Tännelgewächse

58* Pflanze meist über 10 cm hoch.
Stengel meist aufrecht . . . . . . . 59
59  Blüten rot oder rötlich, in langen
Ähren oder ährenähnlichen Blütenständen . . . . . . . . . . . . . . 60
59* Blüten weiß oder gelb,
einzeln . . . . . . . . . . . . . . 61
60  Blätter mit Tute (↗Abb. 56/2),
wechselständig.
           Knöterichgewächse ↗ S. 143
60* Blätter ohne Tute, gegenständig
oder quirlständig, selten wechselständig.    Blutweiderichgewächse ↗ S. 242
61  Blüten weiß. 5 Staubblätter. Stengel nur mit 1 sitzenden herzförmigen
Blatt und 1 Blüte. Übrige Blätter
grundständig. (↗Herzblattgewächse)
                    Herzblatt ↗ S. 219
61* Blüten gelb, meist viele Staubblätter. Stengel mit mehreren Blättern,
ohne auffällig grundständige Blätter.
Blätter ungeteilt (↗Abb. 56/3 u. 4)
oder handförmig geteilt (↗Abb. 56/5)
           Hahnenfußgewächse ↗ S. 100
62  (52) Blütenhülle unscheinbar . 63
62* Blütenhülle deutlich ausgebildet,
meist mit auffälligen Kronblättern . 66
63  Blüten einzeln, Blütenhülle vier-
blättrig, grünlichgelb, 8 Staubblätter.
(Steinbrechgewächs) Milzkraut ↗ S. 218
63* Blüten meist in Knäueln, Rispen
oder ährenähnlichen Blütenständen . . . . . . . . . . . . . . 64
64  Blätter gegenständig oder scheinbar quirlig; Blüten grünlich, in Knäueln (↗Abb. 129/4) (↗Nelkengewächse)
                     Knäuel ↗ S. 132
64* Blätter wechselständig . . . . . 65
65  Blätter mit Tute (↗Abb. 56/2).
Pflanze nie mehlig bestäubt.
           Knöterichgewächse ↗ S. 143
65* Blätter ohne Tute. Pflanze oft
mehlig bestäubt.
           Gänsefußgewächse ↗ S. 138
66  (62) Blüten mit Sporn
(↗Abb. 56/8, 57/1 u. 2) . . . . . . 67
66* Blüten ohne Sporn . . . . . . . 68

56/1        56/2

56/3        56/4        56/5

56/6        56/7        56/8

67  Stengel glasig durchscheinend,
Pflanze blaßgrün. Blätter eiförmig;
wechselständig oder gegenständig.
5 Kronblätter; 3 Kelchblätter, eines den
Sporn bildend (↗Abb.56/7 u. 8).
(↗Balsaminengewächse)
                    Springkraut ↗ S. 235
67* Stengel nicht glasig durchscheinend; Blätter meist herzförmig, oft am
Grunde des Stengels gehäuft; Blattrand
gesägt oder gekerbt. 5 Kronblätter;
5 Kelchblätter (↗Abb. 57/1 u. 2).
           Veilchengewächse ↗ S. 152

**68** **(66)** Kelch zweiteilig, verwachsen (Lupe!). Krone fünfblättrig, gelb. 8 bis 15 Staubblätter (↗Abb. 57/3). Pflanze liegend, Blätter meist fleischig. (↗Portulakgewächse) **Portulak**↗S. 142

**68*** Kelch mehrteilig oder fehlend . . **69**

**69** Staubblätter zu einer Röhre verwachsen (Lupe!) (↗Abb. 57/4). Kelch mit Außenkelch (↗Abb. 57/5). **Malvengewächse**↗S. 180

**69*** Staubblätter nicht verwachsen. Kelch ohne Außenkelch . . . . . . **70**

**70** Blüte meist mit mehreren Fruchtknoten (Lupe!) . . . . . . . . . . . **71**

**70*** Blüte mit einem Fruchtknoten. **73**

**71** Blätter dickfleischig, im Querschnitt oft rundlich. **Dickblattgewächse**↗S. 215

**71*** Blätter nicht dickfleischig, dünn, krautig . . . . . . . . . . . . . . ı **72**

**72** Blätter mit Nebenblättern (↗Abb. 57/6 u. 7). 4 Kelchblätter, oft verwachsen; 5 Kronblätter; 4 bis viele Staubblätter. **Rosengewächse**↗S. 200

**72*** Blätter ohne Nebenblätter. Kelchblätter fehlend oder 3 bis 5 Kelchblätter, nicht verwachsen; viele Staubblätter. **Hahnenfußgewächse**↗S. 100

**73** **(70)** Fruchtknoten oberständig (↗Abb. 57/8) . . . . . . . . . . . **74**

**73*** Fruchtknoten mittelständig (↗Abb. 57/9) oder unterständig (↗Abb. 57/10) . . . . . . . . . . . **88**

**74** Kronblätter gleichgestaltig, Blüte strahlig (↗S. 30) . . . . . . . . . . **75**

**74*** Kronblätter mehr oder weniger unterschiedlich gestaltet. Blüten zweiseitig symmetrisch (↗S. 30) . . . . **85**

**75** Pflanze mit Milchsaft. 12 bis viele Staubblätter. 4 bis 6 Kronblätter. **Mohngewächse**↗S. 111

**75*** Pflanze ohne Milchsaft . . . . **76**

**76** Viele Staubblätter. Blätter eiförmig, gegenständig. **Hartheugewächse**↗S. 148 und **Cistrosengewächse**↗S. 150

**76*** 5 bis 10 Staubblätter . . . . . . **77**

57/1  57/2

57/3  57/4  57/5

57/6  57/7

57/8  57/9  57/10

57/11  57/12  57/13

77    6 Staubblätter, 4 längere, 2 kürzere; 4 Kronblätter, kreuzweise gegen-
überstehend.
    **Kreuzblütengewächse** ↗ S. 157
77*   5 bis 10 Staubblätter; 5 Kronblätter . . . . . . . . . . . . . . . . . . 78
78    Blätter zusammengesetzt . . . 79
78*   Blätter einfach, aber häufig tief
geteilt (↗ Abb. 58/2 u. 3) . . . . . . 81
79    Blätter kleeartig, dreiteilig.
    **Sauerkleegewächse** ↗ S. 238
79*   Blätter gefiedert (↗ Abb. 57/11
bis 13) . . . . . . . . . . . . . . . 80
80    Früchte geschnäbelt
(↗ Abb. 58/1). Pflanze meist behaart.
    **Storchschnabelgewächse** ↗ S. 239
80*   Früchte nicht geschnäbelt. Pflanze
meist unbehaart, stark aromatisch oder
zitronenartig duftend.
    **Rautengewächse** ↗ S. 232
81    (78) Pflanze ohne Blattrosette . 82
81*   Pflanze mit Blattrosette . . . . 84
82    Blätter rundlich gelappt
(↗ Abb. 58/2) oder handförmig geteilt
(↗ Abb. 58/3). Früchte geschnäbelt.
    **Storchschnabelgewächse** ↗ S. 239
82*   Blätter länglich, ungeteilt. Früchte
nicht geschnäbelt . . . . . . . . . 83
83    Blätter gegenständig oder quirlständig. 5 oder 10 Staubblätter, meist 5
oder 10 Kronblätter, selten 4.
    **Nelkengewächse** ↗ S. 127
83*   Blätter wechselständig, selten gegenständig. 4, 5, oder 10 Staubblätter,
am Grunde verwachsen. 5 oder 4 Kronblätter.   **Leingewächse** ↗ S. 237
84    (81)Blätter ungeteilt, ledrig. Stengel meist ohne Blätter oder nur mit
Schuppen. Blüten meist in Trauben.
    **Wintergrüngewächse** ↗ S. 188
84*   Blätter mehr oder weniger tief geteilt, nicht ledrig. Stengel beblättert.
    **Steinbrechgewächse** ↗ S. 217
85    (74) Blüten schmetterlingsförmig
(↗ Abb. 58/4) oder ähnlich gestaltet
(↗ Abb. 58/5) . . . . . . . . . . . 86
85*   Blüten nicht schmetterlingsförmig,
aber zweiseitig symmetrisch . . . . 87

58/1      58/2      58/3

58/4      58/5

58/6      58/7

86    Blätter zusammengesetzt, dreizählig oder gefiedert. 10 Staubblätter,
meist verwachsen (↗ Abb. 58/6).
    **Schmetterlingsblütengewächse** ↗ S. 220
86*   Blätter ungeteilt, oft wintergrün.
8 Staubblätter, nicht verwachsen.
    **Kreuzblümchengewächse** ↗ S. 242
87    (85) Blüten mit Sporn
(↗ Abb. 58/7). 3 Staubblätter jeweils zu
einer Gruppe verwachsen.
    **Erdrauchgewächse** ↗ S. 113
87*   Blüten ohne Sporn. 4 bis 8 Kelchblätter, 2 bis 4 Kronblätter, 3 bis viele
Staubblätter. **Resedengewächse** ↗ S. 176
88    (73) Fruchtknoten mittelständig
(↗ Abb. 57/9). 5 Kronblätter, viele
Staubblätter, Blätter mit Nebenblättern
(↗ Abb. 57/6 u. 7).
    **Rosengewächse** ↗ S. 200
88*   Fruchtknoten unterständig . . 89

89    Blüten in Dolden (↗ S. 32),
5 Kronblätter. **Doldengewächse** ↗ S. 250
89*    Blüten nicht in Dolden, 4 Kronblätter.    **Nachtkerzengewächse** ↗ S. 244
90    (21) Pflanze kletternd; Stengel
windend oder mit Ranken (↗ S. 26 u.
28) . . . . . . . . . . . . . . . . . 91
90*    Pflanze nicht kletternd; Stengel
aufrecht . . . . . . . . . . . . . . 92
91    Stengel windend oder kriechend.
Blüten zwittrig, einzeln in den Blattachseln, auffallend trichterförmig.
Krone weiß und rosa, 2 bis 3 cm lang.
        **Windengewächse** ↗ S. 281
91*    Stengel rankend (↗ S. 155/1 u. 2)
oder kriechend. Blüten eingeschlechtig,
einzeln oder büschlig in den Blattachseln. Krone meist grünlich weiß, unter
1 cm lang.    **Kürbisgewächse** ↗ S. 155
92    (90) Blüten schmetterlingsförmig (↗ Abb. 58/4) . . . . . . . . 93
92*    Blüten nicht schmetterlingsförmig . . . . . . . . . . . . . . 94
93    Blätter dreizählig; Blüten in Köpfen. 10 Staubblätter (↗ Schmetterlingsblütengewächse)    **Klee** ↗ S. 224
93*    Blätter ungeteilt. Blüten in drei-
bis vielblütigen Trauben. 8 bis 30
Staubblätter    **Kreuzblümchen** ↗ S. 242
94    (92)Blüten mehr oder weniger
zweilippig (↗ Abb. 59/1 bis 5) . . . 95
94*    Blüten nicht zweilippig . . . . 96
95    Stengel meist vierkantig. Blätter
kreuzgegenständig. Blüten mehr oder
weniger deutlich zweilippig
(↗ Abb. 59/1 bis 3), 4 Staubblätter,
meist dicht unter der Oberlippe.
Früchte in 4 Teilfrüchte zerfallend.
        **Lippenblütengewächse** ↗ S. 303
95*    Stengel meist rund, selten vierkantig. Blätter wechselständig oder gegenständig. Blüten mehr oder weniger
deutlich zweilippig (↗ Abb. 59/4 u. 5).
4 Staubblätter. Früchte Kapseln.
        **Braunwurzgewächse** ↗ S. 291
96    (94) Fruchtknoten unterständig
(↗ Abb. 57/10) oder mittelständig
(↗ Abb. 57/9) . . . . . . . . . . . 97

59/1        59/2        59/3

59/4        59/5

59/6        59/7        59/8

96*    Fruchtknoten oberständig
(↗ Abb. 57/8) . . . . . . . . . . 100
97    Blätter quirlständig. Blüten strahlig, Kelch oft fehlend, Kronblätter vierzipflig, 4 Staubblätter.
        **Rötegewächse** ↗ S. 271
97*    Blätter gegenständig, wechselständig oder grundständig . . . . . . . . 98
98    Blätter gegenständig, ungeteilt
(↗ Abb. 53/6 u. 7) oder fiederteilig
(↗ Abb. 53/8). Kronblätter meist fünfzipflig, 4 Staubblätter (Lupe!). Blüten
weißlich.    **Baldriangewächse** ↗ S. 277
98*    Blätter wechselständig oder grundständig . . . . . . . . . . . . . . 99
99    Blätter wechselständig. Pflanze
mit Ranken. Blüten weiß.
        **Kürbisgewächse** ↗ S. 155
99*    Blätter meist grundständig, selten
wechselständig, Pflanzen ohne Ranken.
Blüten blau. (↗ Glockenblumengewächse).    **Glockenblume** ↗ S. 315
100    (96) Fruchtknoten vierteilig
(↗ Abb. 59/6 bis 8, Lupe!) . . . . 101

100*Fruchtknoten nicht vierteilig
(Lupe!) . . . . . . . . . . . . . . . 103
101 Blätter wechselständig. Blätter
und Stengel meist borstig behaart. Blüten strahlig, Krone fünfzipflig.
Boretschgewächse ↗ S. 283
101*Blätter gegenständig. Blätter und
Stengel nicht behaart oder weichhaarig . . . . . . . . . . . . . . . 102
102 Blüten in dichten Quirlen. Quirle
in Blattachseln oder am Ende des Stengels.    Lippenblütengewächse ↗ S. 303
102*Blüten in langen, schmalen Ähren.    Eisenkrautgewächse ↗ S. 312
103 (100) 2 oder 4 Staubblätter . 104
103*5 bis 7 Staubblätter . . . . . 105
104 Blätter meist grundständig, rosettig. Blüten in Ähren, selten einzeln,
Kronblätter unscheinbar. 4 Staubblätter (Lupe!), weit aus der Blüte herausragend (↗ Abb. 54/2).
Wegerichgewächse ↗ S. 301
104*Blätter wechsel- oder gegenständig. Blüten in Trauben, Krone vierzipflig (↗ Abb. 60/1) oder zweilippig
(↗ Abb. 60/2), 2 oder 4 Staubblätter (2
längere, 2 kürzere) (Lupe!).
Braunwurzgewächse ↗ S. 291
105 (103) Blätter wechselständig    106
105*Blätter gegen-, quirl- oder grundständig . . . . . . . . . . . . . . . 108
106 Griffel und Narben 2 oder 3
(Lupe!). Blüten einzeln in Blattachseln, trichterförmig.
Windengewächse ↗ S. 281
106*Griffel und Narben 1 (Lupe!)    107
107 Staubfäden wollig behaart (Lupe!).
Krone fünfzipflig, meist 2 kleinere und
3 größere Zipfel (↗ Abb. 60/3). Blüten
in Trauben. Blätter und Stengel oft
weich behaart. Früchte Kapseln.
(↗ Braunwurzgewächse)
Königskerze ↗ S. 297
107*Staubfäden nicht behaart (Lupe!).
Krone fünfzipflig, gleichgestaltet, Blüten strahlig. Frucht eine Beere oder
eine Kapsel.
Nachtschattengewächse ↗ S. 287

60/1    60/2    60/3

60/4    60/5    60/6

60/7    60/8    60/9

60/10    60/11

108 (105) Fruchtknoten 2 (Lupe!)    109
108*Fruchtknoten 1 . . . . . . . 110
109 Stengel aufrecht, Blätter gegenständig, länglich-herzförmig, sommergrün. Blüte strahlig, Kronblätter gelblich (↗ Abb. 60/4). (↗ Seidenpflanzen-
gewächse)    Schwalbenwurz ↗ S. 270
109*Stengel niederliegend. Blätter gegenständig, lanzettlich, immergrün.
Blüte strahlig, Kronblätter blau
(↗ Abb. 60/5). (↗ Hundsgiftgewächse)
Immergrün ↗ S. 270
110 (108) Staubbeutel vor den Kronzipfeln (↗ Abb. 60/6). Blüte strahlig

(↗Abb. 60/7 bis 9). Blätter grundständig, gegenständig oder quirlständig.
**Primelgewächse** ↗ S. 195
110*Staubbeutel zwischen den Kronzipfeln (↗Abb. 60/10) . . . . . . . 111
111 Blätter dreizählig, grundständig (↗Abb. 60/11). Sümpfe, Moore (↗Fieberkleegewächse).
**Fieberklee** ↗ S. 267
111*Blätter einfach, lanzettlich zugespitzt, gegenständig (↗S. 38 u. S. 36).
**Enziangewächse** ↗ S. 268

# Zweikeimblättrige Holzgewächse

1   Zweige nur mit Blüten, aber noch ohne entfaltete Blätter . . . . . . . . 2
1*   Zweige nur mit Blättern oder gleichzeitig auch mit Blüten oder Früchten . . . . . . . . . . . . . . 14
2   Blüten eingeschlechtig, in ♂ oder ♀ Kätzchen . . . . . . . . . . . . 3
2*   Blüten meist zwittrig, nicht in Kätzchen . . . . . . . . . . . . . . 6
3   Pflanzen einhäusig. ♂ und ♀ Kätzchen sehr verschieden . . . . . . 4
3*   Pflanze zweihäusig. ♂ und ♀ Kätzchen ähnlich . . . . . . . . . . 5
4   ♀ Blüten in Knospen eingeschlossen; rote Narben pinselförmig herausragend (↗Abb. 61/1). (↗Haselgewächse)
**Hasel** ↗ S. 122
4*   ♀ Blüten in eiförmigen Kätzchen, an Zweigenden (↗Abb. 61/2). (↗Birkengewächse)
**Erle** ↗ S. 120
5   (3) Kätzchen bis 1 cm lang; zapfenförmig; stets aufrecht (↗Abb. 61/3 u. 4). (↗Gagelgewächse)
**Gagelstrauch** ↗ S. 123
5*   Kätzchen länger als 1 cm; kugelig, eiförmig oder walzenförmig; aufrecht oder hängend (↗Abb. 61/5 bis 7).
**Weidengewächse** ↗ S. 177
6   (2) Blüten weiß oder rosa . . . . 7
6*   Blüten anders gefärbt . . . . . . 8

7   Blüten gestielt. Blütenhülle doppelt, 5 Kelchblätter, 5 Kronblätter; viele Staubblätter. **Rosengewächse** ↗ S. 200
7*   Blüten ungestielt; Blütenhülle einfach, vierzipflig; 8 Staubblätter. (↗Spatzenzungengewächse)
**Seidelbast** ↗ S. 179
8   (6) Pflanze mit Dornen . . . . . 9
8*   Pflanze ohne Dornen . . . . . 10
9   Blüten zwittrig, goldgelb, etwa 1 cm lang. Zweige und Dornen grün. (↗Schmetterlingsblütengewächse)
**Stechginster** ↗ S. 230
9*   Blüten eingeschlechtig, bräunlich, bis 5 mm groß. Zweige und Dornen braun oder grau. (↗Ölweidengewächse)
**Sanddorn** ↗ S. 187

61/1   61/2

♂ 61/3   61/4 ♀

61/5   61/6   61/7

62/1      62/2      62/3

10   (8) Blüten gelb oder grünlich . 11
10*  Blüten braun oder rötlich . . . 13
11   Blüten einzeln. Kronblätter länger
als 1 cm. 2 Staubblätter. (↗Ölbaumge-
wächse)              Forsythie ↗ S. 267
11*  Blüten in Blütenständen. Kronblätter kürzer als 1 cm oder fehlend.
4 bis 10 Staubblätter . . . . . . . 12
12   Blütenstände klein, etwa 2 cm
breite Dolden (↗Abb. 62/1), 4 Staubblätter. (↗Hartriegelgewächse)
              Kornelkirsche ↗ S. 249
12*  Blütenstände größer als 2 cm, aufrechte Doldenrispen (↗Abb. 62/2)
oder hängende büschelige Trauben
(↗Abb. 62/3). Meist 8 Staubblätter.
(↗Ahorngewächse)      Ahorn ↗ S. 233
13   (10) Blütenstände und Knospen
gegenständig. (↗Ölbaumgewächse)
                       Esche ↗ S. 266
13*  Blütenstände und Knospen wechselständig. (↗Ulmengewächse)
                       Ulme ↗ S. 124
14   (1) Blätter zweilappig, fächerför-
mig (↗Abb. 42/6); laubblattartig, obwohl nacktsamige Pflanze! (↗Ginkgo-
gewächse)              Ginkgo ↗ S. 86
14*  Blätter von anderer Gestalt . . 15
15   Blätter nadel- oder schuppenförmig . . . . . . . . . . . . . . . . . 16
15*  Blätter nicht nadel- oder schuppenförmig . . . . . . . . . . . . . 19
16   Strauch, 50 bis 120 cm hoch; stark
dornig. Blüten gelb. (↗Schmetterlings-
blütengewächse) Stechginster ↗ S. 230

16*  Zwergsträucher, meist niedriger
als 50 cm; nicht dornig. Blüten lila, rot
oder rosa . . . . . . . . . . . . . . 17
17   Blätter 2 bis 3 mm lang, schuppenförmig, kreuzgegenständig, dicht
vierreihig angeordnet. (↗Heidekrautge-
wächse)              Heidekraut ↗ S. 192
17*  Blätter 5 bis 10 mm lang, nadelförmig . . . . . . . . . . . . . . . 18
18   Blätter zu 3 bis 4 quirlständig,
locker angeordnet. Blüten zwittrig.
(↗Heidekrautgewächse) Heide ↗ S. 192
18*  Blätter wechselständig, dicht gedrängt. Blüten eingeschlechtig. (↗Krä-
henbeerengewächse)
              Krähenbeere ↗ S. 194
19   (15) Blätter einfach . . . . . . 20
19*  Blätter zusammengesetzt . . . 75
20   Blätter ungeteilt . . . . . . . . 21
20*  Blätter gelappt, gespalten oder geteilt . . . . . . . . . . . . . . . . . 66
21   Blätter gegenständig . . . . . . 22
21*  Blätter wechselständig . . . . . 31
22   Halbschmarotzer; als strauchartige, grüne Pflanze auf anderen Holzgewächsen wachsend . . . . . . . . .
              Mistelgewächse ↗ S. 264
22*  Keine Schmarotzer; Sträucher
oder Bäume im Boden wurzelnd . . 23
23   Blattrand ganzrandig . . . . . . 24
23*  Blattrand gesägt oder gezähnt . 27
24   Blätter lang zugespitzt
(↗Abb. 62/4 u. 5) . . . . . . . . . 25
24*  Blätter nicht lang zugespitzt
(↗Abb. 63/1 u. 2) . . . . . . . . . 26

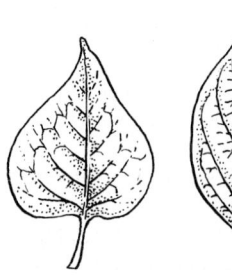

62/4           62/5

25  Blätter herzförmig. Seitenadern in Richtung zum Blattrand verlaufend (↗Abb. 62/4). (↗Ölbaumgewächse)
**Flieder** ↗S. 267
25* Blätter eiförmig bis elliptisch. Seitenadern bogig zur Blattspitze verlaufend (↗Abb. 62/5). (↗Hartriegelgewächse) **Hartriegel** ↗S. 249
26  (24) Blätter eiförmig bis elliptisch. Blattpaare am Grunde durch Querleisten oder Wülste verbunden (↗Abb. 63/3 u. 4).
**Geißblattgewächse** ↗S. 274
26* Blätter lanzettlich. Blattpaare am Grund ohne Querleisten (↗Abb. 63/5). (↗Ölbaumgewächse) **Liguster** ↗S. 266
27  (23) Blätter oberseits runzelig, unterseits graufilzig. (↗Geißblattgewächse) **Wolliger Schneeball** ↗S. 275
27* Blätter oberseits glatt, unterseits nicht graufilzig . . . . . . . . . . . 28
28  Seitenadern in Richtung zum Blattrand verlaufend (↗Abb. 63/6)  29
28* Seitenadern bogig zur Blattspitze verlaufend (↗Abb. 63/7) . . . . . . 30
29  Zweige stielrund. Blätter zum Teil auch wechselständig, oft mit Nebenblättern. (↗Weidengewächse)
**Weide** ↗S. 178
29* Zweige vierkantig. Alle Blätter gegenständig, ohne Nebenblätter. (↗Baumwürgergewächse)
**Pfaffenhütchen** ↗S. 263
30  (28) Strauch mit Dornen. Blattrand fein gesägt (↗Abb. 63/8). (↗Kreuzdorngewächse) **Kreuzdorn** ↗S. 263
30* Strauch ohne Dornen. Blattrand grob gezähnt (↗Abb. 63/9). (↗Pfeifenstrauchgewächse)
**Pfeifenstrauch** ↗S. 218
31  (21) Niedrige Sträucher, kleiner als 150 cm . . . . . . . . . . . . 32
31* Bäume oder höhere Sträucher, größer als 150 cm . . . . . . . . . 40
32  Zweige krautig, grün, kantig oder geflügelt; Sproßachse nur am Grunde holzig . . . . . . . . . . . . . . . . 33

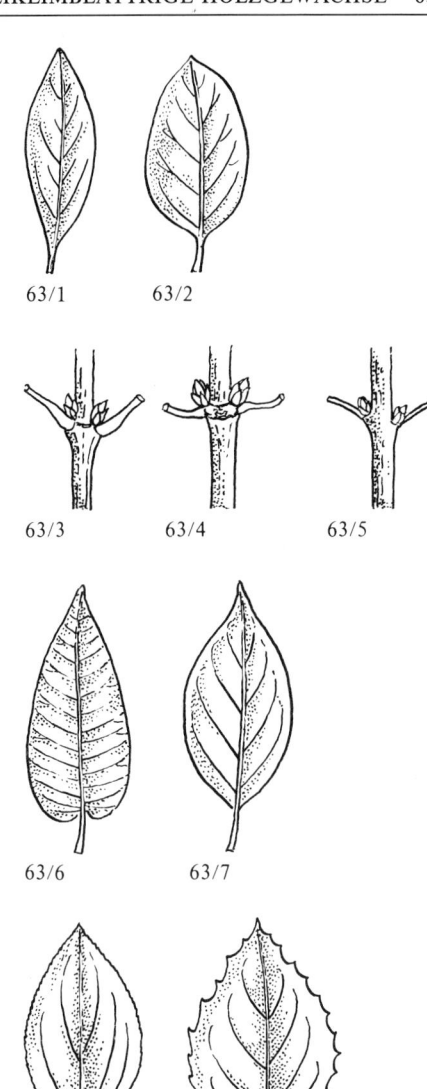

63/1    63/2

63/3    63/4    63/5

63/6    63/7

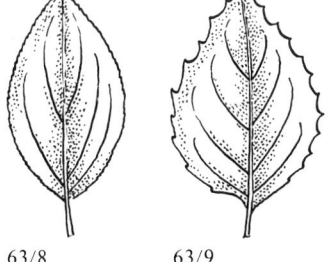

63/8    63/9

32* Zweige holzig, braun, nicht kantig . . . 34
33  Blätter eiförmig, kahl. Früchte Beeren. (↗Heidekrautgewächse)
**Heidelbeere** und **Preiselbeere** ↗S. 192

33* Blätter lanzettlich oder dreizählig, meist behaart. Früchte Hülsen.
Schmetterlingsblütengewächse ↗ S. 220
34   (32) Blätter unterseits silberweiß behaart. (↗ Weidengewächse)
Kriech-Weide ↗ S. 178
34* Blätter unterseits nicht silberweiß, aber manchmal behaart . . . . . . . 35
35   Blätter rund bis elliptisch . . . 36
35* Blätter länglich . . . . . . . . . 38
36   Blattrand gekerbt oder gesägt.
(↗ Birkengewächse)      Birke ↗ S. 120
36* Blattrand ganzrandig . . . . . . 37
37   Blätter unterseits filzig behaart; mit schmalen Nebenblättern (↗ Rosengewächse)      Zwergmispel ↗ S. 212
37* Blätter kahl; ohne Nebenblätter.
Heidekrautgewächse ↗ S. 190
38   (35) Blätter 4 bis 8 cm lang, kahl, nicht duftend. (↗ Spatzenzungengewächse)      Seidelbast ↗ S. 179
38* Blätter bis 4 cm lang, behaart, zerrieben duftend . . . . . . . . . . . 39
39   Blätter breit-lanzettlich, obere Blatthälfte gesägt (↗ Abb. 64/1). (↗ Gagelgewächse)      Gagel ↗ S. 123
39* Blätter schmal-lanzettlich, Blattrand nach unten eingerollt (↗ Abb. 64/2). (↗ Heidekrautgewächse)      Porst ↗ S. 191
40   (31) Blattfläche etwa so lang wie breit oder nur wenig länger als breit . . . . . 41
40* Blattfläche fast doppelt so lang wie breit oder noch länger . . . . . 46
41   Blattstiel seitlich zusammengedrückt, flach. (↗ Weidengewächse)      Pappel ↗ S. 178
41* Blattstiel rund . . . . . . . . . 42
42   Blattfläche am Grunde herzförmig . . . . . . . . . . . . . . 43
42* Blattfläche nicht herzförmig . . 44
43   Blattrand doppelt gesägt (↗ Abb. 64/3). Blüten in walzenförmigen Kätzchen (↗ Abb. 64/4). (↗ Haselgewächse)      Hasel ↗ S. 122
43* Blattrand einfach gesägt.

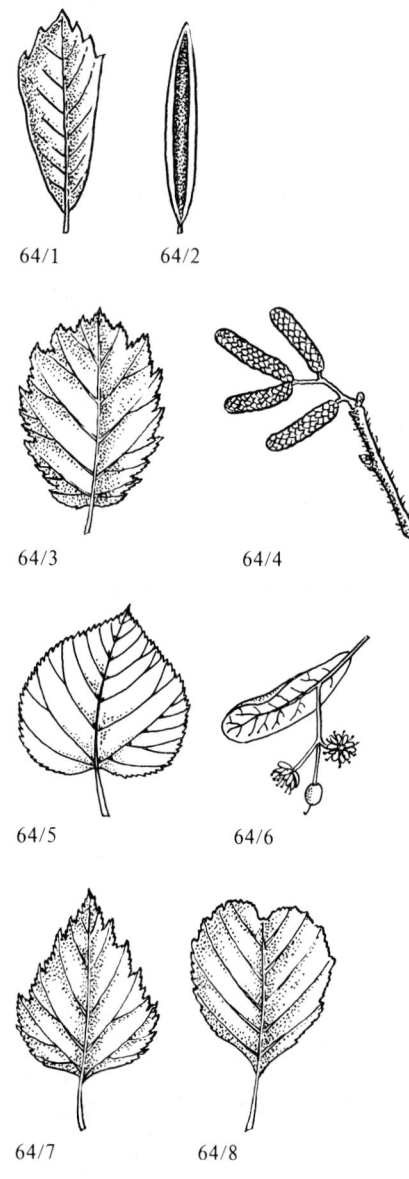

64/1      64/2

64/3      64/4

64/5      64/6

64/7      64/8

(↗ Abb. 64/5). Blüten in doldenförmigen Blütenständen (↗ Abb. 64/6). (↗ Lindengewächse)      Linde ↗ S. 183
44   (42) Seitenadern bis zum Blattrand verlaufend (↗ Abb. 64/7 u. 8).

Junge Zweige meist schon mit Kätzchen des nächsten Jahres . . . . . . 45
**44\*** Seitenadern nicht den Blattrand
erreichend, sich vorher verzweigend
(↗Abb. 65/1 u. 2). Zweige nie mit
Kätzchen. **Rosengewächse** ↗ S. 200
**45** Blätter spitz; dreieckig bis rautenförmig (↗Abb. 64/7) oder eiförmig.
(↗Birkengewächse) **Birke** ↗ S. 120
**45\*** Blätter stumpf oder oben eingebuchtet; rundlich bis verkehrt-eiförmig
(↗Abb. 64/8). (↗Birkengewächse)
**Schwarz-Erle** ↗ S. 120
**46** (40) Blattfläche eiförmig oder elliptisch, etwa doppelt so lang wie
breit . . . . . . . . . . . . . . . 47
**46\*** Blattfläche länglich oder lanzettlich, länger als doppelte Blattbreite . 58
**47** Seitenadern bis zum Blattrand
verlaufend (↗Abb. 65/3) . . . . . . 48
**47\*** Seitenadern nicht den Blattrand
erreichend, sich vorher verzweigend
(↗Abb. 65/4) . . . . . . . . . . . 52
**48** Blätter ganzrandig, am Rande wellig, mit Wimperhaaren. (↗Buchenge-
wächse) **Rot-Buche** ↗ S. 117
**48\*** Blätter gesägt, am Rande nicht
wellig, ohne Wimperhaare . . . . . 49
**49** Junge Zweige meist schon mit
Kätzchen des nächsten Jahres. (↗Bir-
kengewächse) **Erle** ↗ S. 120
**49\*** Zweige ohne vorgebildete Kätzchen . . . . . . . . . . . . . . . 50
**50** Blätter unterseits weißfilzig, dicht
behaart. (↗Rosengewächse)
**Mehlbeere** ↗ S. 210
**50\*** Blätter unterseits nicht weißfilzig,
nur locker behaart oder kahl . . . . 51
**51** Blattfläche am Grunde gleichsei-
tig (↗Abb. 65/5), plissiert durch paral-
lele Falten zwischen den Seitenadern.
Rinde glatt, buchenähnlich
(↗Abb. 409/4). (↗Haselgewächse)
**Hainbuche** ↗ S. 121
**51\*** Blattfläche am Grunde ungleich-
seitig (↗Abb. 65/6). Rinde älterer
Baumstämme rissig. **Ulme** ↗ S. 124

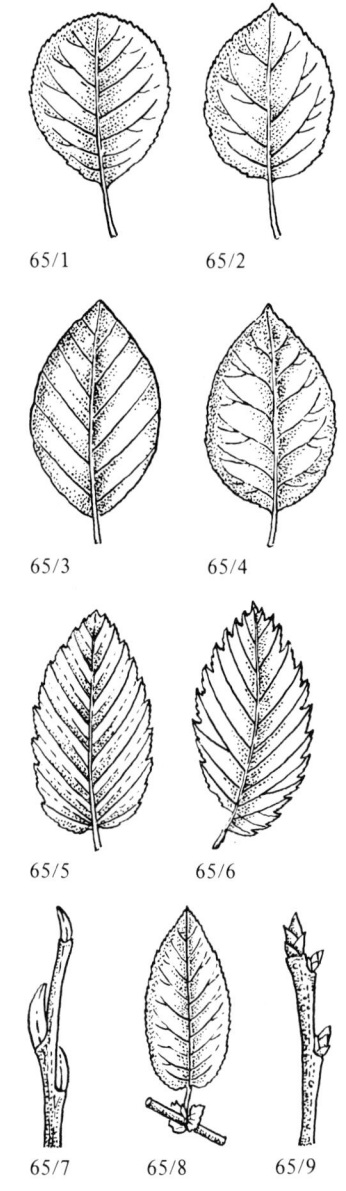

65/1          65/2

65/3          65/4

65/5          65/6

65/7        65/8        65/9

**52** (47) Jede Knospe nur mit 1 kap-
penförmigen Schuppe (↗Abb. 65/7).
Blätter am Grunde oft mit breiten Nebenblättern (↗Abb. 65/8). (↗Weiden-
gewächse) **Weide** ↗ S. 178

52* Jede Knospe mit mehreren Schuppen (↗Abb. 65/9). Blätter am Grunde ohne Nebenblätter oder nur mit kleinen schmalen Nebenblättern . . . . 53
53 Blätter ganzrandig . . . . . . 54
53* Blätter gesägt.
**Rosengewächse**↗S. 200
54 Blätter immergrün, an derselben Pflanze oft verschiedengestaltig . . 55
54* Blätter sommergrün, gleichgestaltig . . . . . . . . . . . . . . . . . 56
55 Kletterpflanze, Stengel auch auf dem Boden kriechend. (↗Araliengewächse) **Efeu**↗S. 248
55* Aufrechte Sträucher oder kleine Bäume. (↗Stechpalmengewächse) **Stechpalme**↗S. 262
56 (54) Blätter besonders unterseits silberweiß. (↗Ölweidengewächse) **Ölweide**↗S. 187
56* Blätter nicht silberweiß . . . . 57
57 Blattflächen bis 4 cm lang, unterseits dicht behaart. (↗Rosengewächse) **Zwergmispel**↗S. 212
57* Blattflächen 4 bis 7 cm lang, unterseits locker behaart bis kahl. (Kreuzdorngewächs) **Faulbaum**↗S. 263
58 (46) Blätter ganzrandig, teilweise nur die untere Blatthälfte ganzrandig . . . 59
58* Blätter ringsum gezähnt, gesägt oder gekerbt . . . . . . . . . . . . 62
59 Sträucher mit langen überhängenden Zweigen. Blüten violett. (↗Nachtschattengewächse) **Bocksdorn**↗S. 289
59* Sträucher oder Bäume mit aufrechten Zweigen. Blüten nicht violett . . . . . . . . . . . . . . . 60

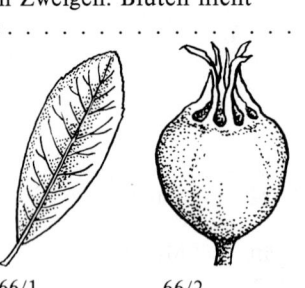

66/1          66/2

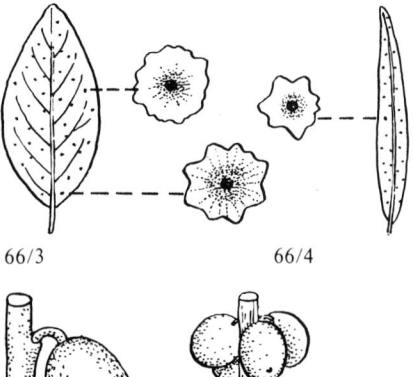

66/3                    66/4

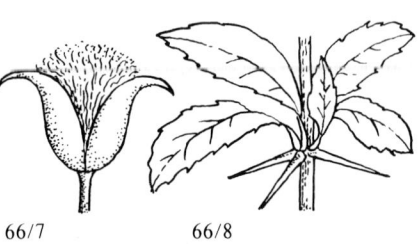

66/5          66/6

66/7          66/8

60 Blätter unterseits grün; obere Blatthälfte oft fein gesägt (↗Abb. 66/1). Kernfrüchte kreiselförmig (↗Abb. 66/2). **Mispel**↗S. 212
60* Blätter unterseits silberweiß oder grau; ringsum ganzrandig. Früchte beerenartig oder Kapseln . . . . . . . 61
61 Blätter mit schuppenförmigen Haaren (↗Abb. 66/3 u. 4, Lupe!), ohne Nebenblätter. Früchte beerenartig (↗Abb. 66/5 u. 6).
**Ölweidengewächse**↗S. 187
61* Blätter mit einfachen Haaren, anliegend oder filzig behaart; oft mit Nebenblättern. Samen mit Haarschopf in Kapseln (↗Abb. 66/7). (↗Weidengewächse) **Weide**↗S. 178
62 (58) Zweige mit einfachen oder dreiteiligen Dornen (↗Abb. 66/8).
**Berberitze**↗S. 110

62* Zweige ohne Dornen . . . . . . 63
63  Blätter zugespitzt gezähnt; derb
lederig . . . . . . . . . . . . . . . 64
63* Blätter gesägt oder gekerbt; krautig . . . . . . . . . . . . . . . . . . 65
64  Blätter kürzer als 10 cm (meist 4
bis 8 cm). Blattzähne abwechselnd
nach oben und unten gerichtet
(↗Abb. 67/1). (↗Stechpalmenge-
wächse)          **Stechpalme** ↗ S. 262
64* Blätter länger als 10 cm (meist 12
bis 20 cm). Blattzähne in einer Ebene
(↗Abb. 67/2). (↗Buchengewächse)
**Eß-Kastanie** ↗ S. 117
65  (63) Jede Knospe nur mit 1 kap-
penförmigen Schuppe (↗Abb. 67/3).
Samen mit Haarschopf in Kapseln
(↗Abb. 67/4). (↗Weidengewächse)
**Weide** ↗ S. 178
65* Jede Knospe mit mehreren Schuppen (↗Abb. 67/5). Steinfrüchte.
**Rosengewächse** ↗ S. 200
66  (20) Blätter gegenständig  . . . 67
66* Blätter wechselständig . . . . . 68
67  Blattstiele mit höckerförmigen
Drüsen (↗Abb. 67/6), am Grunde mit
schmalen Nebenblättern. Steinfrüchte
beerenartig. (↗Geißblattgewächse)
**Gemeiner Schneeball** ↗ S. 275
67* Blattstiele ohne Drüsen, ohne Nebenblätter. Spaltfrüchte geflügelt
(↗Abb. 67/7). (↗Ahorngewächse)
**Ahorn** ↗ S. 233
68  (66) Kletterpflanze, Stengel auch
auf dem Boden kriechend. Blätter immergrün. (↗Araliengewächse)
**Efeu** ↗ S. 248
68* Aufrechte Sträucher oder Bäume.
Blätter sommergrün . . . . . . . . 69
69  Blätter an derselben Pflanze von
verschiedener Gestalt, teils unregelmäßig gelappt und teils ungeteilt
(↗Abb. 67/8 u. 9). Fruchtstände brombeerähnlich (↗Abb. 68/1), weiß oder
schwarzviolett. Seidenraupenfutter-
pflanze und Zierbaum. (Maulbeerge-
wächse, 2 Arten.)          **Maulbeere**

69* Alle Blätter von gleicher Gestalt.
Fruchtstände nicht brombeerähnlich
. . . 70
70  Blätter 10 bis 20 cm breit. Fruchtstände igelähnliche Kugeln
(↗Abb. 68/2). Rinde in großen Platten

abblätternd (↗Abb. 409/1). (↗Plata-
nengewächse)          Platane↗S. 118
70* Blätter schmaler als 10 cm.
Fruchtstände nicht igelähnlich. Rinde
nicht abblätternd . . . . . . . . . . 71
71 Blätter mit 1 Hauptader, schwä-
chere Seitenadern auf der Blattfläche
abzweigend (↗Abb. 68/3) . . . . . . 72
71* Blätter mit 3 bis 5 fast gleichstar-
ken Adern, strahlig vom Grund der
Blattfläche ausgehend
(↗Abb. 68/4) . . . . . . . . . . . 74
72  Blattbuchten am Grunde rund
(↗Abb. 68/5). Früchte in becherförmigen Fruchthüllen, Eicheln
(↗Abb. 68/6). (↗Buchengewächse)
                        Eiche↗S. 118
72* Blattbuchten am Grunde spitz
(↗Abb. 68/7). Früchte ohne Fruchthüllen . . . . . . . . . . . . . . . 73
73  Blätter mit Nebenblättern. Zweige
mit Dornen. (↗Rosengewächse).
                      Weißdorn↗S. 210
73* Blätter ohne Nebenblätter. Zweige
ohne Dornen. (↗Rosengewächse)
                    Vogelbeere↗S. 210
74  (71) Bäume. Blätter unterseits
weiß oder grau. Blattstiele seitlich zusammengedrückt.       Silber-Pappel
74* Sträucher. Blätter unterseits grün.
Blattstiele nicht zusammengedrückt.
(↗Stachelbeergewächse)
                      Stachelbeere und
                  Johannisbeere↗S. 214
75  (19) Blätter gefingert . . . . . . 76
75* Blätter gefiedert . . . . . . . . 81
76  Blättchen ganzrandig . . . . . 77
76* Blättchen gezähnt oder gesägt . 79
77  Nur untere Blätter dreizählig,
obere Blätter ungeteilt. (↗Schmetter-
lingsblütengewächse)
                    Besenginster↗S. 231
77* Alle Blätter dreizählig . . . . . 78
78  Blätter 2 bis 3 cm lang. Kleiner
Strauch bis 1,5 m hoch. (↗Schmetter-
lingsblütengewächse) Geißklee↗S. 231
78* Blätter 5 bis 15 cm lang. Großer

68/1          68/2

68/3          68/4

68/5          68/6          68/7

68/8          68/9

Strauch bis 7 m hoch. (↗Schmetter-
lingsblütengewächse)
                      Goldregen↗S. 230
79  (76) Bäume. Blätter gegenständig,
ohne Nebenblätter. (↗Roßkastanienge-
wächse)          Roßkastanie↗S. 235
79* Sträucher. Blätter wechselständig,
mit Nebenblättern . . . . . . . . . 80
80  Blätter 1 bis 3 cm lang. Zweige
meist mit einzelnen Dornen
(↗Abb. 68/8). (↗Schmetterlingsblü-
tengewächse)          Hauhechel↗S. 232

80* Blätter größer als 3 cm. Zweige und Blätter mit vielen Stacheln (↗Abb. 68/9). (↗Rosengewächse) **Himbeere und Brombeere**↗S. 209

81 (75) Blätter gegenständig . . . 82

81* Blätter wechselständig . . . . . 85

82 Klettergehölze (Lianen). (↗Hahnenfußgewächse) **Waldrebe**↗S. 104

82* Aufrechte Gehölze . . . . . . . 83

83 Blätter mit 9 bis 13 (meist 11) Blättchen. Knospen schwarz (↗S. 411). (↗Ölbaumgewächse) **Esche**↗S. 266

83* Blätter mit 3 bis 9 (meist 5) Blättchen. Knospen grün oder braun . . 84

84 Blättchen gleichgestaltig, regelmäßig gesägt (↗Abb. 69/1). Beerenfrüchte. (↗Geißblattgewächse) **Holunder**↗S. 275

69/1        69/2        69/3

69/4        69/5

69/6        69/7

84* Blättchen verschiedengestaltig, ganzrandig oder unregelmäßig gesägt bis gelappt (↗Abb. 69/2). Spaltfrüchte geflügelt (↗Abb. 69/3). (↗Ahorngewächse) **Eschen-Ahorn**↗S. 233

85 (81)Blätter sehr groß, bis 1 m lang; Blättchen mit wenigen Drüsen an Blattzähnen (↗Abb. 69/4). Früchte geflügelt (↗Abb. 69/5). (↗Bittereschengewächse). **Götterbaum**↗S. 233

85* Blätter nur bis 40 cm lang; Blättchen ohne Drüsen. Früchte nicht geflügelt . . . . . . . . . . . . . . . 86

86 Blättchen ganzrandig . . . . . 87

86* Blättchen gezähnt oder gesägt . 88

87 Blätter mit 5 bis 9 Blättchen; Endblättchen bis 17 cm lang, deutlich größer als die anderen Fiederblättchen (↗Abb. 69/6). (↗Walnußgewächse) **Walnuß**↗S. 123

87* Blätter mit mehr als 9 Blättchen; alle Fiederblättchen fast gleichgroß, 2 bis 5 cm lang (↗Abb. 69/7). (↗Schmetterlingsblütengewächse) **Robinie**↗S. 230

88 (86)Blätter immergrün, derb lederig, zugespitzt gezähnt. (↗Berberitzengewächse) **Mahonie**↗S. 110

88* Blätter sommergrün, krautig, gesägt. **Rosengewächse**↗S. 200

# Einkeimblättrige Landpflanzen

1 Krone deutlich ausgebildet, meist auffällig gefärbt . . . . . . . . . . . 2

1* Krone unscheinbar: spelzenartig, schuppenförmig, borstenförmig oder nicht vorhanden . . . . . . . . . . 10

2 Blätter netzadrig. Blütenhülle strahlig, mit 8 Blättern. **Einbeerengewächse**↗S. 354

2* Blätter paralleladrig. Blütenhülle strahlig, mit 6 Blütenhüllblättern oder zweilippig . . . . . . . . . . . . . . 3

3 Blütenhülle zweiseitig-symmetrisch, zweilippig (↗Abb. 70/1 u. 2). Staubblätter mit dem Griffel verwachsen. **Knabenkrautgewächse** ↗ S. 357

3* Blütenhülle strahlig. Staubblätter frei . . . . . . . . . . . . . . . . . . 4

4 Blütenhülle aus 3 Kelchblättern und 3 Kronblättern. Mehr als 6 Fruchtknoten. **Froschlöffelgewächse** ↗ S. 340

4* Blütenhülle aus 6 Kronblättern. 1 oder 6 Fruchtknoten . . . . . . . . . 5

5 9 Staubblätter, 6 Fruchtknoten (↗Abb. 70/3 u. 4).
**Schwanenblumengewächse** ↗ S. 341

5* 3 oder 6 Staubblätter, 1 Fruchtknoten . . . . . . . . . . . . . . . . 6

6 Fruchtknoten zur Blütezeit sichtbar, über dem Erdboden . . . . . . . 8

6* Fruchtknoten zur Blütezeit unsichtbar, im Erdboden . . . . . . . . 7

7 3 Staubblätter. Pflanze zur Blütezeit mit Blättern. (↗Schwertliliengewächse) **Krokus** ↗ S. 356

7* 6 Staubblätter. Pflanze zur Blütezeit (Herbst) ohne Blätter. (↗Liliengewächse) **Zeitlose** ↗ S. 349

8 (6)Fruchtknoten oberständig (↗Abb. 70/5). 6 Staubblätter.
**Liliengewächse** ↗ S. 346

8* Fruchtknoten unterständig (↗Abb. 70/6). 3 oder 6 Staubblätter . 9

9 6 Staubblätter. 1 Narbe, einfach oder mit 3 Lappen (↗Abb. 70/7 u. 8).
**Amaryllisgewächse** ↗ S. 353

9* 3 Staubblätter. 3 Narben (↗Abb. 70/9 u. 10).
**Schwertliliengewächse** ↗ S. 355

10 (1)Blüten in walzigen Kolben oder in kugelförmigen Köpfen (↗Abb. 71/1 u. 2). Pflanze nicht grasartig . . . . 11

10* Blüten in Trauben, Rispen oder Ähren. Pflanze gras- oder binsenartig . . . 14

11 Blätter gestielt, Blattfläche herz-

70/1

70/2

70/3

70/4

70/5

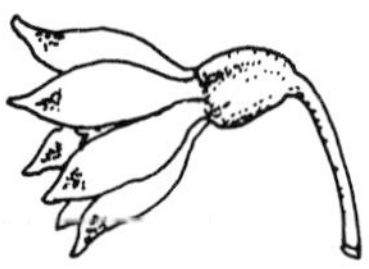

70/6

70/7

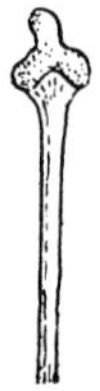

70/8

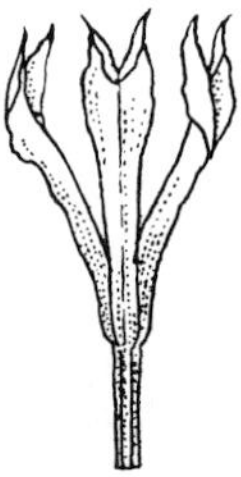

70/9

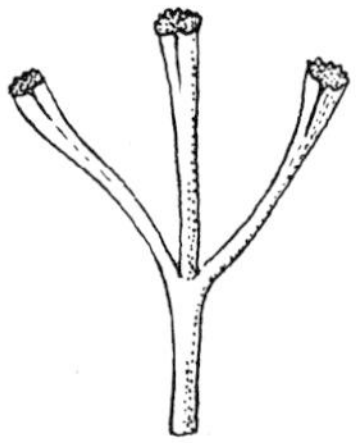

70/10

oder pfeilförmig. Kolben von einem Hochblatt umgeben (↗Abb. 71/3).
**Aronstabgewächse** ↗ S. 391

11* Blätter ungestielt, linealisch oder

schwertförmig. Kolben oder Köpfe
nicht von einem Hochblatt
umgeben . . . . . . . . . . . . . . 12
12 Blüten in kugeligen, igelähnlichen
Köpfen (↗Abb. 71/2).
Igelkolbengewächse ↗ S. 394
12* Blüten in Kolben . . . . . . . . 13
13 Kolben scheinbar seitenständig
(↗Abb. 71/4). Blätter quergewellt.
Pflanze duftend. (↗Aronstabgewächse)
Kalmus ↗ S. 392
13* Kolben endständig. Blätter nicht
quergewellt. Pflanze nicht duftend.
Rohrkolbengewächse ↗ S. 395
14 (10) Blütenhülle vorhanden, aus 6
krautigen oder spelzenartigen Blättern,
6 Staubblätter (↗Abb. 71/5) . . . . 15
14* Blütenhülle nicht vorhanden oder
aus 1 bis 2 Spelzen. Meist 3 Staubblätter (↗Abb. 71/7 bis 9 oder
Abb. 71/6) . . . . . . . . . . . . . 17
15 Blüten in Rispen oder Köpfen.
Blütenhülle spelzenartig.
Binsengewächse ↗ S. 363
15* Blüten in Trauben. Blütenhülle
krautig . . . . . . . . . . . . . . 16
16 Stengel ohne Blätter. Traube mit
20 bis 50 Blüten.
Dreizackgewächse ↗ S. 343
16* Stengel mit Blättern. Traube mit 3
bis 10 Blüten. 1 seltene Art in Hoch-
mooren. **Blasenbinse ▼**
17 (14) Stengel rund, durch Knoten
gegliedert. Blattscheiden meist offen,
am Grunde mit Knoten. Jede Blüte
von 2 Spelzen eingeschlossen
(↗Abb. 71/6). **Süßgräser** ↗ S. 372 ff.

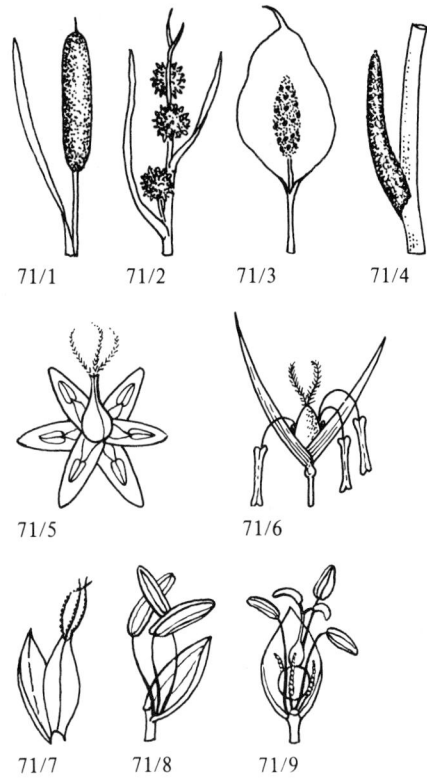

71/1     71/2     71/3     71/4

71/5        71/6

71/7     71/8     71/9

17* Stengel meist dreikantig (nur sel-
ten rund), ohne Knoten. Blattscheiden
meist geschlossen, am Grunde ohne
Knoten. Jede Blüte mit einer Spelze
(↗Abb. 71/7 bis 9).
Riedgrasgewächse ↗ S. 366

# Familien der Sproßpflanzen

| Familie | Bärlappgewächse |
|---------|-----------------|
| Sporenkapseln 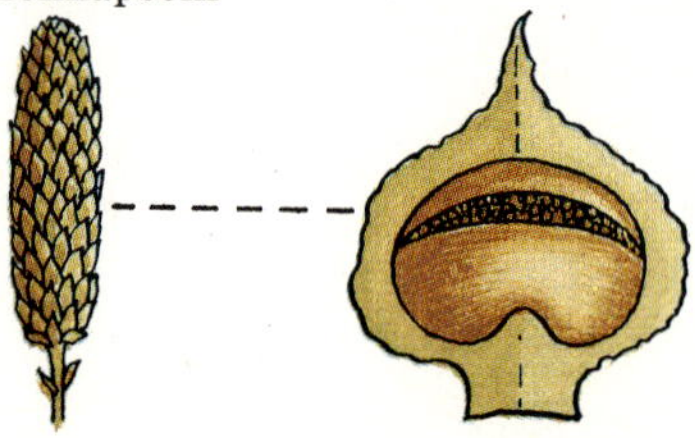 | In endständigen Ähren. Ähren mehr oder weniger deutlich vom Stengel abgesetzt. |
| Blätter 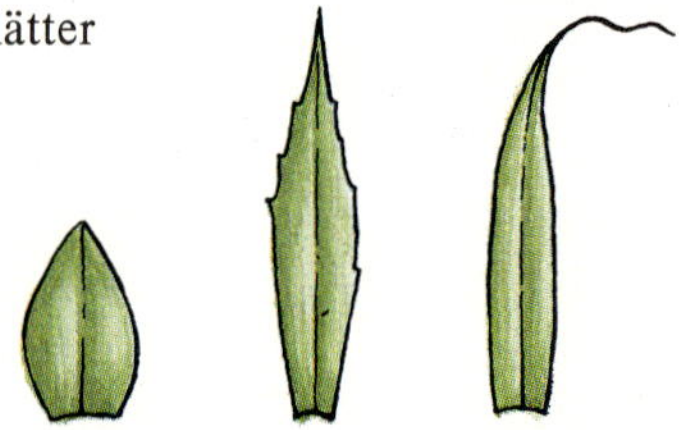 | Kreuzgegenständig oder wechselständig oder spiralig, schuppenförmig oder linealisch bis lanzettlich, ganzrandig oder fein gesägt. |
| Sproßachse  | Gabelig verzweigt mit einem kriechenden Hauptzweig und kürzeren Seitenzweigen. |

Allgemeine Angaben: Ausdauernde Kräuter, immergrün. Heilpflanze: Keulen-Bärlapp.
50 Arten, im Gebiet 5, alle Arten geschützt

1  Blätter kreuzgegenständig. Zweige mehr oder weniger flach.
Flachbärlapp ↗ S. 74
1*  Blätter wechselständig. Zweige rundlich . . . . . . . . . . . . . . . . 2
2  Stengel 2 bis 10 cm lang, kriechend; meist nur 1 aufrechter Seitenzweig. Sporenähre undeutlich vom Stengel abgesetzt (↗ Abb. 75/1).
Moorbärlapp ↗ S. 75
2*  Stengel bis 100 cm lang, kriechend; meist zahlreiche aufrechte Seitenzweige. Sporenähre stets deutlich vom Stengel abgesetzt (↗ Abb. 75/2 bis 75/4).
Bärlapp ↗ S. 75

**Flachbärlapp (2 Arten)**

■  **Gemeiner Flachbärlapp** ▼
10 bis 40 cm. ♃. Aug. bis Sept. Trockene Nadelwälder und Heiden. Zerstreut.
Sporenähren 1,5 bis 3 cm lang, walzenförmig, fächerartig angeordnet.

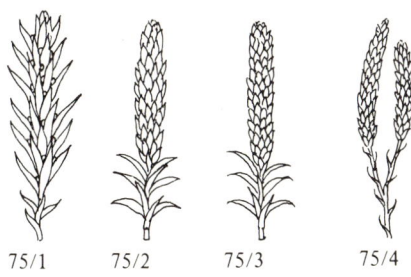

75/1  75/2  75/3  75/4

75/5  Gemeiner Moorbärlapp

**Moorbärlapp (1 Art)**

Stengel kriechend, wenig oder nicht verzweigt. Meist nur 1 Sporenähre, 4 bis 8 cm lang.
2 bis 10 cm. ♃. Aug. bis Okt. Moore oder kahle, schlammige Stellen
**Gemeiner Moorbärlapp** ▼
(↗Abb. 75/5)

**Bärlapp (2 Arten)**

**1**  Sporenähren meist 2 oder 3, an verzweigten Stielen auf den Seitenzweigen (↗Abb. 75/4). Blätter an den Blattspitzen mit langem, weißem Haar.
5 bis 20 cm. ♃. Juli bis Sept. Nadelwälder und Heiden. Zerstreut.
**Keulen-Bärlapp** ▼ (↗Abb. 75/6)

**1***  Sporenähren einzeln; ohne Stiel direkt auf den Seitenzweigen (↗Abb. 75/3). Blätter an den Spitzen ohne Haar.
10 bis 30 cm. ♃. Juli bis Sept. Moore, Fichtenwälder der Mittelgebirge. Zerstreut.
**Sprossender Bärlapp** ▼ (↗Abb. 75/7)

75/6  Keulen-Bärlapp

75/7  Sprossender Bärlapp

| Familie | Schachtelhalmgewächse |
|---|---|
| Sporenkapseln 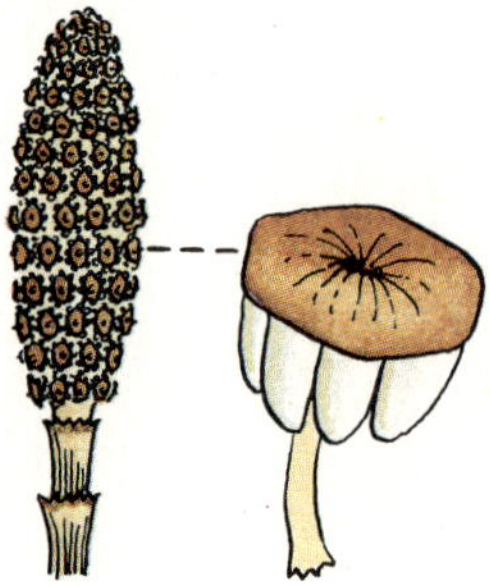 | Auf Unterseite von schildförmigen Trägern, die in Sporenähren zusammenstehen. Sporenähren immer endständig. |
| Blätter  | Quirlständig, zu gezähnten Scheiden verwachsen. |
| Sproßachse 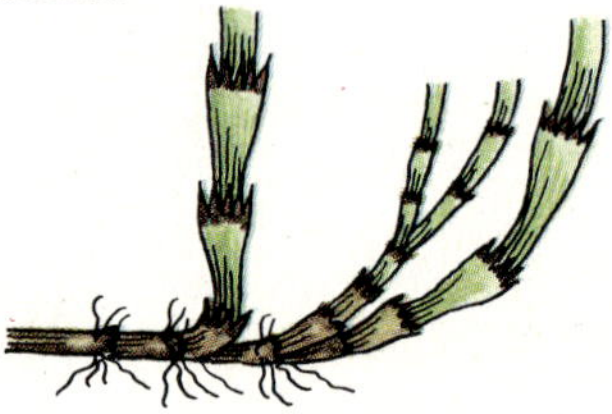 | Deutlich gegliedert, wie ineinandergeschachtelt, hohl. Unterirdischer Teil oft tief in den Boden reichend. |

Allgemeine Angaben: Ausdauernde Kräuter. Lästiges, mechanisch schwer zu bekämpfendes Unkraut (Acker-Schachtelhalm). Giftpflanzen, Heilpflanzen. 25 Arten, im Gebiet 8

**Schachtelhalm (8 Arten)**

■ **Winter-Schachtelhalm**
(↗Abb. 77/1)
30 bis 100 cm. ♃. Juni bis Aug. Sandige, schattige Hänge, feuchte Wälder. Zerstreut.
Stengel dunkelgrün oder graugrün, Blattscheiden mit 14 bis 20 Zähnen.

■ **Acker-Schachtelhalm**
(↗Abb. 77/2)
15 bis 50 cm. ♃. März, Apr. Feuchte Äcker und Wiesen. Verbreitet. Unkraut, Heilpflanze.
Sporenähren tragende Stengel hellbraun oder rötlich, unverzweigt; Stengel ohne Sporenähre grün, verzweigt.

77/1 Winter-Schachtelhalm

77/2 Acker-Schachtelhalm

77/3 Acker-Schachtelhalm (Sporenträger)

77/4 Wald-Schachtelhalm

■ **Wiesen-Schachtelhalm**
15 bis 50 cm. ♃. Apr. bis Juni.
Feuchte, schattige Waldränder und
Wiesen. Selten.
Sporenähren tragende Stengel mit we-
nigen Seitenzweigen, Stengel ohne
Sporenähren mit abstehenden Seiten-
zweigen.

■ **Wald-Schachtelhalm**
(↗Abb. 77/4)
15 bis 50 cm. ♃. Apr., Mai. Wälder,
Waldwiesen. Verbreitet. Giftpflanze.
Alle Stengel mit vielen verzweigten,
überhängenden Seitenzweigen.

## Familie Teufelsklauengewächse

Ausdauernde Kräuter, immergrün. Stengel gabelig verzweigt. Blätter ungestielt, meist in 8 Reihen am Stengel.
150 Arten, im Gebiet 1, geschützt!

### Teufelsklaue (1 Art)

Stengel und Seitenzweige einen dichten Busch bildend. Blätter bis 9 mm lang, ungestielt.
15 bis 20 cm. ♃. Juli bis Okt. Feuchte, schattige Wälder. Selten.
**Tannen-Teufelsklaue** oder **Tannen-Bärlapp** ▼ (↗Abb. 78/1)

78/1  Tannen-Teufelsklaue

## Familie Rispenfarngewächse

Ausdauernde Kräuter. Sporenkapseln in einer endständigen Rispe. Blätter doppelt gefiedert.
20 Arten, im Gebiet 1, geschützt!

### Rispenfarn (1 Art)

50 bis 150 cm. ♃. Juni, Juli. Feuchte Wälder, sumpfige Gebüsche. Selten.
**Königs-Rispenfarn** ▼ (↗Abb. 78/2)

78/2  Königs-Rispenfarn

## Familie Natternzungengewächse

Ausdauernde Kräuter. Sporenkapseln in endständigen Sporenständen, Blätter ungeteilt oder ein- bis vierfach gefiedert. Sproßachse kurz, unterirdisch, mit jährlich meist nur einem Blatt.
80 Arten, im Gebiet 4, geschützt: Rautenfarn

1 Grüne Blattfläche gefiedert, Sporenkapseln in Rispen (↗Abb. 79/1 u. 2). **Rautenfarn** ↗ S. 79
1* Grüne Blattfläche ungeteilt, Sporenkapseln endständig in einer Ähre (↗Abb. 79/3). **Natternzunge** ↗ S. 79

**Rautenfarn (3 Arten)**

■ **Mond-Rautenfarn** ▼ (↗Abb. 79/4). 5 bis 30 cm. ♃. Mai bis Aug. Trockene Wiesen, Wegränder und Heiden. Zerstreut.

**Natternzunge (1 Art)**

5 bis 30 cm. ♃. Juni bis Juli. Feuchte Wiesen, Ufer stehender Gewässer. Zerstreut.

    **Gemeine Natternzunge** (Abb. 79/5)

79/4 Mond-Rautenfarn

79/5 Gemeine Natternzunge

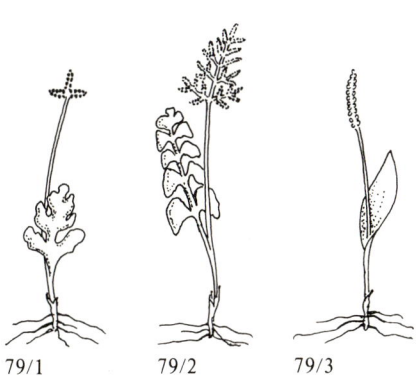

79/1      79/2      79/3

## Familie Adlerfarngewächse

Ausdauernde Kräuter. Sporenkapseln in einer Reihe am Rande der Fieder-blättchen, von einem Häutchen und vom umgerollten Blattrand bedeckt. Blätter zweifach bis vierfach gefiedert.
90 Arten, im Gebiet 1

**Adlerfarn (1 Art)**

Blätter immer einzeln. Blattstiel im Querschnitt mit einem Gefäßbündel in

doppeladlerähnlicher Figur (Name!). 50 bis 200 cm. ♃. Juli bis Sept. Eichen- und Kiefernwälder und Waldränder. Verbreitet. **Adlerfarn** (↗Abb. 80/1)

80/1  Adlerfarn

80/2  Sumpffarn

## Familie Sumpffarngewächse

Ausdauernde Kräuter. Sporenkapseln in runden Häufchen in der Nähe des Blattrandes, selten von einem Schleier bedeckt. Blätter einfach gefiedert, Fiederchen tief geteilt.
870 Arten, im Gebiet 3

1  Unterstes Fiederpaar groß, auffällig abwärts gerichtet.
          **Buchenfarn** ↗S. 80
1*  Unterste Fiederpaare deutlich kleiner als die mittleren, nicht abwärts gerichtet . . . . . . . . . . . . . . . .2
2  Pflanze nur in Mooren und Sümpfen.          **Sumpffarn** ↗S. 80
2*  Pflanze in feuchten Bergwäldern. 1 seltene Art.          **Bergfarn**

**Buchenfarn (1 Art)**

Blätter behaart (Lupe!). 15 bis 30 cm. ♃. Juli, Aug. Schattige, feuchte Wälder. Verbreitet, im Norden selten. **Buchenfarn**

**Sumpffarn (1 Art)**

Blätter meist kahl. 30 bis 80 cm. ♃. Juli bis Sept. Moore, Sümpfe, Erlenwälder. Im Norden verbreitet.
          **Sumpffarn** (↗Abb. 80/2)

## Familie Frauenfarngewächse

Ausdauernde Kräuter. Häufchen der Sporenkapseln unsymmetrisch angeordnet, meist verschieden groß.
500 Arten, im Gebiet 4, geschützt: Straußenfarn

1    Blätter auffallend verschieden; sporentragende Blätter straußenfederähnlich, kleiner als die Blätter ohne Sporenhäufchen.
                    **Straußenfarn** ▼ ↗ S. 81
1*   Alle Blätter gleich gestaltet . . . 2
2    Blätter 30 bis 150 cm lang. Blattstiel kräftig, fast bis zum Grund mit Fiederblättchen und bräunlichen Schuppen besetzt.   **Frauenfarn** ↗ S. 81
2*   Blätter bis 30 cm lang. Blattstiel dünn, unten ohne Fiederblättchen und ohne Schuppen.   **Blasenfarn** ↗ S. 81

### Straußenfarn (1 Art)

Grüne Blätter ohne Sporenhäufchen, trichterförmig angeordnet. Sporentragende Blätter bräunlich, in der Mitte des Trichters.
30 bis 150 cm. ⑵. Juli, Aug. Feuchte Wälder, Ufer fließender Gewässer. Zerstreut.   **Straußenfarn** ▼ (↗ Abb. 81/1)

### Frauenfarn (2 Arten)

■   **Gemeiner Frauenfarn**
(↗ Abb. 81/2).
30 bis 100 cm. ⑵. Juli bis Sept. Schattige, feuchte Wälder und Bachufer. Verbreitet.
Blätter verwelken sehr schnell und liegen meist zu Beginn des Herbstes bereits auf dem Boden.

### Blasenfarn (1 Art)

Blattstiel zerbrechlich, unten rotbraun. Pflanze zierlich, oft bis in den Winter grün bleibend.
10 bis 30 cm. ⑵. Juli bis Sept. Schattige Felsen und Mauern, manchmal in Brunnen. Verbreitet.
                **Zerbrechlicher Blasenfarn**

81/1  Straußenfarn                81/2  Gemeiner Frauenfarn

## Familie Schildfarngewächse

Ausdauernde Kräuter. Blattstiel im Querschnitt mit 2 bis 7 Gefäßbündeln.
Heilpflanze: Wurmfarn.
500 Arten, im Gebiet 9, geschützt: Dorniger Schildfarn, Kamm-Wurmfarn

**1** Blattfläche länger als breit. Sporenkapselhäufchen mit Schleier
(Lupe!) . . . . . . . . . . . . . . . .2
**1\*** Blattfläche etwa so lang wie breit.
Sporenkapselhäufchen ohne Schleier
(↗Abb. 82/2, Lupe!) **Eichenfarn**↗S. 82

 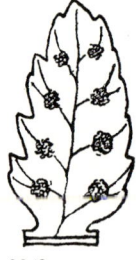

82/1                 82/2

**2** Fiederblättchen am Grunde deutlich unsymmetrisch. Schleier der Sporenkapseln kreisrund (↗Abb. 82/1), in der Mitte angewachsen.
**Schildfarn**↗S. 82
**2\*** Fiederblättchen am Grunde symmetrisch. Schleier der Sporenkapseln nierenförmig (↗Abb. 82/3), in der Nierenbucht angewachsen.
**Wurmfarn**↗S. 82

82/3

**Eichenfarn (2 Arten)**

■ **Eichenfarn** (↗Abb. 82/4).
10 bis 40 cm. ♃. Juli, Aug. Schattige, feuchte Wälder. Verbreitet.

**Schildfarn (1 Art)**

Blätter ledrig derb, grün, überwinternd.
Fiederblättchen sehr dicht stehend, sich teilweise überlappend.
60 bis 100 cm. ♃. Juli bis Okt. Gebirgswälder mit steinigen Abhängen.
Zerstreut.     **Dorniger Schildfarn** ▼

**Wurmfarn (6 Arten)**

■ **Gemeiner Wurmfarn**
(↗Abb. 83/1)
30 bis 150 cm. ♃. Juli bis Sept. Wälder, Gebüsche, Hecken. Verbreitet.
Blätter im Umriß lanzettlich, meist doppelt gefiedert, im Herbst sehr rasch faulend.
■ **Dorniger Wurmfarn** (↗Abb. 83/2)
15 bis 60 cm. ♃. Juli, Aug. Laub- und Nadelwälder. Verbreitet.
Blätter zwei- bis dreifach gefiedert.
Pflanze selten mit einzelnen kleinen Drüsen besetzt.

82/4 Eichenfarn

83/1  Gemeiner Wurmfarn

83/2  Dorniger Wurmfarn

## Familie Rippenfarngewächse

Ausdauernde Kräuter, immergrün. Blätter verschieden gestaltet. Blätter ohne Sporenkapseln in Rosetten. Blätter mit Sporenkapseln aufgerichtet, mit schmaleren Fiederblättchen. Sporenkapseln auf der Blattunterseite in langgestreckten Haufen.
220 Arten, im Gebiet 1

**Rippenfarn (1 Art)**

15 bis 50 cm. ♃. Juli bis Sept.
Feuchte, schattige Fichtenwälder, oft in der Nähe von Quellen und Bächen. Im Bergland zerstreut, sonst selten.
       **Rippenfarn** (↗Abb. 83/3)

83/3  Rippenfarn

## Familie Streifenfarngewächse

Ausdauernde Kräuter. Sporenkapseln immer auf den Blattadern, mit Schleier bedeckt. Meist auf Felsen oder Mauern.
650 Arten, im Gebiet 9, geschützt: Hirschzunge, Milzfarn, Streifenfarn

1 Blätter ungeteilt.
          **Hirschzunge** ↗ S. 84
1* Blätter geteilt . . . . . . . . . . . 2
2 Blätter fiederteilig (↗ Abb. 84/1).
          **Milzfarn** ↗ S. 84

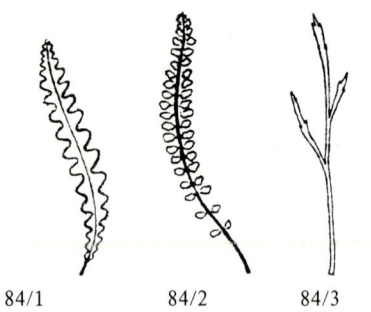

84/1        84/2        84/3

2* Blätter gefiedert (↗ Abb. 84/2) oder gabelteilig (↗ Abb. 84/3).
          **Streifenfarn** ↗ S. 85

### Hirschzunge (1 Art)

Blätter anfangs weißlich behaart, später kahl. Blattstiel mit haarförmigen bräunlichen Schuppen.
15 bis 50 cm. ♃. Juli bis Aug. Immergrün. Felsige feuchte Schluchten. Selten.    **Hirschzunge** ▼ (↗ Abb. 84/4)

### Milzfarn (1 Art)

Blätter lederartig. Sporenkapseln an-

84/5 Brauner Streifenfarn

84/4 Hirschzunge

84/6 Mauer-Streifenfarn

fangs von hellen glänzenden, später braunen Haaren bedeckt.
5 bis 20 cm. ♃. Juni bis Aug. Sonnige Felsen und Mauern, selten im Harz und Thüringer Wald.   **Milzfarn** ▼

**Streifenfarn (7 Arten)**

■   **Mauer-Streifenfarn** oder **Mauerraute** (↗Abb. 84/6)
3 bis 15 cm. ♃. Juli bis Sept. Sonnige Felsen und Mauerfugen. Verbreitet. Sporenkapseln fast die ganze Unterseite der Fiederblättchen bedeckend. Blätter oft bis in den Winter grün.

■   **Brauner Streifenfarn** (↗Abb. 84/5)
5 bis 30 cm. ♃. Juli bis Aug. An Felsen und Mauern. Verbreitet. Blattstiele hornartig zäh, glänzend rot- oder schwarzbraun.

## Familie Tüpfelfarngewächse

Ausdauernde Kräuter, immergrün. Sporenkapseln in kreisrunden Häufchen ohne Schleier in 2 Reihen auf der Blattunterseite. Blätter tief fiederteilig. 550 Arten, im Gebiet 1

**Tüpfelfarn (1 Art)**

10 bis 35 cm. ♃. Aug., Sept. Schattige Felsen und Mauern, lichte Wälder. Verbreitet.
        **Gemeiner Tüpfelfarn** oder
        **Engelsüß** (↗Abb. 85/1)

85/1 Gemeiner Tüpfelfarn

## Familie Schwimmfarngewächse

Schwimmpflanzen. Stengel einfach oder verzweigt. Blätter dreizählig, 2 Blättchen schwimmen, das 3. Blättchen untergetaucht, wurzelartig aussehend. Sehr kleine Sporenkapseln an den untergetauchten Blättern. Aquarienpflanze. 12 Arten, im Gebiet 1, geschützt!

**Schwimmfarn (1 Art)**

Schwimmblätter zweizeilig am Sproß. 2 bis 10 cm. ⊙ Aug. bis Okt. Stehende oder langsam fließende Gewässer im Gebiet von Oder, Elbe und Havel. Selten.    **Gemeiner Schwimmfarn ▼** (↗Abb. 86/1)

86/1  Gemeiner Schwimmfarn

## Familie Ginkgogewächse

Zweihäusige Bäume. Blüten eingeschlechtig; ♂ Blüten traubenartig; ♀ Blüten mit meist 2 Samenanlagen. Samen steinfruchtartig.
Im Erdmittelalter weltweit verbreitet, heute nur 1 Art

**Ginkgo (1 Art)**

Blätter langgestielt, breit-fächerförmig, meist zweilappig, im Herbst abfallend. Bis 30 m. ♄. Mai. Seltener Zierbaum.
**Zweilappiger Ginkgo** (↗ Abb. 86/2)

86/2  Zweilappiger Ginkgo

## Familie Eibengewächse

Zweihäusige Bäume oder Sträucher. Blüten ohne Hülle, eingeschlechtig; ♂ Blüten kugelig gehäuft; ♀ Blüten einzeln. Samen von einem roten, fleischigen, becherartigen Mantel umgeben. Giftpflanzen. 15 Arten, im Gebiet 1, geschützt!

### Eibe (1 Art)

Nadeln flach, oberseits mit erhöhter Längslinie. Rinde rötlich, oft abblätternd. Pflanze mit Ausnahme des fleischigen Samenmantels giftig.
Bis 15 m. ♄. März bis Apr. Laubwälder. Selten. Zierstrauch.
**Beeren-Eibe** ▼ (↗ Abb. 87/1 u. 2)

87/1  Beeren-Eibe, ♂

87/2  Beeren-Eibe, ♀

| Familie | Kieferngewächse |
|---|---|
| Blüten und Blütenstände<br> | Ohne Blütenhülle, eingeschlechtig; einhäusig.<br>♀ Blüte Samenschuppe mit zwei freien Samenanlagen;<br>♂ Blüte kätzchenartig aus vielen Staubblättern.<br>♀ Blüten oft in verholzenden Zapfen;<br>♂ Blüten in Büscheln am Grunde diesjähriger Triebe. |
| Blätter | Nadelförmig, einzeln oder in Büscheln. |

Allgemeine Angaben: Bäume, oft mit stockwerkartiger Verzweigung, selten Sträucher. Vorwiegend auf der nördlichen Halbkugel. Wichtige Forstbäume (Holz, Harze, ätherische Öle). Zierbäume.
210 Arten, im Gebiet etwa 30

1    Nadeln zu 15 und mehr in Büscheln (↗Abb. 89/5); im Herbst abfallend. Baum sommergrün.
                    **Lärche** ↗ S. 90
1*    Nadeln einzeln (↗Abb. 89/6) oder zu 2 bis 5 (↗Abb. 89/7), im Herbst nicht abfallend. Baum immergrün . . 2
2    Nadeln zu 2 bis 5 in einer kurzen trockenen häutigen Scheide (↗Abb. 89/7).         **Kiefer** ↗ S. 90
2*    Nadeln einzeln . . . . . . . . . 3
3    Nadeln meist vierkantig

(↗Abb. 89/8); oft stechend. Entnadelte Zweige raspelartig rauh (↗Abb. 89/8). Reife Zapfen als Ganzes abfallend (↗Abb. 89/3).         **Fichte** ↗ S. 92
3*    Nadeln flach (↗Abb. 89/9), nicht stechend. Entnadelte Zweige fast glatt . . . 4
4    Nadelgrund scheibenförmig (↗Abb. 89/9). Reife Zapfen aufrecht (↗Abb. 89/4 u. 10). Schuppen der Zapfen einzeln abfallend. **Tanne** ↗ S. 92

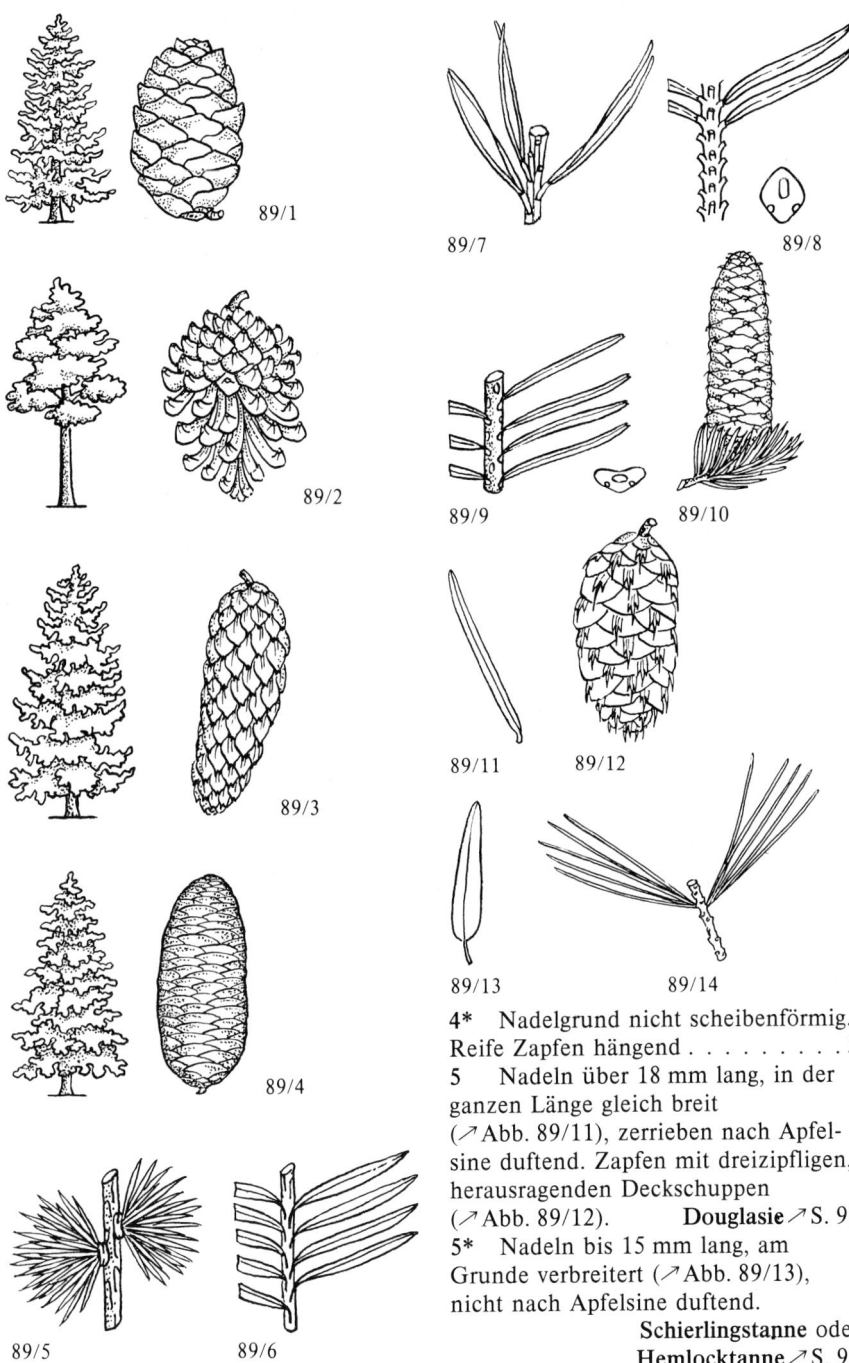

89/1

89/7      89/8

89/2

89/9      89/10

89/3

89/11      89/12

89/4

89/13      89/14

89/5      89/6

4*   Nadelgrund nicht scheibenförmig.
Reife Zapfen hängend . . . . . . . . . 5
5   Nadeln über 18 mm lang, in der
ganzen Länge gleich breit
(↗Abb. 89/11), zerrieben nach Apfelsine duftend. Zapfen mit dreizipfligen,
herausragenden Deckschuppen
(↗Abb. 89/12).      **Douglasie** ↗ S. 93
5*   Nadeln bis 15 mm lang, am
Grunde verbreitert (↗Abb. 89/13),
nicht nach Apfelsine duftend.
              **Schierlingstanne** oder
              **Hemlocktanne** ↗ S. 93

## Lärche (2 Arten)

■ **Europäische Lärche**
(↗Abb. 90/5 u. 6)
Bis 35 m. ♄. Apr. bis Mai. Häufiger
Forstbaum.
Rinde grau bis braun. Nadeln hellgrün.
Zapfenschuppen fest anliegend.

## Kiefer (8 Arten)

1    Nadeln zu 5 (↗Abb. 89/14) . . . 2
1*   Nadeln zu 2 (↗Abb. 90/3) oder 3
(↗Abb. 90/4) . . . . . . . . . . . . 3
2    Nadeln weich, dünn.
(↗Abb. 89/14). Rinde grau. Zapfen
schlank, über 10 cm lang
(↗Abb. 90/1).
Bis 40 m. ♄. Mai, Juni. Forst- und
Zierbaum.
       **Weymouths-Kiefer** (↗Abb. 90/7)
2*   Nadeln steif. Rinde braun. Zapfen
eiförmig, bis 8 cm lang (↗Abb. 90/2).
Bis 15 m. ♄. Juni, Juli. Zierbaum. Samen als „Zirbelnüsse" bekannt (eßbar).
               **Zirbel-Kiefer**
3   (1) Nadeln zu 3 (↗Abb. 90/4), am
Rande rauh, hellgrün. Zapfen bis
10 cm lang. Schuppen mit kurzem
Dorn.

90/5 Europäische Lärche

90/6 Europäische Lärche

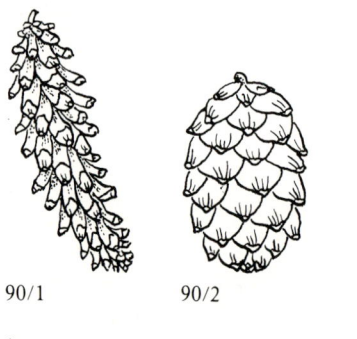

90/1        90/2

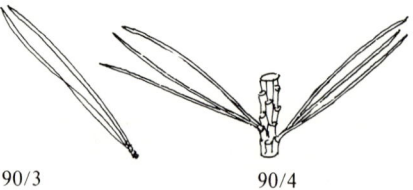

90/3        90/4

90/7 Weymouths-Kiefer

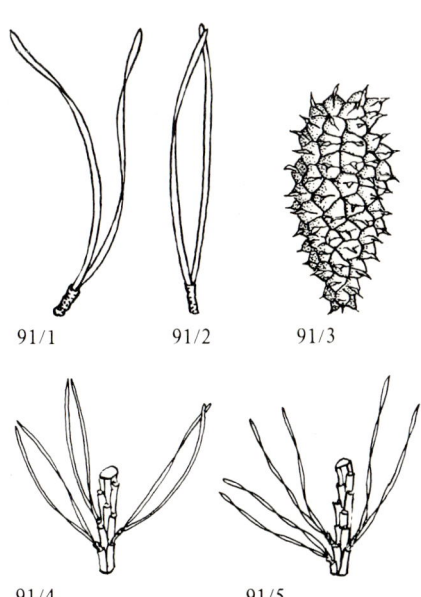

91/1      91/2      91/3

91/4           91/5

Bis 15 m. ♄. Zierbaum, seltener Forstbaum.               **Pech-Kiefer**
**3\***    Nadeln zu 2 . . . . . . . . . . . **4**
**4**     Nadeln 8 bis 15 cm lang, schwarz-
grün mit auffallend gelblicher Spitze.
Zapfen 8 cm lang, obere Schuppen oft
kurzdornig. Rinde schwarzgrau, tiefris-
sig.
20 bis 40 m. ♄. Mai, Juni. Forst- und
Zierbaum.          **Schwarz-Kiefer**
**4\***    Nadeln 2 bis 7 cm lang . . . . . **5**
**5**     Nadeln wellig gekrümmt, um ihre
Achse gedreht (↗Abb. 91/1), gelbgrün.
Zapfen 5 cm lang, gekrümmt.
Bis 20 m. ♄. Mai, Juni. Zier- und
Forstbaum.          **Banks-Kiefer**
**5\***    Nadeln nie wellig gekrümmt, bisweilen gedreht (↗Abb. 91/2, 4 u. 5) . **6**
**6**     Nadeln stumpf, dunkelgrün. Zapfen bis 5 cm lang, sitzend, aufrecht.
Rinde grau. Strauch oder Baum.
Zweige meist in regelmäßigen Quirlen
stehend.
1 bis 12 m. ♄. Juni, Juli. Erzgebirge,
Thüringer Wald. Selten. Auch häufiger
Zierstrauch. **Berg-Kiefer** (↗Abb. 91/8)

91/6 Wald-Kiefer, ♂

91/7 Wald-Kiefer, ♀

91/8 Berg-Kiefer

6* Nadeln spitz. Nur Bäume . . . . 7
7 Nadeln blau- oder graugrün, gedreht und oft gekrümmt (↗Abb. 91/4).
Rinde im oberen Teil rötlich, im unteren Teil graubraun, dick und rissig.
Zapfen bis 7 cm lang, hängend.
Bis 50 m. ♄. Mai. Häufiger Forstbaum
auf verschiedenen Standorten. Harzge-
winnung. **Wald-Kiefer** (Abb. 91/6 u. 7)
7* Nadeln dunkel- oder gelbgrün,
stark um ihre Achse gedreht
(↗Abb. 91/5). Rinde hellgrau bis
braun. Zapfen bis 6 cm lang. Zapfenschuppen bedornt (↗Abb. 91/3).
Bis 25 m. ♄. Mai, Juni. Forstbaum,
Küstenbereich.          **Murray-Kiefer**

**Fichte (3 Arten)**

1 Nadeln deutlich vierkantig. Ober-
und Unterseite gleichfarbig . . . . . . 2
1* Nadeln nur undeutlich kantig,
flach; oberseits dunkelgrün, unterseits
mit silberweißen Linien, scharf nadel-
artig zugespitzt (↗Abb. 92/1 u. 2), 12
bis 18 mm lang. Zapfen bis 8 cm lang,
gedrungen (↗Abb. 92/3), blaßgelb.
Bis 35 m. ♄. Mai, Juni. Forstbaum.
          **Sitka-Fichte**
2 Nadeln mattgrün, graugrün oder
silberweiß; hart, stechend; auch auf der
Unterseite der Zweige allseitig abstehend (↗Abb. 92/4 u. 5). Zapfen bis
10 cm lang, schlank (↗Abb. 92/6).
Bis 35 m. ♄. Mai. Forstbaum, häufiger
Zierbaum.
     **Stech-Fichte** oder **Blau-Fichte**
2* Nadeln grün; fest; biegsam; auf
der Unterseite der Zweige deutlich in
2 Reihen (↗Abb. 92/11). Zapfen bis
15 cm lang.
Bis 50 m. ♄. Apr., Mai. Verbreiteter
Forstbaum. Wälder besonders im Bergland.     **Gemeine Fichte** (↗Abb. 93/1)

**Tanne (4 Arten)**

1 Nadeln spitz, meist sichelförmig
aufwärts gebogen (↗Abb. 92/7), länger

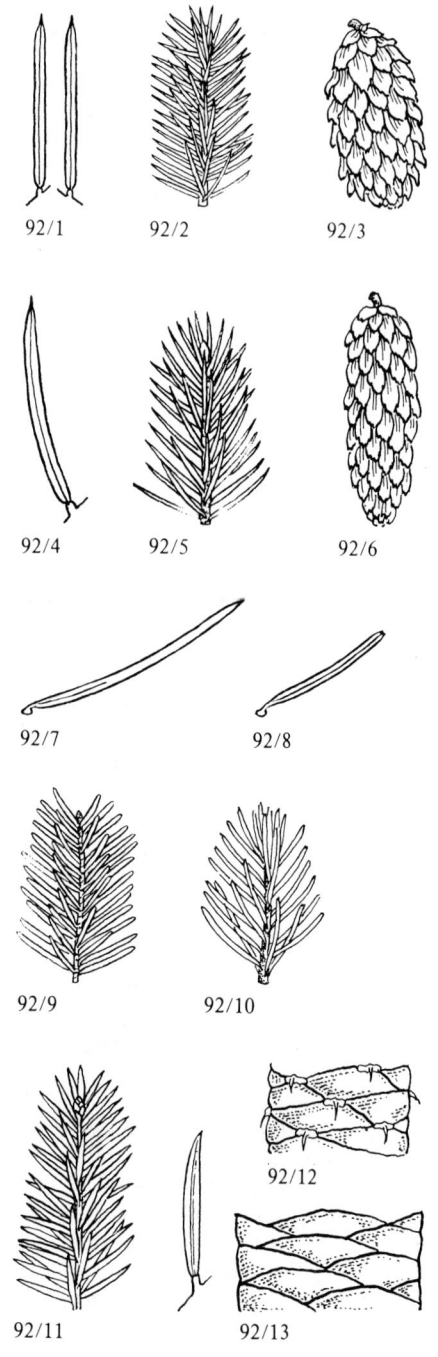

92/1  92/2  92/3
92/4  92/5  92/6
92/7  92/8
92/9  92/10
92/11  92/12  92/13

als 4 cm; blaugrün bis blaugrau. Deckschuppen der Zapfen nicht oder nur
wenig hervortretend.
Bis 35 m. ♄. Juni. Zierbaum, als Forstbaum seltener.                **Grau-Tanne**
1*  Nadeln an der Spitze rundlich
(↗Abb. 92/8), bis 3 cm lang, oberseits
dunkelgrün, unterseits mit 2 weißli-
chen Längsstreifen. . . . . . . . . . .2
2   Deckschuppen deutlich sichtbar
(↗Abb. 92/12). Nadeln mehr oder weniger gleichlang . . . . . . . . . . .3
2*  Deckschuppen verdeckt
(↗Abb. 92/13). Nadeln unterschiedlich
lang.                         **Groß-Tanne**
3   Nadeln deutlich gescheitelt
(↗Abb. 92/9). Rinde hellgrau.
Bis 50 m. ♄. Mai, Juni. Forst- und
Zierbaum. Thüringer Wald und Niederlausitz verbreitet, sonst selten.
                              **Edel-Tanne**
3*  Nadeln undeutlich gescheitelt
(↗Abb. 92/10). Rinde dunkelgrau.
Bis 20 m. ♄. Juni, Juli. Forst- und
Zierbaum.              **Nordmann-Tanne**

**Schierlingstanne (1 Art)**

Nadeln oberseits dunkelgrün, unterseits mit 2 weißen Längsstreifen, 10
bis 15 mm lang. Zapfen rundlich, bis
25 mm lang. Obere Zweige schräg aufrecht. Krone breit ausladend. Baum
zierlich wirkend.
10 bis 30 m. ♄. Apr., Mai. Zier- und
Forstbaum. Selten. In Parkanlagen
häufig.    **Kanadische Hemlocktanne**
                          (↗Abb. 93/2)

**Douglasie (1 Art)**

Nadeln oberseits glänzend, unterseits
mit 2 weißen Längsstreifen, 18 bis
35 mm lang, zerrieben stark würzig
nach Apfelsine duftend.
Bis 30 m. .♄. Apr., Mai. Zier- und
Forstbaum. Verbreitet.
          **Douglasie** (↗Abb. 93/3)

93/1 Gemeine Fichte

93/2 Kanadische Hemlocktanne

93/3 Douglasie

## Familie Sumpfzypressengewächse

Einhäusige Bäume, getrenntgeschlechtig. In ♀ Blüten Samen- und Deckschuppen verwachsen, meist mehr als zwei Samenanlagen.
16 Arten, im Gebiet nur 3 Arten, in Parks

1 Nadeln blaugrün, gekrümmt, dem Zweig anliegend; im Herbst nicht abfallend. Bäume immergrün.
Bis 100 m. ♄. Zierbaum. Selten.
Mammutbaum ↗ S. 94
1* Nadeln hellgrün, weich, gerade vom Zweig abstehend; im Herbst abfallend. Baum sommergrün . . . . . . 2
2 Nadeln gegenständig.
Urweltmammutbaum ↗ S. 94
2* Nadeln wechselständig.
Sumpfzypresse ↗ S. 94

**Mammutbaum (1 Art)**

Baum immergrün. Zapfen bis 7 cm lang.
Bis 100 m hoch. ♄. Apr., Mai. Seltener Zierbaum.
Riesen-Mammutbaum (↗ Abb. 94/1)

**Urweltmammutbaum (1 Art)**

Baum sommergrün. Zapfen eiförmig, bis 3,5 cm lang.
Bis 35 m. ♄. Erst 1941 in China entdeckt, um 1950 nach Europa gebracht. Winterharter, sehr schnellwüchsiger Zierbaum.
Urweltmammutbaum oder **Chinesisches Rotholz** (↗ Abb. 94/2)

**Sumpfzypresse (1 Art)**

Baum sommergrün. Zapfen eiförmig, bis 3 cm lang. Manchmal mit aus dem Boden ragenden höckerförmigen Luftwurzeln.
Bis 35 m. ♄. Mai. Seltener Zierbaum, nur in Parkanlagen. **Sumpfzypresse**

94/1 Riesen-Mammutbaum

94/2 Urweltmammutbaum oder Chinesisches Rotholz

| Familie | Zypressengewächse |
|---|---|
| Blüten und Blütenstände | Eingeschlechtig. Einhäusig. Ohne Blütenhülle. ♀ Blüten meist in verholzenden Zapfen. |
| Blätter | Gegenständig oder zu dreien quirlständig. Meist schuppenförmig. Selten nadelförmig. |
| Sproßachse | Holzig. |

Allgemeine Angaben: Bäume oder Sträucher. Zierbäume bzw. Ziersträucher. Gewürz- und Heilpflanze: Wacholder.
135 Arten, im Gebiet 12

1   Blätter nadelförmig, zu 3 quirlständig (↗Abb. 95/1) oder teils gegenständig nadelförmig, teils schuppenförmig, Schuppen alle gleich (↗Abb. 95/2).        **Wacholder** ↗ S. 95
1*  Blätter alle schuppenförmig, Schuppen unterschiedlich (↗Abb. 95/3) . . . . . . . . . . . . . 2
2   Zapfen kuglig (↗Abb. 95/4). Gipfeltrieb meist überhängend (↗Abb. 95/6).        **Weißzeder** ↗ S. 96
2*  Zapfen eiförmig (↗Abb. 95/5), Gipfeltrieb meist aufrecht (↗Abb. 95/7).        **Lebensbaum** ↗ S. 96

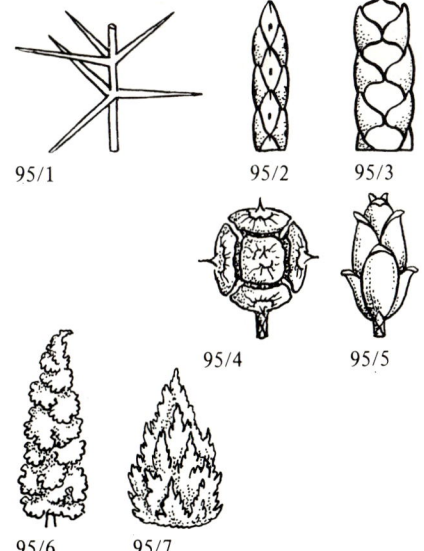

95/1        95/2        95/3

95/4        95/5

95/6        95/7

**Wacholder (4 Arten)**

■   **Gemeiner Wacholder**
Bis 15 m. ♄. Apr., Mai. Heiden, trockene Wälder. Verbreitet.
Nadeln spitz stechend, zu 3 quirlstän-

dig. Strauch meist säulenförmig. Zweihäusig, Zapfen beerenartig, schwarzblau, bereift, liefern Wacholdersaft.

■ **Sadebaum** (↗Abb. 96/4)
Bis 2 m. ♄. Apr., Mai. Häufiger Zierstrauch. Giftig!
Nadeln schuppenförmig oder seltener
nadelförmig. Zerrieben stark und unangenehm duftend.

**Weißzeder (4 Arten)**

■ **Erbsenfrüchtige Weißzeder**
(↗Abb. 96/5)
Bis 20 m. ♄. März, Apr. Zierbaum in
Parkanlagen.
Blätter schuppenförmig, unterseits mit
weißen Flecken.

**Lebensbaum (3 Arten)**

1    Blätter auf der Unterseite der
Zweige mit weißen Linien; Zweige
deutlich abgeflacht. Pflanze aromatisch
duftend. Zapfen reif nickend.
Bis 50 m. ♄. Apr. Seltener Zierbaum.
                **Riesen-Lebensbaum**
1*   Blätter alle ohne weiße Linien  . 2
2    Zweige oberseits dunkelgrün, unterseits blaßgrün. Blätter meist mit kugeliger Öldrüse (↗Abb. 96/1; Lupe!).
Zweige flach, zerrieben unangenehm
duftend. Zapfen ohne Dornen
(↗Abb. 96/2).
Bis 20 m. ♄. März, Apr. Zierbaum
oder Zierstrauch. Schattenfest.
            **Abendländischer Lebensbaum**
                (↗Abb. 96/6 u. 407/6)
2*   Zweige gleichfarbig. Blätter mit
Mittelfurche (Lupe!). Zapfen mit je 1
zurückgekrümmten Dorn
(↗Abb. 96/3).
Bis 7 m. ♄. Apr. Zierbaum.
            **Morgenländischer Lebensbaum**

96/1      96/2      96/3

96/4  Sadebaum

96/5  Erbsenfrüchtige Weißzeder

96/6  Abendländischer Lebensbaum

| Familie | Seerosengewächse |
|---|---|
| Blüten | Zwittrig. Strahlig. Blütenhülle einfach oder doppelt, 5 bis viele Blütenhüllblätter, frei; viele Staubblätter; meist 1 Fruchtknoten, oberständig; Blüten nur einzeln. |
| Früchte | Sammelfrüchte, beeren- oder kapselartig. |
| Blätter | Schwimmblätter, langgestielt, großflächig, ganzrandig. |
| Sproßachse | Rhizome; Durchmesser bis armdick, im Gewässergrund liegend. |

Allgemeine Angaben: Ausdauernde Kräuter, selten einjährig. Wasserpflanzen, selten Sumpfpflanzen. Bekannte tropische Arten: Lotosblume, Victoria regia. 80 Arten, im Gebiet 4, geschützt!

**1**    Kronblätter weiß. Blattadern am Blattrand miteinander verbunden (↗Abb. 98/2).            **Seerose** ↗ S. 98
**1\***   Kronblätter gelb. Blattadern am Blattrand nicht miteinander verbunden (↗Abb. 98/3).            **Mummel** ↗ S. 98

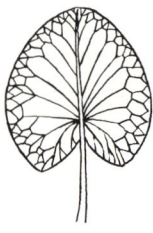
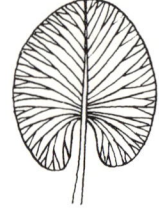

98/2            98/3

98/1  Weiße Seerose

**Seerose (2 Arten)**

■   **Weiße Seerose** ▼ (↗Abb. 98/1)
♃. Juli bis Aug. Seen, Teiche. Verbreitet.
Blütendurchmesser mehr als 5 cm.
Früchte kugelig.

**Mummel (2 Arten)**

**1**    Blütendurchmesser 4 bis 5 cm; Blüten stark riechend.
♃. Juni bis Aug. Seen, Teiche, bis 2 m Tiefe. Verbreitet.
            **Große Mummel** ▼ (↗Abb. 98/4)
**1\***   Blütendurchmesser 2 bis 3 cm; Blüten schwach riechend.
♃. Juli bis Aug. Teiche, Seen. Selten.
            **Zwerg-Mummel** ▼ (↗Abb. 98/5)

98/4  Große Mummel

98/5  Zwerg-Mummel

## Familie Hornblattgewächse

Pflanze im Wasser untergetaucht, wurzellos. Blüten eingeschlechtig, einhäusig. Blüten und Früchte unter Wasser. ♀ Blüten 8 bis 15 Blütenhüllblätter, 1 Fruchtknoten. ♂ Blüten 10 bis 20 Staubblätter. Pollen wird durch Wasser übertragen. Eiförmige Nüsse. Blätter quirlständig, geteilt, hornartig-knorpelig, derb.

5 Arten, im Gebiet 2

**Hornblatt (2 Arten)**

1 Blätter dunkelgrün, mit 2 bis 4 Zipfeln, Zipfel starr (↗Abb. 99/1). Frucht am Grund mit 2 Stacheln (↗Abb. 99/3). 0,50 bis 1 m. ♃. Juni bis Sept. Langsam fließende oder stehende Gewässer. Verbreitet.
**Gemeines Hornblatt** (↗Abb. 99/5)

1* Blätter hellgrün, mit 5 bis 8 Zipfeln (↗Abb. 99/2). Zipfel weich. Frucht ohne Stacheln (↗Abb. 99/4). 0,5 bis 1 m. ♃. Juni bis Aug. Stehende Gewässer. Selten. **Zartes Hornblatt**

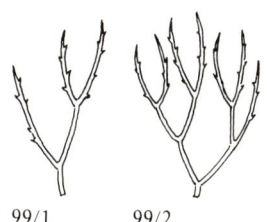

99/1    99/2

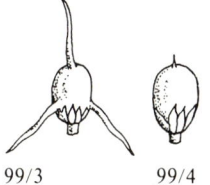

99/3    99/4

99/5 Gemeines Hornblatt

7*

| Familie | Hahnenfußgewächse |
|---|---|
| Blüten und Blütenstände 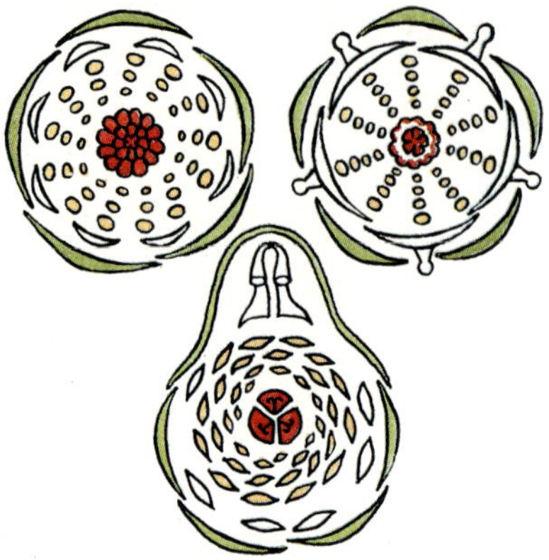 | Meist zwittrig. Strahlig oder zweiseitig symmetrisch. Blütenhülle einfach oder in Kelchblätter und Kronblätter gegliedert, freiblättrig, unterschiedlich gestaltet; viele Staubblätter. Meist viele Fruchtblätter, frei, oberständig. Blüten einzeln oder in Trauben oder Rispen. |
| Früchte | Balgfrüchte mit mehreren Samen oder Nüsse mit einem Samen, selten Kapseln oder Beeren. |
| Blätter | Wechselständig, selten gegenständig oder in grundständiger Rosette, meist geteilt. |

Allgemeine Angaben: Einjährige und ausdauernde Kräuter, selten Sträucher. Gift- und Heilpflanzen: z. B. Eisenhut, Dotterblume; Zierpflanzen: z. B. Waldrebe (Clematis, ↗ Abb. 400/3), Rittersporn, Akelei.
2 000 Arten, im Gebiet 69, geschützt: Leberblümchen, Kuhschelle, Eisenhut, Nieswurz, Frühlings-Adonisröschen, Trollblume, Akelei, Großes Windröschen, Zungen-Hahnenfuß

1 Blüten strahlig (Abb. 101/1 u. 4) 3
1* Blüten zweiseitig-symmetrisch (↗ Abb. 101/2 u. 3) . . . . . . . . . 2
2 Blüten helmartig (↗ Abb. 101/2), ohne Sporn. **Eisenhut** ↗ S. 103
2* Blüten nicht helmartig, mit Sporn (↗ Abb. 101/3). **Rittersporn** ↗ S. 103
3 (1) Blüten mit 5 nach oben gerichteten Spornen (↗ Abb. 101/4), Blüten blau, seltener weiß oder rosa. **Akelei** ↗ S. 103
3* Blüten ohne Sporn . . . . . . . 4
4 Wasserpflanze. Blüten weiß. Untergetauchte Blätter haarförmig zerschlitzt. (↗ Abb. 101/5 u. 6). **Hahnenfuß** ↗ S. 106
4* Landpflanze oder Sumpfpflanze 5
5 Blätter fußförmig geteilt (↗ Abb. 101/9 u. 10). **Nieswurz** ↗ S. 104
5* Blätter nicht fußförmig geteilt . . 6
6 Stengel nur am Grunde mit Blättern . . . . . . . . . . . . . . . . . 7
6* Stengel auch über dem Grund mit Blättern . . . . . . . . . . . . . . 8
7 Blätter dreilappig (↗ Abb. 101/7). Blüten blau. **Leberblümchen** ↗ S. 103

7* Blätter ungeteilt, schmal linealisch. Blüten unscheinbar, in einem
walzenförmigen Blütenstand
(↗Abb. 101/8).
　　　　　Mäuseschwänzchen ↗ S. 104
8　(6) 1 Blattquirl unterhalb der
Blüte (↗Abb. 101/11 bis 13). Übrige
Blätter grundständig . . . . . . . . . . 9
8* Ohne Blattquirl unterhalb der
Blüte. Blätter am Stengel verteilt . . 11
9　Blattquirl dicht unter der Blüte
(↗Abb. 101/11), Blüten gelb.
　　　　　　　　　Winterling ↗ S. 104
9* Blattquirl etwas von der Blüte ent-
fernt (↗Abb. 101/12 u. 13) . . . . . 10
10　Blüten weiß oder dottergelb.
Früchte mit kurzem Schnabel
(↗Abb. 101/14). Windröschen ↗ S. 104
10* Blüten violett oder sehr selten
weiß. Früchte mit langem, behaartem
Schnabel (↗Abb. 101/15).
　　　　　　　Küchenschelle ↗ S. 104

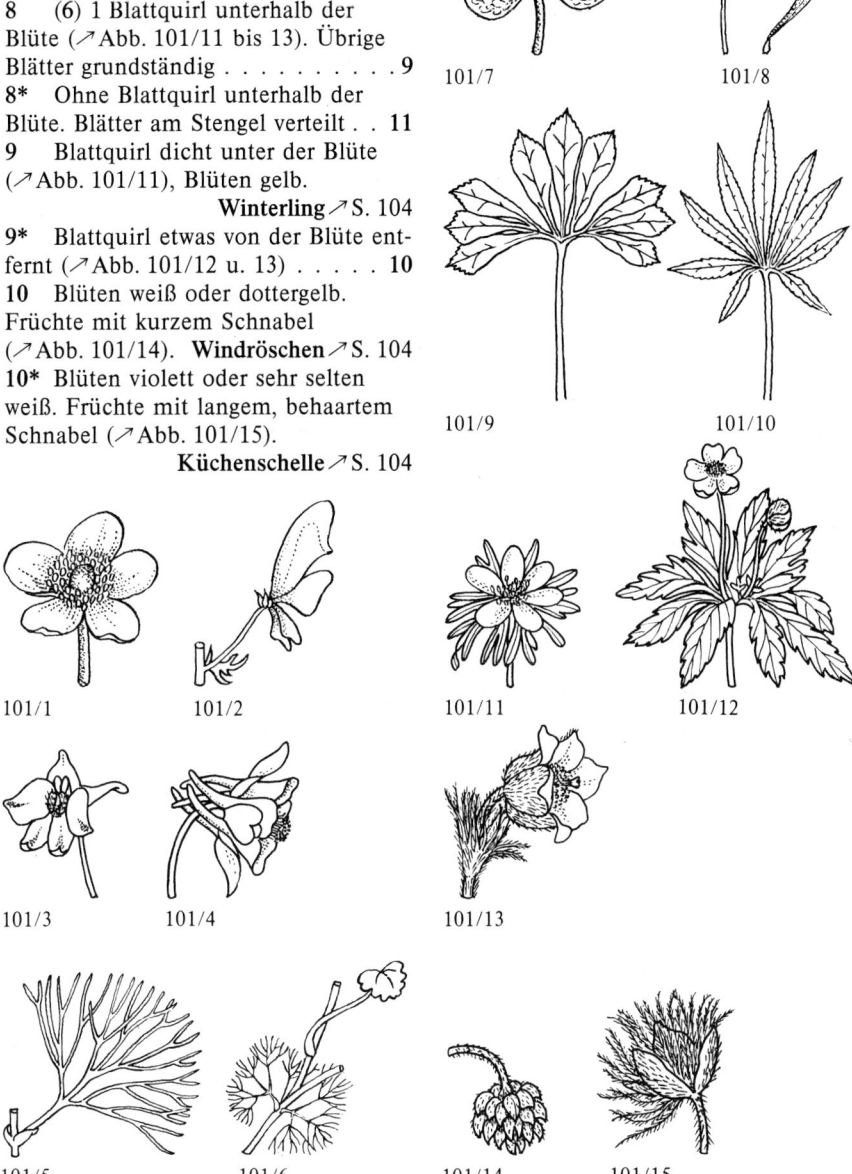

101/7　　　　　　　　　101/8

101/9　　　　　　　　　101/10

101/1　　　　101/2　　　　101/11　　　　101/12

101/3　　　　101/4　　　　101/13

101/5　　　　101/6　　　　101/14　　　　101/15

11 (8) Blätter gegenständig, gefiedert.
Pflanze meist holzig und kletternd.
**Waldrebe** ↗ S. 104
11* Blätter nicht gegenständig . . . 12
12 Staubblätter deutlich länger als
die Kronblätter (↗Abb. 102/1). Blüten
in Trauben oder Rispen . . . . . . . 13
12* Staubblätter kürzer als die Kronblätter (↗Abb. 102/2). . . . . . . . 14
13 Blüten weiß, in Trauben; Frucht
eine Beere (↗Abb. 102/3). Blättchen
gesägt (↗Abb. 102/4).
**Christophskraut** ↗ S. 106
13* Blüten grünlich, gelblich oder
hellviolett, in Rispen. Sammelfrucht
aus mehreren Nüßchen. Blättchen
ganzrandig oder gekerbt (↗Abb. 102/5
u. 6). **Wiesenraute** ↗ S. 106
14 (12) Blätter fein zerteilt, mit sehr
schmalen Zipfeln (↗Abb. 102/7). . 15
14* Blätter ungeteilt (↗Abb. 102/8 u.
9) oder handförmig geteilt mit breiten
Abschnitten (↗Abb. 102/10) oder zungenförmig (↗Abb. 102/11) . . . . . 16
15 Blüten hellblau oder fast weiß.
**Schwarzkümmel** ↗ S. 106
15* Blüten rot oder gelb.
**Adonisröschen** ↗ S. 106
16 (14) Blätter herzförmig bis nierenförmig (↗Abb. 102/9) . . . . . . . 17
16* Blätter zungenförmig
(↗Abb. 102/11) oder handförmig geteilt (↗Abb. 102/10) . . . . . . . 18
17 Blüten mit 3 Kelchblättern, gelb.
Blätter rundlich herzförmig.
(↗Abb. 102/8). Blattfläche bis 4 cm
breit **Scharbockskraut** ↗ S. 106
17* Blüten ohne Kelchblätter; gelb.
Blattfläche herz- bis nierenförmig
(↗Abb. 102/9), breiter als 4 cm.
**Dotterblume** ↗ S. 106
18 (16) 5 Kronblätter; 5 Kelchblätter.
Blüte weiß oder gelb, nicht kugelig.
Blätter handförmig geteilt
(↗Abb. 102/10) oder zungenförmig
(↗Abb. 102/11). **Hahnenfuß** ↗ S. 106
18* Viele Kronblätter; keine Kelch-

102/1    102/2

102/3

102/4    102/5    102/6

102/7    102/8    102/9

102/10    102/11

102/12

blätter. Blüten goldgelb; fast kugelig.
(↗Abb. 107/3). Blätter handförmig geteilt (Abb. 102/10). **Trollblume** ↗ S. 106

**Eisenhut (3 Arten; giftig!)**

1 Blüten hellgelb.
50 bis 150 cm. ♃. Juni bis Aug. Bergwälder, Gebüsche. Selten, nicht im
Norden und Osten.
      **Gelber Eisenhut** ▼ (↗Abb. 13/2)
1* Blüten violett oder blau, oder blau
und weiß gescheckt . . . . . . . . . 2
2 Blüten blau oder blau und weiß
gescheckt.
75 bis 150 cm. ♃. Juli bis Sept.
Feuchte Wälder, Gebüsche. Selten im
Erzgebirge und Thüringer Wald.
              **Bunter Eisenhut** ▼
2* Blüten violett.
50 bis 150 cm. ♃. Juni bis Aug.
Feuchte Bergwälder, Bachränder, Gebüsche. Selten. Auch Zierpflanze.
    **Blauer Eisenhut** ▼ (↗Abb. 103/1)

**Rittersporn (1 Art)**

Traube mit wenigen Blüten, Blüten
dunkelblau, Frucht nicht behaart
(Lupe!).
20 bis 40 cm. ☉, ☽. Mai bis Aug. Äkker, Wegränder. Verbreitet.
    **Feld-Rittersporn** (↗Abb. 103/2)

**Akelei (1 Art)**

Blätter dreizählig oder dreiteilig
(↗Abb. 102/12). Blüten blau, seltener
rosa oder weiß.
40 bis 60 cm. ♃. Mai bis Juli. Laubwälder, Gebüsche, trockene Wiesen.
Zerstreut, im Norden selten. Auch
Zierpflanze.
    **Gemeine Akelei** ▼ (↗Abb. 103/3)

**Leberblümchen (1 Art)**

Blätter dreilappig. Blüten blau, mit
3 Kelchblättern; vor den Blättern erscheinend.
8 bis 15 cm. ♃. März bis Apr. Laubwälder. Verbreitet, im Norden zerstreut. **Leberblümchen** ▼ (↗Abb. 104/1)

103/1 Blauer Eisenhut

103/2 Feld-Rittersporn

103/3 Gemeine Akelei

## Mäuseschwänzchen (1 Art)

Blätter kürzer als der einblütige Stengel. Sammelfrucht lang walzig, mäuseschwanzähnlich.
2 bis 10 cm. ☉, ⒉ Apr. bis Juni. Feuchte Äcker, Wegränder. Zerstreut.
**Mäuseschwänzchen** (↗Abb. 104/2)

## Nieswurz (2 Arten)

■ **Grüne Nieswurz** ▼ (↗Abb. 105/1)
15 bis 30 cm. ⒉ März bis Apr. Wälder, Gebüsche. Selten im Erzgebirge und Thüringer Wald. Giftig!

## Winterling, Winterstern (1 Art)

Stengel mit einer Blüte. Grundständige Blätter nach der Blüte erscheinend, fünf- bis siebenteilig.
5 bis 15 cm. ⒉ Febr. bis Apr. Gebüsche. Selten. Häufige Zierpflanze.
**Winterling** (↗Abb. 105/2)

## Windröschen, Anemone (3 Arten)

1 Blüten goldgelb, oft zu 2. Blätter dreiteilig, eingeschnitten gezähnt.
15 bis 25 cm. ⒉ Apr. bis Mai. Gebüsche, Laubwälder. Verbreitet.
**Gelbes Windröschen** (↗Abb. 105/3)
1* Blüten weiß, oft rötlich, immer einzeln . . . . . . . . . . . . . . . . 2

2 Blüten 1,5 bis 4 cm breit, weiß, oft rötlich, nicht behaart. Blätter dreiteilig.
10 bis 25 cm. ⒉ März bis Mai. Gebüsche, Laubwälder, Wiesen. Verbreitet.
**Busch-Windröschen**
2* Blüten 4 bis 7 cm breit, schneeweiß, außen fein behaart. Blätter fünfteilig.
15 bis 35 cm. ⒉ Apr. bis Juni. Trockene Gebüsche, Laubwälder. Selten.
**Großes Windröschen** ▼

## Küchenschelle, Kuhschelle (4 Arten)

■ **Gemeine Kuhschelle** ▼
(↗Abb. 105/4)
5 bis 50 cm. ⒉ Apr. bis Mai. Trockene Hänge. Selten.

■ **Wiesen-Kuhschelle** ▼
(↗Abb. 105/5)
8 bis 50 cm. ⒉ Apr. bis Mai. Trockene Hänge und Kiefernwälder. Selten.

## Waldrebe (2 Arten)

■ **Gemeine Waldrebe**
(↗Abb. 105/6 u. 403/2)
1 bis 5 m. ♄ Juni bis Aug. Gebüsche, Hecken. Verbreitet, im Norden selten. Blütenhüllblätter weißlich. Blüten in Rispen.

104/1 Leberblümchen

104/2 Mäuseschwänzchen

105/1 Grüne Nieswurz

105/2 Winterling

105/3 Gelbes Windröschen

105/4 Gemeine Kuhschelle

105/5 Wiesen-Kuhschelle

105/6 Gemeine Waldrebe

## Christophskraut (1 Art)

Blüten weißlich, in Trauben mit vielen Blüten. Beeren schwarz, selten weiß. Stengel aufrecht, ästig. Blätter dreizählig bis gefiedert. 30 bis 60 cm. ♃. Mai, Juni. Schattige Laubwälder. Verbreitet im Bergland, sonst zerstreut.
**Christophskraut** (↗Abb. 109/3)

## Wiesenraute (5 Arten)

■ **Kleine Wiesenraute** (↗Abb.107/1) 30 bis 90 cm. ♃. Mai bis Aug. Trockene Hügel und Gebüsche. Zerstreut. Obere Hälfte des Stengels mit Blättern. Blätter derb, wie der Stengel mehr oder weniger bereift.

## Dotterblume (1 Art)

Stengel dick, hohl, oben ästig. Blätter gekerbt; dunkelgrün, glänzend. Blüten dottergelb. 15 bis 30 cm. ♃. Apr. bis Juni. Sumpfwiesen, Gräben. Verbreitet.
**Sumpf-Dotterblume** (↗Abb. 107/2)

## Trollblume (1 Art)

Stengel meist mit einer Blüte. Blüten fast kugelig. Blätter handförmig geteilt. 30 bis 60 cm. ♃. Mai, Juni. Sumpfige Wiesen, Gräben. Selten.
**Trollblume** ▼ (↗Abb. 107/3)

## Schwarzkümmel (1 Art)

5 Blütenblätter, hellblau oder fast weiß. Fruchtkapseln bis zur Mitte miteinander verwachsen. 10 bis 30 cm. ☉. Juli bis Sept. Äcker. Zerstreut, im Norden selten.
**Acker-Schwarzkümmel**

## Adonisröschen (3 Arten)

1 10 bis 15 Kronblätter, goldgelb. 10 bis 40 cm. ♃. Apr., Mai. Trockene Wiesen und Hügel, Kiefernwälder. Selten im Odergebiet, zerstreut im Südwesten. Auch Zierpflanze. Giftig!
**Frühlings-Adonisröschen**▼(Abb.107/4)
1* 5 bis 8 Kronblätter, rot . . . . . . 2

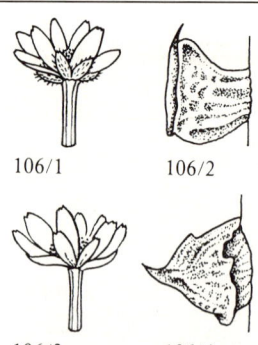

106/1          106/2

106/3          106/4

2 Kelch behaart (↗Abb. 106/1). Kronblätter scharlachrot, Griffel und Früchtchen mit schwarzem Fleck an der Spitze (↗Abb. 106/2). 20 bis 50 cm. ☉. Juni bis Aug. Äcker. Selten. Giftig. **Flammen-Adonisröschen**
2* Kelch nicht behaart (↗Abb. 106/3). Kronblätter scharlachrot, seltener blaßgelb. Griffel und Früchtchen an der Spitze ohne schwarzen Fleck (↗Abb. 106/4). 25 bis 50 cm. ☉. Juni bis Aug. Äcker. Zerstreut, im Norden selten. Giftig!
**Sommer-Adonisröschen**   (Abb. 109/4)

## Scharbockskraut (1 Art)

Stengel liegend. Blätter glänzend. Oft Brutknöllchen in den Blattachseln. 5 bis 20 cm. ♃. März bis Mai. Schattige, feuchte Gebüsche, Wälder. Verbreitet. **Scharbockskraut** oder **Feigwurz** (↗Abb. 107/5)

## Hahnenfuß (25 Arten)

Blüte meist aus 5 glänzenden Kronblättern, 3 bis 5 grünen, leicht abfallenden Kelchblättern, zahlreichen Staubblättern und mehreren oberständigen Fruchtknoten.
■ **Gemeiner Wasserhahnenfuß** (↗Abb. 107/6) 10 bis 200 cm. ☉. Mai bis Sept. Stehende oder langsam fließende Gewässer. Verbreitet.
Schwimmblätter drei- bis fünfspaltig. Untergetauchte Blätter zerschlitzt.

107/1 Kleine Wiesenraute

107/2 Sumpf-Dotterblume

107/3 Trollblume

107/4 Frühlings-Adonisröschen

107/5 Scharbockskraut oder Feigwurz

107/6 Gemeiner Wasserhahnenfuß

108/1 Gift-Hahnenfuß

108/2 Goldschopf-Hahnenfuß

108/3 Kriechender Hahnenfuß

108/4 Scharfer Hahnenfuß

■ **Gift-Hahnenfuß** (↗Abb. 108/1)
20 bis 60 cm. ☉. Juni bis Okt. Gräben,
Ufer, Teichränder, Sumpfwiesen. Ver-
breitet. Giftig!
Stengel hohl, Blätter etwas fleischig,
glänzend, nicht behaart.
■ **Kriechender Hahnenfuß**
(↗Abb. 108/3)
15 bis 40 cm. ♃. Mai bis Aug. Feuchte
Äcker, Gärten, Wälder, Wiesen, Grä-
ben. Verbreitet.
Pflanze mit kriechenden Ausläufern.
Stengelblätter und Grundblätter drei-
zählig. Blütenstiel gefurcht.

■ **Goldschopf-Hahnenfuß**
(↗Abb. 108/2)
15 bis 45 cm. ♃. Apr. bis Mai. Wälder,
Wiesen. Verbreitet.
Stengelblätter ungestielt, handförmig
geteilt, von den meist gestielten, unge-
teilten Grundblättern deutlich verschieden.
■ **Scharfer Hahnenfuß**
(↗Abb. 108/4)
30 bis 300 cm. ♃. Mai bis Sept.
Feuchte Wiesen, Wegränder, Gebüsche, Weiden. Verbreitet. Giftig!
Pflanze mit anliegenden Haaren. Blätter mit lanzettlichen Zipfeln.

109/1 Wolliger Hahnenfuß

109/2 Zungen-Hahnenfuß

■ **Wolliger Hahnenfuß**
(↗Abb. 109/1)
30 bis 70 cm. ♃. Mai bis Juli. Laubwälder, Gebüsche. Verbreitet.
Pflanze mit abstehenden Haaren. Blätter mit eiförmigen Zipfeln.

■ **Zungen-Hahnenfuß** ▼
(↗Abb. 109/2)
50 bis 150 cm. ♃. Juni bis Aug. Röhrichte, Ufer, Gräben. Zerstreut, im
Norden verbreitet.
Blätter lanzettlich. Stengel aufrecht,
hohl.

109/3 Christophskraut (↗S. 106)

109/4 Sommer-Adonisröschen (↗S. 106)

## Familie Berberitzengewächse

Kräuter, seltener Sträucher. Blüten zwittrig, strahlig. 4 oder 6 Kelchblätter; 4 oder 6 Kronblätter. Oft Honigblätter. Früchte Kapseln oder Beeren. 650 Arten, im Gebiet 2

**1** Blätter ungeteilt. Blütentrauben hängend, einzeln. Beeren rot.
**Berberitze** ↗ S. 110
**1\*** Blätter gefiedert. Blütentrauben aufrecht, büschelig. Beeren blau.
**Mahonie** ↗ S. 110

### Berberitze (1 Art)

Blätter büschelig an Kurztrieben; am Grunde meist dreiteilige Dornen. Staubblätter legen sich bei Berührung dem Griffel an.
Bis 3 m. ♄. Apr. bis Juni. Gebüsche, Waldränder. Zerstreut. Als Zierstrauch angepflanzt und verwildert.
**Gemeine Berberitze** oder **Sauerdorn**
(↗ Abb. 110/2 u. 3)

### Mahonie (1 Art)

Blätter wechselständig, ledrig, oberseits glänzend, immergrün; 5 bis 9 Fieder-

blättchen, dornig gezähnt.
Bis 1,5 m ♄. Apr. bis Juni. Als Zierstrauch angepflanzt (Zweige für Kranzbinderei) und verwildert.
**Mahonie** (↗ Abb. 110/1)

110/2 Gemeine Berberitze oder Sauerdorn

110/1 Mahonie

110/3 Gemeine Berberitze oder Sauerdorn

| Familie | Mohngewächse |
|---|---|
| Blüten und Blütenstände | Zwittrig. Strahlig. 2 Kelchblätter, frei; 4 bis 6 Kronblätter, frei; 6 bis viele Staubblätter; 1 Fruchtknoten, oberständig. Blüten einzeln oder in Dolden. |
| Früchte | Kapseln oder Schoten. |
| Blätter | Wechselständig, ungeteilt oder fiederteilig. |

Allgemeine Angaben: Einjährige und ausdauernde Kräuter. Öl- und Heilpflanze: Schlaf-Mohn; Zierpflanzen: Klatsch-Mohn, Kappenmohn. 200 Arten, im Gebiet 8

1    Milchsaft gelblich-orange. Blüten in Dolden (↗ Abb. 111/1).
                    Schöllkraut ↗ S. 112
1*    Milchsaft weiß, Blüten einzeln (↗ Abb. 111/2) . . . . . . . . . . . . . 2
2    Frucht eine keulenförmige oder kugelige Kapsel, die sich unter der Narbe mit Poren öffnet (↗ Abb. 112/2). Kronblätter rot, bei Kulturpflanzen violett bis weiß.         Mohn ↗ S. 112

111/1                    111/2

2*    Frucht eine Schote, von der Spitze zum Grund aufspringend (↗ Abb. 112/3). Kronblätter gelb bis rot.         Hornmohn ↗ S. 113

## Schöllkraut (1 Art)

Blätter fiederteilig, obere fiederspaltig, unterseits blau-grün. Blüten gelb. 30 bis 70 cm. ♃. Mai bis Okt. Gebüsche, Mauern, Schuttstellen. Verbreitet. **Schöllkraut** oder **Warzenkraut** (↗Abb. 112/1)

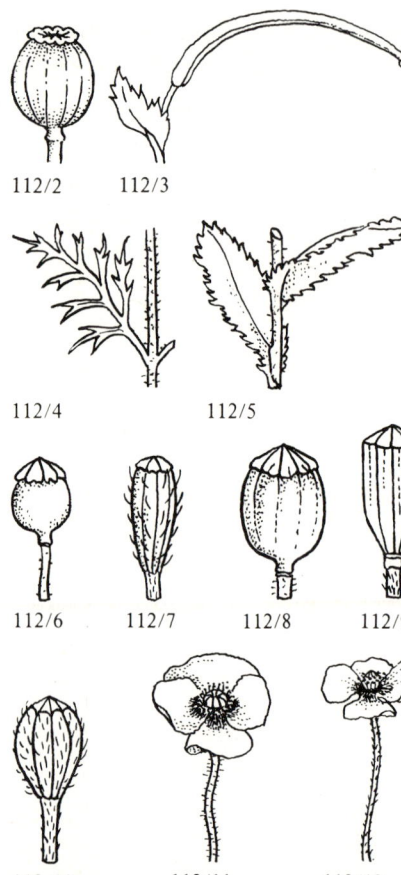

112/2      112/3

## Mohn (5 Arten)

**1** Blätter stengelumfassend, ungeteilt (↗Abb. 112/5), blau-grün, unbehaart. Kronblätter weiß, am Grunde violett. Kapsel kugelig (↗Abb. 112/6). Samen bläulich-schwarz. 40 bis 150 cm. ☉. Juni bis Aug. Öl- und Arzneipflanze, auch verwildert.

Schlaf-Mohn

112/4      112/5

**1\*** Blätter nicht stengelumfassend, fiederteilig (↗Abb. 112/4), grün, behaart . . . . . . . . . . . . . . . . 2

**2** Kapsel mit borstigen Haaren (↗Abb. 112/7 u. 10) . . . . . . . . 3

112/6     112/7     112/8     112/9

**2\*** Kapsel ohne Haare (↗Abb. 112/8) . . . . . . . . . . . . 4

**3** Kapsel lang keulenförmig, Borsten aufrecht (↗Abb. 112/7). 15 bis 30 cm. ☉, ☾. Mai bis Juli. Sandige Äcker, Wegränder. Verbreitet.

Sand-Mohn

**3\*** Kapsel kurz kreiselförmig, Borsten abstehend gekrümmt (↗Abb. 112/10).

112/10      112/11      112/12

112/1 Schöllkraut oder Warzenkraut

112/13 Gelber Hornmohn

20 bis 50 cm, ☉, ①, Mai bis Juli. Äk-
ker. Selten.                     **Bastard-Mohn**
4   (2) Kapsel breit eiförmig
(↗Abb. 112/8). Blüten scharlachrot.
Blütenstiel mit abstehenden borstigen
Haaren (↗Abb. 112/11).
30 bis 90 cm. ☉, ①. Mai bis Juli. Äkker, Schuttstellen, Wegränder. Verbreitet.                            **Klatsch-Mohn**
4*  Kapsel keulenförmig
(↗Abb. 112/9). Blüten hellrot. Blüten-

stiele mit anliegenden borstigen Haaren (↗Abb. 112/12).
30 bis 60 cm. ☉, ①. Mai bis Juli. Äkker, Schuttstellen, Wegränder. Verbreitet.                               **Saat-Mohn**

## Hornmohn (2 Arten)

■  **Gelber Hornmohn**
(↗Abb. 112/13)
30 bis 70 cm. ☉, ♃. Juni, Juli. Trokkene Hänge, Schuttstellen. Selten.
Schote hornförmig gebogen, warzig.

| Familie | Erdrauchgewächse |
|---|---|
| Blüten und Blütenstände<br> | Zwittrig. Zweiseitig-symmetrisch oder unregelmäßig.<br>2 Kelchblätter;<br>4 Kronblätter, davon 1 oder 2 gespornt;<br>6 Staubblätter, zu je 2 miteinander verwachsen;<br>1 Fruchtknoten<br>Blüten in Trauben. |
| Früchte | Schote oder Nuß. |
| Blätter | Wechselständig, meist geteilt. |
| Sproßachse | Krautig, wie die Blätter ohne Milchsaft. |

Allgemeine Angaben: Einjährige oder ausdauernde Kräuter. Zierpflanzen:
z. B. Tränendes Herz (↗Abb. 400/4).
450 Arten, im Gebiet 16

1   Blüten 1 bis 3 cm lang. Frucht
länglich, mit vielen Samen. Blätter
dreizählig oder doppelt dreizählig
(↗Abb. 113/1).  **Lerchensporn**↗S. 114
1*  Blüten unter 1 cm lang. Frucht
kugelig, mit einem Samen. Blätter
doppelt gefiedert (↗Abb. 113/2).
                     **Erdrauch**↗S. 114

113/1              113/2

114/1 Hohler Lerchensporn

114/2 Gemeiner Erdrauch

## Lerchensporn (6 Arten)

1 Kronblätter gelb, Traube mit vielen Blüten. Stengel reich verzweigt. 15 bis 30 cm. ♃. Mai bis Sept. Mauerspalten. Selten. Auch Zierpflanze.
**Gelber Lerchensporn**
1* Kronblätter purpurn, weiß oder gelblich-weiß. Stengel unverzweigt . . 2
2 Pflanze kletternd. Blätter mit Ranken.
50 bis 100 cm. ☉. Juni bis Sept. Gebüsche, Kiefernforste. Selten.
**Ranken-Lerchensporn**
2* Pflanze nicht kletternd, Blätter ohne Ranken . . . . . . . . . . . . . 3
3 Blütenstand mit 6 bis 20 Blüten, aufrecht . . . . . . . . . . . . . . . 4
3* Blütenstand mit höchstens 6 Blüten, nickend. 2 seltene Arten.
4 Tragblätter der Blüten ganzrandig (↗Abb. 114/3).
10 bis 30 cm. ♃. März bis Mai. Laubwälder, Gebüsche. Zerstreut. Auch Zierpflanze.
**Hohler Lerchensporn** (↗Abb. 114/1)

114/3            114/4

4* Tragblätter der Blüten gefingert (↗Abb. 114/4).
10 bis 20 cm. ♃. Apr., Mai. Laubwälder, Gebüsche. Selten.
**Finger-Lerchensporn**

## Erdrauch (9 Arten)

Blüten langgestreckt, zweilippig, mit kurzem Sporn; meist rosa bis rot. Trauben locker. Meist seltene Arten.

■ **Gemeiner Erdrauch**
(↗Abb. 114/2)
15 bis 30 cm. ☉. Mai bis Okt. Äcker, Gärten. Verbreitet.
Traube mit 10 bis 40 Blüten. Frucht kleine, kugelige Nuß.

## Familie Osterluzeigewächse

Ausdauernde Kräuter oder windende Sträucher. Blüten zwittrig. Blätter meist ungeteilt. Zierpflanze: Pfeifenwinde.
600 Arten, im Gebiet 2

115/1 Haselwurz

115/2 Osterluzei

**1** Blüten strahlig, glockenförmig, kurz gestielt (↗Abb. 115/3). Stengel kurz, liegend. Blätter nierenförmig (↗Abb. 115/4).
5 bis 10 cm. ♃. März bis Mai. Laubwälder, Gebüsche. Verbreitet, im Norden selten. **Haselwurz** (↗Abb. 115/1)
**1\*** Blüten zweiseitig symmetrisch, röhrig, am Grunde bauchig (Kesselfallenblüte, ↗Abb. 115/5). Stengel aufrecht. Blätter herz-eiförmig (↗Abb. 115/6).
30 bis 70 cm. ♃. Mai, Juni. Gebüsche, Weinberge, feuchte Wälder. Zerstreut.
**Osterluzei** (↗Abb. 115/2)

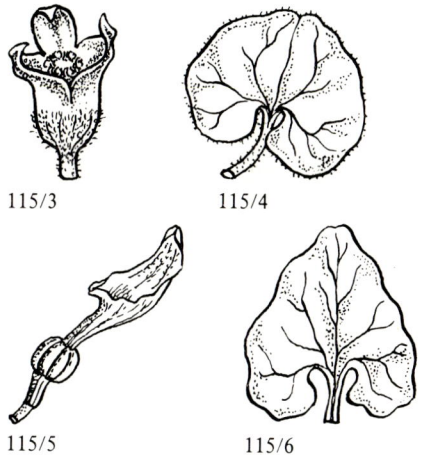

115/3

115/4

115/5

115/6

| Familie | Buchengewächse |
|---------|----------------|
| Blüten und Blütenstände | Eingeschlechtig, einhäusig. Blütenhülle unscheinbar, kelchartig, oft sechsteilig; 4 bis 20 Staubblätter; 1 Fruchtknoten, mit 3 bis 6 Griffeln und Narben. ♂ Blüten in langgestreckten oder kugeligen Kätzchen. ♀ Blüten einzeln. |
| Früchte | Nüsse, einzeln oder zu 2 bis 5 in gemeinsamen Fruchthüllen. |
| Blätter | Wechselständig, einfach, oft gelappt. |

Allgemeine Angaben: Bäume. Buchen und Eichen oft als vorherrschende Gehölze in Wäldern und Forsten, mit großer ökologischer und wirtschaftlicher Bedeutung. Wertvolle Nutzhölzer; Ziergehölze.
600 Arten, im Gebiet 8

1 Blätter gelappt. Fruchthülle eier-
becherförmig, nur mit 1 Frucht.
Früchte (Eicheln) im Querschnitt
kreisrund. **Eiche** ↗ S. 118
1* Blätter nicht gelappt. Fruchthüllen
mit 4 Klappen, die sich zur Reifezeit
öffnen, meist mit 2 bis 3 Früchten, diese
(Bucheckern, Maronen) im Querschnitt
kantig oder unregelmäßig rund . . . . 2
2 Blätter eiförmig oder elliptisch;
Blattrand gewellt, gewimpert
(↗Abb. 117/3); 5 bis 10 Blattaderpaare. Knospen langgestreckt mit vielen Schuppen (↗Abb. 117/1). Rinde
weißgrau, glatt. **Buche** ↗ S. 117
2* Blätter länglich-lanzettlich; Blattrand zugespitzt gezähnt (↗Abb. 117/4);
12 bis 20 Blattaderpaare. Knospen kurz
mit 2 Schuppen (↗Abb. 117/2). Rinde
dunkelbraun, rissig. **Kastanie** ↗ S. 117

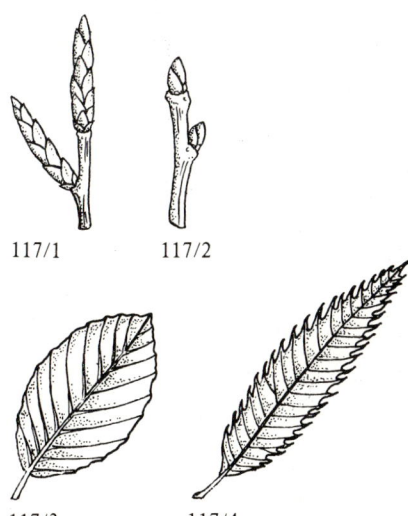

117/1    117/2

117/3    117/4

**Buche (1 Art)**

♂ Kätzchen hängend, langgestielt, fast
kugelig. Fruchtbecher außen mit gro-
ben, kurzen Stacheln. Bucheckern
dreikantig, braun, glänzend. Samen ölhaltig, eßbar.
Bis 40 m. ♄. Mai. Laubwälder. Verbreitet. Rotblättrige Form (Blutbuche) in
Parkanlagen. **Rot-Buche** (↗Abb. 43/6)

**Kastanie (1 Art)**

♂ Kätzchen aufrecht, perlschnurartig.
Fruchtbecher außen mit verzweigten,
langen Stacheln. Kastanien (Maronen)
den Roßkastanien ähnlich, aber zugespitzt und Samen eßbar. Blätter auffällig groß, bis 20 cm lang, derb lederartig.
Bis 30 m. ♄. Juni. Zierbaum, selten
auch Forstbaum.
**Eß-Kastanie** (↗Abb. 117/6)

117/5 Rot-Eiche

117/6 Eß-Kastanie

118/1 Stiel-Eiche

118/2 Trauben-Eiche

**Eiche (6 Arten)**

■ **Stiel-Eiche** (↗Abb. 118/1)
Bis 40 m. ♄. Mai. Wälder, Gebüsche, besonders in Flußtälern. Verbreitet. Früchte an langen Stielen (Name!). Blattstiele kürzer als 1 cm.

■ **Trauben-Eiche** (↗Abb. 118/2)
Bis 35 m. ♄. Mai. Trockene Wälder. Früchte traubig dicht beieinander (Name!). Blattstiele 1 bis 3 cm lang.
■ **Rot-Eiche** (↗Abb. 117/5)
Bis 25 m. ♄. Mai. Zier- und Forstbaum.

## Familie Platanengewächse

Einhäusige Bäume. Blüten eingeschlechtig, ohne Blütenhüllblätter, in kugeligen, hängenden Köpfchen. Blätter handförmig gelappt. Rinde schuppig, in großen Platten abfallend, dadurch Stämme und Äste fleckig.
7 Arten, im Gebiet 1

**Platane (1 Art)**

Blätter drei- bis siebenlappig. Blattstiel am Grunde auffällig verdickt. Blütenstände meist mit 2 Köpfchen. Früchte einsamige Nüßchen, am Grunde von langen Haaren umgeben.
Bis 40 m. ♄. Mai. Zierbaum.
**Bastard-Platane** (↗Abb. 118/3)

118/3 Bastard-Platane

| Familie | Birkengewächse |
|---|---|
| Blüten und Blütenstände | Eingeschlechtig, einhäusig. ♂ Blüten mit unscheinbarer Blütenhülle in Achseln von Tragblättern; 2 bis 4 Staubblätter; ♀ Blüten ohne Blütenhülle in Achseln von Tragblättern; 1 Fruchtknoten, mit 2 Griffeln. ♂ Blüten in langen, walzenförmigen, hängenden Kätzchen; ♀ Blüten in kürzeren steifen Kätzchen. |
| Früchte | Kleine Nüsse, meist mit Hautrand geflügelt. |
| Blätter | Wechselständig, einfach. |

Allgemeine Angaben: Sträucher, Bäume. Starkes Stockaustriebvermögen. Ökologische und wirtschaftliche Bedeutung durch Besiedelung oder Aufforstung ungünstiger Standorte wie Ufer, Moore, Sandböden, Halden.
70 Arten, im Gebiet 7, geschützt: Niedrige Birke, Zwerg-Birke

120/1 Hänge-Birke

120/2 Schwarz-Erle

**1** Fruchtstände zapfenförmig, verholzend (↗Abb. 120/3). ♂ Kätzchen schon vor der Laubentfaltung stäubend (außer Grün-Erle). **Erle** ↗ S. 120
**1\*** Fruchtstände kätzchenförmig, nicht verholzend, zur Reifezeit zerfallend (↗Abb. 120/4). ♂ Kätzchen erst während der Laubentfaltung stäubend. **Birke** ↗ S. 120

**Birke (4 Arten)**

**1** Blätter stumpf, rundlich, kürzer als 3,5 cm. Rinde graubraun. Niedrige Sträucher in Mooren. **2 seltene Arten**
**1\*** Blätter spitz, länger als 3,5 cm. Rinde weiß. Meist Bäume . . . . . . 2
**2** Blätter dreieckig bis rautenförmig (↗Abb. 120/5 u. 6).
Bis 25 m. ♄. Apr., Mai. Wälder, Gebüsche, Kahlschläge, Ödland. Verbreitet.
**Hänge-Birke** (↗Abb. 120/1)
**2\*** Blätter eiförmig (↗Abb. 120/7).
Bis 25 m. ♄. Apr., Mai. Feuchte Wälder, Moore. Verbreitet. **Moor-Birke**

**Erle (3 Arten)**

**1** Blätter spitz; Blattrand scharf gesägt . . . . . . . . . . . . . . . . . 2
**1\*** Blätter stumpf oder oben eingebuchtet; Blattrand schwach und ungleich gesägt.

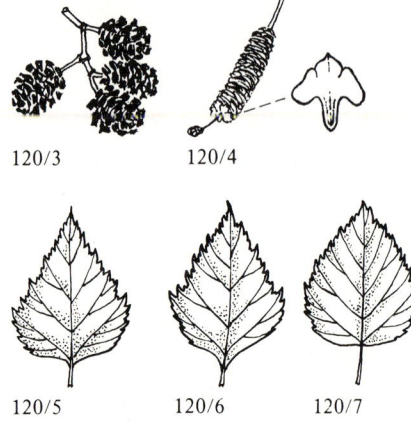

120/3          120/4

120/5          120/6          120/7

Bis 20 m. ♄. März, Apr. Ufer, Sümpfe, feuchte Wälder. Verbreitet.
**Schwarz-Erle** (↗Abb. 120/2)
**2** Blätter unterseits grau; länger als 6 cm. Knospen und junge Zweige dicht behaart.
Bis 25 m. ♄. Febr. bis Apr. Ufer, Wälder, steinige Hänge. Verbreitet. Auch angepflanzt auf Ödland. **Grau-Erle**
**2\*** Blätter beiderseits grün; kürzer als 6 cm. Knospen und junge Zweige kahl.
Bis 4 m. ♄. Apr. bis Juni. Berghänge. Selten, nur Elbsandsteingebirge und Lausitzer Bergland. Auch angepflanzt.
**Grün-Erle**

| Familie | Haselgewächse |
| --- | --- |
| Blüten und Blütenstände   | Eingeschlechtig, einhäusig; ♂ Blüten ohne Blütenhülle; 4 bis 10 Staubblätter; ♀ Blüten mit unscheinbarer Blütenhülle; 1 Fruchtknoten, mit 2 Griffeln. ♂ Blüten in langen, walzenförmigen, hängenden Kätzchen; ♀ Blüten in lockeren oder knospenförmigen Kätzchen. |
| Früchte | Nüsse mit blattartigen Fruchthüllen. |
| Blätter | Wechselständig, einfach. |

Allgemeine Angaben: Sträucher, Bäume. Starkes Stockaustriebvermögen. Holz der Hainbuche sehr hart, wertvolles Nutzholz. Ziergehölze: z. B. Baumhasel, Bluthasel.
48 Arten, im Gebiet 2

1 Blätter länglich-eiförmig, mit 10 bis 15 Blattaderpaaren (↗Abb. 122/1). ♂ Kätzchen während der Laubentfaltung stäubend. ♀ Blüten in lockeren, endständigen Kätzchen (↗Abb. 122/2), mit roten, fadenförmigen Narben.

Früchte klein, auf dreilappigen, flügelförmigen Hüllblättern (↗Abb. 122/3). Rinde glatt, grau und dunkel marmoriert.
**Hainbuche** oder **Weißbuche** ↗S. 122

**1*** Blätter rundlich-eiförmig, mit 6 bis 7 Blattaderpaaren (↗Abb. 122/4). ♂ Kätzchen vor der Laubentfaltung stäubend. ♀ Blüten in knospenförmigen Kätzchen mit roten pinselförmigen Narben (↗Abb. 122/5). Früchte groß (Haselnüsse), in zerschlitzten, becherförmigen Hüllblättern (↗Abb. 122/6).
Hasel ↗ S. 122

**Hainbuche oder Weißbuche (1 Art)**

Bis 20 m. ♄. Apr., Mai. Wälder, Gebüsche. Verbreitet. Oft als Hecke angepflanzt. **Hainbuche** oder **Weißbuche** (↗Abb. 122/7)

**Hasel (1 Art)**

Bis 6 m. ♄. Febr. bis Apr. Laubwälder, Gebüsche. Verbreitet. **Gemeine Hasel** (↗Abb. 122/8)

122/7 Hainbuche oder Weißbuche

122/8 Gemeine Hasel

122/1        122/2        122/3

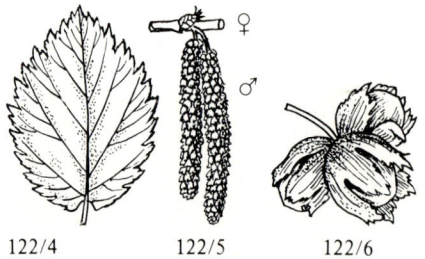

122/4        122/5        122/6

### Familie Gagelgewächse

Zweihäusige Sträucher mit Harzdrüsen, aromatisch duftend. Einzelblüten unscheinbar, in aufrechten Ähren.
56 Arten, im Gebiet 1

### Gagel (1 Art)

Blätter wechselständig, lanzettlich, 2,5 bis 4 cm lang, behaart. Harzdrüsen gelb, punktförmig (Lupe!). ♂ Blütenstände braun, ♀ Blütenstände grün oder rot. Blütezeit vor der Laubentfaltung.
Bis 1,5 m. ♄. Apr., Mai. Feuchte Gebüsche, Moore, Sümpfe. Zerstreut an der Ostseeküste, selten in der Niederlausitz. **Gagelstrauch** (↗Abb. 123/1)

123/1 Gagelstrauch

### Familie Walnußgewächse

Einhäusige Bäume. Blätter wechselständig, unpaarig gefiedert. ♂ Blüten in hängenden Kätzchen. ♀ Blüten einzeln, Blütenhülle unscheinbar; 1 Fruchtknoten, unterständig, mit 2 Narben. Steinfrüchte.
58 Arten, im Gebiet 1

### Walnuß (1 Art)

Blätter mit 5 bis 9 Fiederblättchen, derb lederig, zerrieben aromatisch duftend. ♂ Blüten in dicken Kätzchen, seitlich an vorjährigen Zweigen; meist 2 bis 3 ♀ Blüten am Ende der diesjährigen Zweige; Fruchtknoten unterständig, mit 2 großen fleischigen, gefransten Narben. Äußere Fruchtschale grün, faserig, aufspringend; innere Fruchtschale hellbraun, holzig. Samen hirnähnlich gefurcht, ölhaltig, eßbar.
Bis 25 m. ♄. Mai. Kulturpflanze und Zierbaum.
**Echte Walnuß** (↗Abb. 123/2)

123/2 Echte Walnuß

## Familie Ulmengewächse

Bäume. Blätter wechselständig, einfach. Blüten zwittrig oder eingeschlechtig; meist in Büscheln. Blütenhülle klein, glockenförmig, mit 4 bis 6 kurzen Zipfeln; 3 bis 8 Staubblätter; 1 Fruchtknoten mit 2 Griffeln. Nüsse mit breitem Hautrand oder Steinfrüchte.
150 Arten, im Gebiet 3

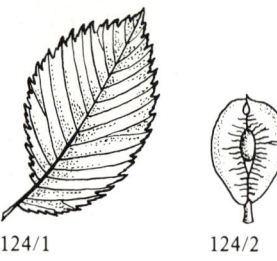

124/1          124/2

124/3  Feld-Ulme

**Ulme, Rüster (3 Arten)**

Blätter unsymmetrisch, Blattfläche am Grund ungleich mit dem Blattstiel verwachsen (↗Abb. 124/1). Blüten zwittrig, braun bis rot. Blütezeit vor der Laubentfaltung. Nüsse mit flügelartigem Hautrand (↗Abb. 124/2). Wertvolle Nutzhölzer.

■ **Feld-Ulme** (↗Abb. 124/3 u. 4)
Bis 40 m. ♄. März, Apr. Gebüsche, Waldränder, Flußtäler. Verbreitet im Flach- und Hügelland.

124/4  Feld-Ulme

## Familie Hanfgewächse

Einjährige oder ausdauernde Kräuter. Eingeschlechtig, zweihäusig. Einzelblüten unscheinbar; ♂ Blüten fünfzählig, strahlig, in lockeren reichverzweigten Rispen; ♀ Blüten in kurzen Ähren. Blätter gegenständig, rauh. Sproßachsen mit langen Bastfasern. Faserpflanze: Hanf, Gewürzpflanze: Hopfen.
4 Arten, im Gebiet 2

1 Stengel windend, mit Kletterhaken. Blätter gelappt (↗Abb. 125/1).
Hopfen ↗ S. 125

1* Stengel aufrecht. Blätter gefingert (↗Abb. 125/2). Hanf ↗ S. 125

**Hopfen (1 Art)**

2 bis 6 m: ♃. Juli, Aug. Feuchte Wälder, Gebüsche, Hecken. Verbreitet.
♀ Pflanzen auch Kulturpflanze, Verwendung der zapfenähnlichen Fruchtstände als Bierwürze.
Gemeiner Hopfen (↗Abb. 125/3)

**Hanf (1 Art)**

0,5 bis 2 m. ☉. Juli, Aug. Schuttstellen, Wegränder. Faser- und Ölpflanze. Auch verwildert.
Kultur-Hanf (↗Abb. 125/4)

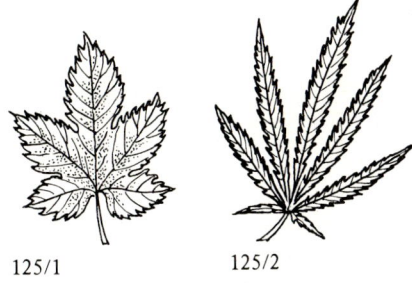

125/1　　　　125/2

125/3 Gemeiner Hopfen

125/4 Kultur-Hanf

---

**Familie Brennesselgewächse**

Einjährige oder ausdauernde Kräuter. Meist eingeschlechtig. Blütenhülle unscheinbar, strahlig; 4 Staubblätter; 1 Fruchtknoten. Blüten in überhängenden Rispen, in Ähren oder Köpfchen, in den Blattachseln. Blätter ungeteilt. Sproßachsen mit langen Bastfasern. Früher Faserpflanzen (Nesseltuch). 700 Arten, im Gebiet 6

---

1    Blätter gegenständig. Blattrand gesägt. Pflanze mit Brennhaaren.
                              **Brennessel** ↗ S. 126
1*   Blätter wechselständig. Blattrand ganzrandig.
Pflanze ohne Brennhaare, aber mit kurzen Haaren.
2 Arten.                   **Glaskraut**

**Brennessel (4 Arten)**

■  **Große Brennessel** (↗Abb. 126/1) 50 bis 150 cm. ♃. Juli bis Okt. Schuttstellen, Wegränder, Gärten, Wälder. Verbreitet.

■  **Kleine Brennessel** (↗Abb. 126/2) 15 bis 45 cm. ☉. Mai bis Sept. Gärten, Äcker, Schuttstellen. Verbreitet.

126/1 Große Brennessel

126/2 Kleine Brennessel

| Familie | Nelkengewächse |
|---|---|
| Blüten und Blütenstände | Zwittrig. Strahlig.<br>4 oder 5 Kelchblätter, frei oder zu einer Röhre verwachsen;<br>5 Kronblätter, selten 4 oder keine Kronblätter;<br>5 oder 10 Staubblätter;<br>1 Fruchtknoten, oberständig, mit 2 bis 5 Griffeln.<br>Blüten selten einzeln. Meist in gabelig verzweigten Blütenständen. |
| Früchte | Kapseln, meist mit zahlreichen Samen. Selten Beeren oder Nüsse. |
| Blätter | Meist gegenständig, häufig stengelumfassend; ungeteilt, schmal, ganzrandig. |
| Sproßachse | Knoten oft verdickt. |

Allgemeine Angaben: Einjährige oder ausdauernde Kräuter, selten Sträucher. Futterpflanze: Acker-Spark. Zahlreiche Zierpflanzen: z. B. Garten-, Bart- und Feder-Nelke, Lichtnelke, Schleierkraut.
2 000 Arten, im Gebiet 78, geschützt: Nelke, Nelkensträußiges Gipskraut

1 Kelchblätter zu einer Röhre verwachsen (↗Abb. 128/1). Kronblätter
weiß, rosa oder rot . . . . . . . . . . . 2
1* Kelchblätter frei (↗Abb. 128/2).
Kronblätter meist weiß oder grünlich
oder fehlend . . . . . . . . . . . . . 10
2 Kelch mit hervortretenden Längsrippen. 3 bis 5 Griffel . . . . . . . . . 3
2* Kelch ohne hervortretende Längsrippen. 2 Griffel. . . . . . . . . . . . 7
3 Stengel kletternd. Frucht eine
Beere.           Taubenkropf↗S. 134
3* Stengel nicht kletternd. Frucht
eine Kapsel . . . . . . . . . . . . . 4
4 Kronblätter weiß oder gelblich.
    Leimkraut und Nachtnelke↗S. 134
4* Kronblätter rosa oder rot . . . . 5
5 Kronblätter tief vierteilig
(↗Abb. 128/3).       Lichtnelke↗S. 134
5* Kronblätter ungeteilt oder Kronblätter zweispaltig (↗Abb. 128/4) . . 6
6 Stengel unter den Knoten mit
klebrigem Ring. Frucht mit 5 Zähnen
                    Lichtnelke↗S. 134
6* Stengel ohne klebrigen Ring.
Frucht mit 6 oder 10 Zähnen.
    Leimkraut und Nachtnelke↗S. 134
7 (2) Kelch am Grunde von Hochblättern umgeben (↗Abb. 128/5) . . 8
7* Kelch am Grunde ohne Hochblätter. . . . . . . . . . . . . . . . . . . 9
8 Kelch mit weißen Streifen. Hochblätter wenige Blüten umschließend
(↗Abb. 128/6).
              Nelkenköpfchen↗S. 132
8* Kelch gleichmäßig grün. Hochblätter am Grunde jeder Blüte
(↗Abb. 128/7).        Nelke↗S. 132
9 (7) Blüten schmaler als 1 cm.
Kronblätter allmählich schmaler werdend (↗Abb. 128/8). Kelch mit grünen
und weißen Längsstreifen.
                    Gipskraut↗S. 132
9* Blüten breiter als 1 cm. Kronblätter plötzlich schmaler werdend
(↗Abb. 128/9). Kelch gleichmäßig
grün.            Seifenkraut↗S. 132

128/1          128/2

128/3          128/4

128/5     128/6     128/7

128/8     128/9     128/10

10 (1) Blätter mit Nebenblättern
(↗Abb. 128/10) . . . . . . . . . . 11
10* Blätter ohne Nebenblätter . . . 15
11 Blätter wechselständig. Blüten
stecknadelkopfgroß, meist geschlossen
bleibend.
1 seltene Art.        Hirschsprung
11* Blätter gegenständig oder quirlständig. Blüten größer als Stecknadel-
köpfe, meist geöffnet . . . . . . . 12
12 Kronblätter vorhanden. Frucht
mit mehreren Samen . . . . . . . 13
12* Kronblätter nicht vorhanden oder

sehr klein. Frucht mit einem Samen
(↗Abb. 129/1) . . . . . . . . . . . . 14
13 Blätter quirlständig
(↗Abb. 129/2). Geöffnete Frucht mit
5 Zähnen.          **Spergel** ↗ S. 134
13* Blätter gegenständig. Geöffnete
Frucht mit 3 Zähnen.
          **Schuppenmiere** ↗ S. 136
14 (12) Blütenhüllblätter weiß, knor-
pelig verdickt, mit Granne
(↗Abb. 129/3).
1 seltene Art.    **Quirlige Knorpelmiere**
14* Blütenhüllblätter gelbgrün, nicht
verdickt, ohne Granne.
          **Bruchkraut** ↗ S. 136
15 (10) Blütenhülle einfach, grün, mit
weißem Rand. Blüten in dichten Knäueln
(↗Abb. 129/4).    **Knäuel** ↗ S. 132
15* Blütenhülle doppelt. Blüten nicht
in Knäueln . . . . . . . . . . . . . 16
16 Kronblätter ungeteilt . . . . . . 17
16* Kronblätter tief geteilt . . . . . 22
17 Blüten in doldenähnlichen Blütenständen (Abb. 129/5). Kronblätter vorn
fein gezähnt (Lupe!).    **Spurre** ↗ S. 130
17* Blüten nicht in doldenähnlichen
Blütenständen. Kronblätter nicht gezähnt (Lupe!). . . . . . . . . . . . 18
18 Blätter dickfleischig, vierzeilig angeordnet (↗Abb. 129/6). Dünen-
pflanze.          **Salzmiere** ↗ S. 132
18* Blätter nicht dickfleischig . . . 19
19 4 bis 5 Griffel. **Mastkraut** ↗ S. 130
19* 3 Griffel . . . . . . . . . . . . 20
20 Blätter lanzettlich. Geöffnete
Frucht mit 3 Klappen (↗Abb. 129/7,
Lupe!). 3 seltene Arten.
          **Meirich** oder **Miere**
20* Blätter eiförmig. Geöffnete Frucht
mit 4 bis 6 Klappen oder Zähnen
(Lupe!) . . . . . . . . . . . . . . 21
21 Untere Blätter gestielt. Geöffnete
Frucht mit 4 bis 6 Klappen (Lupe!).
          **Nabelmiere** ↗ S. 130
21* Blätter alle ungestielt. Geöffnete
Frucht mit 6 Zähnen (↗Abb. 129/8,
Lupe!).          **Sandkraut** ↗ S. 130

129/1          129/2          129/3

129/4          129/5          129/6

129/7          129/8

129/9          129/10          129/11

22 (16) 5 Griffel (Lupe!) . . . . . . 23
22* 3 Griffel (Lupe!) . . . . . . . . 24
23 Kronblätter höchstens bis zur
Mitte gespalten. Geöffnete Frucht mit
10 Zähnen (↗Abb. 129/9, Lupe!).
          **Hornkraut** ↗ S. 130
23* Kronblätter bis zum Grunde gespalten (↗Abb. 129/10). Geöffnete
Frucht mit 5 Klappen, jede Klappe mit
2 Zähnen (↗Abb. 129/11, Lupe!).
          **Wasserdarm** ↗ S. 130
24 (22) Pflanze meist stark behaart,
oft mit Drüsen. Frucht eiförmig, geöffnet mit 10 Zähnen (Lupe!).
          **Hornkraut** ↗ S. 130

**24\*** Pflanze meist wenig behaart, ohne Drüsen. Frucht meist kugelförmig, geöffnet mit 6 Klappen (Lupe!).
Sternmiere ↗ S. 130

**Sternmiere (8 Arten)**

**1** Untere Blätter gestielt, eiförmig bis herzförmig. Stengel rund . . . . . 2
**1\*** Alle Blätter ungestielt, linealisch bis lanzettlich. Stengel vierkantig . . 3
**2** Kronblätter doppelt so lang wie der Kelch. Stengel rundum mit weichen Haaren.
20 bis 50 cm. ♃. Mai bis Sept. Schattige Laubwälder, Gebüsche. Verbreitet.
Hain-Sternmiere
**2\*** Kronblätter etwa so lang wie der Kelch. Stengel mit einer Haarreihe.
10 bis 40 cm. ⊙, ☉. Jan. bis Dez. Äkker, Gärten, Schutt, Wälder. Verbreitet. Vogel-Sternmiere (↗ Abb. 131/1)
**3** (1) Kronblätter bis zur Mitte geteilt. Blätter steif, schmal lanzettlich.
15 bis 30 cm. ♃. Apr., Mai. Laubwälder, Gebüsche, Hecken. Verbreitet.
Echte Sternmiere (↗ Abb. 131/2)
**3\*** Kronblätter bis fast auf den Grund geteilt . . . . . . . . . . . . 4
**4** Kronblätter kürzer als der Kelch.
3 seltene Arten
**4\*** Kronblätter länger als der Kelch 5
**5** Blätter dünn, grün; Blattgrund mit randständigen Haaren (Lupe!). Stengel schlaff.
10 bis 50 cm. ♃. Mai bis Juli. Wiesen, Wegränder, Gebüsche. Verbreitet.
Gras-Sternmiere
**5\*** Blätter etwas fleischig, blaugrün; Blätter ohne Haare (Lupe!). Stengel steif.
10 bis 45 cm. ♃. Mai bis Juli. Feuchte bis nasse Wiesen, Gräben, Ufer. Im Norden verbreitet, im Süden selten.
Graugrüne Sternmiere

**Wasserdarm (1 Art)**

Stengel schlaff; liegend oder kletternd.

Blätter zart, länglich-herzförmig. Blüten weiß.
15 bis 120 cm. ♃. Juni bis Sept. Ufer, Gräben, feuchte Wiesen und Gebüsche. Verbreitet. Gemeiner Wasserdarm

**Hornkraut (9 Arten)**

■ **Gemeines Hornkraut** (↗ Abb. 131/3)
5 bis 50 cm. ♃. März bis Juni. Wiesen, Weiden, Wegränder, Äcker. Verbreitet. Stengel kurz, mit weichen Haaren und klebrigen Drüsen.
■ **Acker-Hornkraut** (↗ Abb. 131/4)
5 bis 30 cm. ♃. Apr. bis Juli. Trockene Wiesen und Wegränder. Verbreitet. Kronblätter doppelt so lang wie der Kelch.

**Spurre (1 Art)**

Blätter ungestielt, bläulichgrün. Stengel oben ohne Blätter, mit 3 bis 6 langgestielten Blüten. Kronblätter weiß, etwas länger als der Kelch.
5 bis 25 cm. ⊙, ☉. März bis Mai. Äkker, Ödland, Wegränder. Verbreitet, im Gebirge fehlend.
Dolden-Spurre (↗ Abb. 131/5)

**Nabelmiere (1 Art)**

Blätter eiförmig-spitz, hellgrün, mit 3 bis 5 starken Adern. Kronblätter weiß.
10 bis 30 cm. ☉, ♃. Mai bis Juli. Gebüsche, Wälder, Hecken. Verbreitet.
Dreinervige Nabelmiere

**Sandkraut (1 Art)**

Pflanze graugrün. Kelchblätter mit Hautrand (Lupe!). Kapsel bauchig, länger als der Kelch.
3 bis 30 cm. ⊙, ☉. Mai bis Sept. Äkker, Wegränder, Mauern. Verbreitet.
Quendel-Sandkraut

**Mastkraut (7 Arten)**

■ **Pfriemen-Mastkraut** (↗ Abb. 131/6)
3 bis 10 cm. ♃. Juni bis Aug. Steinige

131/1 Vogel-Sternmiere

131/2 Echte Sternmiere

131/3 Gemeines Hornkraut

131/4 Acker-Hornkraut

131/5 Dolden-Spurre

131/6 Pfriemen-Mastkraut

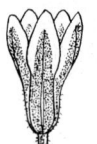    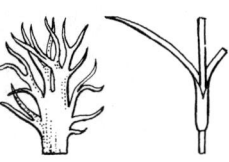 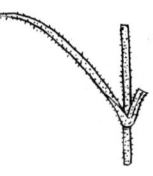

| 132/1 | 132/2 | 132/3 | 132/4 | 132/5 | 132/6 | 132/7 |

und sandige Böden. Sehr selten. Auch Zierpflanze: „Sternmoos". Ähnliche Art: Liegendes Mastkraut (Äcker, Gärten).

**Salzmiere (1 Art)**

Stengel niederliegend, gabelig verzweigt. Blätter gelbgrün, fleischig, eiförmig-spitz. 10 bis 30 cm. ♃. Juni, Juli. Strand, Dünen. An der Küste verbreitet.
**Strand-Salzmiere** (↗Abb. 133/1)

**Knäuel (4 Arten)**

1 Blütenhüllblätter mit breitem, weißem Rand, stumpf (↗Abb. 132/1). Stengel am Grunde verholzend. 5 bis 20 cm. ♃. Mai bis Sept. Trokkene Wiesen, Felsen. Verbreitet.
**Ausdauernder Knäuel**
1* Blütenhüllblätter mit schmalem, weißem Rand, spitz (↗Abb. 132/2), Stengel nicht verholzend . . . . . . . 2
2 Früchte mit deutlich abstehenden Blütenhüllblättern (↗Abb. 132/3). 5 bis 20 cm. ☉. Apr. bis Okt. Äcker. Verbreitet.
**Einjähriger Knäuel** (↗Abb. 133/2)
2* Früchte nicht mit abstehenden Blütenhüllblättern (↗Abb. 132/4).
2 seltene Arten

**Gipskraut (4 Arten)**

1 Stengel steif aufrecht. Kronblätter rosa mit dunklen Adern, ausgerandet. 5 bis 25 cm. ☉. Juni bis Okt. Sandige, feuchte Stellen, Äcker, Wegränder. Zerstreut, im Norden selten.
**Acker-Gipskraut**

1* Stengel kriechend oder aufsteigend. Kronblätter weiß oder rötlich. Pflanze ausdauernd.    3 seltene Arten.

**Seifenkraut (1 Art)**

Stengel mit weichen Haaren. Blüten rosa bis weiß, in Büscheln. 30 bis 70 cm. ♃. Juni bis Sept. Flußufer, Hecken, Wegränder, Bahndämme, Schuttplätze. Zerstreut.
**Echtes Seifenkraut** (↗Abb. 133/3)

**Nelkenköpfchen (1 Art)**

Stengel aufrecht, kahl. Blätter linealisch, am Grunde verwachsen. Blüten rosa. 15 bis 45 cm. ☉. Juni bis Okt. Sandige Hügel, Felsen, Raine. Selten.
**Sprossendes Nelkenköpfchen** (↗Abb. 133/4)

**Nelke (7 Arten)**

1 Kronblätter ungeteilt, an der Spitze gezähnt . . . . . . . . . . . . 2
1* Kronblätter bis über die Mitte zerschlitzt (↗Abb. 132/5) . . . . . . . 5
2 Blüten ungestielt oder sehr kurz gestielt, in dichten Köpfen oder Büscheln . . . . . . . . . . . . . . . . 3
2* Blüten deutlich gestielt; einzeln, zu zweit oder in lockeren Blütenständen . . . . . . . . . . . . . . . . . 4
3 Stengel und Blätter ohne Haare. Krone purpurn ohne Punkte. Blattscheiden viel länger als die Breite des Blattes (↗Abb. 132/6). 15 bis 45 cm. ♃. Juni bis Sept. Trokkene Wiesen, Felsen. Verbreitet, im Norden selten.
**Karthäuser-Nelke** ▼ (↗Abb. 133/5)

133/1  Strand-Salzmiere

133/2  Einjähriger Knäuel

133/3  Echtes Seifenkraut

133/4  Sprossendes Nelkenköpfchen

133/5  Karthäuser-Nelke

133/6  Heide-Nelke

**3\*** Stengel und Blätter mit borstigen Haaren. Krone purpurn mit dunklen Punkten. Blattscheiden so lang wie die Breite des Blattes (↗Abb. 132/7). 30 bis 60 cm. ☉. Juni bis Aug. Heiden, trockene Wiesen, Waldränder. Selten. **Rauhe Nelke ▼**

**4** **(2)** Stengel mit kurzen Haaren. Krone rot mit weißen Punkten und dunklem Ring. Am Grunde des Kelches 2 Hochblätter. 15 bis 40 cm. ♃. Juni bis Sept. Trockene Wiesen, Hügel, Waldränder. Verbreitet. **Heide-Nelke ▼** (↗Abb. 133/6)

**4\*** Stengel ohne Haare. Krone rosa oder hellpurpurn mit dunkelroten Punkten. 2 seltene Arten.

**5** **(1)** Krone rosa bis purpurn. Blätter 3 bis 5 mm breit. 30 bis 60 cm. ♃. Juni bis Sept. Waldwiesen. Zerstreut. **Pracht-Nelke ▼**

**5\*** Krone weiß. Blätter 1 mm breit. 20 bis 45 cm. ♃. Juni bis Sept. Trockene Wiesen und Kiefernwälder. Selten im Nordosten. **Sand-Nelke ▼**

**Taubenkropf oder Hühnerbiß (1 Art)**

Krone grünlichweiß. Stengel sehr ästig, kletternd. Stengel und Blätter mit kurzen Haaren. Beeren kugelig, schwarz. 60 bis 120 cm. ♃. Juli bis Sept. Ufergebüsche, feuchte Wälder. Selten im Oder- und Elbtal.

**Beeren-Taubenkropf** (↗Abb. 136/3)

**Leimkraut und Nachtnelke (12 Arten)**

■ **Rote Nachtnelke** (↗Abb. 135/1) 30 bis 90 cm. ☉, ☉. Apr. bis Sept. Laubwälder, Gebüsche, Ufer. Verbreitet. Blüten eingeschlechtig. Pflanze zweihäusig. Blüten nicht duftend.

■ **Weiße Nachtnelke** (↗Abb. 135/2) 30 bis 100 cm. ☉ oder ☉. Juni bis Sept. Wegränder, Gebüsche. Verbreitet. Blüten eingeschlechtig. Pflanze zweihäusig. Blüten duftend.

■ **Gemeines Leimkraut** oder **Taubenkropf** (↗Abb. 135/3)

15 bis 50 cm. ♃. Juni bis Sept. Geröll, Wegränder, Bahndämme, Gebüsche. Verbreitet. Kelch aufgeblasen, mit 20 Adern. Pflanze kahl.

■ **Nickendes Leimkraut** (↗Abb. 135/4) 30 bis 60 cm. ♃. Mai bis Aug. Trockene Waldränder und Gebüsche, Felsen. Verbreitet, Nordwesten fehlend. Blüten nur nachts geöffnet (Nachtfalterblüte). Pflanze mit nichtblühenden Blattrosetten.

**Lichtnelke (2 Arten)**

**1** Stengel unter den Knoten mit dunklem, klebrigem Ring. Kronblätter höchstens schwach ausgerandet, purpurrot. Pflanze nicht behaart. 30 bis 60 cm. ♃. Mai bis Juli. Gebüsche, trockene Wälder, Felsen. Verbreitet, im Norden zerstreut.

**Pech-Lichtnelke** oder **Pechnelke** (↗Abb. 135/5)

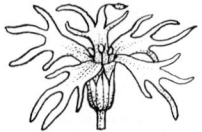

134/1

**1\*** Stengel ohne klebrigen Ring. Kronblätter tief vierspaltig, gefranst (↗Abb. 134/1), rötlich. Pflanze mit borstigen Haaren. 30 bis 60 cm. ♃. Mai bis Juli. Feuchte bis nasse Wiesen. Verbreitet.

**Kuckucks-Lichtnelke** (↗Abb. 135/6)

**Spergel oder Spark (3 Arten)**

**1** Blätter auf der Unterseite mit einer Längsfurche. 10 bis 50 cm. ☉. Juni bis Okt. Sandige Äcker, Wege. Verbreitet. Auch Futterpflanze. **Acker-Spark** (↗Abb. 136/1)

**1\*** Blätter ohne solche Furche . . . 2

**2** 10 Staubblätter. Samen mit braunem Rand. Kronblätter sich berührend oder überdeckend.

135/1 Rote Nachtnelke

135/2 Weiße Nachtnelke

135/3 Gemeines Leimkraut oder Taubenkropf

135/4 Nickendes Leimkraut

135/5 Pech-Lichtnelke oder Pechnelke

135/6 Kuckucks-Lichtnelke

136/1 Acker-Spark

136/2 Rote Schuppenmiere

136/3 Beeren-Taubenkropf

136/4 Kahles Bruchkraut

5 bis 25 cm. ☉. Apr. bis Juni. Sandige Stellen, Kiefernwälder. Zerstreut. **Frühlings-Spark**

**2*** 5 Staubblätter. Samen mit weißem Rand. Kronblätter sich nicht berührend.
5 bis 20 cm. ☉. Apr., Mai. Wegränder, Heiden. Selten. **Fünfmänniger Spark**

**Schuppenmiere (4 Arten)**

■ **Rote Schuppenmiere**
(↗Abb. 136/2)
4 bis 25 cm. ☉, ☉, ♃. Mai bis Sept. Äcker, feuchte Wege, Pflasterfugen, Ufer. Verbreitet.

Blätter flach, mit Stachelspitze. Nebenblätter silberweiß glänzend.
■ **Salz-Schuppenmiere**
5 bis 20 cm. ☉, ☉. Mai bis Sept. Nur auf Salzböden. An der Küste verbreitet, sonst zerstreut.
Blätter beiderseits gewölbt, stumpf ohne Stachelspitze.

**Bruchkraut (2 Arten)**

■ **Kahles Bruchkraut** (↗Abb. 136/4)
5 bis 15 cm. ♃. Juli bis Sept. Sandige Wege, Dämme, Pflasterfugen. Verbreitet.

## Familie Amarantgewächse

Meist Kräuter, selten Sträucher. Blüten klein, unscheinbar, grünlich oder rot. Blütenstand ähren- oder köpfchenförmig, aus Knäueln zusammengesetzt; oft mit auffällig gefärbten Hochblättern. Nüsse oder Kapseln. Blätter gegenständig oder wechselständig, ganzrandig. Zierpflanzen: Gemeiner Kugelamarant, Silber-Brandschopf, Garten-Fuchsschwanz (↗Abb. 400/1). 900 Arten, im Gebiet 11

**Fuchsschwanz oder Amarant (11 Arten)**

■ **Zurückgebogener Fuchsschwanz** (↗Abb. 137/1)
15 bis 100 cm. ☉. Juli bis Sept. Wegränder, Schuttplätze, Rüben- und Kartoffeläcker. Verbreitet, im Norden selten.

Hochblätter grannenartig. Blütenstand stechend.

■ **Aufsteigender Fuchsschwanz** (↗Abb. 137/2)
20 bis 70 cm. ☉. Juni bis Okt. Wegränder, Schuttplätze, Äcker, Gärten. Zerstreut.

137/1 Zurückgebogener Fuchsschwanz

137/2 Aufsteigender Fuchsschwanz

| Familie | Gänsefußgewächse |
|---|---|
| Blüten und Blütenstände <br> | Zwittrig oder eingeschlechtig. Meist strahlig.<br>Einzelblüten klein, unscheinbar; 1 bis 5 Blütenhüllblätter oder ohne Blütenhülle;<br>1 bis 5 Staubblätter;<br>1 Fruchtknoten, oberständig, mit 2 bis 3 Griffeln.<br>Blüten in Rispen oder Trauben; Blütenstände oft aus Knäueln zusammengesetzt. |
| Früchte <br> | Nüsse, oft von Blütenhülle oder Vorblättern umhüllt. |
| Blätter | Wechselständig; vielgestaltig, zum Teil dickfleischig oder stark rückgebildet. |

Allgemeine Angaben: Einjährige oder ausdauernde Kräuter, seltener Sträucher, Nutzpflanzen: Spinat, Mangold, Rote Rübe (Gemüsepflanzen), Runkelrübe (Futterpflanze), Zuckerrübe.
1 500 Arten, im Gebiet 40

1  Stengel mit Blättern, nicht fleischig, nicht gegliedert . . . . . . . . . 2
1*  Stengel ohne Blätter, fleischig, gegliedert (↗Abb. 139/1).
                   **Queller** ↗ S. 140
2  Blüten eingeschlechtig (Lupe!) . 3
2*  Blüten zwittrig (Lupe!) . . . . . . 4

3  Blätter stumpf (↗Abb. 139/2), Fruchthülle zwei- bis dreilappig (↗Abb. 139/3).    **Salzmelde** ↗ S. 140
3*  Blätter spitz. Fruchthülle ganzrandig oder gezähnt (↗Abb. 139/4 u. 5).
                 **Melde** ↗ S. 140

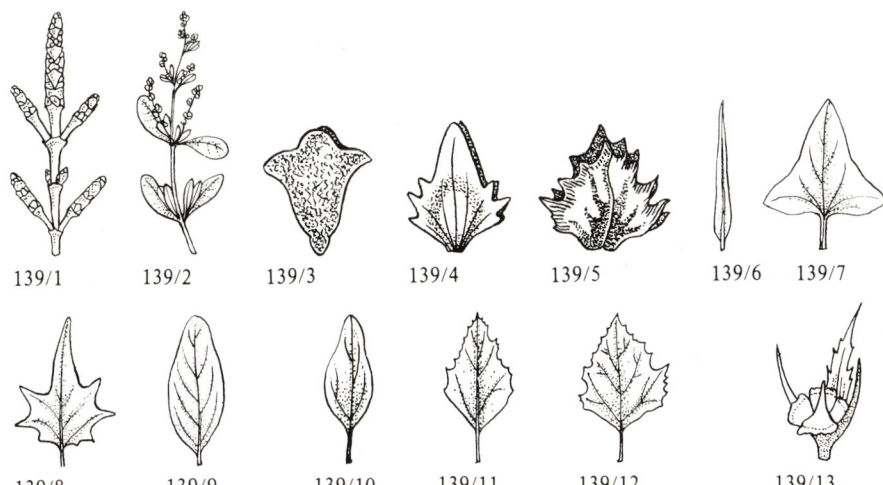

139/1    139/2    139/3    139/4    139/5    139/6    139/7

139/8    139/9    139/10    139/11    139/12    139/13

4    (2) Blätter linealisch oder mit Stachelspitze (↗Abb. 139/6), zuweilen fleischig . . . . . . . . . . . . . . . 5
4*    Blätter breit und flach (↗Abb. 139/7 bis 12), ohne Stachelspitze.    **Gänsefuß** ↗ S. 140
5    Blätter meist mit Stachelspitze. Blüten einzeln, manchmal in Ähren . 6
5*    Blätter nicht mit Stachelspitze. Blüten in Knäueln. Blätter unten gewölbt, fleischig.    **Sode** ↗ S. 141
6    Blütenhülle mit 5 Blättern (Lupe!).

3 oder 5 Staubblätter . . . . . . . . . 7
6*    Blütenhülle nicht vorhanden oder aus 1 bis 3 durchsichtigen Schüppchen bestehend (Lupe!). 1 bis 5 Staubblätter. 2 seltene Arten.    **Wanzensame**
7    5 Staubblätter. Blütenhüllblätter mit Anhängsel (↗Abb. 139/13, Lupe!).    **Salzkraut** ↗ S. 141
7*    3 Staubblätter. Blütenhüllblätter ohne Anhängsel (Lupe!). 2 seltene Arten.    **Knorpelkraut**

139/14 Guter Heinrich

139/15 Unechter Gänsefuß

## Gänsefuß (21 Arten)

- **Guter Heinrich** (↗Abb. 139/14)
20 bis 60 cm. ♃. Juni bis Sept. Schuttstellen, Wegränder, Dorfanger. Verbreitet.
Junge Pflanzen körnelig bestäubt.
- **Unechter Gänsefuß**
(↗Abb. 139/15)
30 bis 80 cm. ☉. Juni bis Sept. Schuttstellen, Wegränder, Gärten, Rüben-
und Kartoffeläcker. Verbreitet.
- **Vielsamiger Gänsefuß**
(↗Abb. 140/1)
15 bis 60 cm. ☉. Juli bis Sept. Äcker,
Gärten, Wegränder, Ufer. Verbreitet.
- **Weißer Gänsefuß** (↗Abb. 140/2)
20 bis 150 cm. ☉. Juli bis Okt. Schuttstellen, Wegränder, Äcker, Gärten.
Verbreitet.
Pflanze mehlig bestäubt, oft mehr oder
weniger rötlich.

140/1 Vielsamiger Gänsefuß

## Salzmelde (1 Art)

Stengel aufrecht oder aufsteigend,
krautig. Blätter grau, wechselständig,
untere gegenständig.
10 bis 30 cm. ☉. Juli bis Okt. Feuchte,
salzhaltige Böden. Zerstreut an der
Ostseeküste, sonst selten.
**Stielfrüchtige Salzmelde**

## Melde (11 Arten)

- **Glanz-Melde** (↗Abb. 140/3)
60 bis 150 cm. ☉. Juli bis Sept. Wegränder, Schuttplätze, Ufer. Verbreitet,
im Norden selten.
Blätter oberseits stark glänzend.
- **Spieß-Melde** (↗Abb. 141/3)
30 bis 90 cm. ☉. Juli bis Sept. Schuttplätze, Wegränder, Salzstellen. Verbreitet.

140/2 Weißer Gänsefuß

## Queller (1 Art)

Stengel meist verzweigt
(↗Abb. 139/1), grünlich oder rötlich.
5 bis 30 cm. ☉. Aug. bis Okt. Feuchte,

140/3 Glanz-Melde

salzhaltige Böden. Zerstreut an der Ostseeküste, sonst selten.

**Gemeiner Queller** (↗Abb. 141/1)

**Salzkraut (1 Art)**

Stengel vom Grund an verzweigt, graugrün, manchmal rötlich, mit kurzen Haaren. Blätter starr, sehr schmal bis walzenförmig, ungestielt. Ährenförmige Blütenstände in den Blattachseln. 15 bis 60 cm. ☉. Juni bis Sept. Strand, Wegränder, Salz- und Schuttstellen. Verbreitet an der Ostseeküste, sonst zerstreut. **Kali-Salzkraut**

**Sode (1 Art)**

Pflanze blaugrün bis rötlich, fleischig. Blätter nadelförmig. Blüten unscheinbar, zu 2 bis 3 in den Blattachseln. 15 bis 35 cm. ☉. Juli bis Sept. Meeresstrand, Salzwiesen. Verbreitet an der Ostseeküste.

**Strand-Sode** (↗Abb. 141/2)

141/1 Gemeiner Queller

141/2 Strand-Sode

141/3 Spieß-Melde

## Familie Portulakgewächse

Kräuter, selten Sträucher. Blüten zwittrig, strahlig, unscheinbar; weiß, gelb oder rot, von kelchartigen Hochblättern umgeben. 1 Fruchtknoten, oberständig, mit 2 bis 8 Griffeln. Kapseln. Blätter ungeteilt, meist fleischig, mit häutigen Nebenblättern. Zierpflanze: Großblütiger Portulak.
500 Arten, im Gebiet 2

142/1          142/2

**1**    Blüten gelb, auffallend. 8 bis 15 Staubblätter (↗Abb. 142/1). 2 Hochblätter, verwachsen.
Portulak ↗ S. 142

**1\***    Blüten weiß, unscheinbar. 3 bis 5 Staubblätter. 2 Hochblätter, nicht verwachsen (↗Abb. 142/2).
Quellkraut ↗ S. 142

**Portulak (1 Art)**

Pflanze ausgebreitet niederliegend. Blätter länglich keilförmig, etwas fleischig.
10 bis 30 cm. ⊙. Juni bis Sept. Sandiger Boden, Äcker, Wegränder, Gärten, Weinberge. Zerstreut. Auch Kulturpflanze.
**Gemüse-Portulak** (↗Abb. 142/3)

142/3 Gemüse-Portulak

**Quellkraut (1 Art)**

Blätter ungestielt, länglich bis spatelförmig.
10 bis 30 cm. ⊙, ⊙. ♃. Juni bis Aug. Feuchte Äcker, Gräben, Bäche. Verbreitet im Bergland, sonst zerstreut.
**Bach-Quellkraut**

| Familie | Knöterichgewächse |
|---|---|
| Blüten und Blütenstände  | Zwittrig oder eingeschlechtig. Strahlig. Klein.<br>3 bis 6 Blütenhüllblätter;<br>3 bis 9 Staubblätter;<br>1 Fruchtknoten, oberständig, mit 2 bis 3 Griffeln.<br>Blüten in Knäueln, Rispen oder ährenähnlichen Blütenständen. |
| Früchte 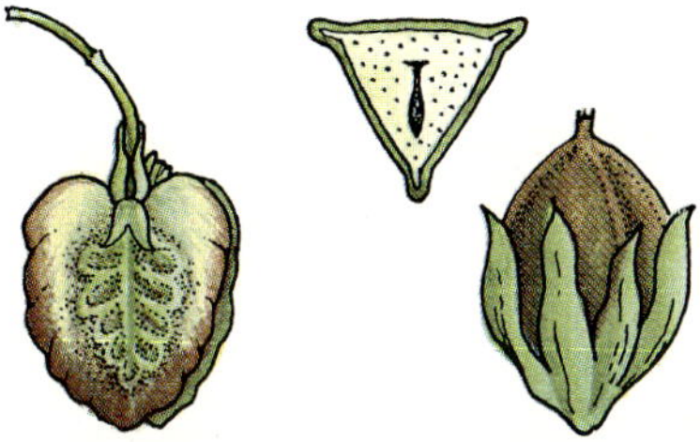 | Nüsse, zwei- bis dreikantig, teilweise von Blütenhüllblättern umwachsen. |
| Blätter  | Wechselständig, einfach. Nebenblätter zu häutigen Blattscheiden verwachsen, den Stengel röhrenförmig umfassend. |
| Sproßachse | Knotig gegliedert (↗Name!). |

Allgemeine Angaben: Einjährige oder ausdauernde Kräuter, selten Gehölze.
Nutzpflanzen: Echter Buchweizen (Mehlfruchtpflanze), Rhabarber, Garten-Ampfer oder Ewiger Spinat, Garten-Sauerampfer (Gemüsepflanzen). Zierpflanzen: Silberregen (↗Abb. 401/2), Staudenknöterich.
800 Arten, im Gebiet 29

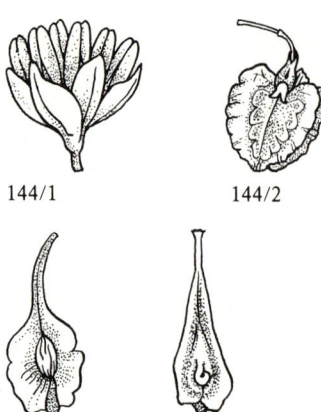

144/1        144/2

144/3        144/4

144/5 Krauser Ampfer

1   Pflanze kletternd, Stengel hin- und hergebogen. **Windenknöterich** ↗ S. 145
1*  Pflanze nicht kletternd, Stengel aufrecht oder niederliegend . . . . . . 2
2   6 Blütenhüllblätter (↗ Abb. 144/1); zur Fruchtreife die 3 inneren viel größer als die äußeren (↗ Abb. 144/2).
                              **Ampfer** ↗ S. 144
2*  5 Blütenhüllblätter; zur Fruchtreife alle gleichgroß oder die äußeren größer . . . . . . . . . . . . . . . . 3
3   Pflanzen 1 bis 4 m hoch. Äußere Blütenhüllblätter zur Fruchtzeit geflügelt (↗ Abb. 144/3 u. 4).
                        **Staudenknöterich** ↗ S. 145
3*  Pflanzen bis 1 m hoch. Äußere Blütenhüllblätter nicht geflügelt.
                              **Knöterich** ↗ S. 146

**Ampfer (16 Arten)**

■   **Krauser Ampfer** (↗ Abb. 144/5)
30 bis 150 cm. ♃. Juni bis Aug. Wiesen, Äcker, Wegränder. Verbreitet.
■   **Stumpfblättriger Ampfer** (↗ Abb. 144/6)
50 bis 120 cm. ♃. Juli bis Aug. Wiesen, Gräben, feuchte Gebüsche. Verbreitet.
■   **Kleiner Sauerampfer** (Abb. 144/7)
10 bis 30 cm. ♃. Mai bis Juli. Sandboden, Äcker, Ödland, Wälder. Verbreitet. Blätter sauer schmeckend.

144/6 Stumpfblättriger Ampfer

144/7 Kleiner Sauerampfer

145/1 Wiesen-Sauerampfer

145/2 Gemeiner Windenknöterich

145/3 Wiesen-Knöterich

145/4 Wasser-Knöterich

■ **Wiesen-Sauerampfer**
(↗Abb. 145/1)
30 bis 100 cm. ♃. Mai bis Juli. Wiesen, Weiden, Wegränder. Verbreitet. Blätter sauer schmeckend.

**Windenknöterich (2 Arten)**
1 Stengel kantig. Fruchtstiel kürzer als die Frucht.
15 bis 120 cm. ☉. Juli bis Okt. Äcker, Gärten. Verbreitet.
        **Gemeiner Windenknöterich**
                (↗Abb. 145/2)
1* Stengel rund, Fruchtstiel so lang wie die Frucht oder länger.
50 bis 200 cm. ☉. Juli bis Sept. Hek-ken, Gebüsche, Waldränder. Zerstreut.
        **Hecken-Windenknöterich**

**Staudenknöterich (2 Arten)**
1 Blüten weiß. Stengel verzweigt. Blätter 5 bis 12 cm lang.
1 bis 2 m. ♃. Juli bis Sept. Ufer, Waldränder, Müllplätze. Zerstreut. Auch Zierpflanze.
        **Japanischer Staudenknöterich**
1* Blüten grünlich. Stengel unverzweigt. Blätter 15 bis 30 cm lang.
2 bis 4 m. ♃. Juli bis Sept. Ufer, Waldränder. Selten. Auch Zierpflanze.
        **Sachalin-Staudenknöterich**

10 [011713]

## Knöterich (8 Arten)

■ **Wiesen-Knöterich** (↗Abb. 145/3)
30 bis 100 cm. ♃. Mai bis Juli.
Feuchte und sumpfige Wiesen. Verbreitet, im Norden zerstreut.
Untere Blätter mit geflügeltem Stiel, obere Blätter meist ungestielt.

■ **Wasser-Knöterich** (↗Abb. 145/4)
Wasserform: Stengel unter Wasser.
Blätter 5 bis 20 cm lang, langgestielt, schwimmend.
Landform: Stengel aufrecht, Blätter 9 bis 13 cm lang, ungestielt oder kurzgestielt.
30 bis 100 cm. (Wasserform bis 3 m).
♃. Juni bis Sept. Gewässer, Ufer, nasse Wiesen, feuchte Äcker. Verbreitet.

■ **Ampfer-Knöterich** (↗Abb. 146/1)
20 bis 80 cm. ☉. Juli bis Okt. Äcker, Gräben, Ufer. Verbreitet.

■ **Vogel-Knöterich** (↗Abb. 146/2)
5 bis 50 cm. ☉. Mai bis Nov. Äcker, Gärten, Wege, Schuttstellen. Verbreitet.
Stengel niederliegend oder aufsteigend.

■ **Floh-Knöterich** (↗Abb. 146/3)
10 bis 80 cm. ☉. Juli bis Okt. Äcker, Gärten, Schuttstellen. Verbreitet.
Blätter oft mit dunklem Fleck.

146/1 Ampfer-Knöterich

146/2 Vogel-Knöterich

146/3 Floh-Knöterich

## Familie Bleiwurzgewächse

Ausdauernde Kräuter oder Sträucher. Blüten zwittrig, strahlig. 5 Kronblätter, frei oder am Grunde verwachsen. 1 Fruchtknoten, oberständig. Blüten in Trauben, Ähren oder Köpfchen. Nüsse, die vom Kelch umschlossen bleiben. Blätter meist in Rosetten, sonst wechselständig, ungeteilt, ganzrandig. Trockene oder salzhaltige Stellen. Zierpflanzen: Grasnelke, Bleiwurz, Strandflieder. 350 Arten, im Gebiet 2, geschützt: Strandflieder, Grasnelke

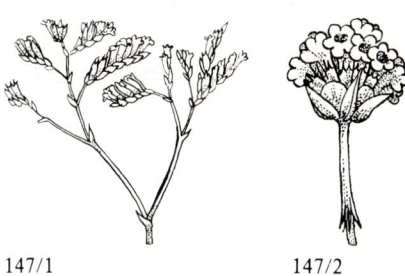

147/1                147/2

1   Blätter verkehrt-eiförmig. Stengel verzweigt, mit Hochblättern. Blüten in Doldenrispen (↗Abb. 147/1). 1 seltene Art.   **Strandflieder ▼** (↗Abb. 147/3)

1*   Blätter grasähnlich. Stengel unverzweigt, ohne Hochblätter. Blüten in Köpfchen (↗Abb. 147/2).
**Grasnelke** ↗S. 147

### Grasnelke (1 Art)

Blätter linealisch, 1 bis 2 mm breit, oft behaart.
Krone rosa oder purpurrot.
5 bis 50 cm. ♃. Mai bis Nov. Trockene, sandige Wiesen, Halden, Salzwiesen, Dünen, trockene Wälder. Verbreitet.
**Gemeine Grasnelke ▼** (↗Abb. 147/4)

147/3 Strandflieder

147/4 Gemeine Grasnelke

10*

| Familie | Hartheugewächse |
|---|---|
| Blüten und Blütenstände  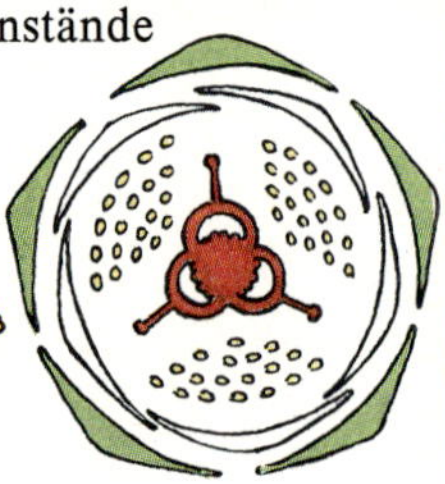 | Zwittrig. Strahlig. Meist 5 Kelchblätter; meist 5 Kronblätter; viele Staubblätter, zu 2 bis 5 Bündeln verwachsen; vgl. Cistrosengewächse Krone in der Knospe gedreht; 1 Fruchtknoten, oberständig, mit 3 bis 5 Griffeln. Blüten in Trauben oder Rispen. |
| Früchte 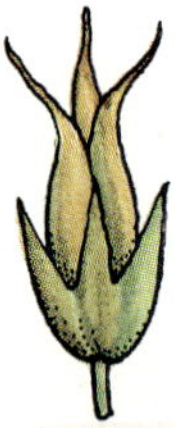 | Kapseln mit vielen Samen. |
| Blätter  | Gegenständig, seltener quirlig. Meist eiförmig oder länglich, ganzrandig; oft von Öldrüsen durchscheinend punktiert. |
| Sproßachse | Sproßachse unten meist verholzt. |

Allgemeine Angaben: Ausdauernde Kräuter, Bäume und Sträucher, Heilpflanze: Tüpfel-Hartheu.
350 Arten, im Gebiet 8, geschützt: Zierliches Hartheu

## Hartheu oder Johanniskraut (8 Arten)

**1** Stengel liegend oder aufsteigend, fadenförmig, fast zweikantig (↗Abb. 149/2). Pflanze unbehaart. Kelchblätter länglich, ganzrandig. 5 bis 15 cm. ⊙. ♃. Juni bis Okt. Feuchte, sandige Wege und Äcker. Zerstreut. **Liegendes Hartheu**
**1\*** Stengel aufrecht . . . . . . . . . 2

**2** Pflanze mit weichen Haaren. Stengel rund (↗Abb. 149/3). Blüten hellgelb, in langer Rispe. 40 bis 100 cm. ♃. Juli, Aug. Laubwälder, Gebüsche. Im Süden verbreitet, im Norden fehlend.
    **Rauhhaariges Hartheu** (↗Abb. 149/1)
**2\*** Pflanze ohne Haare . . . . . . . 3
**3** Kelchblätter ganzrandig, höchstens mit einzelnen Drüsen (Lupe!) . 4

3* Kelchblätter gesägt, mit vielen Drüsen (↗Abb. 149/4 u. 5; Lupe!) . . 6

4 Stengel zweikantig (↗Abb. 149/8), markhaltig. Blätter durchscheinend punktiert (↗Abb. 149/6). Kronblätter am Rande mit schwarzen Punkten (↗Abb. 149/7).

15 bis 80 cm. ♃. Juli, Aug. Trockene Wiesen, Gebüsche, Laubmischwälder. Verbreitet.

Tüpfel-Hartheu (↗Abb. 149/15)

4* Stengel wenigstens unten vierkantig (↗Abb. 149/9) oder Stengel mit 4 Flügeln (↗Abb. 149/10), hohl . . . 5

5 Stengel unten vierkantig (↗Abb. 149/9), oben oft nur undeutlich vierkantig oder zweikantig. Blätter wenig oder nicht durchscheinend punktiert. Kelchblätter elliptisch, stumpf.

20 bis 80 cm. ♃. Juli, Aug. Waldwiesen, Gebüsche. Verbreitet.

Kanten-Hartheu

5* Stengel mit 4 Flügeln (↗Abb. 149/10). Blätter dicht durchscheinend punktiert. Kelchblätter lanzettlich, spitz.

30 bis 60 cm. ♃. Juli, Aug. Nasse Wiesen, Gräben, Gebüsche. Zerstreut.

Flügel-Hartheu

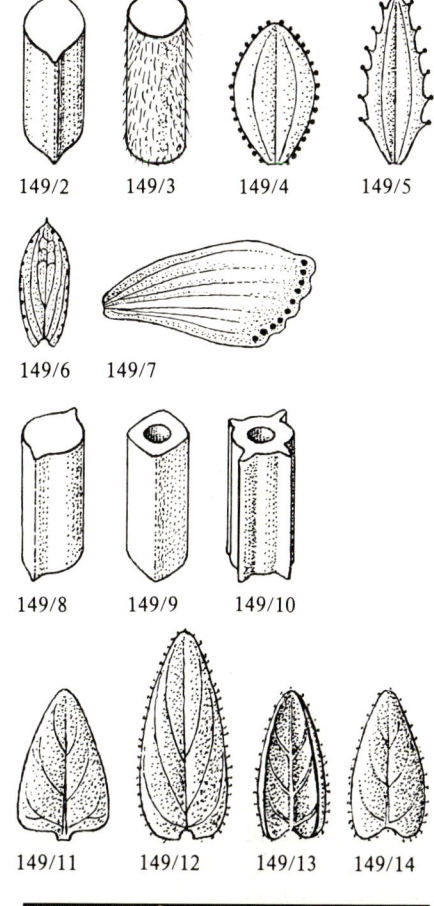

149/2    149/3    149/4    149/5

149/6    149/7

149/8    149/9    149/10

149/11    149/12    149/13    149/14

149/1 Rauhhaariges Hartheu

149/15 Tüpfel-Hartheu

6    (3) Blätter am Rande mit schwarzen Drüsenpunkten; eiförmig oder lanzettlich (↗Abb. 149/12 bis 14). Kelchblätter vorn spitz (↗Abb. 149/5) . . . 7
6*   Blätter am Rande ohne schwarze Drüsenpunkte, herz-eiförmig (↗Abb. 149/11). Kelchblätter vorn stumpf (↗Abb. 149/4).
30 bis 60 cm. ♃. Juli bis Sept. Laubwälder, Hecken. Zerstreut.
**Schönes Hartheu**
7    Stengel rund (↗Abb. 149/3). Blätter am Rande flach (↗Abb. 149/12), kürzer als die Stengelglieder.
30 bis 60 cm. ♃. Juni bis Aug. Laubwälder, Gebüsche. Zerstreut.
**Berg-Hartheu**
7*   Stengel wenigstens oben zweikantig (↗Abb. 149/2). Blätter am Rande umgerollt (↗Abb. 149/13 u. 14), mindestens so lang wie die Stengelglieder, lanzettlich.
10 bis 30 cm. ♃. Juni, Juli. Trockene Wiesen, Gebüsche. Selten.
**Zierliches Hartheu ▼**

| Familie | Cistrosengewächse |
|---|---|
| Blüten und Blütenstände 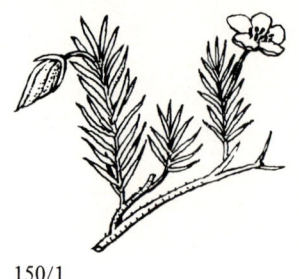 | Zwittrig. Strahlig.<br>5 Kelchblätter, oft 2 kleine und 3 große;<br>5 Kronblätter;<br>viele Staubblätter, ungleich lang, frei;<br>vgl. Hartheugewächse S. 148<br>1 Fruchtknoten, oberständig.<br>Blüten meist in Trauben. |
| Früchte | Kapseln mit vielen Samen. |
| Blätter | Ungeteilt, oft mit Nebenblättern. |

Allgemeine Angaben: Ausdauernde Kräuter, Sträucher oder Halbsträucher. Pflanzen oft aromatisch duftend. Zierpflanzen: Sonnenröschen.
175 Arten, im Gebiet 5, geschützt: Graues und Apenninen-Sonnenröschen

1    Blätter nadelförmig. Blüten einzeln (↗Abb. 150/1). Eine seltene Art, nur im Harzvorland.
**Gemeines Nadelröschen**
1*   Blätter eiförmig (↗Abb. 150/2 u. 151/2). Blüten in Trauben . . . . . . 2
2    Blätter mit gefiederten Adern (↗Abb. 151/4). Untere Blätter mit Stiel.    **Sonnenröschen** ↗ S. 151

150/1                    150/2

151/1 Gemeines Sonnenröschen

151/5 Bestand von Gemeinen Sonnenröschen

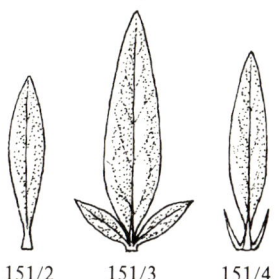

151/2     151/3     151/4

**2\*** Blätter mit 3 Längsadern. Alle Blätter ohne Stiel (↗Abb. 150/2). Selten, nur im Berliner Gebiet.

**Geflecktes Sandröschen**

**Sonnenröschen (3 Arten)**

**1** Blätter mit Nebenblättern (↗Abb. 151/3 u. 4) . . . . . . . . . . 2

**1\*** Blätter ohne Nebenblätter (↗Abb. 151/2). Blüten gelb. 10 bis 20 cm. ♃. Mai, Juni. Trockene Wiesen und Kiefernwälder, felsige Hänge. Selten, nur in Thüringen und Sachsen-Anhalt.

**Graues Sonnenröschen** ▼

**2** Blüten gelb. Nebenblätter lanzettlich (↗Abb. 151/3). 10 bis 20 cm. ♃. Juni bis Okt. Trockene Wiesen und Gebüsche, Felsen. Verbreitet. **Gemeines Sonnenröschen** (↗Abb. 151/1 u. 5)

**2\*** Blüten weiß. Nebenblätter fadenförmig (↗Abb. 151/4). 10 bis 30 cm. ♃. Mai bis Juli. Felsige Hänge. Selten, nur in Sachsen-Anhalt.

**Apenninen-Sonnenröschen** ▼

| Familie | Veilchengewächse |
|---|---|
| Blüten und Blütenstände | Zwittrig. Meist zweiseitig symmetrisch.<br>5 Kelchblätter, bei Veilchen spornähnlich verlängert;<br>5 Kronblätter, unteres Kronblatt mit Sporn;<br>5 Staubblätter, 2 mit grünen Nektardrüsen;<br>1 Fruchtknoten, oberständig, Griffel oft spornähnlich gebogen.<br>Blüten einzeln. |
| Früchte | Kapseln mit vielen Samen; an 3 Nähten aufplatzend. |
| Blätter | Meist wechselständig. Mit Nebenblättern. Nebenblätter ganzrandig, gefranst oder stark gespalten. |

Allgemeine Angaben: Meist ausdauernde Kräuter. Ausländische Arten auch Bäume und Sträucher. Zierpflanzen: Garten-Stiefmütterchen, März-Veilchen, Horn-Veilchen.
850 Arten, im Gebiet 20

**Veilchen und Stiefmütterchen
(20 Arten)**

Kronblätter violett, weiß, gelb oder
mehrfarbig. Blätter meist herzförmig,
seltener eiförmig oder nierenförmig.
Blattränder gesägt oder gekerbt.

1　Kronblätter gelb, weiß, violett
oder mehrfarbig; wenigstens das untere
am Grunde immer gelb. Seitliche
Kronblätter aufwärtsgerichtet, den
Rand der oberen Kronblätter deckend
(↗Abb. 153/2) . . . . . . . . . . . . 2
1*　Kronblätter nie gelb. Seitliche
Kronblätter deutlich abwärtsgerichtet,
den Rand der oberen Kronblätter nicht
deckend (↗Abb. 153/3).

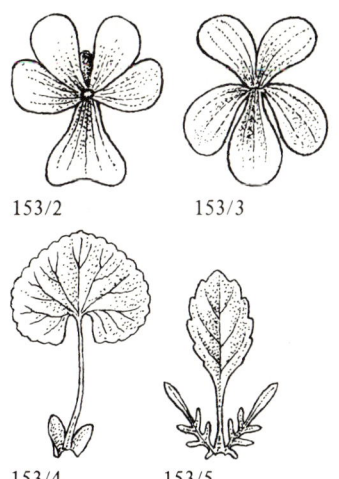

153/2　　　　　153/3

153/4　　　　　153/5

17 Arten　　　**Blaublühende Veilchen**
(Beispiele ↗S. 154)

2　Blattflächen breiter als lang, nierenförmig (↗Abb. 153/4). Kronblätter
gelb, bräunlich gestreift.
8 bis 15 cm. ♃. Mai bis Aug. Feuchte
Schotterstellen. Felsen. Selten.
　　　　　　　**Zweiblütiges Veilchen**
2*　Blattflächen länger als breit, eiförmig (↗Abb. 153/5) . . . . . . . . . 3
3　Kronblätter etwa so lang wie
Kelchblätter. Sporn wenig hervorragend (↗Abb. 153/6). Blüten überwiegend weißlich.

153/6　　　　　153/7

5 bis 20 cm. ☉. Apr. bis Okt. Äcker,
Wegränder. Verbreitet.
　　　**Feld-Stiefmütterchen** (↗Abb. 153/1)
3*　Kronblätter deutlich länger als

153/1 Feld-Stiefmütterchen

153/8 Wildes Stiefmütterchen

154/1 Wald-Veilchen

154/2 Rauhhaar-Veilchen

Kelchblätter. Sporn deutlich hervorragend (↗ Abb. 153/7). Blüten überwiegend blauviolett.
10 bis 40 cm. ☉ oder ♃. Apr. bis Sept. Sandige Äcker, trockene Wiesen, Dünen. Verbreitet, im Süden zerstreut.
**Wildes Stiefmütterchen**
(↗ Abb. 153/8)
■ **Wald-Veilchen** (↗ Abb. 154/1)
10 bis 25 cm. ♃. März bis Mai. Laubmischwälder. Verbreitet.
Blüten in den Achseln von Stengelblättern. Nebenblätter kammartig gefranst.
■ **Rauhhaar-Veilchen** (↗ Abb. 154/2)
5 bis 10 cm. ♃. Apr. bis Mai. Trockene Wälder und Gebüsche, Kalkfelsen. Verbreitet, im Norden selten.
Pflanze rauhhaarig. Blüten in den Achseln von Grundblättern, langgestielt.
■ **März-Veilchen** (↗ Abb. 154/3)
5 bis 10 cm. ♃. März bis Apr. Waldränder und Gebüsche. Zerstreut.
Pflanze mit Ausläufern. Blüten wohlriechend. Krone dunkelviolett, selten weiß oder rosa.

154/3 Märzveilchen

| Familie | Kürbisgewächse |
|---|---|
| Blüten und Blütenstände | Eingeschlechtig. Strahlig.<br>5 Kelchblätter, oft miteinander verwachsen;<br>5 Kronblätter, meist verwachsen, Krone mit 5 Zipfeln;<br>5 Staubblätter;<br>Staubbeutel verklebt, daher oft scheinbar nur 3;<br>1 Fruchtknoten, unterständig.<br>Blüten einzeln oder büschelig in Blattachseln. |
| Früchte | Beeren, selten Kapseln. |
| Blätter | Wechselständig; einfach. Blattfläche meist fünfeckig oder fünflappig. |
| Sproßachse | Meist kriechend oder windend, verzweigte oder unverzweigte Ranken. |

Allgemeine Angaben: Einjährige oder ausdauernde Kräuter. Vorwiegend in tropischen und subtropischen Gebieten. Gemüsepflanzen: z. B. Gurke, Kürbis, Melone, Zucchini.
850 Arten, im Gebiet 3

**1**   Ranken einfach (↗Abb. 155/1).
Krone mit 5 Zipfeln, grünlich-weiß.
Reife Früchte erbsengroß, glatt
(↗Abb. 155/1).        **Zaunrübe** ↗ S. 156
**1\***   Ranken weit verzweigt
(↗Abb. 155/2). Krone mit 6 Zipfeln,
weiß. Reife Früchte saftarm, pflaumengroß, stachlig (↗Abb. 155/2).
        **Stachelgurke** ↗ S. 156

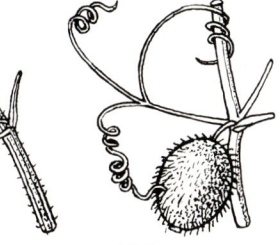

155/1                    155/2

156/1 Rotbeerige Zaunrübe

156/4 Gelappte Stachelgurke

**Zaunrübe (2 Arten)**

**1** Blattlappen scharf gezähnt, der mittlere viel länger als die seitlichen (↗Abb. 156/2). Kelch etwa so lang wie die Krone. Reife Früchte schwarz. Pflanze meist einhäusig.
200 bis 400 cm. ⅔. Juni, Juli. Hecken, Zäune, Waldränder. Zerstreut.
**Weiße Zaunrübe**

**1\*** Blattlappen ganzrandig oder nur mit wenigen stumpfen Zähnen, der mittlere Blattlappen kaum länger als die seitlichen (↗Abb. 156/3). Kelch etwa halb so lang wie die Krone. Reife Früchte rot. Pflanze stets zweihäusig. 200 bis 400 cm. ⅔. Juni bis Sept. Hecken, Zäune, Ufergebüsche. Zerstreut.
**Rotbeerige Zaunrübe** (↗Abb. 156/1)

**Stachelgurke (1 Art)**

Pflanze kletternd, einhäusig. Blätter fünflappig. Reife Früchte hellbraun, stachlig, vorn geöffnet.
100 bis 600 cm. ☉. Juni bis Aug. Ufergebüsche, Zäune, Hecken. Verbreitet an der mittleren Saale, sonst selten.
**Gelappte Stachelgurke** (↗Abb. 156/4)

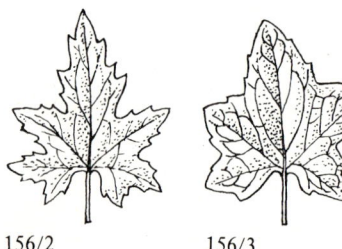

156/2          156/3

| Familie | Kreuzblütengewächse |
|---|---|
| Blüten und Blütenstände | Zwittrig. Strahlig. Blütenteile kreuzweise angeordnet; 4 Kelchblätter; 4 Kronblätter; meist 6 Staubblätter (4 längere und 2 kürzere), selten 4; 1 Fruchtknoten, oberständig. Blüten in Trauben. |
| Früchte | Meist Schoten oder Schötchen, selten Nüsse, Beeren oder Gliederschoten. |
| Blätter | Wechselständig, häufig in Rosetten. |

Allgemeine Angaben: Einjährige oder ausdauernde Kräuter. Häufig mit ätherischen Ölen. Viele Gemüse-, Öl-, Gewürz- und Zierpflanzen (↗Seite 158). 3 000 Arten, im Gebiet etwa 110, geschützt: Meerkohl, Berg-Steinkraut, Felsen-Steinkraut, Löffelkraut, Glattes Brillenschötchen

1 Früchte mindestens dreimal so lang wie breit. Schoten(↗Abb. 157/4 bis 6). **Kreuzblütengewächse mit Schoten** ↗ S. 157
1* Früchte höchstens dreimal so lang wie breit. Schötchen (↗Abb. 157/1 bis 3). **Kreuzblütengewächse mit Schötchen** ↗ S. 162

**Kreuzblütengewächse mit Schoten**

1 Alle Blätter ungeteilt, Blattrand ganzrandig, gezähnt oder gesägt . . . 2
1* Wenigstens die unteren Blätter geteilt oder tief eingeschnitten . . . . 13
2 Obere Blätter stengelumfassend, herz- oder pfeilförmig, ohne Stiel (↗Abb. 159/1 u. 2) . . . . . . . . 10

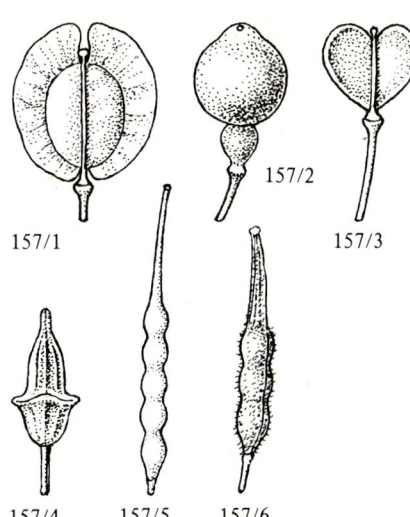

157/1 157/2 157/3 157/4 157/5 157/6

158/1 Felsen-Steinkraut

158/2 Griechisches Blaukissen

158/3 Goldlack

158/4 Radieschen

158/5 Brokkoli

158/6 Zierkohl

2* Blätter nicht stengelumfassend, mit oder ohne Stiel (↗Abb. 159/3 u. 4) . . . . . . . . . . . . . . . . 3
3 Blüten weiß, rot oder violett . . . 4
3* Blüten gelb . . . . . . . . . . . 8
4 Blattfläche am Grunde herzförmig (↗Abb. 159/3). Blätter beim Zerreiben nach Knoblauch riechend.
Knoblauchsrauke ↗ S. 165
4* Blattfläche am Grunde abgerundet (↗Abb. 159/5) oder verschmälert (↗Abb. 159/6 u. 7) . . . . . . . . . . 5
5 Blüten violett . . . . . . . . . . . 6
5* Blüten weiß . . . . . . . . . . . . 7
6 Blätter dickfleischig. Schote zweigliedrig (↗Abb. 157/4). Strandpflanze.
Meersenf ↗ S. 175
6* Blätter nicht dickfleischig. Schote nicht zweigliedrig. Verwilderte Zierpflanze. Nachtviole ↗ S. 167
7 (5) Stengelblätter mit kurzem Stiel. Schoten flach. Schaumkresse ↗ S. 170
7* Stengelblätter ohne Stiel. Schoten seitlich gewölbt. Schmalwand ↗ S. 166
8 (3) Kelchblätter stets aufrecht. Stengel grau behaart oder rauhhaarig. Haare verzweigt (Lupe!).
Schotendotter ↗ S. 167
8* Kelchblätter kurz vor dem Verblühen abstehend. Stengel stets grün oder mit einfachen Haaren (Lupe!) . . . . 9
9 Alle Blätter gezähnt. Schoten länger als 2 cm. Steife Rauke ↗ S. 165
9* Obere Blätter ganzrandig. Schoten kürzer als 2 cm.
3 seltene Wildpflanzenarten. Sonst Öl- und Gemüsepflanze. Kohl
10 (2) Blüten gelb. Früchte hängend, mit Flügeln, meist mit einem Samen (↗Abb. 159/8 u. 9). Waid ↗ S. 166
10* Blüten gelblichweiß oder weiß. Früchte aufrecht, ohne Flügel, mit vielen Samen . . . . . . . . . . . . . 11
11 Blätter stumpf(↗Abb. 159/10), kahl, ganzrandig. Ackerkohl ↗ S. 174
11* Blätter spitz (↗Abb. 159/1) . . 12
12 Schoten vierkantig. Samen in je-

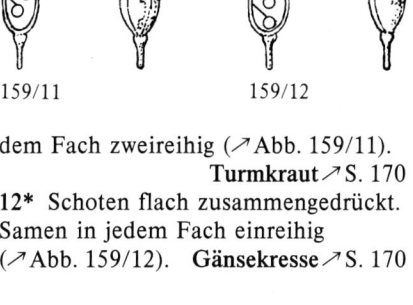

159/1    159/2    159/3         159/4

159/5    159/6    159/7

159/8    159/9    159/10

159/11            159/12

dem Fach zweireihig (↗Abb. 159/11).
Turmkraut ↗ S. 170
12* Schoten flach zusammengedrückt. Samen in jedem Fach einreihig (↗Abb. 159/12). Gänsekresse ↗ S. 170

13  (1) Schoten mit langem Schnabel.
Schnabel schwertförmig (↗Abb. 160/1).
Blätter leierförmig (↗Abb. 160/2).
Kronblätter gelblich, mit violetten
Adern. Selten.                **Öl-Rauke**
13* Schoten ohne Schnabel oder
Schnabel nicht schwertförmig  . . . 14
14  Blüten rötlich, violett oder weiß 15
14* Blüten gelb oder gelblich-weiß  20
15  Blätter einfach, mehr oder weniger
tief geteilt (↗Abb. 160/3 u. 4) . . . 16
15* Blätter aus getrennten Blättchen
zusammengesetzt (Abb. 160/5 u. 6)  18
16  Blätter dickfleischig, unbehaart.
Schoten zweigliedrig (↗Abb. 160/7).
                **Meersenf**↗S. 175
16* Blätter nicht dickfleischig, mehr
oder weniger behaart. Schoten mehrfach gegliedert oder Schoten nicht gegliedert . . . . . . . . . . . . . . . 17
17  Schoten gegliedert (↗Abb. 160/8).
Blüten über 1 cm lang.
          **Rettich oder Hederich**↗S. 176
17* Schoten nicht gegliedert. Blüten
etwa 0,5 cm lang. **Schaumkresse**↗S. 170
18  (15) Wasser- oder Sumpfpflanze.
Stengel kriechend. Schoten walzenförmig. Blätter gefiedert (↗Abb. 160/9).
          **Brunnenkresse**↗S. 169
18* Landpflanze. Stengel aufrecht.
Schoten zusammengedrückt  . . . . 19
19  Blätter gefingert, meist mit 3 oder
5, selten mit 7 Blättchen (Abb. 160/10).
In den Blattachseln häufig Brutzwiebeln
(Abb. 160/11).      **Zahnwurz**↗S. 167
19* Blätter gefiedert, mit mehr als
5 Fiederblättchen (↗Abb. 161/1 u. 2).
In den Blattachsen nie Brutzwiebeln.
          **Schaumkraut**↗S. 168
20  (14) Schoten höchstens 1 cm lang,
ohne Schnabel (↗Abb. 161/10). Reife
Schoten kürzer als ihr Stiel.
          **Sumpfkresse**↗S. 170
20* Schoten mindestens 1 cm lang,
wenn kürzer als 1 cm, dann mit langem Schnabel (↗Abb. 161/11). Reife

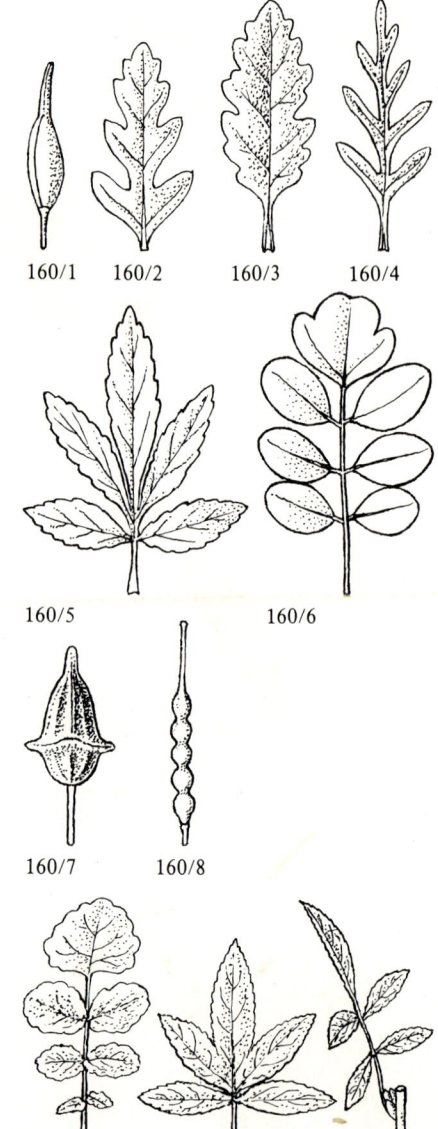

160/1   160/2      160/3      160/4

160/5                    160/6

160/7       160/8

160/9          160/10        160/11

Schoten länger oder gleichlang wie ihr
Stiel . . . . . . . . . . . . . . . . 21
21  Mittlere und obere Blätter stengelumfassend, Blattgrund herz- oder pfeilförmig (↗Abb. 161/3 u. 4) . . . . . 22

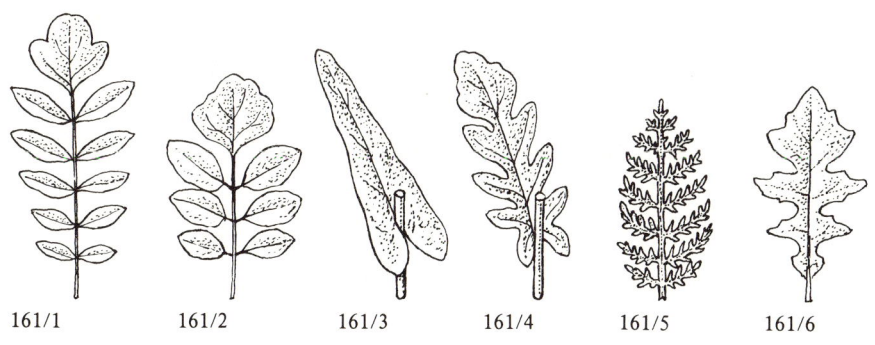

161/1      161/2      161/3      161/4      161/5      161/6

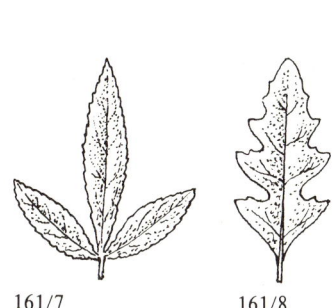

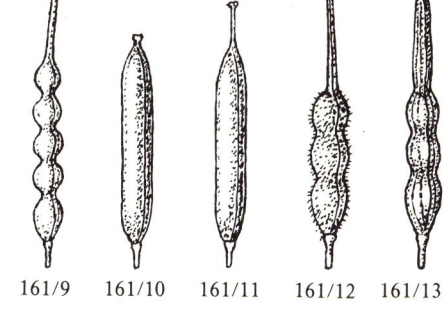

161/7      161/8          161/9   161/10   161/11   161/12   161/13

**21\*** Mittlere und obere Blätter nicht stengelumfassend . . . . . . . . . . 23
**22** Blüten gelblichweiß. Alle Stengelblätter ungeteilt, zugespitzt (↗Abb. 161/3). **Turmkraut**↗S. 170
**22\*** Blüten gelb. Untere und mittlere Stengelblätter geteilt (↗Abb. 161/4).
                **Winterkresse**↗S. 169
**23** (21) Blätter quirlständig, gefingert (↗Abb. 161/7). **Zahnwurz**↗S. 167
**23\*** Blätter wechselständig, ungeteilt oder mehr oder weniger tief geteilt (↗Abb. 160/4, 161/5, 6 u. 8) . . . . 24
**24** Schoten stark gegliedert, ähnlich einer Perlenschnur (↗Abb. 161/9)
     **Rettich** oder **Hederich**↗S. 176
**24\*** Schoten nicht oder nur schwach gegliedert (↗Abb. 161/11 u. 13) . . 25
**25** Schoten mit Schnabel (↗Abb. 161/11 u. 12) . . . . . . . 26

**25\*** Schoten ohne Schnabel (↗Abb. 161/10) . . . . . . . . . . 29
**26** Schnabel flach, zweischneidig (↗Abb. 161/12) oder vierkantig (↗Abb. 161/13). Samen kugelig.
                   **Senf**↗S. 175
**26\*** Schnabel kegelförmig. Samen eiförmig oder länglich . . . . . . . . 27
**27** Blätter unbehaart. Samen in jedem Fach zweireihig (↗Abb. 162/1).
             **Doppelsame**↗S. 174
**27\*** Blätter behaart. Samen in jedem Fach einreihig (↗Abb. 162/2) . . . 28
**28** Blätter graugrün, dicht behaart. Schotenstiele zur Reife keulig verdickt (↗Abb. 162/3). Selten.

   **Grauer Bastardsenf** oder **Grausenf**
**28\*** Blätter grün, locker behaart. Schotenstiele zur Reife nicht keulig verdickt.       **Hundsrauke**↗S. 175

29 (25) Blätter mehrfach gefiedert; mit linealischen Zipfeln (↗Abb. 161/5). **Besenrauke**↗S. 166
29* Blätter meist fiederteilig; mit großem Endzipfel (↗Abb. 161/6).
**Rauke**↗S. 165

## Kreuzblütengewächse mit Schötchen

1 Blüten mit Kronblättern . . . . . 2
1* Blüten ohne Kronblätter . . . . 29
2 Kronblätter ungleich groß, die 2 äußeren bedeutend größer. Früchte löffelförmig gebogen (↗Abb. 162/4).
**Bauernsenf**↗S. 173
2* Kronblätter alle gleich groß oder fast gleich groß. Früchte nicht löffelförmig gebogen . . . . . . . . . . . 3
3 Kronblätter rötlich, violett oder weiß . . . . . . . . . . . . . . . . 4
3* Kronblätter gelb oder gelblichweiß . . . . . . . . . . . . . . . 20
4 Kronblätter etwa bis zur Mitte geteilt (↗Abb. 162/5) . . . . . . . . . 5
4* Kronblätter ungeteilt, höchstens etwas ausgerandet (↗Abb. 162/6) . . 6
5 Pflanze 30 bis 70 cm hoch. Blätter wechselständig. **Graukresse**↗S. 170
5* Pflanze 3 bis 15 cm hoch. Blätter in flacher Rosette.
**Hungerblümchen**↗S. 170
6 (4) Blätter ungeteilt. Blattrand glatt, gezähnt oder gesägt . . . . . . . 7
6* Alle Blätter oder wenigstens die unteren Blätter mehr oder weniger tief geteilt (↗Abb. 162/7 bis 9) . . . . . 17
7 Kronblätter violett. Schötchen sehr groß, mindestens 3 cm breit (↗Abb. 162/10 u. 11).
**Silberblatt**↗S. 170
7* Kronblätter weiß. Schötchen viel schmaler als 3 cm . . . . . . . . . . 8
8 Blätter nur in kugeligen Rosetten, nie am Stengel. Selten.
**Mauer-Felsenblümchen**
8* Blätter auch am Stengel . . . . . 9
9 Stengel und Blätter kahl . . . . 10
9* Stengel und Blätter mit Haaren 14

162/1    162/2    162/3

162/4    162/5    162/6

162/7    162/8    162/9

162/10    162/11

10 Schötchen mit Flügeln
(↗Abb. 163/1). **Hellerkraut**↗S. 173
10* Schötchen ohne Flügel
(↗Abb. 163/2), manchmal mit Rand :
(↗Abb. 163/3) . . . . . . . . . . . 11
11 Stengelblätter am Grunde herzförmig (↗Abb. 163/4) oder pfeilförmig
(↗Abb. 163/5) . . . . . . . . . . . 12
11* Stengelblätter am Grunde verschmälert . . . . . . . . . . . . . . 13
12 Schötchen fast kugelig
(↗Abb. 163/2). Stengelblätter am
Grunde herzförmig (↗Abb. 163/4).
**Löffelkraut**↗S. 170
12* Schötchen deutlich abgeflacht
(↗Abb. 163/3). Stengelblätter am
Grunde pfeilförmig (↗Abb. 163/5).
**Kresse**↗S. 174
13 Blätter rundlich, eiförmig, dickfleischig, blaugrün. **Meerkohl**↗S. 176
13* Blätter lang linealisch, bis 1 m
lang, nicht dickfleischig.
**Meerrettich**↗S. 170
14 (9) Schötchen dreieckig bis herzförmig (↗Abb. 163/6); mehrere Samen
in jedem Fach. **Hirtentäschel**↗S. 172
14* Schötchen eiförmig
(↗Abb. 163/7) oder herz-eiförmig
(↗Abb. 163/8); ein Samen in jedem
Fach . . . . . . . . . . . . . . . . 15
15 Schötchen breit eiförmig, mit
Rand (↗Abb. 163/7). **Kresse**↗S. 174
15* Schötchen herz-eiförmig, ohne
Rand (↗Abb. 163/8).
**Pfeilkresse**↗S. 173
16 (6) Schötchen zweiknotig
(↗Abb. 163/9 u. 10).
**Krähenfuß**↗S. 174
16 Schötchen nicht zweiknotig . . 17
17 (6, 16) Schötchen mit 2 Samen.
**Kresse**↗S. 174
17* Schötchen mit vier oder mehr Samen . . . . . . . . . . . . . . . . 18
18 Schötchen dreieckig bis herzförmig (↗Abb. 163/6). Häufiges Ackerunkraut. **Hirtentäschel**↗S. 172
18* Schötchen eiförmig oder länglich.
Seltene Arten . . . . . . . . . . . 19

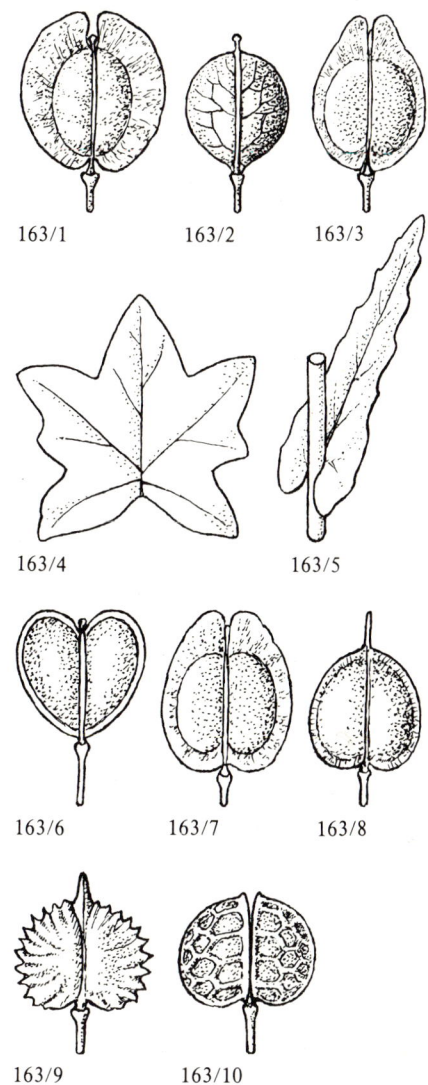

163/1    163/2    163/3

163/4            163/5

163/6    163/7    163/8

163/9    163/10

19 Alle Blätter fiederteilig. Schötchen
mit 4 Samen.
Trockene Wiesen, felsige Hänge. Selten. **Zwerg-Steppenkresse**
19* Obere Blätter ungeteilt bis fieder-
lappig. Schötchen mit mehr als 4 Samen. Salzige Stellen. Selten.
**Liegende Salzkresse**

11*

**20** (3) Schötchen brillenähnlich
(↗Abb. 164/1). Blätter buchtig gezähnt, mit steifen Haaren. Selten.
**Glattes Brillenschötchen** ▼
**20\*** Schötchen nicht brillenähnlich 21
**21** Alle Blätter ungeteilt . . . . . . 22
**21\*** Wenigstens die unteren Blätter
mehr oder weniger stark geteilt . . . 25
**22** Stengelblätter am Grunde verschmälert, länglich (↗Abb. 164/2),
grau. **Steinkraut**↗S. 170
**22\*** Stengelblätter am Grunde pfeilförmig (↗Abb. 164/3) . . . . . . . . 23
**23** Schötchen mit Flügeln, hängend
(↗Abb. 164/4), zur Reife schwarz werdend. Blätter ohne Haare.
**Waid**↗S. 166
**23\*** Schötchen ohne Flügel, nicht hängend (↗Abb. 164/5 u. 6), zur Reife
braun werdend. Blätter mit Haaren 24
**24** Schötchen mit zwei Längsrippen
(↗Abb. 164/5), aufplatzend, mit mehreren Samen. Kronblätter hellgelb.
**Leindotter**↗S. 172
**24\*** Schötchen kugelrund, ohne Längsrippen (↗Abb. 164/6), nicht aufplatzend. Nur ein Samen. Kronblätter tief
gelb. **Finkensame**↗S. 172
**25** (21) Schötchen mit mehr als 4 Samen . . . . . . . . . . . . . . . . 26
**25\*** Schötchen mit höchstens
4 Samen . . . . . . . . . . . . . . 27
**26** Wenigstens die oberen Stengelblätter am Grunde pfeilförmig
(↗Abb. 164/3). Schötchen abgeflacht
(↗Abb. 164/5). **Leindotter**↗S. 172
**26\*** Stengelblätter nie pfeilförmig.
Schötchen nicht abgeflacht, rundlich
bis länglich. **Sumpfkresse**↗S. 170
**27** (25) Obere Blätter ganzrandig,
den Stengel umfassend (↗Abb. 164/7);
untere Blätter mehrfach fiederteilig
(↗Abb. 164/8). Selten.
**Durchwachsenblättrige Kresse**
**27\*** Obere Blätter gezähnt bis gelappt,
nicht den Stengel umfassend
(↗Abb. 164/9 u. 10) . . . . . . . 28

164/1        164/2        164/3

164/4        164/5        164/6

164/7                  164/8

164/9        164/10

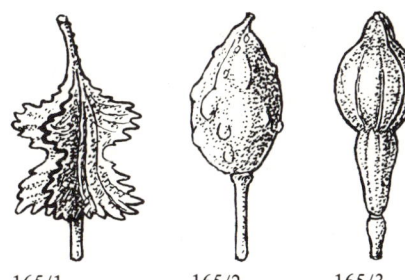

165/1          165/2          165/3

28  Schötchen eingliedrig
(↗Abb. 165/1 u. 2). Gesamter Stengel
von drüsigen Höckern (Lupe!) rauh.
**Zackenschote**↗S. 166
28*  Schötchen zweigliedrig
(↗Abb. 165/3). Stengel nur unten
durch Borstenhaare (Lupe!) rauh. Selten, nur im Süden.    **Windsbock**
29  (1) 2 oder 4 Staubblätter. Schötchen zweiknotig (↗Abb. 163/9 u. 10).
**Krähenfuß**↗S. 174
29*  6 Staubblätter. Schötchen nicht
zweiknotig, flachgedrückt
(↗Abb. 163/6 u. 7) . . . . . . . . **30**
30  Schötchen dreieckig, ohne Flügel
(↗Abb. 163/6), mit mehr als 2 Samen.
**Hirtentäschel**↗S. 172
30  Schötchen rundlich bis eiförmig,
mit Flügeln (↗Abb. 163/7), mit 2 Samen.    **Kresse**↗S. 174

**Knoblauchsrauke (1 Art)**

Blätter mit Stiel. Blattrand gekerbt
(↗Abb. 159/3). Blätter beim Zerreiben
nach Knoblauch riechend.
20 bis 100 cm. ☉. Apr. bis Juni. Hek-
ken, Gebüsche, Wegränder. Verbreitet.
**Gemeine Knoblauchsrauke**
(↗Abb. 165/4)

**Rauke (8 Arten)**

Blütentraube ohne Laubblätter. Kronblätter gelb. Untere Blätter meist tief-
gelappt bis fiederteilig, obere Blätter
ungeteilt.

■  **Steife Rauke**
50 bis 100 cm. ♃. Juni, Juli. Waldränder. Zerstreut im Süden, im Norden
fehlend.
Blätter ungeteilt, lanzettlich, gezähnt.
■  **Wege-Rauke** (↗Abb. 165/5)
30 bis 60 cm. ☉. Mai bis Okt. Gärten,
Wegränder, Schuttstellen. Verbreitet.
Stengel mit kurzen Haaren. Schoten
dem Stengel dicht angedrückt.
■  **Lösels Rauke** (↗Abb. 166/3)
30 bis 60 cm. ☉ oder ☉. Mai bis Aug.
Schuttstellen, Bahndämme, Wegränder. Im Süden zerstreut, im Norden
selten.
Stengel rauhhaarig. Schoten vom Stengel abstehend.

165/4 Gemeine Knoblauchsrauke

165/5 Wege-Rauke

## Besenrauke (1 Art)

Stengel stark verzweigt. Blütentraube ohne Laubblätter. Kronblätter blaßgelb. 20 bis 70 cm. ☉. Mai bis Sept. Schuttstellen, Bahndämme, Wegränder. Verbreitet, im Gebirge selten.

**Gemeine Besenrauke**

## Schmalwand (2 Arten)

■ **Acker-Schmalwand** (↗Abb. 166/4) 5 bis 30 cm. ☉, ☉. Apr. bis Mai. Sandige Äcker und trockene Wiesen. Verbreitet.
Grundblätter ganzrandig bis gezähnt. Stengelblätter meist ganzrandig. Kronblätter weiß, 2 bis 4 mm lang.

## Waid (1 Art)

Pflanze bläulichgrün, kahl. Kronblätter gelb. Stengelblätter herz- bis pfeilförmig (↗Abb. 164/3).
40 bis 120 cm. ☉. Mai bis Juli. Schuttstellen, Bahndämme, Felshänge. Im Süden zerstreut, sonst selten. Früher Färberpflanze.

**Färber-Waid** (↗Abb. 166/5)

## Zackenschote (2 Arten)

**1** Schötchen an den Kanten mit zackigen Flügeln (↗Abb. 166/1). 15 bis 50 cm. ☉. Mai bis Juli. Schuttstellen, Wegränder. Selten.

**Echte Zackenschote**

**1\*** Schötchen ohne Flügel, warzig (↗Abb. 166/2). Alle Blätter rauhhaarig, Pflanze daher vom Vieh gemieden. 25 bis 120 cm. ☉. Mai bis Aug. Äcker,

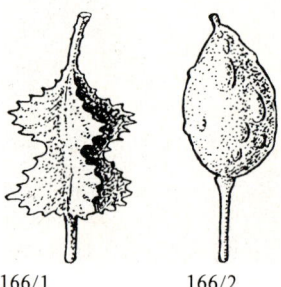

166/1          166/2

166/3 Lösels-Rauke

166/4 Acker-Schmalwand

166/5 Färber-Waid

Wegränder, Schuttstellen, trockene Wiesen. Zerstreut, im Süden häufig.
**Orientalische Zackenschote**
(↗Abb. 167/1)

**Nachtviole (1 Art)**

Blüten violett, duftend. Blätter eiförmig bis lanzettlich, gezähnt.
40 bis 100 cm. ☉. Juni bis Aug. Zäune, Hecken, Mauern und Wegränder. Zerstreut. Auch Zierpflanze.
**Gemeine Nachtviole**

**Schotendotter oder Schöterich (6 Arten)**

Blüten gelb. Blätter länglich, mit verschmälertem Grunde, ganzrandig oder buchtig gezähnt (↗Abb. 159/4). Kelchblätter aufrecht.
1   Schoten zwei- bis dreimal so lang wie ihre Stiele. Blütenstiele viel länger als die Kelche. Kronblätter 4 bis 5 mm lang.
15 bis 60 cm. ☉ oder ☉. Mai bis Sept. Ufer, Äcker, Gärten, Schuttstellen. Verbreitet.     **Acker-Schotendotter**
1*  Schoten mindestens fünfmal so lang wie ihre Stiele. Blütenstiele höchstens so lang wie die Kelche. Kronblätter 6 bis 20 mm lang.
**5 meist seltene Arten**

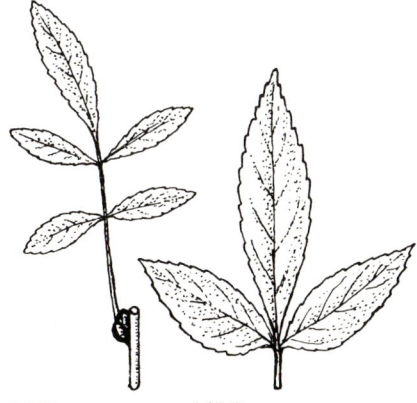

167/2          167/3

■   **Bleicher Schöterich** (↗Abb. 167/4)
15 bis 60 cm. ☉. Apr. bis Juli. Trockene Felshänge und Wiesen. Im Süden zerstreut, sonst selten. Giftig!
Schoten graugrün, stumpfkantig. Blätter an der Spitze zurückgebogen.

**Zahnwurz (2 Arten)**

1   Blätter gefiedert, mit drei bis sieben Blättchen (↗Abb. 167/2), wechselständig. In den Blattachsen meist Brutzwiebeln (↗Abb. 167/2). Kronblätter hellviolett, rosa oder weiß.
30 bis 60 cm. ☉. Mai, Juni. Feuchte Laubmischwälder. Zerstreut.
**Zwiebel-Zahnwurz** (↗Abb. 168/4)

167/1 Orientalische Zackenschote

167/4 Bleicher Schöterich

1*  Blätter gefingert, mit 3 Blättchen (↗Abb. 167/3). 3 Blätter quirlig genähert. In den Blattachseln nie Brutzwiebeln. Kronblätter gelblichweiß. 20 bis 30 cm. ☉. Apr. bis Juni. Laubmischwälder. Zerstreut im Erzgebirge, sonst fehlend.  **Weiße Zahnwurz**

**Schaumkraut (6 Arten)**

1  Kronblätter breit eiförmig, etwa 10 mm lang, lila oder weiß . . . . . . 2
1*  Kronblätter länglich, etwa 3 bis 5 mm lang, weiß; manchmal fehlend 3
2  Stengel hohl. Kronblätter blaß-lila oder weiß. Staubbeutel gelb. 10 bis 60 cm. ☉. Apr. bis Juni. Feuchte Wiesen, Moore. Verbreitet. **Wiesen-Schaumkraut** (Abb. 168/5 u. 6)
2*  Stengel nicht hohl. Kronblätter weiß. Staubbeutel violett. 10 bis 60 cm. ☉. Apr. bis Juni. Feuchte Wiesen und Erlenwälder. Verbreitet.  **Bitteres Schaumkraut**
3  (1) Blattstiele am Grunde mit 2 pfeilförmigen Öhrchen (↗Abb. 168/1). 10 bis 85 cm. ☉. Mai bis Juli. Feuchte Laubwälder. Zerstreut.
  **Spring-Schaumkraut**
3*  Blattstiele am Grunde ohne Öhrchen . . . . . . . . . . . . . . . . 4
4  Stengel behaart. Fiederblättchen rundlich (↗Abb. 168/2) . . . . . . . . 5

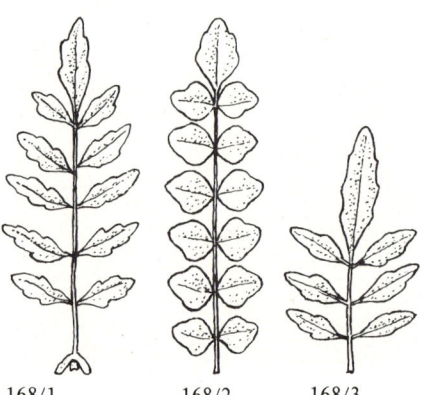

168/1          168/2          168/3

168/4  Zwiebel-Zahnwurz

168/5  Bestand von Wiesen-Schaumkraut

168/6  Wiesen-Schaumkraut

**4*** Stengel stets kahl. Fiederblättchen länglich (↗Abb. 168/3).
5 bis 25 cm. ☉. Mai bis Juli. Ufer, feuchte Sandböden. Selten.
**Kleinblütiges Schaumkraut**
**5** Stengel gerade, locker behaart, mit 2 bis 4 Blättern. Staubblätter meist 4.
7 bis 30 cm. ☉. Apr. bis Juni. Feuchte Wälder, Wegränder, Äcker, Schuttstellen. Zerstreut.
**Viermänniges Schaumkraut**
**5*** Stengel hin- und hergebogen, dicht behaart, mit 4 bis 10 Blättern. Staubblätter meist 6.
10 bis 50 cm. ☉, ☉. Apr. bis Okt. Feuchte Wälder und Wiesen. Zerstreut. **Wald-Schaumkraut**

**Brunnenkresse (1 Art)**

Stengel hohl. Blätter im Herbst manchmal purpurn bis bronzefarben.
20 bis 80 cm. ☉. Mai bis Okt. Quellen, Bäche, Gräben mit klarem Wasser. Zerstreut. Auch Kulturpflanze.
**Echte Brunnenkresse** (↗Abb. 169/1)

**Winterkresse oder Barbarakraut (4 Arten)**

**1** Oberste Blätter ungeteilt, buchtig gezähnt (↗Abb. 169/2) . . . . . . . . 2

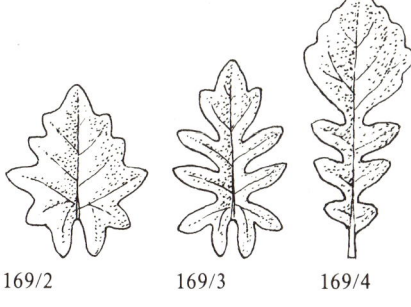

169/2          169/3          169/4

**1*** Oberste Blätter tief geteilt (↗Abb. 169/3 u. 4). **2 seltene Arten.**
**2** Grundblätter mit 2 bis 5 Paar Seitenlappen. Endlappen der Grundblätter kürzer als das übrige Blatt (↗Abb. 169/3). Schoten von der Sproßachse abstehend.
30 bis 90 cm. ☉. Mai bis Juli. Flußufer, Äcker, Wiesen, Schuttstellen. Verbreitet.
**Echte Winterkresse** (↗Abb. 169/5)
**2*** Grundblätter mit 1 bis 2 Paar Seitenlappen. Endlappen der Grundblätter länger als das übrige Blatt (↗Abb. 169/4). Schoten der Sproßachse angedrückt.
60 bis 100 cm. ☉. Apr. bis Juni. Ufer, feuchte Wiesen, Schuttstellen. Zerstreut. **Steife Winterkresse**

169/1 Echte Brunnenkresse

169/5 Echte Winterkresse

## Sumpfkresse (6 Arten)

Blüten gelb. Blätter meist mehr oder weniger stark geteilt, seltener ungeteilt. Früchte Schoten oder Schötchen.
■ **Gemeine Sumpfkresse** (Abb. 171/1)
10 bis 80 cm. ①, ☉. Juni bis Sept. Ufer, feuchte Äcker. Verbreitet. Kronblätter höchstens so lang wie der Kelch. Pflanze ohne Ausläufer.

## Meerrettich (1 Art)

Blüten weiß. Grundblätter ungeteilt, bis 1 m lang. Stengelblätter mehr oder weniger stark geteilt.
60 bis 125 cm. ♃. Mai bis Juli. Wegränder, Schuttstellen, Gräben. Verbreitet. **Echter Meerrettich** (↗Abb. 171/2)

## Schaumkresse (3 Arten)

Blüten weiß oder hellpurpurn. Grundblätter meist mehr oder weniger geteilt. Schoten flach zusammengedrückt.
■ **Sand-Schaumkresse**
(↗Abb. 171/3)
15 bis 40 cm. ☉. ♃. Apr. bis Aug. Trockene Moorwiesen, Sandstellen, Felsspalten. Zerstreut, im Norden verbreitet.
Kronblätter 6 bis 9 mm lang.

## Turmkraut (1 Art)

Grundblätter buchtig-gezähnt, rauh. Stengelblätter glatt, bläulich-grün. Schotenklappen gewölbt, mit starker Mittelader.
60 bis 120 cm. ①. Mai bis Juli. Gebüsche, Waldränder. Verbreitet.
**Kahles Turmkraut** (↗Abb. 171/4)

## Gänsekresse (6 Arten)

Blätter ungeteilt, ganzrandig. Schoten zweikantig, zusammengedrückt. Schotenklappen mit schwacher Mittelader.
■ **Wenigblütige Gänsekresse**
30 bis 100 cm. ♃. Mai bis Juli. Gebüsche, Wälder. Selten.
Pflanze kahl. Blätter bläulich-grün.

■ **Rauhhaarige Gänsekresse**
10 bis 80 cm. ☉, ♃. Mai bis Juli. Trockene Wiesen, Wälder, Felshänge. Verbreitet.
Grundblätter in einer Rosette. Ganze Pflanze rauhhaarig.

## Silberblatt (2 Arten)

**1** Alle Blätter gestielt. Früchte an beiden Enden zugespitzt
(↗Abb. 162/10).
30 bis 140 cm. ♃. Mai bis Juli. Bergwälder an kühlen und feuchten Hängen. Zerstreut, im Norden fehlend.
　　　**Ausdauerndes Silberblatt**
　　　(↗Abb. 171/5 u. 6)
**1*** Nur untere Blätter gestielt, obere Stengelblätter ungestielt. Früchte an beiden Enden abgerundet
(↗Abb. 162/11).
30 bis 100 cm. ①. Apr. bis Juni. Schuttstellen. Zerstreut. Auch Zierpflanze.　　　**Einjähriges Silberblatt**

## Steinkraut (3 Arten)

■ **Kelch-Steinkraut** (↗Abb. 172/1)
7 bis 30 cm. ①. Apr. bis Sept. Trockene Wiesen, Ödland, Felshänge. Verbreitet.

## Graukresse (1 Art)

Pflanze dicht behaart, graugrün.
30 bis 65 cm. ☉, ☉. Juni bis Okt. Sandige Stellen, Wegränder, Schuttstellen, Bahndämme. Verbreitet.
　　　**Gemeine Graukresse**

## Hungerblümchen (1 Art)

Alle Blätter in einer Rosette. Stengel ohne Blätter. Blüten weiß.
3 bis 15 cm. ☉, ①. März bis Mai. Trockene Wiesen, sandige Stellen. Verbreitet.　　　**Frühlings-Hungerblümchen**
(↗Abb. 172/4)

## Löffelkraut (3 Arten)

**1** Obere Stengelblätter mit kurzen

171/1 Gemeine Sumpfkresse

171/2 Echter Meerrettich

171/3 Sand-Schaumkresse

171/4 Kahles Turmkraut

171/5 u. 171/6 Ausdauerndes Silberblatt, blühend und fruchtend

172/1 Kelch-Steinkraut

172/4 Frühlings-Hungerblümchen

Stielen, nicht stengelumfassend. Blüten 3 bis 5 mm breit.
10 bis 20 cm. ☉, ☉. Mai, Juni. Küsten, Salzwiesen. Verbreitet an der Küste, sonst fehlend. **Dänisches Löffelkraut ▼**
1* Obere Stengelblätter ohne Stiele, herzförmig stengelumfassend. Blüten 8 bis 10 mm breit . . . . . . . . . . . 2
2 Untere Blätter mit nierenförmigem Grund (↗Abb. 172/2). Schötchen 4 bis 7 mm lang, an den Enden abgerundet.
20 bis 50 cm. ☉, ♃. Mai, Juni. Küsten, Salzwiesen, Röhrichte. Zerstreut an der Ostseeküste, sonst fehlend.
**Gebräuchliches Löffelkraut ▼**
2* Untere Blätter mit abgerundetem

bis breit keilförmigem Grund (Abb. 172/3). Schötchen 8 bis 15 mm lang, an beiden Enden verschmälert.
20 bis 30 cm. ☉, ♃. Mai bis Juli. Küsten, Strandwiesen, Röhrichte. Zerstreut an der Ostseeküste, sonst fehlend. **Englisches Löffelkraut ▼**

**Leindotter (4 Arten)**

■ **Kleinfrüchtiger Leindotter**
30 bis 60 cm. ☉. Mai bis Juli. Äcker, Schuttstellen. Zerstreut.
Pflanze dicht behaart, rauh, graugrün. Schötchen 7 bis 9 mm lang.

**Finkensame (1 Art)**

Stengelblätter ohne Stiel, pfeilförmig, stengelumfassend (↗Abb. 159/2). Blüten goldgelb. Schötchen kugelig, mit einem Samen (↗Abb. 164/6).
15 bis 80 cm. ☉. Mai bis Juli. Äcker, Wegränder, Schuttstellen. Zerstreut.
**Rispen-Finkensame**

**Hirtentäschel (1 Art)**

Blätter ungeteilt bis fiederspaltig (↗Abb. 162/9). Stengel mit Blättern.
2 bis 70 cm. ☉, ☉. Jan. bis Dez. Äcker, Gärten, Schuttstellen, Wegränder. Verbreitet.
**Gemeines Hirtentäschel** (↗Abb. 173/4)

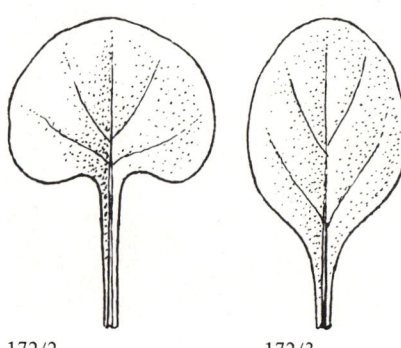

172/2                    172/3

## Bauernsenf (1 Art)

Blätter alle grundständig, fiederspaltig. Früchte löffelförmig gebogen, mit schmalen Flügeln (↗Abb. 162/4). 8 bis 15 cm. ☉. Apr., Mai. Sandige, trockene Hügel, Äcker. Zerstreut.

     **Sand-Bauernsenf** (↗Abb. 173/5)

## Hellerkraut (4 Arten)

1    Stengel kantig. Schötchen 11 bis 16 mm lang, fast kreisrund, ringsum mit breiten Flügeln (↗Abb. 173/1). 10 bis 50 cm. ☉, ☉. Apr. bis Sept. Äkker, Gärten. Verbreitet.

     **Acker-Hellerkraut** (↗Abb. 173/6)

1*    Stengel rund. Schötchen 3 bis 7 mm lang, herzförmig, nur oben mit breiten Flügeln (↗Abb. 173/2) . . . . 2

2    Griffel viel kürzer als die Flügel der Schötchen (↗Abb. 173/2). Blätter kahl, blaugrün, scheinbar vom Stengel durchwachsen (↗Abb. 173/3). 7 bis 20 cm. ☉, ☉. März bis Juni. Trockene Wiesen. Im Süden verbreitet, im Norden fehlend.

     **Durchwachsenblättriges Hellerkraut**

2*    Griffel länger als die Flügel der Schötchen.     **2 seltene Arten**

## Pfeilkresse (1 Art)

Blüten weiß. Blattgrund den Stengel herz- bis pfeilförmig umfassend. 20 bis 50 cm. ♃. Mai bis Juli. Bahndämme, Wegränder, Schuttstellen. Verbreitet.

     **Gemeine Pfeilkresse** (↗Abb. 174/1)

173/4 Gemeines Hirtentäschel

173/5 Sand-Bauernsenf

173/6 Acker-Hellerkraut

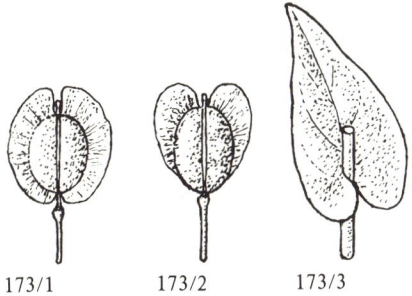

173/1     173/2     173/3

## Kresse (8 Arten)

Kronblätter meist weiß, oft fehlend. Schötchen mit 2 Samen, rundlich bis eiförmig (↗Abb. 163/3). Pflanzen stark duftend.

■ **Garten-Kresse** (↗Abb. 174/2) 20 bis 40 cm. ☉. Mai bis Juli. Bisweilen verwildert. Zerstreut. Auch Kulturpflanze. Pflanze kahl.

■ **Schutt-Kresse** (↗Abb. 174/3) 10 bis 30 cm. ☉, ☉. Mai bis Okt. Schuttstellen, Wegränder, Bahndämme. Verbreitet. Pflanze behaart, stinkend. Ohne Kronblätter.

## Krähenfuß (2 Arten)

1 Blütenstiele kürzer als Blüten. Kronblätter weiß, länger als die Kelchblätter. Früchte scharf gezähnt, nierenförmig (↗Abb. 163/9). 5 bis 50 cm. ☉. Mai bis Aug. Schuttstellen, Wegränder. Zerstreut.
                  **Gemeiner Krähenfuß**

1* Blütenstiele länger als Blüten. Kronblätter gelblich, kürzer als die Kelchblätter oder fehlend. Früchte glatt, mit 2 Knoten (↗Abb. 163/10). 10 bis 30 cm. ☉. Juni bis Aug. Schuttstellen, Wegränder, Gärten. Selten.
              **Zweiknotiger Krähenfuß**

## Ackerkohl (1 Art)

Pflanze kahl, bläulich bereift. Kronblätter weiß. 10 bis 50 cm. ☉. Mai bis Juli. Steinige Äcker. Im Süden zerstreut, im Norden selten.                   **Weißer Ackerkohl**

## Doppelsame (2 Arten)

1 Pflanze mit Blattrosette. Kronblätter 5 bis 8 mm lang. Fruchtstiele kürzer als die reifen Schoten. 15 bis 60 cm. ☉, ☉. Juni bis Sept. Wegränder, Bahndämme, Mauern, Schuttstellen. Zerstreut.
                  **Mauer-Doppelsame**

174/1 Gemeine Pfeilkresse

174/2 Garten-Kresse

174/3 Schutt-Kresse

**1\*** Pflanze ohne Blattrosette. Kronblätter 8 bis 15 mm lang. Fruchtstiele so lang wie die reifen Schoten. 30 bis 80 cm. ♃. Mai bis Okt. Wegränder, Bahndämme, Schuttstellen. Verbreitet. **Schmalblättriger Doppelsame**

**Senf (2 Arten)**

**1** Blätter grob gezähnt (↗ Abb. 175/1). Schoten kahl oder nur mit wenigen Haaren (↗ Abb. 175/2; Lupe!). Samen schwarz. 30 bis 60 cm. ☉. Juni bis Okt. Äcker, Schuttstellen. Verbreitet. **Acker-Senf**

175/5 Europäischer Meersenf

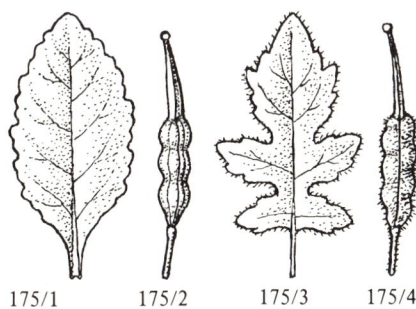

175/1　　175/2　　175/3　　175/4

**1\*** Blätter tief geteilt (↗ Abb. 175/3). Schoten mit steifen Borsten (↗ Abb. 175/4; Lupe!). Samen gelblich. 30 bis 60 cm. ☉. Juni, Juli. Wegränder und Schuttstellen. Selten. Auch Kulturpflanze. **Weißer Senf**

**Hundsrauke (1 Art)**

Blätter fiederteilig. Kronblätter hellgelb, mit grünlichen Adern. 30 bis 60 cm. ☉, ☉. Mai bis Okt. Äcker, Ufer. Zerstreut. **Französische Hundsrauke**

**Meersenf (1 Art)**

Pflanze blaugrün, dickfleischig. Blüten lila bis rosa, selten weiß. 15 bis 30 cm. ☉. Juli bis Okt. Dünen, Strand. Verbreitet an der Ostseeküste, sonst fehlend.
**Europäischer Meersenf** (↗ Abb. 175/5)

175/6 Echter Meerkohl

175/7 Acker-Rettich oder Hederich

## Meerkohl (1 Art)

Pflanze blaugrün, kahl. Blüten weiß.
Schötchen mit 2 Gliedern, das untere
Glied stielförmig (↗Abb. 176/2).
30 bis 75 cm. ♃. Mai bis Juli. Dünen.
Selten an der Ostseeküste.
**Echter Meerkohl** ▼(↗Abb. 175/6)

## Rettich oder Hederich (1 Art)

Kronblätter meist hellgelb, seltener
weiß mit violetten Adern. Frucht eine
Gliederschote, ähnlich einer Perlenschnur, nicht aufspringend

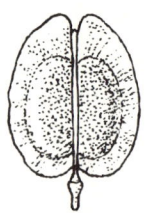

176/1          176/2

(↗Abb. 160/8).
30 bis 60 cm. ⊙. Juni bis Okt. Sandige
Äcker. Verbreitet.
**Acker-Rettich, Hederich** (↗Abb. 175/7)

---

### Familie Resedengewächse

Einjährige oder ausdauernde Kräuter, selten Sträucher. Blüten zwittrig; zweiseitig-symmetrisch. Blüten oft in ährenähnlichen Trauben. 4 bis 8 Kelchblätter; 2
bis 8 Kronblätter, obere Kronblätter gespalten. 1 Fruchtknoten, oberständig;
oben nicht geschlossen. Nektarabscheidende Scheibe (Discus) im Blütengrund.
Früchte Kapseln oder Beeren. Blätter wechselständig mit Nebenblättern. Zierpflanze: Garten-Resede. Ehemalige Nutzpflanze: Färber-Resede (mit gelbem
Farbstoff).
70 Arten, im Gebiet 3

---

## Resede oder Wau (3 Arten)

■ **Gelbe Resede** (↗Abb. 176/3)
20 bis 50 cm. ⊙, ⊙, ⊛. Mai bis Sept.
Schuttstellen, Bahndämme, Wegränder, trockene Wiesen. Im Süden verbreitet, im Norden selten.
Blätter alle dreispaltig bis doppelt dreispaltig. Blüten duften nicht.

176/3 Gelbe Resede

| Familie | Weidengewächse |
|---|---|
| Blüten und Blütenstände | Eingeschlechtig, zweihäusig. Ohne Blütenhülle, Einzelblüten in Achseln von Tragblättern; 2 bis 30 Staubblätter; 1 Fruchtknoten, mit kurzem Griffel und 2 bis 4 Narben. Blütenstände in Kätzchen, eiförmig bis walzenförmig, aufrecht oder hängend. |
| Früchte | Kapseln. Samen am Grunde mit weißgrauem Haarschopf. |
| Blätter | Wechselständig, einfach; oft mit Nebenblättern; Form der Blattfläche sehr verschieden. |

Allgemeine Angaben: Bäume oder Sträucher. Schnellwüchsig; starker Stockaustrieb, schnelle Wurzelbildung an abgeschnittenen Zweigen. Forstbäume (z. B. zur Erstbepflanzung von Kippen); Zierpflanzen: z. B. Trauer-Weide. 350 Arten, im Gebiet etwa 30

1 Blätter dreieckig bis herzförmig, gelappt oder fast kreisrund; Blattstiele fast so lang wie die Blattfläche, meist seitlich zusammengedrückt. Knospen von mehreren Schuppen umhüllt. Kätzchen schlaff herabhängend.

Pappel ↗ S. 178

1* Blätter schmal lanzettlich bis elliptisch; Blattstiele viel kürzer als die Blattfläche, nicht seitlich zusammengedrückt. Knospen nur von 1 Schuppe kapuzenförmig umhüllt. Kätzchen aufrecht oder steif abstehend.

Weide ↗ S. 178

## Pappel (etwa 10 Arten)

■ **Schwarz-Pappel** (↗ Abb. 178/1)
Bis 30 m. ♄. Apr. Wälder und Gebüsche in Flußtälern. Forst- und Zierbaum (Pyramidenpappel), auch verwildert.

■ **Zitter-Pappel, Espe** oder **Aspe** (↗ Abb. 178/2)
Bis 25 m. ♄. März, Apr. Wälder, Gebüsche, Kahlschläge. Verbreitet. Auch Zierbaum. Langgestielte Blätter zittern schon bei geringer Luftbewegung (↗ Name!).

## Weide (etwa 20 Arten)

■ **Sal-Weide** (↗ Abb. 178/3)
Bis 9 m. ♄. März, Apr. Waldränder, Ufer, Wiesen, feuchte Wegränder, Steinbrüche. Verbreitet.

■ **Kriech-Weide** (↗ Abb. 179/1)
Bis 1 m. ♄ Apr., Mai. Nasse Wiesen, nasse Sandstellen und Dünentäler. Verbreitet.

■ **Korb-Weide** (↗ Abb. 179/2)
Bis 5 m. ♄. März, Apr. Ufergebüsche, Grabenränder. Verbreitet.
Häufig auch angepflanzt und als Flechtweide für Korbmacherei genutzt, dann oft „Kopfweide" mit oben verdicktem Stamm. Nach häufigem Kronenschnitt auch andere Weidenarten mit dieser Wuchsform.

178/1 Schwarz-Pappel

178/2 Zitter-Pappel, Espe oder Aspe

178/3 Sal-Weide

179/1 Kriech-Weide

179/2 Korb-Weide

## Familie Spatzenzungengewächse

Meist Sträucher. Blüten meist zwittrig, strahlig. Kelchblätter verwachsen und kronartig; keine Kronblätter, 4 bis 8 Staubblätter, Griffel sehr kurz. Steinfrüchte, Kapseln oder Nüsse.
650 Arten, im Gebiet 1, geschützt!

### Seidelbast (1 Art)

Blätter wechselständig, an den Zweigenden gehäuft, lanzettlich, ganzrandig. Blütenröhre dunkelrosa, selten weiß, vierzipflig, mit 8 Staubblättern. Blüten stark duftend. Blütezeit vor Laubentfaltung. Steinfrüchte rot, fleischig, giftig wie alle Teile der Pflanze.
Bis 120 cm. ♄. März, Apr. Laubwälder, Gebüsche. Zerstreut, im Norden selten. **Gemeiner Seidelbast** oder **Kellerhals** ▼ (↗Abb. 179/3 u. 4)

179/3 u. 179/4 Gemeiner Seidelbast oder Kellerhals

| Familie | Malvengewächse |
|---------|----------------|
| Blüten und Blütenstände | Zwittrig. Strahlig.<br>5 Kelchblätter, am Grunde mit drei- bis vielblättrigem Außenkelch;<br>5 Kronblätter;<br>viele Staubblätter, zu einer säulenförmigen Röhre verwachsen. Staubblätter jeweils nur mit 1 Staubbeutel.<br>1 Fruchtknoten, oberständig.<br>Blüten in Trauben oder Blüten einzeln oder büschelig in den Blattachseln. |
| Früchte | Spaltfrüchte oder Kapseln mit vielen Samen. |
| Blätter | Wechselständig, einfach; Blattfläche handförmig gelappt, gespalten oder geteilt. |

Allgemeine Angaben: Einjährige oder ausdauernde Kräuter, seltener Bäume oder Sträucher. Pflanzensaft oft schleimig. Nutzpflanzen: Baumwolle; Zierpflanzen: Stundenblume (Hibiscus), Stockrose; Heilpflanzen: Echter Eibisch, Quirl-Malve.
1500 Arten, im Gebiet 11, geschützt: Echter Eibisch

1 Außenkelch sechs- bis neunblätt-
rig (↗Abb. 181/1 u. 2) . . . . . . . . 2
1* Außenkelch dreiblättrig
(↗Abb. 181/3) oder dreispaltig
(↗Abb. 181/4) . . . . . . . . . . . . 3
2 Blüten 6 bis 10 cm breit, rot, weiß
oder gelb, in ährenähnlichen, langen
Blütenständen.
Pflanze 1,00 bis 3,00 m hoch.⊙. Juni
bis Sept. Zierpflanze, auch verwildert.
**Stockrose** oder **Rosenpappel**
2* Blüten 2 bis 5 cm breit, rötlich-
weiß oder rosenrot, einzeln oder büschelig in Blattachseln.
Pflanze 10 bis 120 cm hoch.
**Eibisch** ↗S. 181
3 (1) Außenkelch dreiblättrig
(↗Abb. 181/3). **Malve** ↗S. 181
3* Außenkelch dreispaltig
(↗Abb. 181/4). **Lavatere** ↗S. 181

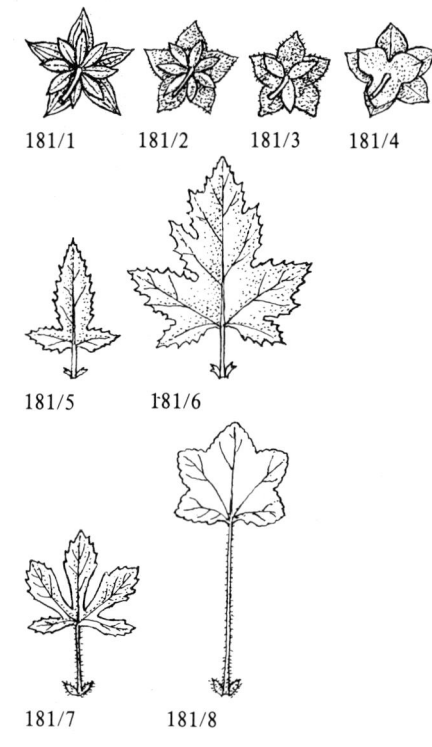

181/1     181/2     181/3     181/4

181/5     181/6

181/7     181/8

### Eibisch (2 Arten)

1 Stengel und Blätter filzig behaart.
Blüten in den Blattachseln büschelig, 3
bis 5 cm breit, rötlichweiß. Alle Blätter
mehr oder weniger eiförmig, drei- bis
fünflappig (↗Abb. 181/5 u. 6).
60 bis 120 cm. ♃. Juli bis Sept. Gräben und Sümpfe. Zerstreut.
**Echter Eibisch ▼**
1* Stengel und Blätter rauhhaarig.
Blüten in den Blattachseln einzeln, 2
bis 5 cm breit, rosenrot. Blätter mehr
oder weniger rundlich, obere tief geteilt (↗Abb. 181/7), untere gelappt
(↗Abb. 181/8).
15 bis 50 cm. ⊙. Juli, Aug. Äcker,
Schuttplätze. Selten. **Rauhhaar-Eibisch**

### Lavatere oder Strauchpappel (1 Art)

Pflanze filzig behaart. Untere Blätter
fünfeckig, obere drei- bis fünflappig.
Blüten hellrosa, 5 bis 8 cm breit.
50 bis 125 cm. ♃. Juli, Aug. Gebüsche, Wegränder. Selten, nur in Thüringen und Sachsen-Anhalt.
**Thüringer Lavatere** oder **Thüringer
Strauchpappel**

### Malve (6 Arten)

1 Blätter mehr oder weniger tief geteilt (↗Abb. 182/2 bis 4). Untere Blüten einzeln in den Blattachseln, obere
Blüten büschelig . . . . . . . . . . . 2
1* Blätter wenig gelappt
(↗Abb. 182/5 u. 6). Alle Blüten in den
Blattachseln büschelig . . . . . . . . 3
2 Außenkelchblätter eiförmig bis
lanzettlich, am Grunde verbreitert
(↗Abb. 182/7). Stengel mit anliegenden Haaren. Teilfrüchte runzelig, kahl.
40 bis 125 cm. ♃. Juni bis Okt. Gebüsche, Wegränder. Zerstreut.
**Siegmarswurz** (↗Abb. 182/1)
2* Außenkelchblätter lanzettlich bis
schmal, am Grunde verschmälert
(↗Abb. 182/8). Stengel mit abstehenden Haaren. Teilfrüchte glatt, am Rük-
ken stark behaart.

20 bis 80 cm. ♃. Juni bis Okt. Trockene
Wiesen. Zerstreut. **Moschus-Malve**
**3** (1) Blütenstiele kurz, zur Fruchtzeit höchstens doppelt so lang wie der
Kelch. Stengel steif aufrecht. Kronblätter weißlich, so lang wie Kelchblätter.
80 bis 150 cm. ☉. Juli bis Sept. Futter-
und Arzneipflanze, auch verwildert.

**Quirl-Malve**
**3\*** Blütenstiele lang, zur Fruchtzeit
mehrmals länger als der Kelch. Stengel
liegend oder aufsteigend . . . . . . . 4
**4** Kronblätter länger als 2,5 cm,
drei- bis viermal so lang wie der
Kelch, purpurn mit dunkleren Längsstreifen (↗Abb. 183/1).
30 bis 100 cm. ☉. ♃. Juni bis Okt.
Schuttplätze. Verbreitet.

**Wilde Malve** oder **Große Käsepappel**
(↗Abb. 182/9)
**4\*** Kronblätter kürzer als 2 cm, höchstens doppelt so lang wie der Kelch,
weiß oder rosa . . . . . . . . . . . . 5
**5** Kronblätter etwa 1 cm lang, doppelt so lang wie der Kelch, tief ausgerandet (↗Abb. 183/2), rosa bis weiß.
Teilfrüchte glatt, abgerundet.
15 bis 50 cm. ☉. ♃. Juni bis Okt.
Schuttplätze, Straßenränder. Verbreitet.

**Weg-Malve** oder **Kleine Käsepappel**
(↗Abb. 183/4)

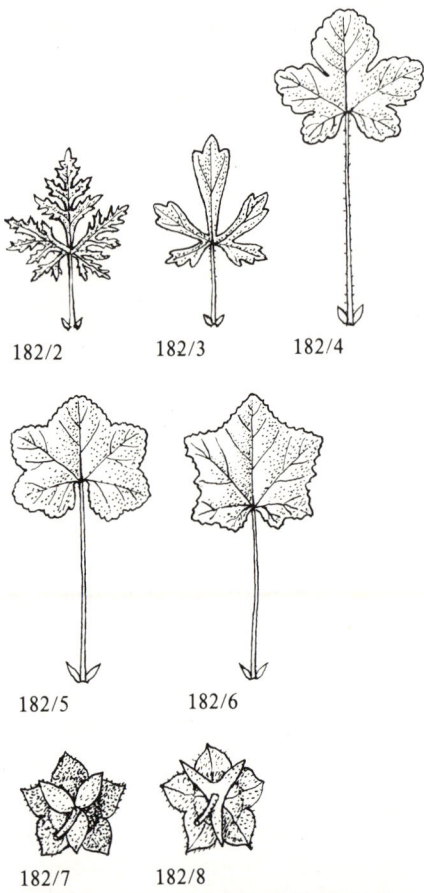

182/2      182/3      182/4

182/5      182/6

182/7      182/8

182/1 Siegmarswurz

182/9 Wilde Malve oder Große Käsepappel

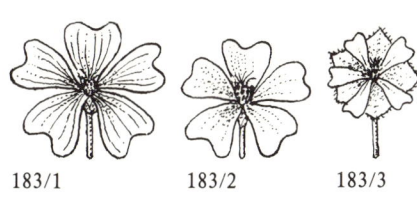

183/1        183/2        183/3

5*   Kronblätter etwa 4 mm lang, so
lang wie der Kelch, schwach ausgerandet (↗Abb. 183/3), weißlich. Teilfrüchte runzlig, scharfkantig.
8 bis 30 cm. ☉. ♃. Juni bis Sept.
Schuttplätze, Straßenränder. Zerstreut,
im Süden selten.   **Kleinblütige Malve**

183/4 Weg-Malve oder Kleine Käsepappel

## Familie Lindengewächse

Meist Bäume und Sträucher. Blüten zwittrig, strahlig. 4 bis 5 Kelchblätter, 4
bis 5 Kronblätter, zahlreiche Staubblätter, 1 Fruchtknoten mit 1 Griffel. Kapseln oder Nüsse. Wertvolle Nutzhölzer; zahlreiche Arten als Zierbäume angepflanzt.
400 Arten, im Gebiet 2

### Linde (2 Arten)

Blätter wechselständig, herzförmig, gesägt (↗Abb. 64/5). Blüten hellgelb,
duftend. Blütenstand mit schmalem
Flügelblatt verwachsen, Fruchtstand als
Ganzes abfallend (↗Abb. 64/6).
1   Junge Zweige und Blätter behaart.
Aderwinkel der Blattunterseiten mit
weißen Bärtchen. Blütenstände meist
mit 3 Blüten.
Bis 30 m. ♄. Juni. Wälder, Gebüsche.
Zerstreut im Hügelland und unteren
Bergland. Häufig angepflanzt.
                      **Sommer-Linde**
1*   Junge Zweige und Blätter kahl.
Aderwinkel der Blattunterseiten mit
rotbraunen Bärtchen. Blütenstände
meist mit 5 bis 7 Blüten.
Bis 25 m. ♄. Juni, Juli. Wälder, Gebüsche. Verbreitet im Flachland und Hügelland. Häufig angepflanzt.
                      **Winter-Linde**

| Familie | Wolfsmilchgewächse |
|---|---|
| Blüten und Blütenstände | Eingeschlechtig, einhäusig oder zwei-häusig.<br>Blütenhülle unscheinbar, einfach oder fehlend.<br>Bei unscheinbarer Blütenhülle mehrere Staubblätter bzw. 1 Fruchtknoten, Griffel mit 2 Narben;<br>bei fehlender Blütenhülle ♂ Blüten nur 1 Staubblatt und ♀ Blüten nur 1 Fruchtknoten, mit Griffel und 3 Narben.<br>Blüten mit Blütenhülle in Ähren oder Trauben. Blüten ohne Blütenhülle in Zymen. |
| Früchte | Kapseln. |
| Blätter | Ungeteilt, meist ganzrandig oder gesägt. |

Allgemeine Angaben: Einjährige oder ausdauernde Kräuter. Pflanzen oft mit Milchsaft. Ausländische Arten, auch Bäume und Sträucher, einige Arten kakteenähnlich. Zimmerpflanze: Weihnachtsstern; Zierpflanzen: z. B. Spring-Wolfsmilch, Vielfarbige Wolfsmilch.
7500 Arten, im Gebiet 19, geschützt: Sumpf-Wolfsmilch, Glanz-Wolfsmilch

1    Pflanzen ohne Milchsaft, meist zweihäusig. Blüten in Ähren oder Trauben (↗Abb. 184/1). Fruchtknoten zweiteilig.        **Bingelkraut**↗S. 185
1*    Pflanzen mit Milchsaft, immer einhäusig. Blüten doldenähnlich angeordnet (↗Abb. 184/2). Fruchtknoten dreiteilig.        **Wolfsmilch**↗S. 185

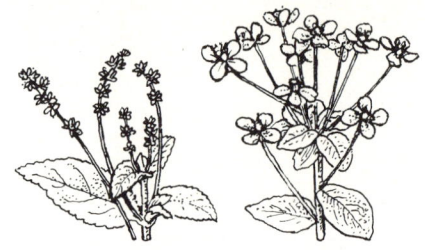

184/1                    184/2

**Bingelkraut (2 Arten)**

1 Waldpflanze. Stengel unverzweigt, rund. ♀ Blüten langgestielt (↗Abb. 185/2).
15 bis 30 cm. ♃. Apr., Mai. Laubmischwälder. Verbreitet.
**Ausdauerndes Bingelkraut** oder **Wald-Bingelkraut**

1* Ackerpflanze. Stengel verzweigt, vierkantig. ♀ Blüten fast sitzend (↗Abb. 185/3).
20 bis 50 cm. ☉. Juni bis Okt. Äcker, Gärten. Verbreitet.
**Einjähriges Bingelkraut** oder **Garten-Bingelkraut** (↗Abb. 185/1)

**Wolfsmilch (17 Arten)**

Blätter wechselständig oder gegenständig, schmal bis verkehrt eiförmig, meist ganzrandig.
Blüten in doldenähnlichen Blütenständen mit verzweigten Strahlen. Blüten ohne Kelch- und Kronblätter.
Eine ♀ Blüte und 10 bis 20 ♂ Blüten in jeweils einer Scheinblüte zusammenstehend. Jede Scheinblüte mit glockenförmigem Hüllbecher, am Rande des Hüllbechers 4 bis 5 bohnen- oder mondförmige Drüsenanhängsel (↗Abb. 185/4 u. 5).

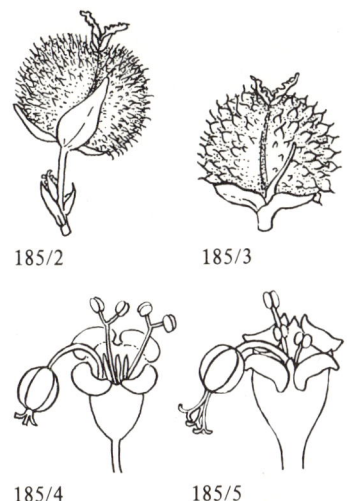

185/2    185/3

185/4    185/5

Alle Pflanzenteile mit weißem, klebrigem Milchsaft.
■ **Sonnenwend-Wolfsmilch** (↗Abb. 185/6)
10 bis 50 cm. ♃. Juni bis Sept. Äcker, Gärten. Verbreitet.
Blätter vorn fein gesägt; Blütenstand meist fünfstrahlig.
■ **Sumpf-Wolfsmilch** ▼ (Abb. 186/1)
50 bis 150 cm. ♃. Mai, Juni. Ufer, Sümpfe. Zerstreut, im Süden selten.
Stengel dick, hohl.

185/1 Einjähriges Bingelkraut oder Garten-Bingelkraut

185/6 Sonnenwend-Wolfsmilch

186/1 Sumpf-Wolfsmilch

186/2 Zypressen-Wolfsmilch

186/3 u. 186/4 Kleine Wolfsmilch

■ **Zypressen-Wolfsmilch**
(↗ Abb. 186/2)
15 bis 30 cm. ♃. Apr., Mai. Trockene
Wiesen, Waldränder. Verbreitet.
Blütendolde mit vielen Strahlen.
Blätter schmal, die der Seitenäste fast
fadenförmig. Hüllblätter der Schein-
blüte gelb, zuletzt rot.

■ **Kleine Wolfsmilch** (↗ Abb. 186/3
u. 4)
6 bis 20 cm. ☉. Juni bis Okt. Lehmige
Äcker. Im Süden verbreitet, im Norden selten.
Blütendolde mit 3 bis 5 Strahlen. Blätter schmal.

## Familie Ölweidengewächse

Sträucher. Blätter ungeteilt, ganzrandig. Blätter und junge Zweige mit silberweißen oder goldbraunen, schild- oder sternförmigen Schuppenhaaren bedeckt. 4 Kelchblätter verwachsen und kronartig; keine Kronblätter, 4 bis 6 Staubblätter, 1 Fruchtknoten mit 1 Griffel. Früchte steinfruchtähnlich. Verschiedene Arten als Ziersträucher oder zur Bodenbefestigung angepflanzt. 65 Arten, im Gebiet 3

187/1 Sanddorn

187/2 Schmalblättrige Ölweide

1    Blätter bis 8 mm breit, linealisch. Pflanze zweihäusig. Blüten eingeschlechtig, unscheinbar, braun.
                    Sanddorn ↗ S. 187
1*   Blätter breiter als 8 mm, lanzettlich bis eiförmig. Blüten zwittrig, vierzipflig, gelb, glocken-trichterförmig.
                    Ölweide ↗ S. 187

**Sanddorn (1 Art)**

Strauch dornig, mit Wurzelausläufern. Scheinfrüchte orange, saftig, vitaminreich, eßbar.

Bis 5 m. ♄. März bis Mai. Dünen, Kiefernwälder. Verbreitet an der Ostseeküste, im Binnenland häufig als Zierstrauch und zur Bodenbefestigung angepflanzt.    **Sanddorn** (↗ Abb. 187/1)

**Ölweide (2 Arten)**

■   **Schmalblättrige Ölweide**
(↗ Abb. 187/2)
Bis 4 m. ♄. Mai bis Juni. Parkanlagen, Halden, Dämme.
Hohe Sträucher oder Bäume, dornig. Blüten duftend, Früchte hellgelb.

| Familie | Wintergrüngewächse |
|---|---|
| Blüten und Blütenstände | Zwittrig. Strahlig.<br>4 oder 5 Kelchblätter;<br>4 oder 5 Kronblätter;<br>8 oder 10 Staubblätter;<br>1 Fruchtknoten, oberständig.<br>Blüten in Trauben, selten einzeln. |
| Früchte | Kapseln mit 4 bis 5 Klappen und vielen staubfeinen Samen. |
| Blätter | Wechselständig, ungeteilt. |
| Sproßachse | Aufrecht, unten oft verholzt. |

Allgemeine Angaben: Ausdauernde Kräuter oder Halbsträucher, immergrün. Entwicklung der Pflanzen in Symbiose mit Pilzen (Mykorrhiza). 30 Arten, im Gebiet 7, geschützt: Dolden-Winterlieb.

1   Blüten einzeln. Krone weiß, flach ausgebreitet (↗Abb. 188/1).
                    **Moosauge** ↗ S. 189
1*  Blüten in Blütenständen (↗Abb. 188/2 u. 3) . . . . . . . . . . 2
2   Blüten in doldenähnlichen Blütenständen (↗Abb. 188/2). Blätter schmal, fast ungestielt (↗Abb. 188/4).
                    **Winterlieb** ↗ S. 189
2*  Blüten in Trauben (↗Abb. 188/3). Blätter eiförmig (↗Abb. 188/5) oder rundlich (↗Abb. 188/6), deutlich gestielt . . . . . . . . . . . . . . . . . 3
3   Trauben einseitswendig, nickend. Blätter eiförmig, spitz (↗Abb. 188/5).
                    **Birngrün** ↗ S. 189

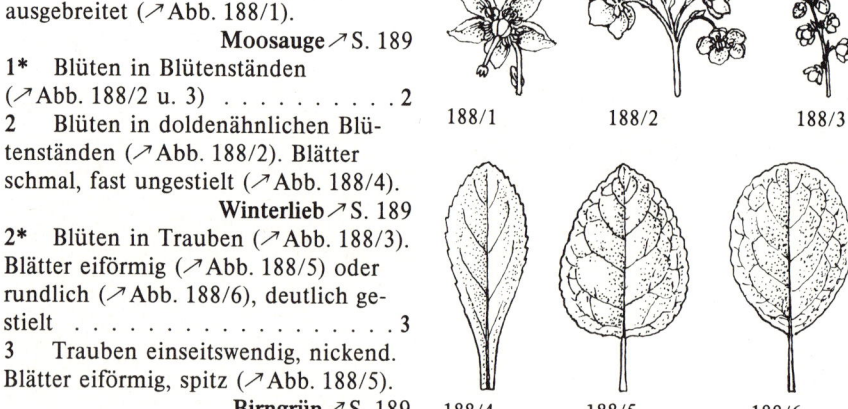

188/1        188/2        188/3

188/4        188/5        188/6

**3\*** Traube allseitswendig
(↗Abb. 188/3), nicht nickend. Blätter
rundlich, stumpf (↗Abb. 188/6).
Wintergrün ↗ S. 189

**Moosauge (1 Art)**

Blätter rundlich, gekerbt, in grundständigen Rosetten. Blütenkrone etwa 2 cm
breit.
5 bis 10 cm. ♃. Mai bis Juli. Nadelwälder, Eichenwälder. Zerstreut, im
Norden selten.
Einblütiges Moosauge (↗Abb. 189/1)

**Winterlieb (1 Art)**

Blätter quirlig angeordnet, ledrig. Blü-
tenkronen weiß bis hellrosa.
7 bis 15 cm. ♄. Juni bis Aug. Kiefernwälder. Zerstreut, im Süden selten.
Dolden-Winterlieb ▼

**Birngrün (1 Art)**

Blüten glockenförmig bis fast kugelig,
grünlichweiß.
7 bis 25 cm. ♄. Juni, Juli. Nadelwälder, Laubmischwälder. Verbreitet.
Einseitswendiges Birngrün
(↗Abb. 189/2)

**Wintergrün (4 Arten)**

■ **Rundblättriges Wintergrün**
(↗Abb. 189/3)
15 bis 30 cm. ♃. Juni, Juli. Nadelwälder, Laubmischwälder, Waldränder.
Verbreitet, im Norden zerstreut.
Kelchzipfel schmal, spitz. Griffel abwärts gekrümmt, länger als die offene
glockenförmige Krone. Stengel stumpfkantig.

189/1 Einblütiges Moosauge

189/2 Einseitswendiges Birngrün

189/3 Rundblättriges Wintergrün

| Familie | Heidekrautgewächse |
|---|---|
| Blüten und Blütenstände  | Zwittrig. Meist strahlig.<br>4 bis 5 Kelchblätter, frei oder verwachsen;<br>4 bis 5 Kronblätter, meist verwachsen;<br>8 oder 10 Staubblätter;<br>1 Fruchtknoten, oberständig oder unterständig, mit 1 Griffel.<br>Blüten einzeln oder in Trauben oder Dolden. |
| Früchte  | Kapseln, Beeren oder Steinfrüchte. |
| Blätter 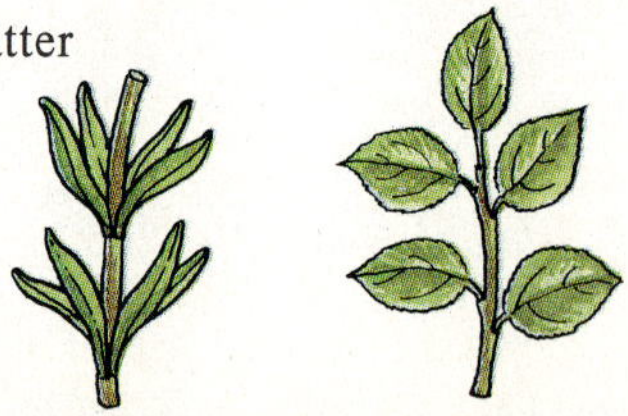 | Wechsel-, gegen- oder quirlständig; ungeteilt, meist immergrün. |

Allgemeine Angaben: Sträucher (oft Zwergsträucher), selten Bäume. Zierpflanzen: Heide, Rhododendron (↗Abb. 401/4), Azaleen.
2 500 Arten, im Gebiet 10, geschützt: Porst, Bärentraube

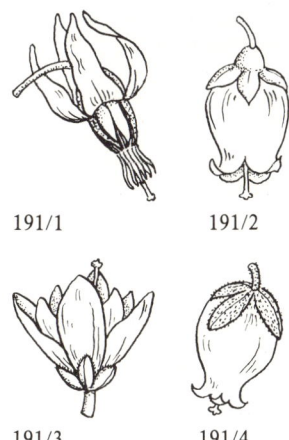

191/1          191/2

191/3          191/4

191/5 Sumpf-Porst

1    Fruchtknoten unterständig
(↗Abb. 191/1). Früchte Beeren  . . . 2
1*   Fruchtknoten oberständig. Früchte
meist Kapseln . . . . . . . . . . . . 3
2    Stengel kräftig, aufrecht. Blütenkrone krugförmig bis glockig, mit 4
oder 5 kleinen Zipfeln (↗Abb. 191/2).
. **Heidelbeere** und **Preiselbeere** ↗ S. 192
2*   Stengel fadenförmig dünn, kriechend. Blütenkrone nicht krugförmig,
mit 4 zurückgeschlagenen Zipfeln
(↗Abb. 191/1).    **Moosbeere** ↗ S. 192
3    (1) Kronblätter frei, strahlig ausgebreitet; weiß.        **Porst** ↗ S. 191
3*   Kronblätter teilweise oder voll-
ständig verwachsen; rot oder rosa, selten weiß . . . . . . . . . . . . . . 4
4    Blüten mit 5 Kelch- und 5 Kronblättern. Blätter wechselständig, länger
als 1 cm . . . . . . . . . . . . . . 5
4*   Blüten mit 4 Kelch- und 4 Kronblättern. Blätter gegen- oder quirlständig, kürzer als 1 cm . . . . . . . . 6
5    Blätter lanzettlich. Blüten langgestielt, in kleinen Dolden. Kapselfrüchte braun.      **Gränke** ↗ S. 191
5*   Blätter länglich-eiförmig. Blüten
kurzgestielt in kleinen Trauben. Steinfrüchte rot, beerenartig. 1 seltene Art.
**Bärentraube** ▼

6    (4) Blätter sehr klein schuppenförmig, kreuzgegenständig, dicht vierreihig angeordnet. Blüten trichterförmig
(↗Abb. 191/3).    **Heidekraut** ↗ S. 192
6*   Blätter klein nadelförmig, zu 3 bis
4 quirlig, locker angeordnet. Blüten
krugförmig (↗Abb. 191/4).
**Heide** ↗ S. 192

**Porst (1 Art)**

Blätter ledrig, schmal lanzettlich, am
Rande umgerollt; Blattunterseiten und
junge Zweige rotbraun behaart. Blüten
in Dolden am Ende der Zweige, Einzelblüten langgestielt. Pflanze stark
duftend.
60 bis 150 cm. ♄. Mai bis Juli. Moore,
feuchte Kiefernwälder, feuchte Felsen.
Zerstreut im Norden und Elbsandsteingebirge, verbreitet in Oberlausitz. Giftig!     **Sumpf-Porst** ▼ (↗Abb. 191/5)

**Gränke (1 Art)**

Stengel kriechend, am Ende aufsteigend. Blätter ledrig, am Rande umgerollt, unterseits blaugrün. Blüten nik-
kend; Krone rosa.
15 bis 30 cm. ♄. Mai bis Aug. Moore.
Verbreitet im Norden, zerstreut im Süden. Giftig!
**Polei-Gränke** oder **Rosmarinheide**

### Heidekraut (1 Art)

Blüten in einseitswendigen Trauben.
Kelchblätter länger als die Kronblätter,
beide rotlila; Blüte außerdem mit kleinem grünen Außenkelch (↗Abb.
191/3).
30 bis 50 cm, selten 1 m. ♄. Aug. bis
Okt. Heiden, Moore, Dünen, trockene
Wälder. Verbreitet.

**Heidekraut** oder **Besenheide**
(↗Abb. 192/1)

### Heide (2 Arten)

1   Blätter und Kelche behaart. Blüten in kleinen Dolden nur am Ende
der Zweige. Blütenkrone rosarot.
15 bis 50 cm. ♄. Juni bis Sept. Moore,
feuchte Wälder und Wiesen. Zerstreut
im Norden und in der Lausitz, sonst
selten.   **Glocken-Heide** (↗Abb. 192/2)
1*   Blätter und Kelche kahl. Blüten in
einseitswendigen Trauben, Blütenkrone
hellrosa.
15 bis 30 cm. ♄. Febr. bis Mai. Nadelwälder, Felsen. Selten im Vogtland.
Auch als Zierpflanze.

**Schnee-Heide** (↗Abb. 192/3)

### Moosbeere (1 Art)

Blätter immergrün, unterseits weißgrau, meist am Rande umgerollt. Blüten langgestielt, rot. Beeren rot.
10 bis 100 cm (Länge der liegenden
Stengel). ♄. Mai bis Aug. Moore. Verbreitet im Norden, zerstreut im Süden.

**Moosbeere** (↗Abb. 193/1)

### Heidelbeere und Preiselbeere (3 Arten)

1   Blätter immergrün; ledrig, glänzend, am Rande umgerollt. Blüten in
nickenden Trauben am Ende der
Zweige. Blütenkrone hellrosa bis weiß.
Beeren rot.
5 bis 15 cm. ♄. Mai bis Aug. Nadelwälder, Heiden. Verbreitet.

**Preiselbeere** oder **Kronsbeere**
(↗Abb. 193/2)

192/1 Heidekraut oder Besenheide

192/2 Glocken-Heide

192/3 Schnee-Heide

193/1 Moosbeere

193/2 Preiselbeere oder Kronsbeere

193/3 Moor-Heidelbeere, Rauschbeere
oder Trunkelbeere

193/4 Wald-Heidelbeere oder Blaubeere,
blühend

1*   Blätter sommergrün; weich, nicht
glänzend, nicht umgerollt. Blüten einzeln in Blattachseln . . . . . . . . . 2
2   Stengel kantig, grün. Blätter spitz,
gesägt, hellgrün. Blütenkrone grün, rötlich überlaufen. Beeren schwarzblau,
innen violettrot.
15 bis 50 cm. ♄. Apr. bis Aug. Wälder,
Gebüsche, Bergwiesen. Verbreitet.
   **Wald-Heidelbeere** oder **Blaubeere**
(↗ Abb.193/4)

2*   Stengel rund, braun. Blätter
stumpf, ganzrandig, besonders unterseits blaugrün. Blütenkrone weiß oder
hellrosa. Beeren schwarzblau, innen
farblos.
30 bis 100 cm. ♄. Mai bis Juli. Moore,
feuchte Wälder und Heiden. Zerstreut
im Norden, Lausitz und Mittelgebirge,
sonst selten.
   **Moor-Heidelbeere, Rauschbeere** oder
**Trunkelbeere** (↗ Abb. 193/3)

13   [011713]

## Familie Fichtenspargelgewächse

Fleischige Kräuter ohne Chlorophyll, parasitisch lebend. Pflanzen hellbraun. Blätter schuppenförmig. Blüten zwittrig, fünfzählig. Hochblätter und Kelchblätter oft durch Übergänge verbunden. 6 bis 12 Staubblätter, 1 Fruchtknoten. Blüten in Trauben. Kapseln mit vielen Samen.
21 Arten, im Gebiet 2

**Fichtenspargel (2 Arten)**

■ **Echter Fichtenspargel**
(↗ Abb. 194/1)
10 bis 25 cm. ♃. Juni, Juli. Nadelwälder, Laubmischwälder. Zerstreut. Traube dicht. Obere Stengelteile und äußere Blütenteile meist behaart. Kapseln länger als breit. Fäulnisbewohner.

194/1 Echter Fichtenspargel

## Familie Krähenbeerengewächse

Zwergsträucher, immergrün. Blätter nadelförmig, dicht gedrängt wechselständig. Blüten strahlig; 2 bis 3 Kelchblätter, 2 bis 3 Kronblätter, 2 bis 3 Staubblätter, 1 Griffel mit 2 bis 9 Narben. Steinfrüchte beerenartig.
5 Arten, im Gebiet 1

**Krähenbeere (1 Art)**

Strauch heidekrautähnlich, mit kriechendem Stämmchen, polsterbildend. Pflanze zweihäusig, Blüten klein, einzeln in Blattachseln, rosa oder rot. Früchte kugelig, schwarz, erbsengroß.
Bis 45 cm. ♄. Apr., Mai. Nadelwälder, Moore, Dünen. Verbreitet im Norden, zerstreut im Mittelgebirge.
**Gemeine Krähenbeere**

| Familie | Primelgewächse |
|---|---|
| Blüten und Blütenstände  | Zwittrig. Strahlig. Meist 5 Kelchblätter, oft verwachsen; meist 5 Kronblätter, oft verwachsen; meist 5 Staubblätter, oft mit den Kronblättern verwachsen; 1 Fruchtknoten, oberständig oder mittelständig, mit einem Griffel; Blüten in Trauben, Rispen oder Dolden. |
| Früchte  | Kapseln mit vielen Samen. |
| Blätter | Meist ungeteilt, seltener kammförmig geteilt. |

Allgemeine Angaben: Einjährige oder ausdauernde Kräuter; Zierpflanzen: Alpenveilchen, Primeln; Heilpflanzen: Wald-Primel, Wiesen-Primel.
800 Arten, im Gebiet 17, geschützt: Schaftlose Primel, Mehl-Primel, Sumpf-Wasserfeder

1   Wasserpflanze. Blätter kammförmig-fiedrig (↗Abb. 195/1), untergetaucht. Blütenstand aufrecht über dem Wasser (↗Abb. 195/2).
                    **Wasserfeder** ↗S. 199
1*   Land- oder Sumpfpflanze. Blätter ungeteilt . . . . . . . . . . . . . . . . 2
2   Stengel mit Blättern . . . . . . . 4

 195/1        195/2

**2\*** Stengel ohne Blätter. Alle Blätter in grundständiger Rosette . . . . . . . 3
**3** Blüten gelb, seltener andersfarbig, nie weiß.
    **Primel oder Schlüsselblume** ↗ S. 198
**3\*** Blüten weiß, seltener rötlich, mit gelbem Schlund. 2 sehr seltene Arten.
    **Mannsschild**
**4** (2) Blätter wechselständig. Blüten weiß . . . . . . . . . . . . . . . . . 5
**4\*** Blätter gegenständig. Blüten gelb, rot, blau, selten weiß . . . . . . . . 7
**5** Blätter am oberen Stengelteil quirlig stehend (↗ Abb. 196/1). Blüten meist siebenzählig.
    **Siebenstern** ↗ S. 197
**5\*** Blätter am Stengel verteilt (↗ Abb. 196/2 u. 3). Blüten vier- oder fünfzählig . . . . . . . . . . 6
**6** Pflanze 10 bis 50 cm hoch. Blüten fünfzählig, langgestielt. Blüten in Trauben. **Salzbunge** ↗ S. 199
**6\*** Pflanze 2 bis 8 cm hoch. Blüten vierzählig, kurzgestielt. Blüten einzeln. Selten. **Zwerggauchheil**
**7** (4) Blätter dickfleischig. Blüten ohne Stiel, rosa. **Milchkraut** ↗ S. 197
**7\*** Blätter nicht dickfleischig. Blüten mit Stiel, gelb, rot oder blau . . . . . 8
**8** Blüten gelb. Ausdauernde Pflanze.
    **Gilbweiderich** ↗ S. 196
**8\*** Blüten rot oder blau. Einjähriges Ackerunkraut. **Gauchheil** ↗ S. 197

**Gilbweiderich oder Felberich (5 Arten)**

**1** Blüten sechs- bis siebenzählig (↗ Abb. 196/4), klein. Zipfel der Blütenblätter schmal. Blütentrauben dicht. Blätter schmal-lanzettlich.
30 bis 70 cm. ♃. Mai bis Juli. Sümpfe, Ufer. Im Norden verbreitet, im Süden selten. **Strauß-Gilbweiderich**
**1\*** Blüten fünfzählig (↗ Abb. 196/5), groß . . . . . . . . . . . . . . . . . 2
**2** Stengel liegend. Blüten einzeln, lang gestielt. Blätter gegenständig . . 3
**2\*** Stengel aufrecht. Blüten in Trau-

ben oder Rispen. Blätter meist quirlig stehend . . . . . . . . . . . . . . . 4
**3** Blätter rundlich, vorn stumpf (↗ Abb. 196/6). Kelchblätter herzförmig (↗ Abb. 196/8). Stengel weit kriechend.
10 bis 50 cm. ♃. Mai bis Juli. Nasse Wiesen, Gräben, Wälder, Ufer. Verbreitet. **Pfennig-Gilbweiderich** oder **Pfennigkraut** (↗ Abb. 197/1)
**3\*** Blätter eiförmig, vorn spitz (↗ Abb. 196/7). Kelchblätter schmalpfriemlich (↗ Abb. 196/9). Stengel kurz kriechend oder aufsteigend.
10 bis 30 cm. ♃. Mai bis Aug. Feuchte Laubmischwälder, Quellsümpfe, Gebüsche. Im Gebirge verbreitet, sonst zerstreut. **Hain-Gilbweiderich**

196/1          196/2          196/3

196/4          196/5

196/6          196/7          196/8   196/9

**4** (2) Stengel rund. Blüten in beblätterter Rispe. Kronblätter am Rande kahl. Kelchblätter mit rotem Rand.
50 bis 150 cm. ♃. Juni bis Aug. Sumpfige Wiesen, Wälder, Ufer, Sümpfe. Verbreitet.

**Gemeiner Gilbweiderich** (↗ Abb. 197/2)

**4\*** Stengel vierkantig. Blüten in beblätterter Traube. Kronblätter am Rande drüsig gewimpert. Kelchblätter grün.
50 bis 100 cm. ♃. Juni bis Aug. Ufer. Zierpflanze, auch verwildert.

**Drüsiger Gilbweiderich**

**Siebenstern (1 Art)**

Blätter am oberen Stengelteil quirlig angeordnet, lanzettlich und meist ganzrandig. Blüten weiß, mit langem Stiel.
5 bis 20 cm. ♃. Mai bis Juli. Nadelwälder, Laubwälder, Moore, Heiden. Im Norden und in den Mittelgebirgen verbreitet, sonst selten.

**Europäischer Siebenstern**
(↗ Abb. 197/3)

**Milchkraut (1 Art)**

Blätter dick, lanzettlich, dicht stehend. Blüten klein. Kelch glockenförmig, rosa, Kronblätter nicht vorhanden.
3 bis 20 cm. ♃. Mai bis Aug. Nasse Wiesen, Meeresstrand, salzhaltige Stellen. Im Küstenbereich zerstreut, sonst selten.

**Strand-Milchkraut** (↗ Abb. 198/1)

**Gauchheil (2 Arten)**

**1** Kronblätter rot, selten blau, lila oder weiß. Kronblätter sich in der unteren Hälfte überdeckend. Kelchblätter ganzrandig, an der geöffneten Blüte von oben nur die Spitzen sichtbar.
5 bis 30 cm. ☉. Juni bis Okt. Äcker, Gärten, Ödland. Verbreitet.

**Acker-Gauchheil** (↗ Abb. 198/2)

**1\*** Kronblätter stets blau. Kronblätter sich nicht überdeckend. Kelchblätter

197/1 Pfennig-Gilbweiderich oder Pfennigkraut

197/2 Gemeiner Gilbweiderich

197/3 Europäischer Siebenstern

198/1 Strand-Milchkraut

198/2 Acker-Gauchheil

198/3 Mehl-Primel

198/4 Hohe Primel, Wald-Schlüsselblume

am Rande fein gesägt, an der geöffneten Blüte von oben fast in ganzer Länge sichtbar.
5 bis 30 cm. ☉. Juni bis Sept. Steinige Äcker, Weinberge. Selten.

Blauer Gauchheil

## Primel oder Schlüsselblume (4 Arten)

**1** Blätter glatt, nicht behaart, unterseits dicht mehlig. Blüten hellrot.
10 bis 30 cm. ♃. Mai bis Juli. Moorige Wiesen. Selten.

Mehl-Primel ▼ (↗Abb. 198/3)

**1\*** Blätter runzlig, wenigstens unterseits behaart. Blüten gelb, nur bei Zierpflanzen andersfarbig . . . . . . . . . 2

**2** Blüten gestielt, alle grundständig. Blätter oberseits kahl. Kelch bis zur Mitte gespalten (↗Abb. 199/5).
8 bis 15 cm. ♃. Febr. bis Mai. Laubwälder, Gebüsche. Selten. Als Zierpflanze in vielfältigen Farben.

Schaftlose Primel ▼

**2\*** Blüten gestielt, in einer Dolde am Schaft. Blätter beiderseits behaart. Kelch nur etwa $^{1}/_{4}$ gespalten
(↗Abb. 199/6) . . . . . . . . . . . . 3

**3** Blütenkrone flach (↗Abb. 199/3), hellgelb, am Schlund dunkler gelb. Kelch schlank, Zähne lanzettlich (↗Abb. 199/6).

199/1 Wiesen-Primel oder -Schlüsselblume

199/2 Sumpf-Wasserfeder

10 bis 30 cm. ♃. März bis Mai. Laubmischwälder. Im Süden verbreitet, im
Norden selten. **Hohe Primel** oder
**Wald-Schlüsselblume**
(↗Abb. 198/4 u. 404/5)
3* Blütenkrone glockig vertieft
(↗Abb. 199/4), dottergelb, am Schlund
mit 5 rotgelben Flecken. Kelch bauchig, Zähne eiförmig (↗Abb. 199/7).
10 bis 30 cm. ♃. Apr. bis Juni. Trokkene Wälder, Wiesen. Verbreitet, im
Norden zerstreut. **Wiesen-Primel** oder
**Wiesen-Schlüsselblume** (↗Abb. 199/1)

**Wasserfeder oder Wasserprimel (1 Art)**

Blätter untergetaucht, in Rosetten,
kammförmig-gefiedert (↗Abb. 195/1).
Blüten blaßrosa. Blüten in Trauben,
Blütenstand aufrecht über dem Wasser.
Quirle mit 3 bis 6 Blüten
(↗Abb. 195/2).
15 bis 50 cm. ♃. Mai bis Juli. Ste-
hende Gewässer. Im Norden verbreitet,
im Süden selten.
**Sumpf-Wasserfeder** ▼ (↗Abb. 199/2)

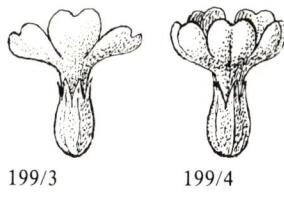

199/3          199/4

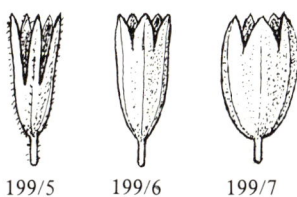

199/5     199/6     199/7

**Salzbunge (1 Art)**

Untere Blätter verkehrt-eiförmig, in einer Rosette. Obere Blätter am Stengel
wechselständig. Blüten klein, weiß,
fünfzählig.
10 bis 50 cm. ♃. Juni bis Okt. Nasse
Wiesen, Sümpfe. Im Norden verbreitet,
sonst selten. **Salzbunge**

| Familie | Rosengewächse |
|---|---|
| Blüten und Blütenstände 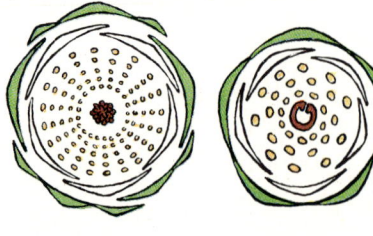 | Zwittrig. Strahlig.<br>Meist 5 Kelchblätter, frei;<br>meist 5 Kronblätter, frei;<br>meist viele Staubblätter;<br>1 oder viele Fruchtknoten, oberständig, oft auch mittel- oder unterständig.<br>Blüten einzeln oder in Dolden, Trauben, Rispen oder dichten Köpfen. |
| Früchte 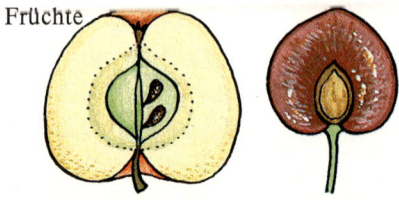 | Kapseln, Nüsse, Steinfrüchte, Beeren;<br>Früchte einzeln oder in Sammelfrüchten. |

Allgemeine Angaben: Ausdauernde, selten einjährige Kräuter; Bäume oder Sträucher. Sehr formenreiche Gruppe, in Europa weit verbreitet. Viele Arten Zierpflanzen (z. B. Rose über 2 000 Sorten) und wichtige Kulturpflanzen (z. B. Obstbäume; ↗ S. 201).
3 000 Arten, im Gebiet etwa 36

1 Kräuter . . . . . . . . . . . . . . 2
1* Bäume oder Sträucher . . . . . 12
2 Blüten in endständigen kugligen oder eiförmigen Köpfen
(↗ Abb. 202/1), rötlich-grün oder rotbraun. Blätter gefiedert (↗ Abb. 202/2).
**Wiesenknopf** ↗ S. 204
2* Blüten nicht in Köpfen . . . . . 3
3 Blütenhülle nur aus einem Kelch bestehend. Kelch mit 4 großen inneren und 4 kleinen äußeren Blättern
(↗ Abb. 202/3, Lupe!) . . . . . . . . 4

3* Blütenhülle aus Kelch und auffällig gefärbten Kronblättern bestehend 5
4 Blätter grundständig
(↗ Abb. 202/4) und stengelständig.
Stengelblätter mit 5 bis 13 Blattlappen
(↗ Abb. 202/5). Blütenstände endständig, locker. **Frauenmantel** ↗ S. 204
4* Blätter nur stengelständig
(↗ Abb. 202/6). Stengelblätter meist mit 3 Blattabschnitten (↗ Abb. 202/7).
Blütenstände in den Blattachseln, knäuelartig (↗ Abb. 202/8).
**Ackerfrauenmantel** ↗ S. 204

201/1  Pfirsich

201/2  Spierstrauch

201/3  Edelrose

201/4  Strauch-Fingerkraut

201/5  Scheinquitte

201/6  Feuerdorn

5    (3) 8 oder 10 Kronblätter. Blätter
gefingert, dreizählig oder gefiedert . . 6
5*   4 oder 5 Kronblätter. Blätter gefiedert, selten dreizählig oder gelappt . . 9
6    Kronblätter braunrot, spitz
(↗Abb. 205/2). Blätter gefiedert, unterseits blaugrün.          **Blutauge**↗S. 204
6*   Kronblätter weiß oder gelb, rundlich oder ausgerandet . . . . . . . . . 7
7    Grundblätter gefiedert, Endblättchen auffallend groß (↗Abb. 202/9).
Blüten gelb und aufrecht oder außen
rot, innen gelb und nickend.
                   **Nelkenwurz**↗S. 205
7*   Blätter gefingert, dreizählig oder
gefiedert, Endblättchen nicht auffallend groß . . . . . . . . . . . . . . . 8
8    Kronblätter weiß. Früchte rot,
beerenähnlich (↗Abb. 202/10). Blätter
dreizählig (↗Abb. 202/11).
                   **Erdbeere**↗S. 205
8*   Kronblätter gelb, selten weiß.
Blätter gefingert, gefiedert oder dreizählig (↗Abb. 203/1 bis 3). Früchte
einzelne Nüßchen. (Nicht mit Hahnenfuß, ↗S. 106ff., verwechseln!).
                   **Fingerkraut**↗S. 206
9    (5) Kronblätter gelb. Blüten in
Ähren. Blätter gefiedert (↗Abb. 203/4).
Frucht mit hakigen Stacheln
(↗Abb. 203/5).     **Odermennig**↗S. 207
9*   Kronblätter weiß oder gelblich-
weiß. Frucht ohne Stacheln . . . . . 10
10   Blätter dreizählig. Stengel mit Stacheln, liegend oder kletternd. Blütenstand mit 2 bis 10 Blüten.
                   **Himbeere**↗S. 209
10*  Blätter gefiedert. Stengel ohne
Stacheln, aufrecht. Blütenstand mit
sehr vielen Blüten . . . . . . . . . 11
11   Blätter mit Nebenblättern
(↗Abb. 203/6). Einzelblüten zwittrig
(↗Abb. 203/7).
         **Mädesüß, Spierstaude**↗S. 207
11*  Blätter ohne Nebenblätter
(↗Abb. 203/8). Einzelblüten eingeschlechtig (↗Abb. 203/9, Lupe!).
                   **Geißbart**↗S. 208

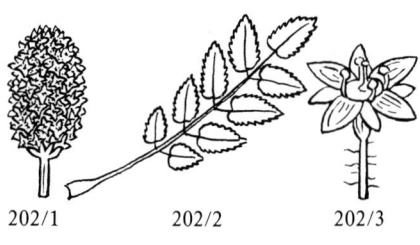

202/1          202/2          202/3

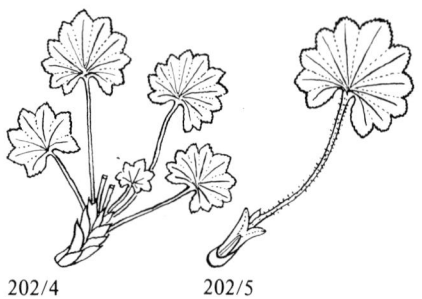

202/4          202/5

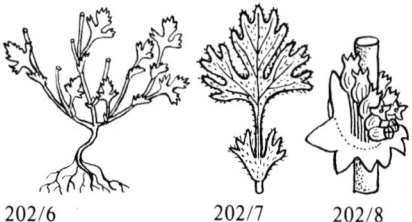

202/6          202/7          202/8

202/9

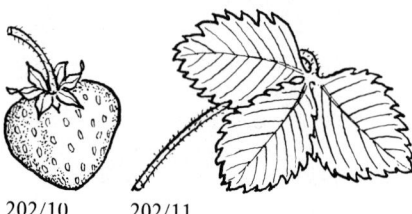

202/10    202/11

12 (1) Blüten mit mehr als 5 Griffeln.
Stengel und Blätter mit Stacheln . . 13
12* Blüten mit 1 bis 5 Griffeln.
Pflanze ohne Stacheln, aber Zweige
manchmal mit Dornen . . . . . . . 14
13 Blütenboden becherförmig
(↗Abb. 203/10). Früchte Hagebutten.
Nebenblätter auffallend, breit
(↗Abb. 203/12).        **Rose** ↗ S. 208
13* Blütenboden kegelförmig
(↗Abb. 203/11). Früchte Brom- und
Himbeeren. Nebenblätter unscheinbar,
schmal (↗Abb. 203/13).
        **Himbeere** und **Brombeere** ↗ S. 209
14 (12) Blüten mit 1 Griffel. Fruchtknoten mittelständig (↗Abb. 204/1).
Steinfrüchte . . . . . . . . . . . . 15
14* Blüten mit 2 bis 5 Griffeln.
Fruchtknoten unterständig
(↗Abb. 204/2). Kernfrüchte . . . . 17
15 Blüten einzeln oder paarweise an
kurzen Stielen. Kurze Seitenäste enden spitz als Dornen (↗Abb. 204/3).
Junge Blätter zusammengerollt.
        **Schlehe** ↗ S. 213
15* Blüten in Trauben oder Dolden
mit 3 bis vielen Blüten. Äste ohne
Dornen. Junge Blätter zusammengefaltet . . . . . . . . . . . . . . . . . 16
16 Blütenstände 8 bis 15 cm lang,
lange Trauben mit vielen Blüten.
        **Traubenkirsche** ↗ S. 213
16* Blütenstände kürzer als 8 cm,
kurze Trauben oder Dolden mit wenigen Blüten.        **Kirsche** ↗ S. 213
17 (14) Blätter gelappt oder gefiedert,
Blattrand doppelt gesägt . . . . . 18
17* Blätter ungeteilt, Blattrand ganzrandig oder einfach gesägt . . . . 19
18 Äste mit Sproßdornen. Blätter
kahl.        **Weißdorn** ↗ S. 210
18* Äste ohne Dornen. Blätter auf der
ganzen Unterseite oder wenigstens auf
den Blattadern behaart.
        **Vogelbeere** ↗ S. 210
19 (17) Blätter unterseits auffallend
weißfilzig behaart.    **Mehlbeere** ↗ S. 210

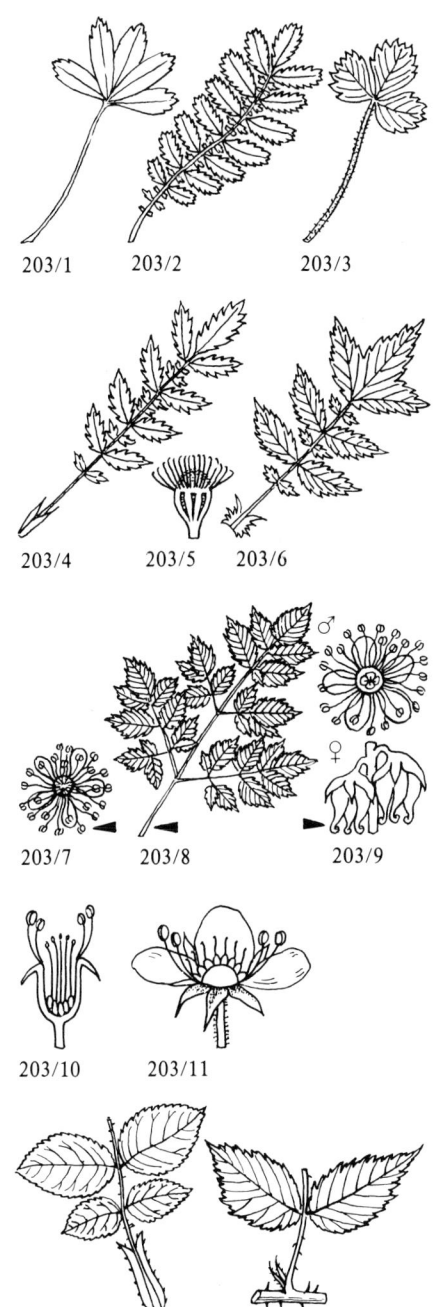

203/1      203/2           203/3

203/4      203/5    203/6

203/7      203/8           203/9

203/10     203/11

203/12            203/13

19* Blätter unterseits graufilzig oder
kahl . . . . . . . . . . . . . . . . . 20
20  Blüten klein, etwa 5 mm breit.
**Zwergmispel** ↗ S. 212
20* Blüten deutlich größer als
5 mm . . . . . . . . . . . . . . . . 21
21  Blüten einzeln. Kelchblätter länger als die Kronblätter (↗ Abb. 204/4).
**Mispel** ↗ S. 212
21* Blüten in Blütenständen. Kelchblätter kürzer als die Kronblätter . . 22
22  Kronblätter schmal, zwei- bis fünfmal länger als breit. Blüten sternförmig (↗ Abb. 204/5); in aufrechten Trauben. Früchte schwarz, kugelig, erbsengroß. 2 seltene Arten. Ziersträucher, auch verwildert.
**Felsenbirne**
22* Kronblätter rundlich, höchstens zweimal länger als breit. Blüten in doldenförmigen Büscheln. Früchte gelb, apfel- oder birnenförmig . . . . . . 23
23  Staubbeutel rot. Griffel am Grunde verwachsen. Blattoberseite glatt, glänzend. **Birne** ↗ S. 210
23* Staubbeutel gelb. Griffel bis zum Grunde frei. Blattoberseite runzelig, nicht glänzend. **Apfel** ↗ S. 210

### Wiesenknopf (2 Arten)

1  Blütenköpfe eilänglich, rotbraun. Alle Blüten zwittrig, 4 Staubblätter, kurz (↗ Abb. 204/6). Blätter unterseits blaugrün.
60 bis 150 cm. ♃. Juli bis Sept. Feuchte Wiesen, Gräben. Verbreitet, im Bergland zerstreut.
**Großer Wiesenknopf**
1* Blütenköpfe fast kuglig; grünlich, später rötlich. Blüten zwittrig oder eingeschlechtig. 20 bis 30 Staubblätter, länger als die Kronblätter, schlaff überhängend (↗ Abb. 204/7 u. 8). Blätter beiderseits grün.
15 bis 60 cm. ♃. Mai bis Aug. Trockene Wiesen. Verbreitet.
**Kleiner Wiesenknopf** oder **Kleine Bibernelle** (↗ Abb. 205/1)

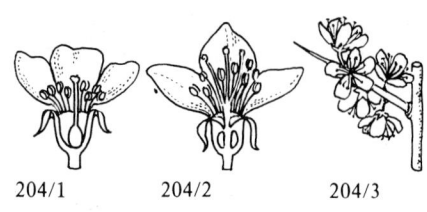

204/1      204/2      204/3

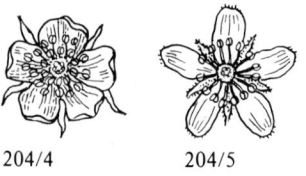

204/4      204/5

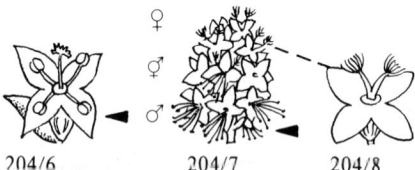

204/6      204/7      204/8

### Ackerfrauenmantel oder Ackersinau (2 Arten)

■  **Gemeiner Ackerfrauenmantel** (↗ Abb. 205/4)
5 bis 20 cm. ⊙, ⊙. Mai bis Sept. Sandige bis lehmige Äcker. Verbreitet. Pflanze meist graugrün. (Nicht mit Knäuel, ↗ S. 132, verwechseln!)

### Frauenmantel (1 Art)

Grundblätter beiderseits grün, gelappt. Morgens oft mit Wassertropfen am Blattrand.
3 bis 30 cm. ♃. Mai bis Sept. Wiesen, Weiden, Gräben. Verbreitet.
**Gemeiner Frauenmantel** (↗ Abb. 205/3)

### Blutauge (1 Art)

Stengel kriechend. Blätter unpaarig gefiedert; Blättchen oberseits dunkelgrün, unterseits bläulichgrün.
30 bis 100 cm. ♃. Juni, Juli. Moore, Ufer, sumpfige Standorte.
**Blutauge** oder **Sumpffingerkraut** (↗ Abb. 205/2)

205/1 Kleiner Wiesenknopf

205/2 Blutauge oder Sumpffingerkraut

205/3 Gemeiner Frauenmantel

205/4 Gemeiner Ackerfrauenmantel

**Nelkenwurz (2 Arten)**

1 Blüten nickend, Kronblätter außen rötlich, innen gelb. Kelch stets aufrecht (↗Abb. 207/1).
30 bis 100 cm. ♃. Mai, Juni. Nasse Wiesen, feuchte Laubwälder, Quellen. Verbreitet.
**Bach-Nelkenwurz** (↗Abb. 206/1)
1* Blüten aufrecht. Kronblätter gelb. Kelch zurückgeschlagen (↗Abb. 207/2).
30 bis 60 cm. ♃. Mai bis Aug. Laubwälder, Gebüsche, Wegränder. Verbreitet. **Echte Nelkenwurz**

**Erdbeere (3 Arten)**

1 Alle Blütenstiele waagerecht abstehend behaart (↗Abb. 207/3).
15 bis 30 cm. ♃. Mai, Juni. Laubwälder, Gebüsche. Zerstreut, im Norden selten. **Zimt-Erdbeere**
1* Blütenstiele angedrückt oder abstehend behaart (↗Abb. 207/4) . . . 2
2 Fruchtkelch waagerecht abstehend, beim Pflücken der Frucht bleibt Kelch an der Pflanze (↗Abb. 207/5).
5 bis 20 cm. ♃. Mai, Juni. Laubwälder, Gebüsche. Verbreitet.
**Wald-Erdbeere** (↗Abb. 206/2)

206/1 Bach-Nelkenwurz

206/2 Wald-Erdbeere

206/3 Erdbeer-Fingerkraut

206/4 Gänse-Fingerkraut

**2\*** Fruchtkelch angedrückt, beim Pflücken der Frucht reißt Kelch knak-kend mit ab (Name!, ↗Abb. 207/6).
5 bis 15 cm. ⚃. Mai, Juni. Trockene Wiesen. Zerstreut, im Norden selten.
**Knack-Erdbeere**

### Fingerkraut (19 Arten)

Kräuter, nur Strauch-Fingerkraut strauchig (Zierpflanze). Einige Arten erdbeerähnlich (z. B. Erdbeer-Fingerkraut). Wälder, Gebüsche, Wiesen, Schuttplätze, Wegränder.

■ **Erdbeer-Fingerkraut**
(↗Abb. 206/3)

5 bis 10 cm. ⚃. März bis Mai. Gebüsche, Laubwälder. Zerstreut.
Grundblätter dreizählig, den Blättern der Erdbeere ähnlich.

■ **Gänse-Fingerkraut** (↗Abb. 206/4)
15 bis 50 cm. ⚃. Mai bis Aug. Feuchte Wiesen, Äcker, Grasplätze, Dorfstraßen. Verbreitet.
Blätter gefiedert, Blättchen tief gesägt, unterseits silbrig-seidig behaart. Stengel niederliegend.

■ **Kriechendes Fingerkraut**
(↗Abb. 207/7)
10 bis 20 cm. ⚃. Juni bis Aug.

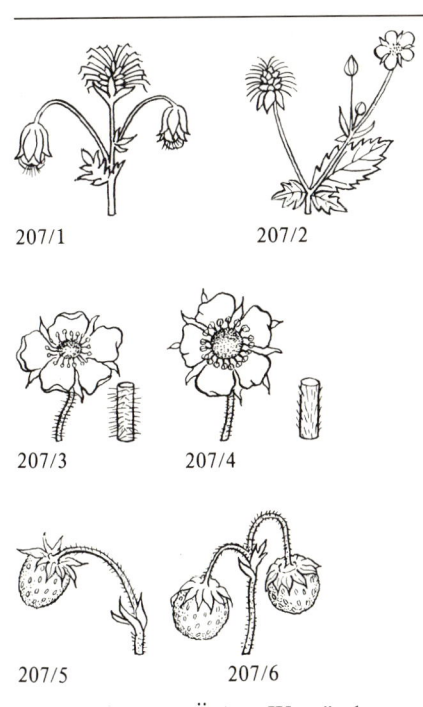

207/1          207/2

207/3          207/4

207/5          207/6

207/7 Kriechendes Fingerkraut

Feuchte Wiesen, Äcker, Wegränder.
Verbreitet.
Stengel kriechend, an den Knoten wur-
zelnd, bis 1 m lang.

■ **Silber-Fingerkraut** (↗ Abb. 207/8)
20 bis 50 cm. ♃. Juni bis Aug. Sandige, trockene Wiesen, Gebüsche, sonnige Hügel, Wegränder, Mauern. Verbreitet.
Blätter auf der Unterseite weißfilzig.

207/8 Silber-Fingerkraut

### Odermennig (2 Arten)

■ **Kleiner Odermennig** (Abb. 207/9)
30 bis 100 cm. ♃. Juli bis Sept. Hek-
ken, Gebüsche, Wegränder, trockene
Wiesen. Verbreitet.
Fruchtbecher mit abstehenden widerhakigen Stacheln. Blätter gefiedert,
Blättchen unterseits graufilzig behaart.

### Mädesüß oder Spierstaude (2 Arten)

1    Blüten gelblichweiß. Blätter einfach gefiedert, Fiederblättchen länger
als 3 cm, doppelt gesägt, das endstän-

207/9 Kleiner Odermennig

208/1          208/2

208/3  Echtes Mädesüß, Große Spierstaude

dige Fiederblättchen am größten
(↗Abb. 208/1).
50 bis 150 cm. ♃. Juni, Juli. Nasse
Wiesen, Gräben, Quellen. Verbreitet.

**Echtes Mädesüß** oder **Große
Spierstaude** (↗Abb. 208/3)
**1\*** Blüten weiß, außen oft rötlich.
Blätter einfach gefiedert; Fiederblättchen höchstens 1,5 cm lang, fiederspaltig, das endständige Fiederblättchen
gleichgroß (↗Abb. 208/2).
30 bis 60 cm. ♃. Juni, Juli. Trockene
Wiesen, Gebüsche, Hügel. Zerstreut.
**Kleines Mädesüß, Knollen-Spierstaude**

**Geißbart (1 Art)**

Blätter zwei- bis dreifach gefiedert.
Endblättchen auffallend groß. ♀ Blüten
weiß, ♂ gelblichweiß.
80 bis 150 cm. ♃. Apr. bis Juli.
Feuchte Bergwälder, Schluchten, Ufergebüsche. Zerstreut im Bergland. Auch
Zierpflanze.

**Wald-Geißbart** oder **Johanniswedel**
(↗Abb. 208/4)

208/4  Wald-Geißbart oder Johanniswedel

**Rose (etwa 15 Arten)**

Blätter unpaarig gefiedert. Stengel
meist stachlig. Blüten einzeln oder in
wenigblütigen Trauben am Ende der
Zweige. Sammelfrüchte rote oder gelbe
Hagebutten. Sträucher 1 bis 3 m.
Zierpflanzen: viele Sorten und verschiedene Wuchsformen (↗Abb. 201/3).

■ **Hunds-Rose** (↗Abb. 209/1 u. 2)
1 bis 3 m. ♄. Juni.
Gebüsche, Laubwälder. Verbreitet.

208/5  Gemeine Himbeere

209/1 u. 209/2 Hunds-Rose, blühend und fruchtend

209/3 u. 209/4 Kartoffel-Rose, blühend und fruchtend

■ **Kartoffel-Rose** (↗ Abb. 209/3 u. 4)
1 bis 1,5 m ♄. Juni.
Häufig angepflanzt, auch verwildert.
Blätter auffallend runzelig. Hagebutten
bis 2,5 cm breit.

**Himbeere und Brombeere
(etwa 30 Arten)**

1    Pflanze niedrig, bis 30 cm hoch.
Alle Stengel nur einjährig, krautig.
Alle Blätter dreizählig. Sammelfrüchte
mit Einzelfrüchten (↗ Abb. 209/5).
10 bis 30 cm. ♃. Mai bis Juli. Feuchte
Wälder, Gebüsche. Zerstreut.
                    **Felsen-Himbeere**

209/5              209/6

1*    Pflanze höher als 30 cm. Mehrjährige Stengel verholzend. Untere Blätter
meist fünfzählig. Sammelfrüchte mit
zahlreichen Einzelfrüchten
(↗ Abb. 209/6) . . . . . . . . . . . . .2
2    Untere Blätter gefiedert
(↗ Abb. 210/1). Früchte rot.
0,5 bis 1,5 m. ♄. Mai bis Juni. Wälder,
Gebüsche, Lichtungen. Verbreitet.
    **Gemeine Himbeere** (↗ Abb. 208/5)

2* Untere Blätter anders gestaltet (↗Abb. 210/2 u. 3). Früchte schwarz oder blau.
0,3 bis 3 m. ♄. Mai bis Aug. Wälder, Gebüsche, Wegränder. Verbreitet. Viele Arten. **Brombeeren** (↗Abb. 211/1 u. 2)

**Birne (1 Art)**

Sperrig verzweigter Strauch oder Baum mit pyramidenförmiger Krone. Kronblätter weiß.
Bis 20 m. ♄. Apr. bis Mai. Laubwälder, Gebüsche. Zerstreut. Stammart der Kultur-Birnen. **Wild-Birne** oder **Holz-Birne**

**Apfel (1 Art)**

Strauch oder Baum mit breiter Krone. Kronblätter außen rosa.
Bis 10 m. ♄. Mai. Laubwälder, Gebüsche. Zerstreut. Eine Stammart der Kultur-Äpfel. **Wild-Apfel** oder **Holz-Apfel**

**Vogelbeere (4 Arten)**

1 Blätter gefiedert . . . . . . . . 2
1* Blätter nicht gefiedert . . . . . . 3
2 Blütenstände mit sehr vielen Blüten. Früchte kugelig, rot, bis 1 cm groß. Knospen schwarz, behaart, trocken. Rinde glatt.
Bis 15 m. ♄. Mai bis Juni. Wälder, Gebüsche. Verbreitet, besonders im Gebirge. **Eberesche** oder **Wilde Vogelbeere** (↗Abb. 211/3 u. 4)
2* Blütenstände nur mit 6 bis 12 Blüten. Früchte birnenförmig, gelb und rotwangig, 1 bis 3 cm lang. Knospen grün, kahl, harzig-klebrig. Rinde rauh.
Bis 15 m. ♄. Mai. Laubwälder. Selten. Auch Zierbaum. **Speierling** oder **Haus-Vogelbeere**
3 (1) Blattunterseite nur locker behaart, ältere Blätter auch kahl. Jede Blatthälfte mit 3 bis 5 Seitenadern. Blattfläche tief gelappt (↗Abb. 210/4).
Bis 12 m. ♄. Mai bis Juni. Laubwälder,

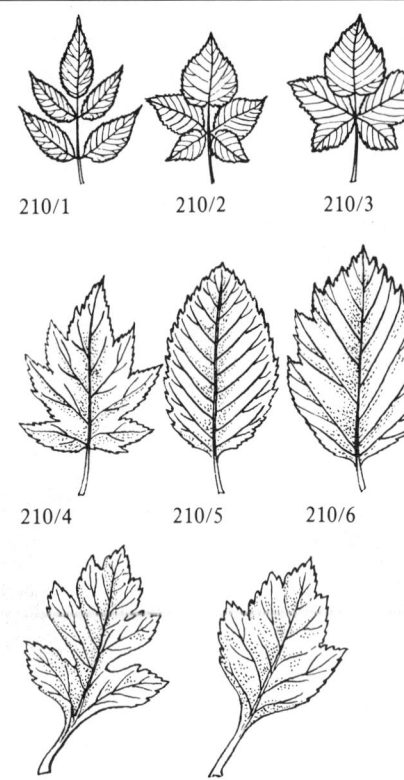

210/1     210/2     210/3

210/4     210/5     210/6

210/7     210/8

Gebüsche. Zerstreut, im Norden selten. **Elsbeere** oder **Els-Vogelbeere** (↗Abb. 211/6)
3* Blattunterseite dicht behaart, weißfilzig. Jede Blatthälfte mit 8 bis 15 Seitenadern. Blattfläche nicht oder nur sehr wenig gelappt (↗Abb. 210/5 u. 6).
Bis 10 m. ♄. Mai bis Juni. Laubwälder, Gebüsche. Zerstreut im Südwesten. Auch Zierbaum. **Mehlbeere** oder **Mehl-Vogelbeere** (↗Abb. 211/5)

**Weißdorn (2 Arten)**

1 Blätter mit tiefen Buchten (↗Abb. 210/7). Blüten mit 1 Griffel. Früchte mit 1 Stein.
Bis 5 m, als Baum bis 10 m. ♄. Mai bis Juni. Gebüsche, Waldränder. Ver-

211/1 Brombeere

211/2 Brombeeren im Bestand

211/3 u. 211/4 Eberesche oder Wilde Vogelbeere, blühend und fruchtend

211/5 Mehlbeere oder Mehl-Vogelbeere

211/6 Elsbeere oder Els-Vogelbeere

14*

212/1 Eingriffliger Weißdorn

212/2 Gemeine Zwergmispel

212/3 Gewöhnliche Traubenkirsche

212/4 Späte Traubenkirsche

breitet. Rotblühende Formen als „Rotdorn" angepflanzt.

**Eingriffliger Weißdorn**
(↗Abb. 212/1 u. 402/1)

**1\*** Blätter nur wenig eingeschnitten (↗Abb. 210/8). Blüten mit 2 bis 3 Griffeln. Früchte mit 2 bis 3 Steinen. Bis 5 m, als Baum bis 10 m. ♄. Mai. Gebüsche, Waldränder. Verbreitet.

**Zweigriffliger Weißdorn**

**Mispel (1 Art)**

Blüten einzeln, 2 bis 4 cm breit; Kronblätter weiß oder rosa, Staubbeutel rot.

Frucht braun, kreiselförmig. Blätter länglich-lanzettlich.
Bis 5 m. ♄. Mai bis Juni. Wälder, Gebüsche. Selten im Süden. Auch Obstgehölz, verwildert. **Deutsche Mispel**

**Zwergmispel (1 Art)**

Blüten zu 1 bis 5 an kurzen Seitenzweigen. Früchte rot, kugelig, erbsengroß. Blätter 2 bis 4 cm lang, eiförmig, unterseits graufilzig behaart.
Bis 2 m. ♄. Apr. bis Mai. Sonnige Hügel, Felsen. Zerstreut im Süden.

**Gemeine Zwergmispel** (↗Abb. 212/2)

## Traubenkirsche (2 Arten)

1 Blätter weich, etwas runzelig; Blattrand scharf gesägt. Blütentrauben bis 15 cm lang, überhängend, von starkem Duft. Früchte schwarz, erbsengroß.
Bis 10 m. ♄. Mai. Feuchte Wälder, Ufergebüsche. Verbreitet.
**Gewöhnliche Traubenkirsche** (↗ Abb. 212/3)

1* Blätter derb, glänzend; Blattrand gekerbt. Blütentrauben bis 10 cm lang, aufrecht oder erst beim Verblühen überhängend. Früchte schwarzrot, erbsengroß.
Bis 15 m. ♄. Juni bis Juli. Zerstreut. Forstbaum, auch verwildert.
**Späte Traubenkirsche** (↗ Abb. 212/4)

## Kirsche (4 Arten)

■ **Vogel-Kirsche** oder **Süß-Kirsche** (↗ Abb. 213/1)
Bis 25 m. ♄. Apr. bis Mai. Zerstreut. Stammart der Kultur-Süßkirschen. Blüten zu 2 bis 4. Blattstiele mit 2 roten Drüsen.

## Schlehe (1 Art)

Sperrig verzweigter, dorniger Strauch. Blüht schon vor der Laubentfaltung. Steinfrüchte kirschengroß, schwarzblau, herber Geschmack, erst nach Frost genießbar.
Bis 3 m. ♄. Apr. bis Mai. Hecken, Gebüsche, Waldränder. Verbreitet.
**Schlehe** oder **Schwarzdorn** (↗ Abb. 213/2 u. 3)

213/1 Vogel-Kirsche oder Süß-Kirsche

213/2 Schlehe oder Schwarzdorn

213/3 Schlehe oder Schwarzdorn

## Familie Stachelbeergewächse

Sträucher. Blätter wechselständig, oft drei- bis fünflappig. Blüten meist zwittrig, strahlig; 5 Kelchblätter, 5 Kronblätter, 5 Staubblätter, 1 Fruchtknoten, unterständig mit 2 Griffeln. Beeren. Ziersträucher: z. B. Blut- und Gold-Johannisbeere. 150 Arten, im Gebiet 4

### Johannisbeere, Stachelbeere (4 Arten)

1 Strauch stachlig. Blüten zu 1 bis 3 in Blattachseln. Beeren länglich, anfangs stachlig behaart (Name!). Blüten meist grüngelb. Früchte gelb oder grün. Kulturformen auch mit roten und kahlen Früchten.
Bis 1,2 m. ♄. Apr. bis Mai. Laubwälder, Gebüsche. Zerstreut. Als Kulturpflanze angepflanzt und verwildert.
**Stachelbeere**

1* Strauch stachellos. Blüten in Trauben. Beeren kugelig, unbehaart. . 2
2 Blütentrauben steif, aufrecht. Blütenkrone grüngelb. Blüten oft eingeschlechtig, zweihäusig. Beeren rot, klein.
Bis 1,5 m. ♄. Apr. bis Mai. Mischwälder, Gebüsche, Felsen. Zerstreut im Hügel- und Bergland. Als Zierstrauch oft angepflanzt (Hecken).
**Alpen-Johannisbeere**

2* Blütentrauben locker, hängend . 3
3 Blätter unterseits mit gelben Drüsen punktiert, zerriebene Blätter stark duftend. Kelche behaart. Beeren schwarz. Blütenkrone grünrot. Beeren von eigenartigem Geschmack.
Bis 1,5 m. ♄. Apr. bis Mai. Erlenwälder, feuchte Weidengebüsche. Zerstreut. Als Kulturpflanze angepflanzt und verwildert.
**Schwarze Johannisbeere**

3* Blätter ohne Drüsen. Kelche kahl. Beeren rot oder hellgelb bis weiß. Blütenkrone grüngelb. Beeren von säuerlichem Geschmack.
Bis 1,5 m. ♄. Apr. bis Mai. Feuchte Wälder, Gebüsche. Zerstreut. Als Kulturpflanze angepflanzt und verwildert.
**Rote Johannisbeere**

| Familie | Dickblattgewächse |
|---|---|
| Blüten und Blütenstände | Zwittrig. Strahlig.<br>3 bis 5 Kronblätter, frei;<br>3 bis 5 Kelchblätter, frei;<br>6 bis 10 Staubblätter;<br>1 Fruchtknoten, oberständig.<br>Blüten in Trugdolden oder Wickeln. |
| Früchte | Sammelbalgfrüchte. |
| Blätter | Ganzrandig dickfleischig, flach bis stielrund. |

Allgemeine Angaben: Einjährige oder ausdauernde Kräuter; auf trockenen Standorten. Nutzpflanzen: z. B. Tripmadam (Gewürzpflanze); Zierpflanzen: z. B. Fetthenne- und Hauswurz-Arten.
1 400 Arten, im Gebiet 9, geschützt: Hauswurz

1　Pflanze mit kugeliger Rosette (↗Abb. 215/1). 6 bis 20 Kelchblätter, 6 bis 20 Kronblätter.　**Hauswurz**↗S. 216
1*　Pflanze ohne Rosette (↗Abb. 215/2). 3 bis 5 Kelchblätter, 3 bis 5 Kronblätter.
　**Fetthenne** und **Mauerpfeffer**↗S. 215

215/1　　　　　215/2

**Fetthenne und Mauerpfeffer (7 Arten)**

1　Blätter breit, flach . . . . . . . .2
1*　Blätter stielrund oder halbstiel-rund . . . . . . . . . . . . . . .3
2　Stengel aufrecht. Blätter eiförmig, rundum gezähnt (↗Abb. 216/2). Kron-blätter grünlich-gelb oder purpurn, 3 bis 5 mm lang.

30 bis 80 cm. ♃. Juli bis Sept. Felsen, Mauern, trockene Waldränder, Bahn-dämme. Verbreitet.　**Große Fetthenne**
2*　Stengel liegend oder aufsteigend. Blätter keilförmig, vorn gekerbt (↗Abb. 216/3). Kronblätter rosa oder purpurn, 10 bis 12 mm lang.
10 bis 20 cm. ♃. Juli bis Aug. Felsen,

216/1 Scharfer Mauerpfeffer

216/7 Dach-Hauswurz

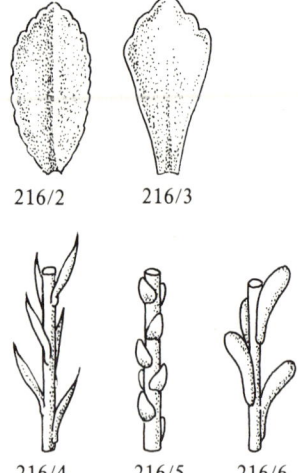

216/2    216/3

216/4    216/5    216/6

Mauern, Bahndämme. Zerstreut. Auch Zierpflanze.        **Kaukasus-Fetthenne**
3    (1) Kronblätter rot oder weiß. 2 seltene Mauerpfeffer-Arten.
3*    Kronblätter gelb . . . . . . . . 4
4    Blätter mit kurzer Stachelspitze, am Grund mit Sporn (↗Abb. 216/4). Kelchblätter nicht behaart.
15 bis 35 cm. ♃. Juni bis Aug. Trockene Hügel, Dämme, Mauern. Zerstreut.        **Felsen-Mauerpfeffer**

4*    Blätter ohne Stachelspitze . . . . 5
5    Blätter eiförmig, am Grunde abgerundet, ohne Sporn (↗Abb. 216/5). Kronblätter etwa 7 mm lang. Meist scharf schmeckend.
5 bis 15 cm. ♃. Juni bis Juli. Mauern, Dächer, Felsen. Verbreitet.
    **Scharfer Mauerpfeffer** (↗Abb. 216/1)
5*    Blätter walzenförmig, am Grunde mit Sporn (↗Abb. 216/6). Kronblätter etwa 4 mm lang. Nie scharf schmeckend.
5 bis 15 cm. ♃. Juni bis Juli. Trockene Hügel, Grasplätze, Kiefernwälder. Verbreitet.        **Milder Mauerpfeffer**

**Hauswurz (2 Arten)**

1    Kronblätter blaßgelb, 6 Kronblätter, aufrecht, zusammenneigend, am Rande gefranst.
10 bis 20 cm. ♃. Juli bis Sept. Felsen, Mauern, trockene Kiefernwälder. Zerstreut, im Norden selten.
    **Sprossende Hauswurz, Donarsbart** ▼
1*    Kronblätter rosa, dunkler gestreift. 10 bis 20 Kronblätter, sternförmig ausgebreitet, ganzrandig.
15 bis 50 cm. ♃. Juli bis Aug. Mauern, Dächer. Zerstreut. Auch Zierpflanze.
    **Dach-Hauswurz** ▼ (↗Abb. 216/7)

| Familie | Steinbrechgewächse |
|---|---|
| Blüten | Zwittrig. Strahlig.<br>Meist 5 Kronblätter, frei;<br>meist 10 Staubblätter, frei;<br>1 oder 2 Fruchtknoten, ober- bis unterständig. |
| Früchte | Kapseln. |
| Blätter | Wechselständig. Keine Nebenblätter. |

Allgemeine Angaben: Meist ausdauernde Kräuter. Viele Arten im Gebirge.
Zierpflanzen: Viele Steinbrech-Arten.
580 Arten, im Gebiet 5, geschützt: Körnchen- und Rasensteinbrech

1  Blütenhülle doppelt, 5 Kelchblätter, 5 Kronblätter, 10 Staubblätter.
Steinbrech ↗ S. 217
1*  Blütenhülle einfach, 4 grünlichgelbe Blütenhüllblätter, 8 Staubblätter.
**Milzkraut** ↗ S. 218

**Steinbrech (3 Arten)**

1  Kronblätter 2 mm lang. Grundblätter spatelförmig, ganzrandig oder kurz dreilappig, zur Blütezeit meist vertrocknet. Blüten weiß. Pflanze mit behaarten Drüsen.
2 bis 18 cm. ☉. Apr. bis Mai. Felsen, Mauern, Sandfelder. Zerstreut.
**Finger-Steinbrech**
1*  Kronblätter 4 bis 8 mm lang. Grundblätter entweder mehr oder weniger ungeteilt (↗ Abb. 217/1) oder

217/1        217/2

handförmig gespalten (↗ Abb. 217/2), zur Blütezeit noch grün . . . . . . . . 2
2  Grundblätter ungeteilt, Blattrand gekerbt. Pflanze mit Drüsenhaaren (Lupe!).
15 bis 40 cm. ♃. Mai bis Juni. Trockene Wiesen, Hügel, Waldränder. Verbreitet.
**Körnchen-Steinbrech** ▼ (↗ Abb. 218/1)
2*  Grundblätter handförmig gespalten.

218/1 Körnchen-Steinbrech

218/2 Wechselblättriges Milzkraut

5 bis 25 cm. ♃. Mai, Juni. Felsspalten, Geröll. In den Mittelgebirgen zerstreut. Auch Zierpflanze. **Rasen-Steinbrech▼**

**Milzkraut (2 Arten)**

1 Blätter wechselständig. Ausläufer ohne Blätter. Stengel dreikantig. 15 bis 20 cm. ♃. Apr. bis Juni. Quel-

lige Stellen in Wäldern. Verbreitet. **Wechselblättriges Milzkraut** (↗Abb. 218/2)

1* Blätter gegenständig. Ausläufer mit Blättern. Stengel vierkantig. 5 bis 15 cm. ♃. Apr. bis Juni. An Waldbächen, Quellen, besonders im Gebirge. Zerstreut. **Gegenblättriges Milzkraut**

## Familie Pfeifenstrauchgewächse

Sträucher oder kleine Bäume. Blätter ungeteilt. Blüten zwittrig, strahlig, vier- oder fünfzählig. Kapseln. Verschiedene Arten als Ziersträucher angepflanzt. 135 Arten, im Gebiet 1

**Pfeifenstrauch (1 Art)**

Blätter gegenständig, gezähnt, bis 10 cm lang. Blüten meist mit 4 Kelchblättern, 4 Kronblättern, 20 bis 40 Staubblättern. Zweige mit weißem Mark.
Bis 3 m. ♄. Mai bis Juni. Blüten stark duftend. Zierpflanze, auch verwildert. **Großer Pfeifenstrauch** oder **Falscher Jasmin** (↗Abb. 218/3)

218/3 Großer Pfeifenstrauch oder Falscher Jasmin

## Familie Herzblattgewächse

Ausdauernde Kräuter. Blüten zwittrig, strahlig. 5 Staubblätter abwechselnd mit 5 gelbgrünen Honigblättern. Früchte Kapseln. Grundblätter rosettig, gestielt. Stengelblätter wechselständig, ungestielt, nieren-, herz- oder eiförmig. 50 Arten, im Gebiet 1, geschützt!

### Herzblatt (1 Art)

Blätter herzförmig. Grundblätter lang-gestielt, am Stengel ein ungestieltes Blatt. Stengel kantig.
10 bis 25 cm. ♃. Juli bis Sept. Feuchte Wiesen, Sümpfe. Zerstreut.
**Sumpf-Herzblatt** ▼ (↗Abb. 219/1)

219/1 Sumpf-Herzblatt

## Familie Sonnentaugewächse

Ausdauernde Kräuter. Blüten zwittrig, strahlig. Meist 5 Kronblätter, 5 Kelch-blätter und 5 Staubblätter. 1 Fruchtknoten, oberständig. Früchte einfächrige Kapseln. Blätter grund- oder wechselständig, mit reizbaren Drüsenhaaren und Verdauungsdrüsen. Insektenfangende Kräuter. 90 Arten, im Gebiet 3, alle geschützt

### Sonnentau (3 Arten)

■ **Rundblättriger Sonnentau** ▼ (↗Abb. 219/2)
7 bis 20 cm. ♃. Juli bis Aug. Sümpfe, Moore, torfige Wiesen, nasser Sandbo-den. Zerstreut.

219/2 Rundblättriger Sonnentau

| Familie | Schmetterlingsblütengewächse |
|---|---|
| Blüten und Blütenstände 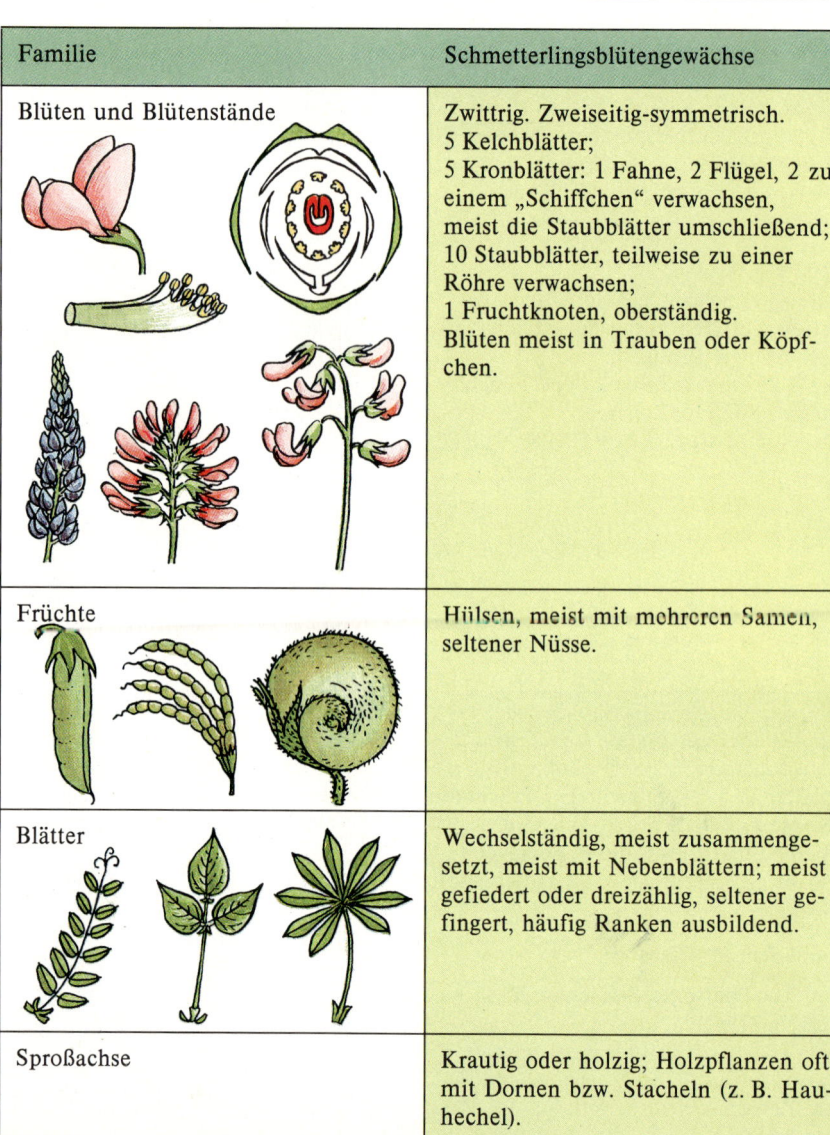 | Zwittrig. Zweiseitig-symmetrisch. 5 Kelchblätter; 5 Kronblätter: 1 Fahne, 2 Flügel, 2 zu einem „Schiffchen" verwachsen, meist die Staubblätter umschließend; 10 Staubblätter, teilweise zu einer Röhre verwachsen; 1 Fruchtknoten, oberständig. Blüten meist in Trauben oder Köpfchen. |
| Früchte | Hülsen, meist mit mehreren Samen, seltener Nüsse. |
| Blätter | Wechselständig, meist zusammengesetzt, meist mit Nebenblättern; meist gefiedert oder dreizählig, seltener gefingert, häufig Ranken ausbildend. |
| Sproßachse | Krautig oder holzig; Holzpflanzen oft mit Dornen bzw. Stacheln (z. B. Hauhechel). |

Allgemeine Angaben: Ausdauernde und einjährige Kräuter, Bäume oder Sträucher. Sehr artenreich, weltweit verbreitet; krautige Formen vorherrschend; in den Tropen Bäume mit großen auffällig gefärbten Blüten. Futterpflanzen: z. B. Klee, Luzerne; Gemüsepflanzen: z. B. Erbse, Bohne, Erdnuß, Linse; Zierpflanzen: z. B. Goldregen, Lupine (↗S. 413). Symbiose mit stickstoffbindenden Bakterien (Knöllchen an den Wurzeln).
9 000 Arten, im Gebiet etwa 77, geschützt: Strand-Platterbse, Fahnenwicke

221/1    221/2    221/3    221/4

1    Bäume oder Sträucher . . . . . 18
1*   Kräuter . . . . . . . . . . . . . 2
2    Blätter gefingert, mit sieben bis
neun Blättchen (↗Abb. 221/1)
                    **Lupine** ↗S. 224
2*   Blätter nicht gefingert; gefiedert
(↗Abb. 221/2, 3 u. 4) oder dreizählig
(↗Abb. 221/5 u. 6) . . . . . . . . . 3
3    Blätter dreizählig (↗Abb. 221/5
u. 6) . . . . . . . . . . . . . . . . 4
3*   Blätter gefiedert (↗Abb. 221/2, 3
u. 4, 222/5, 8, 11 u. 12) . . . . . . . 6
4    Kronblätter untereinander und
mit den Staubblättern verwachsen.
Reife Hülsen kürzer als der Kelch, von
den verwelkten Kronblättern umgeben
(Lupe!). Blüten in Köpfchen
(↗Abb. 221/7, 8 u. 9).    **Klee** ↗S. 224
4*   Kronblätter nicht untereinander
verwachsen. Reife Hülsen länger als
der Kelch, nicht von Kronblättern umgeben (Lupe!) . . . . . . . . . . . . 5
5    Blüten in lockeren, langen schmalen Trauben (↗Abb. 221/10); weiß
oder gelb. Frucht gerade oder schwach
gebogen, eiförmig bis länglich
(↗Abb. 221/11)    **Steinklee** ↗S. 226
5*   Blüten in kurzen Trauben
(↗Abb. 221/12 u. 13), gelb, blau oder
violett. Frucht nierenförmig
(↗Abb. 221/14), sichelförmig
(↗Abb. 221/15) oder schneckenförmig
eingerollt (↗Abb. 221/16).
**Luzerne** oder **Schneckenklee** ↗S. 226
6    (3) Blätter paarig gefiedert
(↗Abb. 222/4) . . . . . . . . . . . . 7
6*   Blätter unpaarig gefiedert
(↗Abb. 222/3 u. 5) . . . . . . . . . 9

221/5    221/6    221/7    221/8    221/9    221/10    221/11    221/12    221/13    221/14    221/15    221/16

**7** Staubfadenröhre schiefwinklig gebogen (↗Abb. 222/1)   **Wicke** ↗ S. 226
**7*** Staubfadenröhre rechtwinklig gebogen (↗Abb. 222/2) . . . . . . . . . **8**
**8** Nebenblätter sehr groß, meist größer als die Blättchen (↗Abb. 222/3). Pflanze häufig angebaut, zuweilen verwildert.   **Erbse**
**8*** Nebenblätter kleiner als die Blättchen (↗Abb. 222/4). Stengel oft breit geflügelt.   **Platterbse** ↗ S. 227
**9** (6) Endblättchen oft viel größer als die anderen Blättchen (↗Abb. 222/5). Blüten goldgelb, selten rötlich, in Köpfchen mit fingerförmigen Deckblättern (↗Abb. 222/6 u. 7).   **Wundklee** ↗ S. 228
**9*** Endblättchen so groß wie die anderen Blättchen (↗Abb. 222/8) . . **10**
**10** Blätter aus 5 Blättchen zusammengesetzt. Blüten in kopfigen Dolden (↗Abb. 222/9) . . . . . . . . . . . **11**
**10*** Blätter aus 7 oder mehr Blättchen zusammengesetzt. Blüten in Dolden, Trauben, Ähren oder Köpfen . . . . **12**
**11** Blüten gelb. Hülsen walzenförmig (↗Abb. 222/10). Unteres Blättchenpaar dicht am Stengel (↗Abb. 222/11)
   **Hornklee** und **Spargelerbse** ↗ S. 228
**11*** Blüten weiß. Hülsen eiförmig oder kuglig. Blätter fast gefingert (↗Abb. 222/12). 1 seltene Art. 15 bis 30 cm. ♃. Juli. Trockene Wiesen. Selten.   **Krautiger Backenklee**
**12** (10) Blüten in Dolden mit 2 bis vielen Blüten (↗Abb. 222/13 u. 14). Frucht eine Gliederhülse, reif in einzelne Glieder zerfallend (↗Abb. 222/15) . . . . . . . . . . **13**
**12*** Blüten in Trauben (↗Abb. 223/1) oder Köpfen (↗Abb. 223/2) . . . . **15**
**13** Blüten bis 8 mm lang. Krone weißrötlich oder rosa (↗Abb. 229/3). Fruchtstand vogelfußartig (↗Abb. 223/3). **Vogelfuß** und **Serradella** ↗ S. 228
**13*** Blüten länger als 8 mm. Krone gelb oder violett und weißgescheckt . . . . . . . . . . . . . . **14**

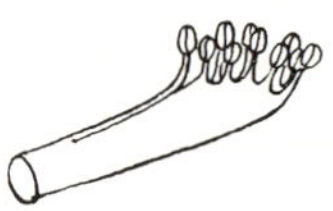

222/1 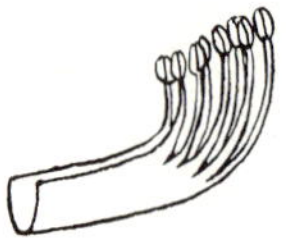   222/2

222/3    222/4    222/5

222/6    222/7    222/8

222/9    222/10

222/11    222/12

222/13    222/14 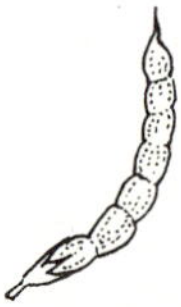   222/15

14 Dolden mit 4 bis 8 Blüten
(↗Abb. 223/4), gelb. Hülsenglieder
hufeisenförmig (↗Abb. 223/5).
**Hufeisenklee** ↗S. 229
14* Dolden mit 10 bis 20 Blüten
(↗Abb. 222/14), gelb oder hellviolett.
Hülsenglieder faßförmig
(↗Abb. 223/6). **Kronwicke** ↗S. 229
15 (12) Kelchzähne deutlich länger
als die Kelchröhre. Blüten rosa. Frucht
mit 1 Samen, rundlich, reif sehr hart.
**Esparsette** ↗S. 230
15* Kelchzähne höchstens etwas länger als die Kelchröhre
(↗Abb. 223/7) . . . . . . . . . . . 16
16 Pflanze aufrecht, bis 120 cm
(↗Abb. 223/9). Alle Staubblätter zu einer Röhre verwachsen (↗Abb. 223/8).
Kronblätter bläulichweiß.
60 bis 120 cm. ♃. Juni bis Aug. Zierpflanze, auch verwildert.
**Echte Geißraute**
16* Pflanze bis 30 cm hoch oder niederliegend bis 150 cm. Oberes Staubblatt frei (↗Abb. 223/10). Kronblätter
gelb, blau oder violett . . . . . . . 17
17 Schiffchen mit fadenförmiger
Spitze (↗Abb. 223/11). Blüten hellgelb, Pflanze zottig behaart
(↗Abb. 223/12).
15 bis 30 cm. ♃. Juni, Juli. Trockene
Wiesen. Sehr selten.
**Zottige Fahnenwicke** oder
**Steppen-Fahnenwicke** ▼
17* Schiffchen ohne fadenförmige
Spitze. Blüten gelblich, purpurn oder
violett. Pflanze meist kahl.
**Tragant** ↗S. 230
18 (1) Blätter nadelförmig, wie
Zweige stechend. **Stechginster** ↗S. 230
18* Blätter nicht nadelförmig, nicht
stechend . . . . . . . . . . . . . . 19
19 Kronblätter weiß oder rosa . . 20
19* Kronblätter gelb . . . . . . . 21
20 Kronbätter weiß. Blüten in hängenden Trauben. Blätter gefiedert.
Bäume. **Robinie** ↗S. 230

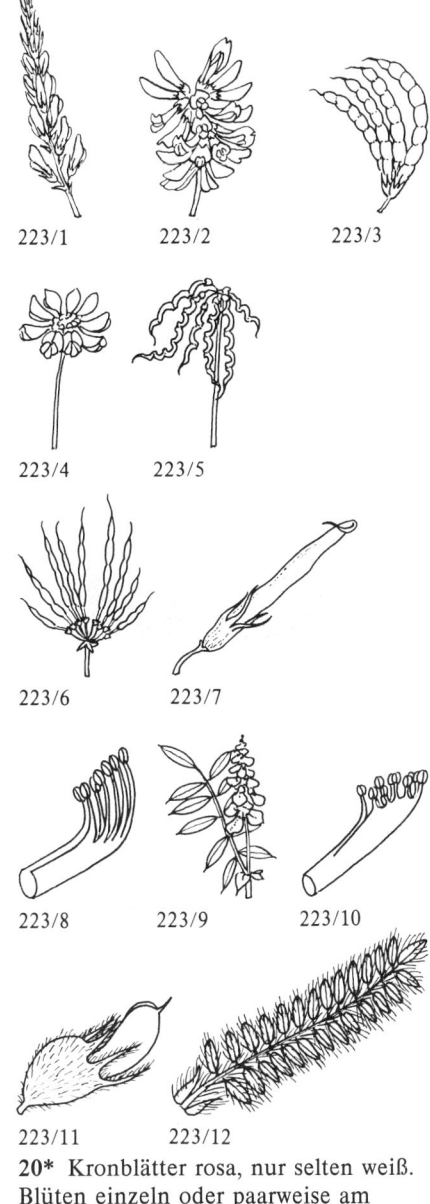

223/1      223/2      223/3

223/4      223/5

223/6      223/7

223/8      223/9      223/10

223/11      223/12

20* Kronblätter rosa, nur selten weiß.
Blüten einzeln oder paarweise am
Stengel. Blätter dreizählig oder einfach. Kleine Sträucher, oft mit Dornen. **Hauhechel** ↗S. 232
21 (19) Blüten in hängenden Trauben. Blätter groß, bis 15 cm lang, Blätt-

chen bis 8 cm lang; alle Blätter dreizählig. **Goldregen** ↗ S. 230
**21*** Blüten nicht in hängenden Trauben. Blätter klein, bis 3 cm lang; dreizählig oder einfach . . . . . . . . 22
**22** Alle Blätter einfach . . . . . . 23
**22*** Alle Blätter oder wenigstens die
unteren dreizählig . . . . . . . . . 24
**23** Stengel mit schmalen blattartigen
Säumen „geflügelt" (↗Name!), mit wenigen Blättern armblättrig. Blätter
rauhhaarig, leicht abfallend.
Pflanze niederliegend, Seitenzweige bis
25 cm hoch. 1 seltene Art.
**Flügelginster**
**23*** Stengel nicht geflügelt, mit vielen
Blättern. **Ginster** ↗ S. 232
**24** (22) Blüten in endständigen Trauben. Alle Blätter dreizählig. Stengel
rund. **Geißklee** ↗ S. 231
**24*** Blüten einzeln oder paarweise am
Stengel in den Achseln von Blättern.
Obere Blätter einfach, untere Blätter
dreizählig. Stengel kantig.
**Besenginster** ↗ S. 231

**Lupine (4 Arten)**
**1** Blätter zehn- bis fünfzehnzählig
gefingert (↗Abb. 224/1).
100 bis 150 cm. ⏀. Juni bis Aug.
Waldränder, Böschungen. Verbreitet.
Auch Zierpflanze. Als Wildfutter angebaut.
**Stauden-Lupine** oder **Vielblättrige
Lupine**
**1*** Blätter fünf- bis neunzählig gefingert (↗Abb. 224/2) . . . . . . . . . 2
**2** Blüten gelb, in Quirlen
(↗Abb. 224/3), duftend.
30 bis 60 cm. ⊙. Juni bis Sept. Sandiger Boden. Häufig als Futter- und
Gründüngerpflanze angebaut, verwildert. **Gelbe Lupine**
**2*** Blüten weiß oder blau, in Trauben
(↗Abb. 224/4) . . . . . . . . . . . 3
**3** Blüten blau, selten weiß.
30 bis 60 cm. ⊙. Juni bis Sept. Sandiger Boden. Seltener als Futter- und

224/1           224/2

224/3      224/4

Gründüngerpflanze angebaut.
**Blaue Lupine**
**3*** Blüten weiß.
30 bis 100 cm. ⊙. Juni bis Sept. Sandiger Boden. Seltener als Futter- und
Gründüngerpflanze angebaut.
**Weiße Lupine**

**Klee (18 Arten)**
Blüten in Köpfchen. Kronblätter der
Blüten gelb, braun, rot oder weiß. Häufig auf trockenen Standorten (z. B. Hasen-Klee, Berg-Klee), auf Wiesen, Weiden (z. B. Weiß-Klee, Rot-Klee), in
Parkrasen (z. B. Weiß-Klee), Gebü-
schen (z. B. Wald-Klee). Rot-Klee, In-
karnat-Klee sind Futterpflanzen.
■ **Hasen-Klee** (↗Abb. 225/1)
8 bis 30 cm. ⊙. Juni bis Sept. Trokkene Wiesen, sandige Äcker, verbreitet.
Blütenköpfe mit zottigen Haaren, zu
mehreren am Stengel.
■ **Erdbeer-Klee** (↗Abb. 225/2)
7 bis 20 cm. ⏀. Juni bis Sept. Salzwiesen. Zerstreut.
Kelch nach dem Verblühen blasig auf-
getrieben. Köpfchen zur Fruchtreife
erdbeerähnlich. Stengel kriechend,
Wurzeln bildend.
■ **Rot-Klee** (↗Abb. 225/3)
15 bis 40 cm. ⊙, ⊙. Juni bis Aug.

225/1 Hasen-Klee

225/2 Erdbeer-Klee

225/3 Rot-Klee

225/4 Weiß-Klee

225/5 Weißer Steinklee

225/6 Echter oder Gelber Steinklee

Wiesen, Weiden, Wegränder. Wichtige
Futterpflanze. Verbreitet.
Kelch kürzer als die Krone. Blütenköpfe kuglig oder eiförmig, meist zu 2,
mit 2 Hüllblättern.

- **Weiß-Klee** (↗Abb. 225/4)
15 bis 45 cm. ♃. Mai bis Sept. Weiden, Wiesen, Rasen, Wegränder, Äkker. Verbreitet.
Blüten weiß. Blütenköpfe nach dem
Verblühen hängend. Stengel kahl, kriechend, Wurzeln bildend.

## Steinklee (5 Arten)

- **Weißer Steinklee** (↗Abb. 225/5)
30 bis 120 cm. ☉. Juni bis Sept. Trokkene Stellen, Schuttplätze, Bahnanla-
gen. Verbreitet.
Blüten weiß.
- **Echter Steinklee, Gelber Steinklee**
(↗Abb. 225/6)
30 bis 100 cm. ☉. Juni bis Sept. Trokkene Stellen, Schuttplätze, Bahnanla-
gen. Verbreitet.
Blüten gelb.

## Luzerne und Schneckenklee (6 Arten)

- **Saat-Luzerne** oder **Blaue Luzerne**
(↗Abb. 226/1)
30 bis 80 cm. ♃. Juni bis Sept. Häufig
als Futterpflanze angebaut, auch trokkene Wiesen. Verbreitet.
Blüten blau, violett, in kurzen Trauben. Hülsen schneckenförmig. Stengel
aufrecht, kahl.
- **Hopfen-Luzerne, Hopfenklee** oder
**Gelbklee** (↗Abb. 226/2)
15 bis 60 cm. ☉. Mai bis Okt. Trokkene Wiesen, Wegränder, Äcker. Verbreitet.
Blüten gelb. Hülsen nierenförmig.

## Wicke (15 Arten)

Weit verbreitet. Einige Arten wichtige
Kulturpflanzen (z. B. Acker-, Sau-,
Pferde-, Puffbohne; Saat-Wicke, Zot-
tel-Wicke).

226/1 Saat-Luzerne oder Blaue Luzerne

226/2 Hopfen-Luzerne, Hopfenklee, Gelbklee

226/3 Zaun-Wicke

227/1 Vogel-Wicke

227/2 Schmalblättrige Wicke

227/3 Frühlings-Platterbse

227/4 Wiesen-Platterbse

■ **Zaun-Wicke** (↗Abb. 226/3)
30 bis 60 cm. ♃. Mai bis Aug. Wiesen, Gebüsche, Zäune, Wälder. Verbreitet. Blütenstand Traube, kurz gestielt, mit 3 bis 5 Blüten. Kronblätter lila. Pflanze kahl oder wenig behaart.
■ **Vogel-Wicke** (↗Abb. 227/1)
30 bis 120 cm. ♃. Juni bis Aug. Wiesen, Gebüsche, Weiden. Verbreitet. Blütenstand Traube, langgestielt, mit vielen Blüten. Kronblätter blauviolett. Stengel mit weichen Haaren, kletternd.
■ **Schmalblättrige Wicke** (↗Abb. 227/2)
30 bis 150 cm. ♃. Juni bis Juli. Äcker, Gebüsche. Zerstreut.

Blütenstand Traube, langgestielt, mit vielen Blüten. Kronblätter hellblau. Blättchen lanzettlich bis linealisch.

**Platterbse (13 Arten)**

Die meisten Arten östlich der Elbe selten. Duftende Platterbse (Gartenwicke, Duftwicke) häufig als Zierpflanze.
An der Küste (Dünen) die Strand-Platterbse zerstreut vorkommend.
■ **Frühlings-Platterbse**
(↗Abb. 227/3)
20 bis 40 cm. ♃. Apr. bis Mai. Schattige Laubwälder. Verbreitet.
Blätter zwei- bis vierpaarig gefiedert,

15*

ohne Ranken. Blättchen breit eiförmig.
3 bis 7 cm lang. Kronblätter purpurn,
später braungrün. Stengel nicht geflügelt oder nur oben undeutlich geflügelt.

■ **Wiesen-Platterbse** (↗Abb. 227/4)
30 bis 100 cm. ♃. Juni bis Aug. Wiesen, Ufer, Gebüsche. Verbreitet.
Blätter paarig gefiedert, mit endständi-
ger Ranke. Blüten gelb, nicht duftend.
Stengel mit weichen Haaren, ungeflügelt.

**Wundklee (1 Art)**

Stengel meist aufrecht. Blätter unpaarig gefiedert mit größeren Endblättchen; Grundblätter ungeteilt, langgestielt. Blüten in kugligen Köpfen mit
fingerförmig geteiltem Deckblatt.
Kronblätter goldgelb, weißlich oder rötlich.
15 bis 30 cm. ♃. Mai bis Aug. Trokkene Wiesen, Dünen. Verbreitet.
    **Gemeiner Wundklee** (↗Abb. 229/1)

**Hornklee und Spargelerbse (4 Arten)**

**1**    Blüten einzeln in Blattachseln
(↗Abb. 228/1), hellgelb; Hülse vierkantig (↗Abb. 228/2). Stengel meist
niederliegend.
10 bis 30 cm. ♃. Mai bis Juni. Salzige
Stellen, Wiesen, Grasplätze. Selten.
    **Spargelerbse**
**1\***    Blüten in kopfigen Dolden
(↗Abb. 228/3). Hülse stielrund
(↗Abb. 228/4) . . . . . . . . . . . . 2
**2**    Köpfe meist mit 10 bis 12 Blüten.
Schiffchen allmählich in den Schnabel
zugespitzt (↗Abb. 228/5). Buchten
zwischen den oberen Kelchzähnen
spitz (↗Abb. 228/6). Stengel stielrund,
weich, mit Ausläufern.
20 bis 50 cm. ♃. Juni bis Juli. Nasse
Wiesen, Weiden, Gräben, Ufer, Quellen. Zerstreut.    **Sumpf-Hornklee**
**2\***    Köpfe meist mit 3 bis 8 Blüten.
Schiffchen rechtwinklig aufsteigend,

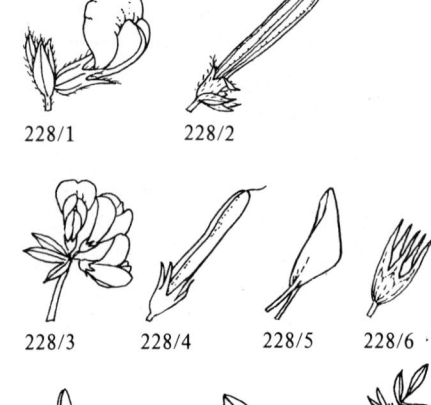

228/1        228/2

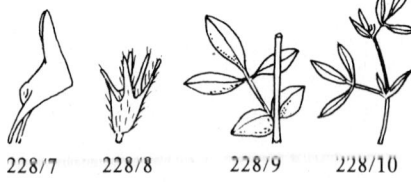

228/3    228/4    228/5    228/6 ·

228/7   228/8      228/9    228/10

plötzlich in den Schnabel zugespitzt
(↗Abb. 228/7) Buchten zwischen den
oberen Kelchzähnen stumpf
(↗Abb. 228/8). . . . . . . . . . . . 3
**3**    Blättchen verkehrt eiförmig, vorn
stumpf oder mit einem Spitzchen
(↗Abb. 228/9). Dolden mit 3 bis
8 Blüten. Stengel kantig, hart, ohne
Ausläufer.
5 bis 40 cm. ♃. Juni bis Aug. Wiesen,
Weiden, Gebüschränder. Verbreitet.
    **Gemeiner Hornklee** (↗Abb. 229/2)
**3\***    Blättchen (der mittleren Stengelblätter) linealisch bis schmal lanzettlich zugespitzt (↗Abb. 228/10). Dolden mit 1 bis 4 Blüten, Blüten duftend.
20 bis 60 cm. ♃. Juni bis Aug. Salzwiesen. An der Küste verbreitet, sonst
zerstreut.    **Schmalblatt-Hornklee** oder
                   **Salz-Hornklee**

**Vogelfuß und Serradella (2 Arten)**

**1**    Blüten 3 bis 4 mm lang, weißlich.
Schiffchen gelblich, Fahne rotgestreift.

229/1 Gemeiner Wundklee

229/2 Gemeiner Hornklee

229/3 Serradella

229/4 Bunte Kronwicke

5 bis 30 cm. ☉. Mai bis Juni. Sandige Äcker, Brachland. Zerstreut. **Vogelfuß**
**1*** Blüten 4 bis 8 mm lang, rosa.
30 bis 60 cm. ☉. Juni bis Aug. Trokkene Rasen.
Als Kulturpflanze auf sandigen Äckern angebaut, auch verwildert.
**Serradella** (↗Abb. 229/3)

### Hufeisenklee (1 Art)

Stengel liegend. Blätter langgestielt. Krone gelb.
8 bis 25 cm. ♃. Mai bis Juli. Trockene Wiesen und Kiefernwälder. Selten.
**Hufeisenklee**

### Kronwicke (3 Arten)

**1** Krone weiß mit rötlicher Fahne. Dolde mit 15 bis 20 Blüten.
30 bis 60 cm. ♃. Juni bis Aug. Trokkene Wiesen, Weg- und Waldränder. Zerstreut. Giftig!
**Bunte Kronwicke** (↗Abb. 229/4)
**1*** Krone gelb . . . . . . . . . . . 2
**2** Dolden mit 4 bis 10 Blüten.
5 bis 10 cm. ♄. Mai bis Juli. Trockene Wiesen, Kiefernwälder. Selten (Meiningen, Arnstadt, Jena).
**Scheiden-Kronwicke**
**2*** Dolden mit 10 bis 20 Blüten.
30 bis 50 cm. ♃. Mai bis Juli. Trok-

kene Wälder und Gebüsche. Selten
(Thüringer Wald, Südharz).

**Berg-Kronwicke**

**Esparsette (2 Arten)**

■ **Sand-Esparsette** (↗Abb. 230/1)
10 bis 30 cm. ♃. Juni, Juli. Trockene
Wiesen, trockene Kiefernwälder. Selten.
Stengel meist liegend, an der Spitze
aufgerichtet. Blätter mit 5 bis 14 Fie-
derpaaren. Blättchen lineal-lanzettlich.
Kelchzähne 1,5- bis 2,5mal so lang wie
Kelchröhre.

230/1 Sand-Esparsette

**Tragant (5 Arten)**

■ **Bärenschote** oder **Süßholz-Tragant**
(↗Abb. 230/2)
50 bis 150 cm. ♃. Juni bis Juli. Gebüsche, trockene Wälder. Verbreitet.
Stengel liegend oder aufsteigend. Blätter unpaarig gefiedert. Blättchen zu 11
oder 13, eiförmig, kahl. Blüten gelblich, in lockeren Trauben.

**Stechginster (1 Art)**

Stark verzweigter, sehr dorniger, grüner
Strauch. Krone gelb.
50 bis 120 cm. ♄. Mai bis Juni. Trokkene Waldränder, Gebüsche. Selten,
auch als Wildfutterpflanze angepflanzt.

**Europäischer Stechginster**

230/2 Bärenschote

**Robinie (1 Art)**

Blätter unpaarig gefiedert, mit 9 bis 21
eiförmigen Blättchen. Am Grunde der
Blattstiele und an älteren Zweigen und
Ästen oft Nebenblattdornen. Blattglie-
derung und Dornen erinnern an Aka-
zien, die aber bei uns nicht vorkommen (↗Volksname!). Blüten duftend.
Bis 25 m. ♄. Mai bis Juni. Als Zier-
und Forstbaum, auch verwildert.

**Weiße Robinie** oder **Falsche Akazie**
(↗Abb. 230/3)

**Goldregen (1 Art)**

Blütenstände bis 15 cm lange Trauben,
reichblütig, hängend. Krone goldgelb;

230/3 Weiße Robinie

231/1 Gemeiner Goldregen

231/2 Gelber Besenginster

231/3 Dornige Hauhechel

231/4 Färber-Ginster

Fahne am Grunde braun gezeichnet. Hülsen mit anliegenden feinen Haaren. Samen linsenförmig, giftig. Blättchen elliptisch, ganzrandig.
Bis 7 m, oft baumförmiger Strauch. ♄. Mai bis Juni. Zerstreut. Häufiger Zierstrauch, stellenweise verwildert.
**Gemeiner Goldregen** (↗Abb. 231/1)

**Geißklee (1 Art)**

Blütenstände endständige Trauben, vielblütig, aufrecht. Blüten duftend. Krone gelb. Getrocknete Blätter und Blüten schwarz (↗Name!)
30 bis 120 cm. ♄. Juni bis Aug. Trok-

kene Waldränder, Gebüsche. Zerstreut.
**Schwärzender Geißklee**

**Besenginster (1 Art)**

Strauch mit zahlreichen langen, steifaufrecht wachsenden Zweigen, früher zum Binden von Rutenbesen verwendet (↗Name!). Stengel grün, nach strengen Wintern oft schwarz. Blüten groß, einzeln oder zu 2 an den Zweigen. Krone leuchtend gelb. Griffel lang und spiralig aufgerollt.
0,5 bis 2 m. ♄. Mai bis Juni. Trockene Wälder, Gebüsche, Wegränder. Verbreitet.
**Gelber Besenginster** (↗Abb. 231/2)

## Hauhechel (3 Arten)

Kleine Sträucher, meist unangenehm riechend, Pflanzen mit klebrigen Drüsenhaaren. Nebenblätter den Blättchen ähnlich, gezähnt.

■ **Dornige Hauhechel** (↗Abb. 231/3) 30 bis 60 cm. ♄. Juni bis Aug. Trockene Wiesen, Wegränder. Verbreitet. Pflanze niederliegend, dornig.

## Ginster (4 Arten)

Kleine, stark verzweigte, grüne Sträucher. Manche Arten mit Dornen. Kronblätter gelb.

■ **Färber-Ginster** (↗Abb. 231/4) 30 bis 60 cm. ♄. Juni bis Aug. Trockene Wiesen, Gebüsche, Waldränder. Verbreitet.

---

### Familie Rautengewächse

Kräuter, Sträucher, Bäume. Blüten zwittrig, strahlig oder zweiseitig-symmetrisch, 4 oder 5 Kelchblätter; 4 oder 5 Kronblätter; 8 oder 10 Staubblätter; 1 Fruchtknoten, oberständig. Blüten duftend, in Trauben. Kapselfrüchte mit mehreren Fächern. Blätter mit Öldrüsen, stark duftend.
1 600 Arten, im Gebiet 2, geschützt: Diptam

---

1 5 Kronblätter, rosa mit dunkelroten Adern. Blüten groß, bis 3 cm. Blätter einfach gefiedert. **Diptam** ↗S. 232
1* 4 Kronblätter, gelb. Blüten klein, bis 1 cm. Blätter mehrfach gefiedert. **Raute** ↗S. 232

## Diptam (1 Art)

Stengel (besonders oben), Blüten und Früchte mit dunkelroten Drüsenhaaren. Ganze Pflanze zitronenähnlich duftend. Blätter wechselständig, den Eschenblättern sehr ähnlich.
60 bis 120 cm. ♃. Mai, Juni. Trockene Wälder und Gebüsche. Selten im Südwesten. **Weißwurzeliger Diptam** ▼ (↗Abb. 232/1)

## Raute (1 Art)

Pflanze kahl, graugrün, stark aromatisch duftend. Kronblätter gelb, mit

232/1 Weißwurzliger Diptam

löffelförmigem Ende. Früher als Heil- und Gewürzpflanze angebaut.
30 bis 60 cm. ♃. Mai, Juni. Sonnige Felsen, Mauern, Weinberge. Selten im Süden. **Wein-Raute**

## Familie Bittereschengewächse

Bäume, Sträucher. Blätter wechselständig, meist gefiedert. Blüten zwittrig oder eingeschlechtig, unscheinbar. Steinfrüchte.
100 Arten, im Gebiet 1

### Götterbaum (1 Art)

Blätter unpaarig gefiedert, sehr groß, bis 1 m lang, beim Zerreiben unangenehm riechend. Fiederblättchen am Grunde grob gezähnt, jeder Zahn unterseits mit einer Drüse (↗Abb. 233/1).
Blüten meist zweihäusig, grüngelb, in großen Rispen am Ende der Zweige. Früchte geflügelt (↗Abb. 233/2).

233/3 Drüsiger Götterbaum

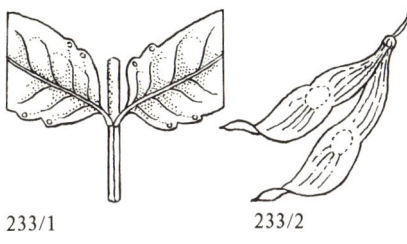

233/1        233/2

Bis 25 m. ♄. Juli. Zierbaum, auch verwildert.
        **Drüsiger Götterbaum** (↗Abb. 233/3)

## Familie Ahorngewächse

Bäume, Sträucher. Blätter gegenständig, meist gelappt. Blüten zwittrig oder eingeschlechtig, strahlig, vier- oder fünfzählig, 4 bis 10 Staubblätter, 1 Fruchtknoten mit 2 Griffeln. Früchte in 2 geflügelte Teilfrüchte zerfallend (Spaltfrüchte). Wertvolle Nutzhölzer, viele Arten auch als Ziergehölze angepflanzt.
150 Arten, im Gebiet 4

### Ahorn (4 Arten)

1    Blätter dreizählig oder gefiedert. Pflanze zweihäusig, blüht vor Laubentfaltung. Blüten in hängenden, büscheligen Trauben. Junge Zweige mit blaugrauer, abwischbarer Wachsschicht. Bis 20 m. ♄. Apr. Zierbaum, auch verwildert.    **Eschen-Ahorn** (↗Abb. 234/1)

1*   Blätter gelappt . . . . . . . . . . 2
2    Blattlappen lang zugespitzt, mit großen Zähnen.
Buchten zwischen den Blattlappen rund.
Blüht vor und zu Beginn der Laubentfaltung. Blüten in aufrechten, doldenförmigen Rispen, gelbgrün. Fruchtflü-

234/1  Eschen-Ahorn

234/2  Spitz-Ahorn

234/3  Berg-Ahorn

234/4  Feld-Ahorn oder Maßholder

gel im stumpfen Winkel zueinander
(↗ Abb. 234/5). Rinde längsrissig.
Bis 25 m. ♄. April, Mai. Laubwälder.
Verbreitet. Häufig angepflanzt.

       **Spitz-Ahorn** (↗ Abb. 234/2)
**2\***   Blattlappen nicht gezähnt. Buchten zwischen den Blattlappen spitz   **3**
**3**    Blätter groß, bis 16 cm breit.
Blattlappen grob gesägt bis gekerbt.
Blüten in hängenden Trauben. Blüht
nach der Laubentfaltung. Blüten gelbgrün. Fruchtflügel im spitzen Winkel
zueinander (↗ Abb. 234/6). Rinde
glatt, bei alten Bäumen in großen
Schuppen sich ablösend (ähnlich Platane).

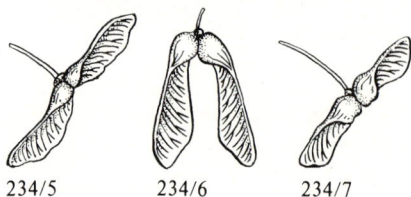

234/5        234/6        234/7

Bis 25 m. ♄. Mai. Laubwälder. Verbreitet im Hügel- und Bergland. Häufig angepflanzt.

       **Berg-Ahorn** (↗ Abb. 234/3)
**3\***   Blätter klein, meist schmaler als
10 cm. Blattlappen meist ganzrandig.
Blüten in aufrechten, doldenförmigen
Rispen. Blüht während und nach der

Laubentfaltung, Blüten grün. Fruchtflügel waagerecht abstehend
(↗Abb. 234/7).
Pflanze langsam wachsend, oft nur
strauchförmig.

Bis 10 m. ♄. Mai, Juni. Laubwälder,
Gebüsche. Verbreitet, im Bergland sel-
ten. Oft als Hecke angepflanzt.
**Feld-Ahorn oder Maßholder**
(↗Abb. 234/4)

---

### Familie Roßkastaniengewächse

Bäume, Sträucher. Blätter gegenständig, gefingert. Blüten zweiseitig-symmetrisch; zwittrige und eingeschlechtige Blüten in gemeinsamen Blütenständen;
Kelch fünflappig, 4 bis 5 Kronblätter, 5 bis 8 Staubblätter, 1 Fruchtknoten mit
1 Griffel. Kapseln ledrig mit 1 bis 3 sehr großen Samen.
15 Arten, im Gebiet 1

---

**Roßkastanie (1 Art)**

Blätter mit 5 bis 7 großen Teilblättern.
Blütenstände groß, aufrecht, pyramidenförmige Rispen. Blüten weiß, mit
gelben und roten Flecken. Fruchtschale grün, dornig. Samen rotbraun,
glänzend.
Bis 20 m. ♄. Mai bis Juni. Häufig angepflanzt, auch verwildert.
   **Gemeine Roßkastanie** (↗Abb. 235/1)

235/1 Gemeine Roßkastanie

---

### Familie Balsaminengewächse

Kräuter. Blüten zwittrig, zweiseitig-symmetrisch. 5 Kronblätter; 3 Kelchblätter,
davon 2 kleine, aber das mittlere in Größe und Farbe den Kronblättern ähnlich,
kapuzenförmig mit Blütensporn; 5 Staubblätter; 1 Fruchtknoten, mit 1 Griffel
und 5 Narben. Kapseln als Schleuderfrüchte. Fruchtklappen bei Berührung
ruckartig aufspringend und Samen fortschleudernd (↗Namen „Springkraut"
und „Rühr mich nicht an"!). Stengel durchscheinend, zerbrechlich, Stengelknoten verdickt.
450 Arten, im Gebiet 3

---

**Springkraut (3 Arten)**

1   Blüten rot; Blütensporn kurz, dick
und sackförmig (↗Abb. 236/1).

50 bis 250 cm. ☉. Juli, Aug. Ufer, Gräben. Zerstreut. Auch Zierpflanze.
   **Drüsiges Springkraut** (↗Abb. 236/4)

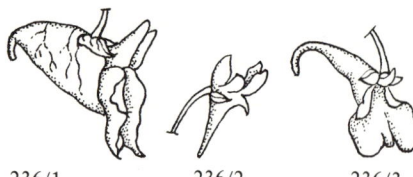

236/1       236/2       236/3

**1\***   Blüten gelb; Blütensporn lang, schlank . . . . . . . . . . . . . . . . . 2
**2**   Blüten aufrecht, 1 bis 2 cm lang, Blütensporn gerade. (↗ Abb. 236/2). Blütentrauben meist länger als die Blätter.
30 bis 60 cm. ☉. Juni bis Sept. Wälder, Gärten, Schuttplätze. Verbreitet.

                **Kleinblütiges Springkraut**
                      (↗ Abb. 236/5)
**2\***   Blüten hängend, bis 3 cm lang, Blütensporn gekrümmt (↗ Abb. 236/3). Blütentrauben kürzer als die Blätter.
30 bis 100 cm. ☉. Juli, Aug. Feuchte Wälder, Bachufer. Im Süden verbreitet, im Norden zerstreut.

      **Echtes Springkraut** (↗ Abb. 236/6)

236/4 Drüsiges Springkraut

236/5 Kleinblütiges Springkraut

236/6 Echtes Springkraut

## Familie Leingewächse

Kräuter, Sträucher, Bäume. Blüten zwittrig, strahlig. 4 oder 5 Kelchblätter; 4 oder 5 Kronblätter; 4, 5 oder 10 Staubblätter; 1 Fruchtknoten meist mit 5 Griffeln. Früchte Kapseln. Blätter ungeteilt. Kulturpflanzen: Flachs oder Lein als Faserpflanze (↗Leinen) und Ölpflanze (↗Leinöl).
500 Arten, im Gebiet 5, geschützt: Lein-Arten, außer Wiesen-Lein

1    Blüten sehr klein, bis 0,5 cm;
4 Kronblätter.    **Zwerglein** ↗ S. 237
1*    Blüten meist größer als 0,5 cm;
5 Kronblätter.    **Lein** ↗ S. 237

### Zwerglein (1 Art)

Zarte, sehr kleine Pflanze; Stengel dünn, gabelig verzweigt. Blätter gegenständig; Blüten sehr klein. Kronblätter weiß.
1 bis 5 (selten 10) cm. ⊙. Juli, Aug. Feuchter Sandboden. Verbreitet im Norden, zerstreut im Süden.

### Lein (4 Arten)

1    Blätter gegenständig. Blüten weiß, klein; Kronblätter bis 0,5 cm lang. Zierliche Pflanze mit dünnem, oben gabelig verzweigtem Stengel und hängenden Blütenknospen.
5 bis 20 cm. ⊙ oder ⊙. Juni, Juli. Trockene und moorige Wiesen. Verbreitet.    **Wiesen-Lein**
1*    Blätter wechselständig. Blüten

237/1 Österreichischer Lein

meist blau, groß; Kronblätter länger als 1 cm.
Stattliche Pflanzen, meist größer als 20 cm. Ausdauernde Arten.    3 Arten
■    **Österreichischer Lein** ▼
(↗Abb. 237/1)
10 bis 80 cm. ⚃. Mai bis Juli. Trockene Wiesen, Felsschutt, Schuttstellen. Zerstreut im Südwesten.

## Familie Sauerkleegewächse

Meist Kräuter. Blüten zwittrig, strahlig. 5 Kelchblätter, 5 Kronblätter, 10 Staubblätter, 1 Fruchtknoten mit 5 Griffeln. Blätter zusammengesetzt, oft kleeartig und sauerschmeckend (↗Name!).
950 Arten, im Gebiet 4

238/1 Wald-Sauerklee

238/2 Europäischer Sauerklee

**Sauerklee (4 Arten)**

**1** Kronblätter weiß mit roten Adern, am Grunde mit gelbem Fleck. Blüten einzeln, größer als 1 cm.
5 bis 12 cm. ♃. Apr., Mai. Schattige Wälder und Gebüsche. Verbreitet.
**Wald-Sauerklee** (↗Abb. 238/1)

**1\*** Kronblätter gelb. 2 bis 5 Blüten in kleinen Dolden, Blüten kleiner als 1 cm. **3 Arten**
■ **Europäischer Sauerklee**
(↗Abb. 238/2)
10 bis 30 cm. ☉ oder ♃. Juni bis Okt. Gärten, Äcker, Schuttstellen.

| Familie | Storchschnabelgewächse |
|---|---|
| Blüten und Blütenstände 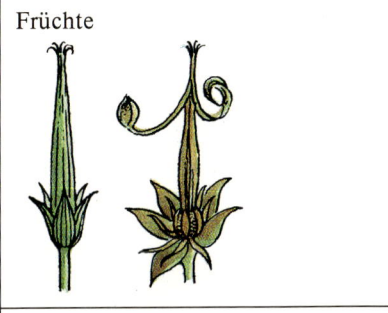 | Zwittrig. Meist strahlig.<br>5 Kelchblätter;<br>5 Kronblätter;<br>10 Staubblätter.<br>1 Fruchtknoten, oberständig, mit 5 verwachsenen Griffeln.<br>Blüten einzeln oder in Dolden. |
| Früchte  | Ganze Frucht mit schnabelartigem Fortsatz (↗Name!), Spaltfrucht, zur Reifezeit in 5 Teilfrüchte zerfallend. |
| Blätter | Rundlich oder länglich, mehr oder weniger geteilt oder länglich gefiedert. Mit Nebenblättern, meist mit Drüsenhaaren. |

Allgemeine Angaben: Meist Kräuter. Zierpflanzen: Pelargonien.
780 Arten, im Gebiet 14

**1** Blätter gefiedert, im Umriß länglich. Blütenstände mit mehr als 2 Blüten (↗Abb. 240/2).
Schnäbel der reifen Früchte schraubenförmig zusammengedreht (↗Abb. 240/3). **Reiherschnabel** ↗S. 240
**1\*** Blätter nicht gefiedert, im Umriß rund. Blütenstände mit 1 oder 2 Blüten (↗Abb. 240/4).
Schnäbel der reifen Früchte bogenförmig aufwärts gekrümmt (↗Abb. 240/5). **Storchschnabel** ↗S. 240

**Reiherschnabel (1 Art)**

Blüten rot. Pflanze mit abstehenden Haaren. Stengel oft niederliegend und verzweigt, dadurch Pflanze auf dem Boden rosettig ausgebreitet.
10 bis 40 cm. ⊙, ☉. Apr. bis Okt. Äcker, Wegränder, trockene Wiesen. Verbreitet.     **Gemeiner Reiherschnabel**
(↗Abb. 240/1)

**Storchschnabel (13 Arten)**

**1** Blätter zusammengesetzt aus 3 bis 5 völlig getrennten Blättchen (↗Abb. 241/2). Kronblätter hellrot, 9 bis 12 mm lang. Pflanze unangenehm riechend, besonders an beschädigten Teilen.
20 bis 40 cm. ⊙, ①. Mai bis Okt.

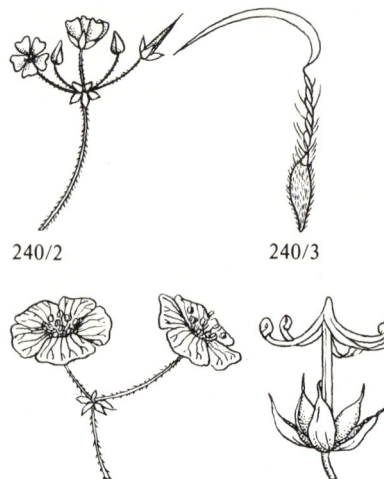

240/2              240/3

240/4              240/5

Feuchte Laubwälder, Gebüsche, Mauern, Geröll. Verbreitet.
    **Stinkender Storchschnabel** oder **Ruprechts Storchschnabel** (Abb. 240/6)
**1\*** Blätter einfach, handförmig mehr oder weniger tief eingeschnitten, aber Blattabschnitte wenigstens am Grunde miteinander verbunden . . . . . . . . 2
**2** Blüten klein, Kronblätter höchstens 1 cm lang. Pflanzen meist einjährig.
Gärten, Äcker, Schuttstellen, Wegrän-

240/1 Gemeiner Reiherschnabel

240/6 Stinkender Storchschnabel

241/1 Blutroter Storchschnabel

241/5 Wiesen-Storchschnabel

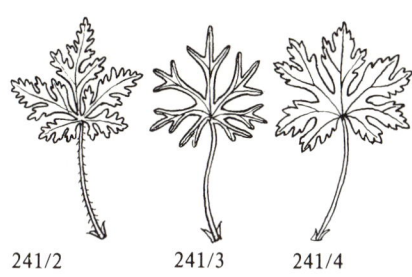

241/2          241/3          241/4

der.                    7 kleinblütige Arten
2*   Blüten groß, Kronblätter deutlich
länger als 1 cm. Pflanzen ausdauernd
. . . 3
3    Alle Blüten einzeln. Blattzipfel
viel schmaler als die Einschnitte
(↗Abb. 241/3). Blüten blutrot, im
Herbst auch Stengel und Blätter rot gefärbt.
15 bis 50 cm. ♃. Juni bis Aug. Sonnige Gebüsche und Waldränder, trokkene Wiesen. Zerstreut, im Norden selten.              **Blutroter Storchschnabel**
(↗Abb. 241/1)

3*   Blütenstände zweiblütig. Blattzipfel breiter als die Einschnitte
(↗Abb. 241/4) . . . . . . . . . . . .4
4    Kronblätter rotbraun, nur wenig
länger als die Kelchblätter.
25 bis 60 cm. ♃. Mai, Juni. Wiesen,
Bachufer, Gebüsche. Selten.
**Brauner Storchschnabel**
4*   Kronblätter rot, violett oder blau,
doppelt so lang wie die Kelchblätter . 5
5    Kronblätter rot.
25 bis 100 cm. ♃. Juni bis Sept.
Feuchte Gebüsche, Bachufer, Wiesen.
Verbreitet, im Norden zerstreut.
**Sumpf-Storchschnabel**
5*   Kronblätter violett. Blätter sieben-
spaltig.
20 bis 60 cm. ♃. Mai, Juni. Waldränder, Wiesen. Verbreitet im Bergland,
sonst selten.   **Wald-Storchschnabel**
5**  Kronblätter hellblau. Blätter siebenteilig.
20 bis 60 cm. ♃. Juni bis Aug. Wiesen, Straßenränder. Zerstreut, im Norden selten.
**Wiesen-Storchschnabel** (↗Abb. 241/5)

## Familie Kreuzblümchengewächse

Kräuter, Sträucher, Bäume. Blüten zwittrig, zweiseitig-symmetrisch. 5 Kelchblätter, davon 2 seitliche größer, flügelförmig und wie Kronblätter gefärbt; 5 Kronblätter, davon 1 unteres größer, schiffchenförmig, die anderen 4 Kronblätter sehr klein und mit Staubgefäßen verwachsen; 8 bis 10 Staubblätter; 1 Fruchtknoten mit 1 Griffel. Blüten in Trauben. Früchte oft Kapseln. Blätter ungeteilt, ganzrandig.
800 Arten, im Gebiet 7

### Kreuzblümchen (7 Arten)

Äußere Gestalt der Blüten den Schmetterlingsblüten ähnlich; 2 seitliche Kelchblätter wie Flügel, 1 unteres Kronblatt wie Schiffchen. Blüten der einheimischen Arten dadurch scheinbar nur aus 3 Kelchblättern und 3 Kronblättern bestehend.

■ **Gemeines Kreuzblümchen** (↗Abb. 242/1)
5 bis 20 cm. ♃. Mai bis Aug. Wiesen, Waldränder. Verbreitet.

242/1 Gemeines Kreuzblümchen

## Familie Blutweiderichgewächse

Meist Kräuter, selten Holzgewächse. Blätter gegenständig oder quirlständig, selten wechselständig. Blütenhülle in Kelch und Krone gegliedert, 1 Fruchtknoten, mittelständig. Früchte meist Kapseln. Feuchte Standorte.
500 Arten, im Gebiet 3

1 Stengel liegend (↗Abb. 242/2); oft rot angelaufen, Blüten höchstens 1,5 mm lang (↗Abb. 243/2, Lupe!)
Sumpfquendel ↗ S. 242
1* Stengel aufrecht (↗Abb. 242/3 u. 243/5). Blüten bis 3 mm lang (↗Abb. 243/3, Lupe!).
Blutweiderich ↗ S. 243

### Sumpfquendel (1 Art)

Blüten einzeln in Blattachseln, ungestielt (↗Abb. 243/2). Kronblätter rosa.

242/2          242/3

Blätter gegenständig, länglich.
5 bis 20 cm. ☉. Juli bis Sept. Gräben,

243/1 Gemeiner Blutweiderich

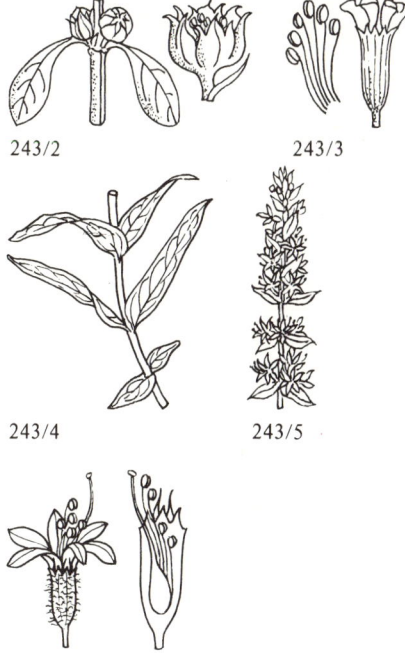

243/2                    243/3

243/4                    243/5

243/6

Teichränder, feuchte Stellen auf Äkkern und Wegen. Zerstreut, im Süden selten.                    **Sumpfquendel**

**Blutweiderich (2 Arten)**

**1** Blüten einzeln in Blattachseln. 2 bis 6 Staubblätter. (↗Abb. 243/3). Kronblätter rötlich. Blätter meist wechselständig, die unteren oft gegenständig (↗Abb. 242/3).
7 bis 20 cm. ⊙. Juli bis Sept. Ufer, feuchte Äcker, Wege. Selten.
                    **Ysop-Blutweiderich**
**1\*** Blüten quirlig, in einem langen ährenähnlichen Blütenstand (↗Abb. 243/5). 12 Staubblätter. Kelchzähne ungleich lang (↗Abb. 243/6). Blätter meist gegenständig (↗Abb. 243/4) oder zu 3 quirlig.
50 bis 100 cm. ♃. Juli bis Sept. Ufer, Gräben, Moorwiesen. Verbreitet.
**Gemeiner Blutweiderich** (↗Abb. 243/1)

16*

| Familie | Nachtkerzengewächse |
|---|---|
| Blüten und Blütenstände | Zwittrig. Meist strahlig. 2 oder 4 Kelchblätter oder ohne Kelchblätter; 2 oder 4 Kronblätter; 8 Staubblätter, seltener 2 oder 4; 1 Fruchtknoten, unterständig. Blüten einzeln oder in lockeren Trauben. |
| Früchte | Vielsamige Kapseln oder Nüßchen, selten Beeren. |
| Blätter | Meist gegenständig, einzeln (ungeteilt). |

Allgemeine Angaben: Ausdauernde Kräuter, selten Sträucher oder Bäume. Weltweit ·verbreitet. Wichtige Versuchspflanze der Vererbungsforschung: Nachtkerze. Zimmerpflanze: z. B. Fuchsie.
658 Arten, im Gebiet 21

1    2 Staubblätter, 2 Kronblätter (↗Abb. 244/1). Krone weiß. Blüten in lockeren Trauben (↗Abb. 244/3).
                    Hexenkraut ↗ S. 244
1*   8 Staubblätter, 4 Kronblätter (↗Abb. 244/2 u. 4) . . . . . . . . . . 2
2    Kronblätter gelb, nicht deutlich eingeschnitten (↗Abb. 244/2)
                    Nachtkerze ↗ S. 244
2*   Kronblätter rot oder weißlich, deutlich eingeschnitten (↗Abb. 244/4).
                    Weidenröschen ↗ S. 245

**Hexenkraut (3 Arten)**

■   Großes Hexenkraut (↗Abb. 245/1) 20 bis 70 cm. ♃. Juni bis Aug. Feuchte Waldstellen, Waldränder. Verbreitet. Frucht mit hakigen Borsten. Stengel meist mit weichen Haaren.

**Nachtkerze (2 Arten)**

1    Blütenstand aufrecht (Abb. 244/5). Kronblätter 20 bis 60 mm lang.

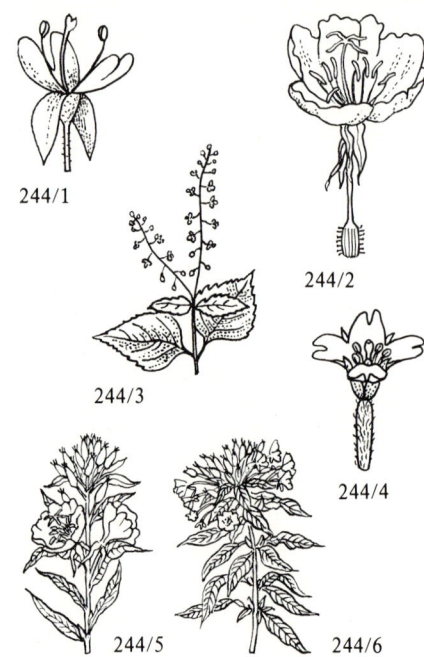

244/1

244/2

244/3

244/4

244/5          244/6

245/1 Großes Hexenkraut

245/2 Gemeine Nachtkerze

245/3 Berg-Weidenröschen

245/4 Schmalblättriges Weidenröschen

50 bis 250 cm. ☉.Juni bis Aug. Bahndämme, sandige Stellen, Wegränder, Steinbrüche. Verbreitet.

**Gemeine Nachtkerze**
(↗Abb. 245/2 u. 398/4)
1* Blütenstand zur Blütezeit mehr oder weniger nickend, (↗Abb. 244/6). Kronblätter bis 20 mm lang. Stengel unten rötlich, oben grün.
20 cm bis 200 cm. ☉. Juni bis Aug. Sandige Stellen, Bahndämme, Flußufer. Zerstreut. **Kleinblütige Nachtkerze**

**Weidenröschen (16 Arten)**

Ausgedehnte Bestände auf trockenen Standorten (Mauerspalten), beispielsweise auf Kahlschlägen (z. B. Schmalblättriges Weidenröschen), oder auf feuchten Standorten, an Bächen oder Gräben (z. B. Rauhhaariges Weidenröschen). Auch als Unkraut in Gärten und Anlagen (z. B. Berg-Weidenröschen).

■ **Berg-Weidenröschen**
(↗Abb. 245/3)
20 bis 80 cm. ♃. Juni bis Sept. Wälder, Gebüsche, Gärten. Verbreitet. Stengel meist nur im oberen Teil wenig verzweigt. Blätter 1,5 bis 3,5 cm breit; meist gegenständig.

■ **Schmalblättriges Weidenröschen**
(↗Abb. 245/4)
60 bis 120 cm. ♃. Juli, Aug. Holz-
schläge, Nadelholzforsten, Gebüsche.
Verbreitet.
Blätter 1 bis 2,4 cm breit, unterseits
mit hervortretenden Seitenadern; meist
wechselständig.

■ **Rauhhaariges Weidenröschen**
(↗Abb. 246/1)
80 bis 150 cm. ♃. Juli bis Sept.,
Bäche, Gräben, sumpfige Ufer.
Verbreitet. Stengel stielrund, abstehend
behaart.

246/1 Rauhhaariges Weidenröschen

## Familie Wassernußgewächse

Einjährige Kräuter. Schwimmpflanze, sehr selten. Blüten zwittrig, vierzählig,
1 Fruchtknoten. Frucht eine Nuß, mit 2 bis 4 Dornen.
3 Arten, im Gebiet 1, geschützt!

**Wassernuß (1 Art)**

Schwimmblätter rautenförmig, ledrig,
rosettig. Blattstiele aufgeblasen
(↗Abb. 246/2). Blüten weiß, einzeln in
den Blattachseln. Früchte mit hakigen
Dornen.
60 bis 100 cm. ☉. Juli, Aug. Stehende
und langsam fließende Gewässer.
Sehr selten, im Bestand gefährdet.
　　　　　**Wassernuß** ▼ (↗Abb. 246/2)

246/2 Wassernuß

## Familie Seebeerengewächse

Ausdauernde Kräuter. Wasserpflanzen. Blätter fein zerteilt, tief fiederspaltig, wechsel- oder gegenständig, selten quirlig. Blüten zwittrig oder eingeschlechtig, klein; in ährigen Blütenständen über der Wasseroberfläche. Nüsse. Steinfrüchte.
160 Arten, im Gebiet 3

### Tausendblatt (3 Arten)

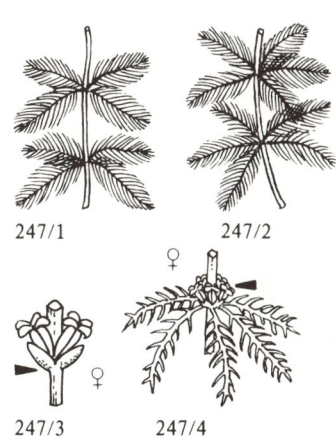

247/1       247/2

247/3       247/4

**1** Blattquirle meist mit 4 Blättern (↗Abb. 247/1). Obere Deckblätter der Blüten ungeteilt, kürzer als die Blüten (↗Abb. 247/3; Lupe!) . . . . . . . . 2
**1\*** Blattquirle mit 5 oder 6 Blättern (↗Abb. 247/2). Deckblätter der Blüten kammförmig-fiederspaltig (↗Abb. 247/4; Lupe!). Ähren stets aufrecht. Blüten rosa.
7 bis 30 cm. ♃. Juni bis Aug. Stehende Gewässer, Buchten, Gräben. Zerstreut.      **Quirl-Tausendblatt**
**2** Ähren mit vielen Blüten, stets aufrecht. Blüten rosa. Fiederblättchen der Blätter meist gegenständig.
30 bis 200 cm. ♃. Juli, Aug. Stehende und langsam fließende Gewässer. Verbreitet.
     **Ähren-Tausendblatt** (↗Abb. 247/5)
**2\*** Ähren mit wenigen Blüten, überhängend. Blüten gelblich. Fiederblättchen der Blätter wechselständig.
7 bis 50 cm. ♃. Juni bis Aug. Stehende Gewässer. Selten, im Norden zerstreut. **Wechselblütiges Tausendblatt**

247/5 Ähren-Tausendblatt

## Familie Tannenwedelgewächse

Ausdauernde Kräuter. Wasserpflanzen. Blüten zwittrig, klein, unscheinbar, einzeln in den Blattachseln. Steinfrüchte. Blätter quirlständig.
1 Art, im Gebiet 1

### Tannenwedel (1 Art)

Stengel aufrecht, röhrig, schachtelhalmähnlich. Blätter linealisch, ungestielt, zu 6 bis 12 quirlständig.
(↗Abb. 51/4).
10 bis 50 cm. ⚄. Mai bis Aug. Stehende und langsam fließende Gewässer. Zerstreut, im Norden häufiger.
**Tannenwedel** (↗Abb. 248/1)

248/1 Tannenwedel

## Familie Araliengewächse

Meist Sträucher oder Bäume. Blätter meist wechselständig. Blüten zwittrig, strahlig, fünfzählig, unscheinbar. Beeren oder Steinfrüchte.
700 Arten, im Gebiet 1

### Efeu (1 Art)

Kletterstrauch. Blätter immergrün, ledrig, glänzend. Form der Blattfläche verschieden: an blühenden Zweigen eiförmig bis lanzettlich, sonst drei- bis fünfeckig gelappt. Blüten grün, in Dolden. Beeren schwarz.
Bis 20 m. ♄. Sept. bis Nov. Wälder, Felsen. Verbreitet. Als Zierpflanze häufig angepflanzt.
**Gemeiner Efeu** (↗Abb. 248/2)

248/2 Gemeiner Efeu

## Familie Hartriegelgewächse

Meist Sträucher oder Bäume. Blätter ungeteilt, meist gegenständig. Blütenstände oft doldenartig. Blüten meist zwittrig, strahlig, 4 oder 5 Kronblätter. Steinfrüchte, seltener Beeren.
95 Arten, im Gebiet 3

### Hartriegel (3 Arten)

1 Blätter 10 bis 15 cm lang, mit 5 bis 7 Aderpaaren, unterseits grau bis weiß. Blüten weiß.
Steinfrüchte weiß bis hellblau, kugelig, erbsengroß.
Bis 3 m. ♄. Juni bis Juli. Zierstrauch, häufig verwildert. **Weißer Hartriegel**
1* Blätter 4 bis 10 cm lang, mit 3 bis 4 Aderpaaren, unterseits hellgrün . . 2
2 Blüten weiß, nach der Laubentfaltung blühend.
Steinfrüchte blauschwarz, kugelig, erbsengroß. Blätter im Herbst rot.

Bis 5 m. ♄. Mai bis Juni. Laubwälder, Gebüsche. Verbreitet, im Norden zerstreut. Auch Zierstrauch.
**Blutroter Hartriegel** (↗ Abb. 249/1)
2* Blüten gelb, vor der Laubentfaltung blühend. Steinfrüchte rot, länglich, bis 2 cm lang. Blätter im Herbst gelb.
Bis 10 m. ♄. März bis Apr. Trockene Wälder, Gebüsche. Zerstreut im Thüringer Hügelland und Harzvorland. Auch Zierstrauch.
**Kornelkirsche oder Herlitze** (↗ Abb. 249/2 u. 402/2)

249/1 Blutroter Hartriegel

249/2 Kornelkirsche oder Herlitze

| Familie | Doldengewächse |
|---|---|
| Blüten und Blütenstände | Zwittrig. Strahlig. Kelch teilweise stark zurückgebildet; 5 Kronblätter, frei, meist sehr klein; 5 Staubblätter, 2 Griffel; Dolden, meist deutlich aus Döldchen zusammengesetzt, seltener kopfförmig. Oft am Grunde mit Hülle, teilweise mit Hüllchen am Grunde der Döldchen. |
| Früchte | Stets mit 2 Samen, zerfallen oft im reifen Zustand, manchmal mit Flügeln. |
| Blätter | Wechselständig, meist gefiedert, fiederteilig oder handförmig geteilt, selten ungeteilt. Blattstiele am Grunde mit Scheide. |
| Sproßachse | Knotig, mit hohlen Zwischenstücken. |

Allgemeine Angaben: Einjährige oder ausdauernde Pflanzen. Oft alle Teile mit starkem Duft. Heil- und Gewürzpflanzen: z. B. Fenchel, Dill, Liebstöckel, Petersilie, Anis, Kerbel, Koriander; Gemüsepflanzen: z. B. Sellerie, Möhre, Pastinak; Zierpflanzen: z. B. Riesen-Bärenklau, Mannstreu, Sterndolde (↗ S. 251). Kulturpflanzen stellenweise verwildert. Giftig: Schierling.
3 000 Arten, im Gebiet etwa 70, geschützt: Stranddistel, Sellerie, Scheiberich

251/1 Fenchel

251/2 Dill

251/3 Liebstöckel

251/4 Möhre

251/5 Riesen-Bärenklau

251/6 Petersilie

1    Pflanze distelartig. Blätter dornig.
                    **Mannstreu** ↗ S. 255
1*   Pflanze nicht distelartig. Blätter
nicht dornig . . . . . . . . . . . . . 2
2    Alle Blätter ungeteilt, ganzrandig.
                    **Hasenohr** ↗ S. 256
2*   Alle oder nur die unteren Blätter
geteilt oder zusammengesetzt  . . . . 3
3    Alle Blätter geteilt oder zusammengesetzt . . . . . . . . . . . . . . 4
3*   Nur untere Blätter zusammengesetzt, obere ungeteilt, stengelumfassend (↗Abb. 252/1). Blüten gelb.
Früchte schwarz, glänzend. 1 seltene
Art.                    **Gelbdolde**
4    Blätter handförmig geteilt
(↗Abb. 252/2) . . . . . . . . . . . . 5
4*   Blätter gefiedert (↗Abb. 252/3),
fiederteilig (↗Abb. 252/4) oder dreizählig . . . . . . . . . . . . . . . . 6
5    Dolden einfach, von auffällig großen weißen oder rötlichen Hüllblättern
sternförmig umgeben (↗Abb. 252/5).
                    **Sterndolde** ↗ S. 256
5*   Dolden zusammengesetzt, Döldchen kopfförmig (↗Abb. 252/6). Hüllblätter unauffällig.    **Sanikel** ↗ S. 256
6    (4) Dolden deutlich aus mehreren
Döldchen zusammengesetzt
(↗Abb. 252/7) . . . . . . . . . . . . 8
6*   Dolden nicht deutlich zusammengesetzt, kopfförmig (↗Abb. 252/8)
oder nur mit 1 (↗Abb. 253/2), 2 oder
selten 3 Döldchen (↗Abb. 253/3)  . . 7
7    Dolden kopfförmig mit sehr kurzem Stiel (↗Abb. 252/9). Früchte kleiner als 0,5 cm.    **Klettenkerbel** ↗ S. 257
7*   Dolden mit 1 bis 3 Döldchen und
langem Stiel (↗Abb. 253/2 u. 3).
Früchte mit 2 bis 8 cm langem, schna-
belähnlichem Fortsatz
(↗Abb. 252/10). 1 seltene Art.
           **Nadelkerbel** oder **Venuskamm**
8    (6) Hülle immer vorhanden; Hüllblätter geteilt oder tief gezähnt
(↗Abb. 253/1) . . . . . . . . . . . . 9
8*   Hülle nicht vorhanden oder Hüllblätter ungeteilt, ganzrandig  . . . . 13

252/1

252/2

252/3

252/4

252/5

252/6

252/7

252/8

252/9

252/10

**9** Dolden bei der Fruchtreife nestförmig. Mittlere Blüte der Dolde meist dunkelrot. **Möhre** ↗ S. 257
**9\*** Dolden nie nestförmig. Mittlere Blüte nicht dunkelrot . . . . . . . 10
**10** Hüllblätter fiederspaltig oder tiefgezähnt, mit breiten Abschnitten . 11
**10\*** Hüllblätter dreiteilig oder fiederteilig, mit schmallinealischen Abschnitten. Stengel fein gerillt. Schuttplätze und Äcker. 1 seltene Art. **Knorpelmöhre**
**11** Früchte 10 mm lang. Laubwälder. 1 seltene Art. **Rippensame**
**11\*** Früchte bis 4 mm lang. Gräben oder Ufer . . . . . . . . . . . . . . 12
**12** Stengel fein gerillt. Pflanze nach Sellerie duftend. Früchte glatt (Lupe!). **Berle** ↗ S. 260
**12\*** Stengel kantig gefurcht. Pflanze nicht nach Sellerie duftend. Früchte deutlich gerippt (Lupe!). **Merk** ↗ S. 260
**13** (8) Blüten gelb oder grünlich . 14
**13\*** Blüten weiß oder rosa . . . . . 21
**14** Blattzipfel haarfein . . . . . . . 15
**14\*** Blattzipfel mehr oder weniger breit, nie haarfein . . . . . . . . . 16
**15** Pflanze würzig duftend. Früchte ohne Flügel (Lupe!). **Bärwurz** ↗ S. 261
**15\*** Pflanze nicht würzig duftend. Früchte mit Flügeln. **Haarstrang** ↗ S. 258
**16** (14) Blätter einfach gefiedert, Fiederblättchen eingeschnitten (Abb. 253/5) 17
**16\*** Blätter zwei- bis dreifach gefiedert (↗ Abb. 253/6) . . . . . . . . . . . 18
**17** Blätter alle gleichgestaltet. Fiederblättchen länglich-eiförmig, am Grunde der Blätter fast dreiteilig. **Pastinak** ↗ S. 257
**17\*** Blätter unterschiedlich gestaltet. Obere Blätter mit wenigen, schmalen Fiederblättchen. Untere Blätter mit rundlich-eiförmigen, gesägten Fiederblättchen. Blüten gelblich-weiß. **Pimpinelle** ↗ S. 260
**18** (16) Hüllchenblätter abwärtsgebogen. Stengel kantig gefurcht, borstig. **Bärenklau** ↗ S. 258

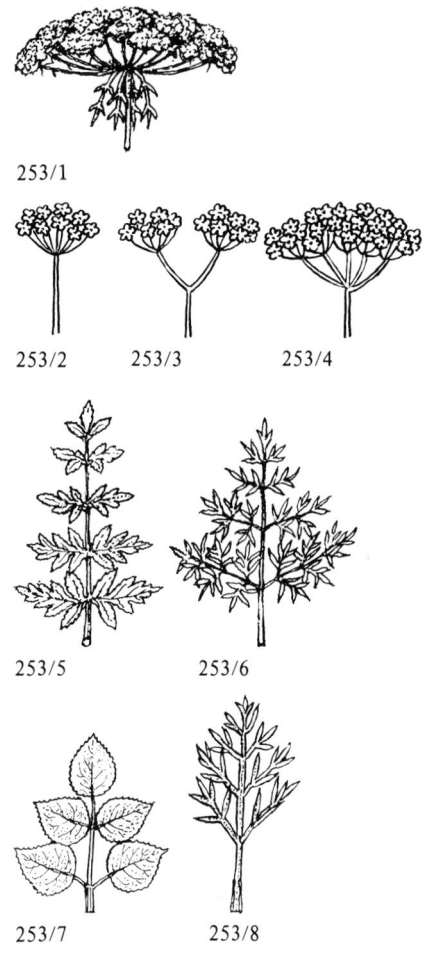

253/1

253/2      253/3      253/4

253/5      253/6

253/7      253/8

**18\*** Hüllchenblätter aufwärts gerichtet oder waagerecht. Stengel mehr oder weniger kahl . . . . . . . . . . . 19
**19** Blätter zweifach gefiedert. Blattabschnitte breit eiförmig (↗ Abb. 253/7). **Engelwurz** ↗ S. 258
**19\*** Blätter zwei- bis dreifach gefiedert. Blattabschnitte schmal-linealisch (↗ Abb. 253/8) . . . . . . . . . . . 20
**20** Blattabschnitte stumpf. Hüllchenblätter mit Hautrand. Früchte mit breitem Flügel (Lupe!). **Haarstrang** ↗ S. 258

**20\*** Blattabschnitte rötlich zugespitzt.
Hüllchenblätter ohne Hautrand.
Früchte ohne Flügel (Lupe!).
**21** (13)Blätter dreizählig oder zwei-
bis dreifach dreizählig . . . . . . . 22
**21\*** Blätter gefiedert . . . . . . . . 25
**22** Blattzipfel lang lincalisch, gebogen (Name!). Blattrand gesägt
(↗ Abb. 254/1).
**22\*** Blattzipfel breit, eiförmig bis
rundlich, nicht gebogen . . . . . . . 23
**23** Hüllchenblätter nach unten gerichtet, mit Haaren oder Wimpern.
**23\*** Hüllchenblätter aufrecht, kahl
oder nicht vorhanden . . . . . . . . 24
**24** Hüllchenblätter vorhanden.
Früchte mit breitem Flügel
(↗ Abb. 254/2, Lupe!).
**24\*** Hüllchenblätter nicht vorhanden.
Früchte ohne Flügel (↗ Abb. 254/3,
Lupe!).
**25** (21)Blätter einfach gefiedert . . 26
**25\*** Blätter mehrfach gefiedert . . . 28
**26** Stengel kriechend oder im Wasser
flutend (↗ Abb. 254/4 u. 5). Untergetauchte Blätter mit haarfeinem Zipfel.
2 seltene Arten.
**Scheiberich, Sellerie ▼**
**26\*** Stengel aufrecht . . . . . . . . 27
**27** Blattzipfel schmal-linealisch oder
röhrig, am Rande glatt.
**27\*** Blattzipfel breit, eiförmig oder
rundlich, am Rande gezähnt.
**28** (25) Hülle deutlich vorhanden, mit
mindestens drei Blättern . . . . . . 41
**28\*** Hülle nicht vorhanden oder nur
mit 1 bis 2 Blättern . . . . . . . . . 29
**29** Hüllchen vorhanden . . . . . . 30
**29\*** Hüllchen nicht vorhanden. Blätter
am Stengel über Kreuz stehend
(↗ Abb. 254/6).
**30** Hüllchenblätter gleichmäßig um
das Döldchen verteilt . . . . . . . 32

254/1    254/2    254/3

254/4    254/5

254/6

254/7

254/8    254/9

**30\*** Hüllchenblätter nach einer Seite
gerichtet . . . . . . . . . . . . . 31
**31** Hüllchenblätter kürzer als das
Döldchen (↗ Abb. 254/7). An den
Randblüten die äußeren Kronblätter
größer als die andern. Teilfrüchte kugelig, glatt. 1 seltene Art. **Hohlsame**
**31\*** Hüllchenblätter länger als das
Döldchen (↗ Abb. 254/8). Kronblätter
alle gleich groß. Früchte länglich, mit
breiten Rippen.
**32** (30)Hüllchenblätter mit Haaren
oder Wimpern . . . . . . . . . . . 33

32* Hüllchenblätter ohne Haare und ohne Wimpern . . . . . . . . . . . 34
33 Stengel und meist auch Blattstiele rauhhaarig. **Kälberkropf** ↗ S. 258
33* Stengel und Blattstiele glatt.
**Kerbel** ↗ S. 258
34 (32) An den Randdöldchen die nach außen gerichteten Kronblätter und Hüllchenblätter größer als die andern. **Kälberkropf** ↗ S. 258
34* Kronblätter und Hüllchenblätter alle gleich groß . . . . . . . . . . 35
35 Fruchtknoten und Früchte mit gekrümmten Stacheln (Lupe!). **Haftdolde**
35* Fruchtknoten und Früchte ohne Stacheln . . . . . . . . . . . . . 36
36 Blattzipfel haarförmig. Pflanze würzig duftend. **Bärwurz** ↗ S. 261
36* Blattzipfel eiförmig bis linealisch, nie haarförmig . . . . . . . . . . 37
37 Blattzipfel breit eiförmig.
**Engelwurz** ↗ S. 258
37* Blattzipfel linealisch bis lanzettlich . . . . . . . . . . . . . . . . 38
38 Früchte am oberen Rand mit deutlichen Zähnen (Lupe!) . . . . 39
38* Früchte am oberen Rand ohne Zähne (Lupe!) . . . . . . . . . . . 40
39 Früchte fast kugelig, breiter als hoch; mit dunkelbraunen Streifen. Blattzipfel am Rande scharf gesägt.
**Wasserschierling** ↗ S. 261
39* Früchte deutlich länger als breit. Blattzipfel am Rande glatt.
**Pferdesaat** ↗ S. 261
40 Blattzipfel mit weißlicher Stachelspitze. Pflanzen auf nassen Wiesen. **Silge** ↗ S. 261
40* Blattzipfel ohne Stachelspitze. Pflanzen auf steinigen Hängen und trockenen Wiesen. 2 seltene Arten.
**Bergfenchel**
41 (28) Früchte mit gekrümmten Schachteln . . . . . . . . . . . . . 42
41* Früchte ohne Stacheln . . . . . . 43
42 Blattstiele und Stengelknoten rauhhaarig. 1 seltene Art. **Haftdolde**

42* Blattstiele und Stengelknoten kahl. **Klettenkerbel** ↗ S. 257
43 (41) Stengel und Blattstiele dunkel gefleckt. Pflanze unangenehm duftend.
**Schierling** ↗ S. 261
43* Stengel und Blattstiele ungefleckt . . . 44
44 Blätter am Stengel über Kreuz stehend (↗ Abb. 254/9). 1 seltene Art.
**Heilwurz**
44* Blätter nicht über Kreuz stehend . . . . 45
45 Hüllblätter tief dreiteilig, mit fädlichen Zipfeln. 1 seltene Art.
**Knorpelmöhre**
45* Hüllblätter ungeteilt, eiförmig oder linealisch . . . . . . . . . . 46
46 Blattabschnitte lang-linealisch, am Rande glatt . . . . . . . . . . . . 47
46* Blattabschnitte breiter, eiförmig oder keilförmig; am Rande gesägt oder gezähnt . . . . . . . . . . . . . . 48
47 Pflanze mit Milchsaft. 80 bis 150 cm hoch. **Haarstrang** ↗ S. 258
47* Pflanze ohne Milchsaft. 30 bis 90 cm hoch. 1 seltene Art. **Brenndolde**
48 (46) Früchte mit zwei breiten Randflügeln (Lupe!). **Haarstrang** ↗ S. 258
48* Früchte mit fünf oder mehr welligen Flügeln. **Laserkraut** ↗ S. 260

### Mannstreu (3 Arten)

1 Hüllblätter fast dreilappig, sich mit den Rändern überdeckend (↗ Abb. 256/1).
20 bis 60 cm. ☉ ♃. Juni bis Aug. Strand, Dünen. Selten.
**Strand-Mannstreu** oder **Stranddistel** ▼
(↗ Abb. 256/6)
1* Hüllblätter mehr oder weniger ungeteilt (↗ Abb. 256/2 u. 3), weit voneinander abstehend . . . . . . . . . 2
2 Blätter stark zerteilt, dornig, starr (↗ Abb. 256/4). Blütenstände kugelförmig, kleiner als 3 cm, weiß bis blaugrün. Pflanze sparrig verzweigt.
15 bis 60 cm. ♃. Juni bis Aug. Trok-

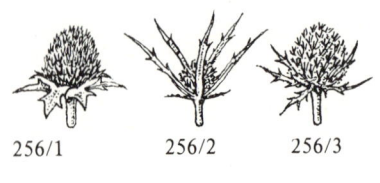

256/1        256/2        256/3

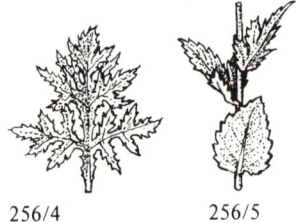

256/4              256/5

256/6 Strand-Mannstreu

kene Hügel, Wegränder, Bahndämme.
In der Mitte und im Norden zerstreut.

**Feld-Mannstreu** (↗Abb. 256/7)
**2\*** Blätter ungeteilt, nur die obersten
drei- bis fünfspaltig (↗Abb. 256/5).
Blütenstände eiförmig. 3 bis 8 cm groß,
blau. Oberer Teil der Pflanze bläulich.
30 bis 60 cm. ♃. Juli bis Sept. Flußufer, Schuttplätze. Selten, nur Odergebiet und im Norden. Auch Zierpflanze und verwildert.

**Flachblättrige Mannstreu**

**Hasenohr (3 Arten)**

■ **Rundblättriges Hasenohr**
(↗Abb. 256/8)
15 bis 45 cm. ☉. Juni bis Aug. Steinige Äcker, nur auf Kalk. Im Süden
selten. Blätter mit ihrem Grund den
Stengel umwachsend.

**Sanikel (1 Art)**

Blüten weiß bis rosa. Grundblätter
handförmig geteilt und gestielt. Stengelblätter ungestielt.
30 bis 45 cm. ♃. Mai, Juni. Laubwälder, Gebüsche. Verbreitet.

**Wald-Sanikel** (↗Abb. 257/1)

**Sterndolde (1 Art)**

Blüten weiß bis rosa, manchmal grünlich. Hüllblätter so lang wie die Dolden oder länger.

256/7 Feld-Mannstreu

256/8 Rundblättriges Hasenohr

257/1 Wald-Sanikel

257/2 Acker-Haftdolde

257/3 Wilde Möhre

257/4 Pastinak

30 bis 100 cm. ♃. Juni bis Aug. Wald-ränder, Gebirgswiesen. Selten. Auch Zierpflanze. **Große Sterndolde**

### Klettenkerbel (3 Arten)

■ **Gemeiner Klettenkerbel**
30 bis 120 cm. ☉, ☉. Juni bis Aug. Waldsäume und Wegränder. Verbreitet, im Gebirge selten. Hülle fünf- bis vielblättrig.

### Möhre (1 Art)

Dolde zur Fruchtzeit in der Mitte vogelnestartig vertieft. Wurzel weiß, mit typischem Möhrengeruch.

30 bis 100 cm. ☉. Juni bis Sept. Weg-und Straßenränder, Bahndämme. Verbreitet. **Wilde Möhre** (↗Abb. 257/3)

### Pastinak (1 Art)

Dolden mit 8 bis 12 ungleich langen Strahlen. Gipfeldolde viel größer als die seitlichen. Oberseite der Blätter meist glänzend.
30 bis 100 cm. ☉. Juli bis Sept. Wiesen, Wegränder. Verbreitet, im Gebirge selten. Gemüsepflanze.
**Pastinak** (↗Abb. 257/4)

### Silau (1 Art)

Hüllchenblätter mit weißhäutigem

Rand. Stengel verzweigt, unten fast
rund, nach oben zu gefurcht.
30 bis 90 cm. ♃. Juni bis Sept. Wiesen, Gebüsche, Gräben. Zerstreut.
**Wiesen-Silau** oder **Roßfenchel**

### Haarstrang (5 Arten)

■ **Sumpf-Haarstrang** (↗Abb. 259/1)
80 bis 150 cm. ♃. Juli, Aug. Gräben,
Sumpf. Verbreitet.
Blattstiele hohl, mit Milchsaft. Stengel
kantig gefurcht.
■ **Bergghaarstrang** (↗Abb. 259/2)
30 bis 100 cm. ♃. Juli, Aug. Trokkene Wiesen und Waldränder. Zerstreut.
Blätter dreifach fiederteilig. Stengel
markig, fein gerillt.

### Bärenklau (2 Arten)

■ **Wiesen-Bärenklau** (↗Abb. 259/3)
60 bis 150 cm. ♃. Juni bis Sept. Wiesen, Ufer, Wald- und Straßenränder.
Verbreitet.
Blätter und Stengel mit steifen Haaren.

### Engelwurz (3 Arten)

1 Ganzer Stengel scharfkantig gefurcht. Fiederblätter mit Borsten auf
der Unterseite. Blüten weiß. Statt der
obersten Blätter oft nur Scheiden.
50 bis 100 cm. ☉. Juli bis Aug. Sumpfige Wiesen im Flachland. Selten.
**Sumpf-Engelwurz**
1* Stengel wenigstens im unteren Teil
rund. Fiederblätter ohne Borsten . . . 2
2 Blüten weiß oder rosa.
80 bis 100 cm. ☉. Juli bis Sept. Laubwälder, Gebüsche, Ufer. Verbreitet.
**Wald-Engelwurz** (↗Abb. 259/4)
2* Blüten grünlich. Pflanze stark duftend.
120 bis 250 cm. ⊛. Juni bis Aug.
Nasse Wiesen, Gräben, Ufer. Im Norden verbreitet, sonst selten.
Gewürz- und Arzneipflanze.
**Echte Engelwurz, Brustwurz** oder
**Angelika**

### Kerbel (4 Arten)

■ **Wiesen-Kerbel** (↗Abb. 259/5)·
60 bis 150 cm. ♃. Mai bis Aug. Wiesen, Weg- und Straßenränder. Verbreitet. Früchte wie lackiert glänzend.

### Kälberkropf (5 Arten)

■ **Betäubender Kälberkropf**
(↗Abb. 259/6)
30 bis 120 cm. ☉, ☉. Mai bis Juli.
Waldränder, Hecken. Verbreitet, im
Gebirge selten.
Stengel unter den Knoten etwas verdickt, behaart, oft rot gefleckt.

### Meisterwurz (1 Art)

Blätter doppelt dreizählig, sehr breit
(↗Abb. 258/1).
30 bis 100 cm. ♃. Juli, Aug. Wiesen,
Gebüsche, Ufer. Nur im Gebirge, zerstreut. **Meisterwurz**

### Giersch (1 Art)

Grundblätter doppelt dreizählig oder
mit je 2 seitlichen Blättern, Stengelblätter einfach dreizählig.
50 bis 90 cm. ♃. Juni, Juli. Laubwälder, Gebüsche, Gärten. Verbreitet.
Schwer zu bekämpfendes Wurzelunkraut. **Zaun-Giersch** (↗Abb. 260/1)

### Sichelmöhre (1 Art)

Blüten sehr klein und zart. (Blütenstand ähnlich Schleierkraut) Blätter
dreizählig, mit langen, linealen, gesägten Zipfeln (↗Abb. 258/2). Stengel
stark ästig. Pflanze blaugrün.
50 bis 80 cm. ♃. Juli bis Sept. Trok-

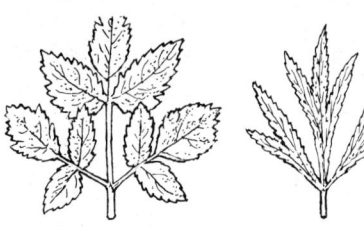

258/1 258/2

259/1 Sumpf-Haarstrang

259/2 Berg-Haarstrang

259/3 Wiesen-Bärenklau

259/4 Wald-Engelwurz

259/5 Wiesen-Kerbel

259/6 Betäubender Kälberkropf

17*

kene Wiesen, Bahndämme, Weg- und
Straßenränder. Verbreitet.

**Gemeine Sichelmöhre**

## Laserkraut (2 Arten)

■ **Breitblättriges Laserkraut**
(↗Abb. 260/2)
60 bis 150 cm. ♃. Juli, Aug. Wälder,
Gebüsche, Wiesen. Selten.

## Merk (1 Art)

Blätter über dem Wasser einfach, untergetauchte Blätter zwei- bis dreifach
gefiedert. Stengel kantig gefurcht.
60 bis 120 cm. ♃. Juli, Aug. Ufer, Gräben, Röhrichte. Im Flachland verbreitet, im Gebirge selten.

**Breitblättriger Merk**

## Berle (1 Art)

Blätter einfach gefiedert. Stengel rund,
fein gerillt.
30 bis 80 cm. ♃. Juli, Aug. Gräben,
Teiche, Sümpfe. Im Flachland verbreitet. Giftig!

**Berle** oder **Schmalblättriger Merk**

## Pimpinelle (2 Arten)

1 Blättchen der Grundblätter gestielt. Stengel kantig gefurcht, meist
hohl. Blüten weiß bis rosa, Griffel länger als der Fruchtknoten (Lupe).
40 bis 100 cm. ♃. Juni bis Sept. Wiesen, Weg- und Straßenränder. Zerstreut. **Große Pimpinelle**
1* Blättchen der Grundblätter ohne
Stiel. Stengel fein gerillt, fast voll. Blüten weiß. Griffel kürzer als der Fruchtknoten (Lupe).
30 bis 60 cm. ♃. Juli bis Sept. Trokkene Wiesen, Weg- und Straßenränder.
Verbreitet. **Kleine Pimpinelle**

## Kümmel (1 Art)

Blüten weiß bis rosa. Blätter doppelt
gefiedert.
30 bis 80 cm. ☉. Mai bis Juli. Wiesen,

260/1 Zaun-Giersch

260/2 Breitblättriges Laserkraut

260/3 Gefleckter Schierling

Wegränder. Verbreitet. Gewürz- und Arzneipflanze. **Wiesen-Kümmel**

**Schierling (1 Art)**

Stengel rot gefleckt, oben stark verzweigt.
80 bis 180 cm. ☉. Juni bis Sept. Ufer, Schuttstellen. Verbreitet. Giftig!
**Gefleckter Schierling** (↗Abb. 260/3)

**Hundspetersilie (1 Art)**

Hüllchen dreiblättrig, zurückgeschlagen, meist viel länger als die Döldchen und nur an deren Außenseite. Unterseite der Blätter glänzend.
30 bis 120 cm, auf Äckern 10 bis 40 cm. Wälder, Wegränder, Äcker, Gärten. Verbreitet. Giftig!
**Hundspetersilie**

**Wasserschierling (1 Art)**

Blätter dreifach gefiedert, scharf gesägt.
60 bis 120 cm. ♃. Juli bis Sept. Teich- und Seeufer, Gräben. Im Flachland verbreitet. Sehr giftig! **Wasserschierling**

**Pferdesaat (3 Arten)**

1    Doldenstiele länger als 4 cm  . . 2
1*   Doldenstiele kürzer als 3 cm. Blätter doppelt gefiedert, die untergetauchten meist haardünn zerschlitzt. Stengel dick, hohl, weich.
30 bis 120 cm. ☉, ☉. Juni bis Aug. Seen, Sümpfe, Gräben. Im Flachland verbreitet, im Hügelland selten.
**Wasser-Pferdesaat**
2    Kronblätter weiß. Blätter länger als der Blattstiel. Stengel nicht röhrig. Pflanze ohne Ausläufer.
40 bis 60 cm. ♃. Juli bis Sept. Sumpfige Wiesen. Nur im Küstengebiet, zerstreut. **Wiesen-Pferdesaat**
2*   Kronblätter weiß bis rosa. Blätter kürzer als der Blattstiel. Blattstiele und Stengel röhrig. Pflanze mit Ausläufern.
30 bis 60 cm. ♃. Juni bis Aug. Gräben, Ufer, Sümpfe. Zerstreut.
**Röhrige Pferdesaat** (↗Abb. 261/1)

**Bärwurz (1 Art)**

Stengel meist unverzweigt. Ganze Pflanze stark würzig riechend. 15 bis 45 cm. ♃. Mai, Juni. Wiesen, Wald- und Wegränder. Nur im Gebirge. Zerstreut. **Bärwurz** oder **Bärenkümmel**
(↗Abb. 261/2)

**Silge (1 Art)**

Dolden und Döldchen schwach behaart.
30 bis 90 cm. ♃. Juli. Feuchte Wiesen. Verbreitet. **Kümmel-Silge**

261/1 Röhrige Pferdesaat

261/2 Bärwurz oder Bärenkümmel

## Familie Wassernabelgewächse

Ausdauernde Kräuter. Blüten zwittrig, strahlig, fünfzählig, Fruchtknoten unterständig, mit 2 Griffeln. Zweiteilige Spaltfrüchte. Blätter schildförmig.
375 Arten, im Gebiet 1

**Wassernabel (1 Art)**

Blüten 2 bis 3 mm breit; zu 3 bis 5 in Köpfen. Krone weiß, manchmal rötlich. Blätter lang gestielt, schildförmig. Blattrand gekerbt. Sproßachse kriechend.
10 cm bis 100 cm. ⚃. Juli, Aug.
Moore, sumpfige Wiesen, feuchte Waldstellen, durch Melioration seltener werdend.
**Gemeiner Wassernabel** (↗Abb. 262/1)

262/1 Gemeiner Wassernabel

## Familie Stechpalmengewächse

Sträucher, Bäume. Blätter immergrün, ungeteilt, wechselständig. Blüten meist eingeschlechtig und zweihäusig, strahlig. Steinfrüchte.
450 Arten, im Gebiet 1, geschützt!

**Stechpalme, Hülse (1 Art)**

Blätter immergrün, ledrig, glänzend, dornig gezähnt bis ganzrandig. Blüten weiß, klein; in Büscheln in den Blattachseln. Steinfrüchte beerenähnlich, rot.
Bis 6 m. ♄. Mai bis Juni. Laubwälder, Gebüsche. Zerstreut an der Ostseeküste und im Nordwesten. Auch Zierstrauch.
**Hülse, Hulst** oder **Stechpalme** ▼
(↗Abb. 262/2)

262/2 Hülse, Hulst oder Stechpalme

## Familie Baumwürgergewächse

Sträucher, Bäume. Blätter ungeteilt, gegen- oder wechselständig. Blüten zwittrig oder eingeschlechtig, strahlig. Kapseln, Steinfrüchte oder Beeren. 850 Arten, im Gebiet 1

### Pfaffenhütchen (1 Art)

Blätter gegenständig, lanzettlich, gesägt, im Herbst rot. Junge Zweige vierkantig, grün. Blüten unscheinbar, hellgrün. Blütenstände doldenähnlich in Blattachseln. Frucht eine vierklappige Kapsel, rot oder rosa. 4 Samen mit orangefarbiger Hülle, giftig. Bis 3 m. ♄. Mai bis Juni. Waldränder, Gebüsche. Verbreitet. Auch Zierstrauch. **Europäisches Pfaffenhütchen** (↗ Abb. 263/1 u. 403/3)

263/1 Europäisches Pfaffenhütchen

## Familie Kreuzdorngewächse

Sträucher, Bäume. Blätter ungeteilt, meist wechselständig. Blüten meist zwittrig oder eingeschlechtig, strahlig, unscheinbar. Meist Steinfrüchte oder Beeren. 900 Arten, im Gebiet 2

1 Zweige ohne Dornen. Blütenhülle mit 5 Zipfeln. Blätter ganzrandig, mit 7 bis 9 Aderpaaren, wechselständig.
**Faulbaum** ↗ S. 263
1* Zweigspitzen meist dornig. Blütenhülle mit 4 Zipfeln. Blätter gesägt, mit 3 bis 5 Aderpaaren, meist gegenständig. **Kreuzdorn** ↗ S. 263

### Faulbaum (1 Art)

Blüten hellgrün; zwittrig. Steinfrüchte kugelig, erst rot, dann schwarz. Bis 4 m. ♄. Mai bis Juni. Feuchte Wälder, Gebüsche. Verbreitet.
**Faulbaum**

### Kreuzdorn (1 Art)

Blüten grün; meist eingeschlechtig, zweihäusig. Steinfrüchte kugelig, schwarz. Bis 3 m. ♄. Mai bis Juni. Wälder, Gebüsche. Verbreitet, im Norden zerstreut. **Purgier-Kreuzdorn**

## Familie Sandelgewächse

Kräuter, Sträucher oder Bäume. Halbschmarotzer. Blüten zwittrig oder eingeschlechtig, strahlig; 4 bis 5 Blütenhüllblätter, 4 bis 5 Staubblätter, Fruchtknoten unterständig mit 1 Griffel. Blüten in Trauben oder Rispen. Steinfrüchte, Nüsse.
400 Arten, im Gebiet 5

### Vermeinkraut oder Leinblatt (5 Arten)

Blüten klein, grün, unscheinbar, am Grunde mit 1 bis 3 laubblattartigen Hochblättern. Blätter wechselständig, ganzrandig, schmal wie Blätter der Leinpflanze (↗Name! ↗S. 237). Halbschmarotzer.

■ **Mittleres Vermeinkraut oder Leinblatt** (↗Abb. 264/1)
10 bis 30 cm. ⃝. Juni bis Juli. Trokkene Wiesen, Waldränder. Zerstreut, im Norden selten.

264/1 Mittleres Vermeinkraut

## Familie Mistelgewächse

Meist strauchartige Halbschmarotzer auf Holzgewächsen. Stengel gabelig verzweigt. Blüten zwittrig oder eingeschlechtig, unscheinbar. Beeren schleimigklebrig.
1400 Arten, im Gebiet 3

### Mistel (2 Arten)

1    Auf Nadelbäumen (meist Kiefer, Tanne). Beeren hellgelb.
Bis 50 cm. ♄. März bis Mai. Zerstreut.
                    **Nadelholz-Mistel**
1*   Auf Laubbäumen (meist SchwarzPappel, Birke, Linde, Apfel, Eberesche, Weißdorn). Beeren weiß.
Bis 50 cm. ♄. Febr. bis Apr. Zerstreut.
      **Laubholz-Mistel** (↗Abb. 264/2)

264/2 Laubholz-Mistel

| Familie | Ölbaumgewächse |
|---|---|
| Blüten und Blütenstände | Zwittrig oder eingeschlechtig. Strahlig.<br>Meist 4 Kelchblätter, verwachsen; meist 4 Kronblätter, verwachsen; teilweise ohne Blütenhülle; 2 Staubblätter; 1 Fruchtknoten, mit 1 Griffel.<br>Blüten meist in zusammengesetzten Trauben oder Büscheln. |
| Früchte | Kapseln, Beeren, Steinfrüchte oder Nüsse. |
| Blätter | Gegenständig, ungeteilt oder gefiedert. |

Allgemeine Angaben: Bäume, Sträucher. Zierpflanzen: z. B. Flieder, Forsythie, Jasmin.
600 Arten, im Gebiet 4

266/1 Gemeine Esche

266/2 Gemeiner Liguster

266/3 Forsythie oder Goldweide

266/4 Gemeiner Flieder

1 Bäume. Blätter gefiedert.
Esche ↗ S. 266
1* Sträucher. Blätter ungeteilt, selten dreiteilig . . . . . . . . . . . . . . . 2
2 Blätter gesägt. Krone gelb; vor der Laubentfaltung blühend.
Forsythie ↗ S. 267
2* Blätter ganzrandig. Krone weiß, blau oder violett; nach der Laubentfaltung blühend . . . . . . . . . . . . . 3
3 Blätter lanzettlich, Blattstiel kürzer als 5 mm. Krone stets weiß. Früchte schwarze Beeren. Liguster ↗ S. 266
3* Blätter herzförmig oder eiförmig, Blattstiel länger als 5 mm. Krone blau, violett oder weiß. Früchte Kapseln.
Flieder ↗ S. 267

### Esche (1 Art)

Blätter unpaarig gefiedert, bis 25 cm lang. Blüten unscheinbar, in Büscheln, vor der Laubentfaltung blühend. Früchte kleine Nüsse mit hellbraunen, bis 5 cm langen Flügeln.
Bis 40 m. ♄. Apr. bis Mai. Laubwälder, Gebüsche. Verbreitet. Wertvolles Nutzholz.    **Gemeine Esche** (↗ Abb. 266/1)

### Liguster (1 Art)

Blätter ledrig, oft noch im Winter am

Strauch. Blüten stark riechend. Junge Zweige als Flechtmaterial (↗Name!). Bis 5 m. ♄. Juni bis Juli. Wälder, Gebüsche. Verbreitet, im Norden selten. Häufiger Zierstrauch (Hecken).

**Gemeiner Liguster** oder **Rainweide** (↗Abb. 266/2)

**Flieder (1 Art)**

Blätter länglich herzförmig. Blüten in großen endständigen Rispen, stark duftend. Bis 7 m. ♄. Mai. Gebüsche, Waldränder. Verbreitet. Häufiger Zierstrauch, verwildert.

**Gemeiner Flieder** (↗Abb. 266/4)

**Forsythie (1 Art)**

Blüten einzeln, gegenständig; Krone tief vierteilig. Blätter meist lanzettlich, manchmal auch dreispaltig bis dreizählig. Zweige rutenförmig, aufrecht oder bogig überhängend, weidenartig (↗Name!). Bis 3 m. ♄. Apr. Häufiger Zierstrauch.

**Forsythie** oder **Goldweide** (↗Abb. 266/3)

---

## Familie Fieberkleegewächse

Kräuter, Wasser- oder Sumpfpflanzen. Blüten zwittrig, strahlig. 5 am Grund verwachsene Kronblätter, am Rand oft nach außen gekrümmt, gelb, weiß, rosa; 5 Kelchblätter, 5 Staubblätter, 1 Fruchtknoten, oberständig. Blüten in langgestielten Trauben oder Dolden. Früchte zwei- oder vierklappige Kapseln. Blätter wechselständig, dreizählig oder ungeteilt, bei Wasserpflanzen Schwimmblätter. Heilpflanze: Fieberklee. 33 Arten, im Gebiet 2, geschützt!

---

1 Sumpfpflanzen. Blüten weiß bis rosa, kurzgestielt in Trauben.

**Fieberklee** ↗S. 267

1* Untergetauchte Wasserpflanzen mit Schwimmblättern. Blüten gelb, langgestielt, 10 bis 15 cm über die Wasseroberfläche ragend. 80 bis 150 cm. ♃. Juli, Aug. Stehende und langsam fließende Gewässer. Sehr selten. **Seekanne** ▼

**Fieberklee (1 Art)**

Innenseite der Kronblätter mit fadenförmigen Fransen. Blätter dreizählig, mit sehr bitterem Geschmack. 15 bis 30 cm. ♃. Mai, Juni. Sumpfige Wiesen, Moore. Selten. Früher Arzneipflanze. **Fieberklee** oder **Bitterklee** ▼ (↗Abb. 267/1)

267/1 Fieberklee oder Bitterklee

| Familie | Enziangewächse |
|---------|----------------|
| Blüten und Blütenstände  | Zwittrig. Strahlig.<br>Kelchblätter teilweise verwachsen;<br>4 oder 5 Kronblätter, verwachsen;<br>4 oder 5 Staubblätter;<br>1 Fruchtknoten, oberständig.<br>Krone trichter-, glocken-, manchmal tellerförmig.<br>Blüten einzeln, in Rispen, Trauben, Büscheln oder doldenähnlich. |
| Früchte  | Kapseln, zweiklappig, aufspringend. |
| Blätter  | Gegenständig, ungeteilt, ganzrandig, teilweise in Rosetten stehend. |

Allgemeine Angaben: Ausdauernde, seltener einjährige Pflanzen, manchmal Polsterbildung. Wiesen, Felsfluren, Sümpfe, meist im Hochgebirge. Zierpflanzen: Stengelloser Enzian, Schwalbenwurz-Enzian.
1 100 Arten, im Gebiet 13, verwildert 1, geschützt: Echter Tarant, Tausendgüldenkraut, Enzian

1 Krone rosa. Blüten in doldenähnlichen Blütenständen mit vielen kleinen Einzelblüten.

**Tausendgüldenkraut** ↗ S. 269

1* Krone blau oder violett. Blüten einzeln oder in Blütenständen. . . . . 2
2 Krone fünfzählig, fast bis zum Grund gespalten (↗ Abb. 269/1), stahlblau mit dunklen Punkten. Kronzipfel mit 2 Honigdrüsen (↗ Abb. 269/2).

**Tarant** ↗ S. 269

2* Krone vier- oder fünfzählig, nicht bis zum Grund gespalten (↗ Abb. 269/3 u. 4), blau oder violett.

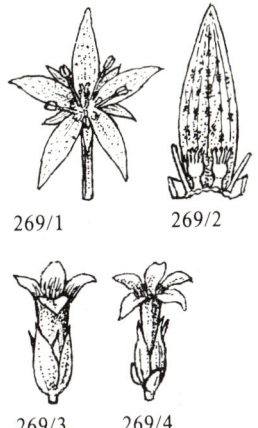

269/1    269/2

269/3    269/4

269/5 Strand-Tausendgüldenkraut

Kronzipfel ohne Honigdrüsen.

Enzian ↗ S. 269

**Tausendgüldenkraut (3 Arten)**

■  **Strand-Tausendgüldenkraut** ▼

(↗ Abb. 269/5)
15 bis 25 cm. ☉. Juli bis Sept. Salzige
Wiesen, Ostseeküste verbreitet, sonst
selten.
Stengel mit Blattrosette.

**Tarant (1 Art)**

Blüten in schmaler Rispe.
15 bis 50 cm. ♃. Juni bis Aug. Moorige Wiesen, Erzgebirge. Selten.

**Echter Tarant** ▼

**Enzian (9 Arten)**

■  **Fransen-Enzian** ▼ (↗ Abb. 269/6)
8 bis 30 cm. ☉. Aug. bis Okt. Trokkene Wiesen, Waldränder. Selten.
Krone blau, untere Hälfte lang gefranst.

■  **Deutscher Enzian** ▼
(↗ Abb. 269/7)
5 bis 30 cm. ☉. Juni bis Okt. Trockene
Wiesen. Selten.
Krone violett, oft unterer Teil weißlich.

269/6 Fransen-Enzian

269/7 Deutscher Enzian

## Familie Hundsgiftgewächse

Gehölze, selten Stauden. Blüten zwittrig, strahlig. 5 Kelch-, Kron- und Staub-blätter; 1 Fruchtknoten, oberständig. Blüten einzeln in den Blattachseln. Mehr-samige Balgfrüchte. Blätter gegenständig, ganzrandig. Viele Gift- und Arznei-pflanzen, Zierpflanzen: Oleander, Immergrün. 2 000 Arten, im Gebiet 1

### Immergrün (1 Art)

Blüten einzeln, hellblau, selten weiß. Blätter ledrig, kahl, immergrün, eiför-mig bis lanzettlich. 15 bis 20 cm. ♃. Apr., Mai. Gebüsche, Laubwälder, meist verwildert, oft auf Friedhöfen.
**Kleines Immergrün** (↗Abb. 270/1)

270/1 Kleines Immergrün

## Familie Seidenpflanzengewächse

Sträucher oder mehrjährige Kräuter. Blüten zwittrig, strahlig. 5 verwachsene Kronblätter. Fruchtknoten oberständig, mit den 5 Staubblättern zu einem Säul-chen verwachsen. Blüten in Dolden. Balgfrüchte, Samen mit Haarschopf. Blät-ter ganzrandig, kreuzgegenständig. Sproßachse teilweise windend. Viele Gift- und Arzneipflanzen, wenige Zierpflanzen: Porzellanblume, Seidenpflanze. 2 000 Arten, im Gebiet 1

### Schwalbenwurz (1 Art)

Blätter herz- bis eiförmig. Stengel auf-recht, im oberen Drittel oft windend. 30 bis 120 cm. ♃. Mai bis Aug. Hügel, Felsen, trockene Wälder, Gebüsche. Zerstreut, im Norden sehr selten.
**Weiße Schwalbenwurz** (↗Abb. 270/2)

270/2 Weiße Schwalbenwurz

| Familie | Rötegewächse |
|---|---|
| Blüten und Blütenstände | Zwittrig. Strahlig. Kelch oft zurückgebildet, meist klein und unscheinbar. 3 bis 5 Kronblätter, verwachsen; 3 bis 5 Staubblätter; 1 Fruchtknoten, unterständig. Blüten in lockeren Ähren oder Trauben. Mehrere Blüten an einer Achse. |
| Früchte | Kapseln, Beeren, Steinfrüchte oder Früchte mit mehreren Samen, die in einsamige Einzelfrüchte zerfallen. |
| Blätter | Gegenständig oder quirlig. Ganzrandig, oft nadelförmig. |

Allgemeine Angaben: Ausdauernde oder einjährige Kräuter, Sträucher oder Bäume. Weltweit verbreitet, in den Tropen häufig; Nutzpflanzen: Kaffee; Chinarindenbaum: Fiebermittel.
7000 Arten, im Gebiet 21

1    Kelch deutlich mit 6 Zähnen
(↗Abb. 272/1). Blüten lila.
Ackerröte↗S. 272
1*   Kelch fehlend oder ohne Zähne
(↗Abb. 272/2) Blüten weiß, gelb, rosa
oder blau . . . . . . . . . . . . . . .2
2    Blütenstände in den Blattachseln
(↗Abb. 272/3). Kreuzlabkraut↗S. 272
2*   Blütenstände am Ende des Stengels (↗Abb. 272/4) . . . . . . . . . .3
3    Krone glocken- oder radförmig
(↗Abb. 272/5 u. 6), weiß, gelb.
Labkraut↗S. 272
3*   Krone trichterförmig
(↗Abb. 272/7), weiß, rosa oder blau . 4
4    Früchte mit hakigen Borsten. Welkende Pflanzen mit auffallendem Duft.
Waldmeister↗S. 272
4*   Früchte glatt oder schwach behaart. Welkende Pflanzen ohne auffal-
lenden Duft.        Meier↗S. 272

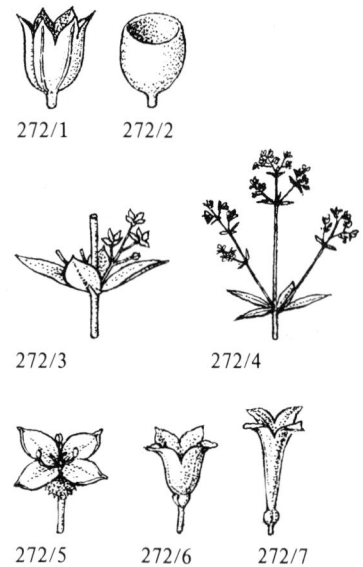

272/1      272/2

272/3              272/4

272/5      272/6      272/7

**Ackerröte (1 Art)**

Blüten kopfförmig gehäuft. Blätter mit
stachliger Spitze. Untere Quirle mit 4,
obere meist mit 6 Blättern. Stengel liegend, ästig, rauh.
5 bis 20 cm. ☉. Juni bis Okt. Äcker,
Sportplätze. Verbreitet.        **Ackerröte**

**Kreuzlabkraut (2 Arten)**

■    **Gewimpertes Kreuzlabkraut**
(↗Abb. 273/1)
15 bis 50 cm. ♃. Wald-, Feld - und
Gewässerränder. Zerstreut.
Blütenstiele behaart. Stengel mit stei-
fen Haaren.

**Labkraut und Waldmeister (15 Arten)**

■    **Waldmeister** (↗Abb. 273/2)
15 bis 30 cm. ♃. Mai, Juni. Laubwälder, besonders Buchenwälder. Zerstreut.
Pflanze beim Zerreiben wohlriechend.
Früher Arzneipflanze.
■    **Echtes Labkraut** (↗Abb. 273/3)
30 bis 60 cm. ♃. Juni bis Okt. Trokkene Wiesen, Wegränder, Dämme.

Verbreitet im Flachland, selten im Gebirge.
Blüten wohlduftend.
■    **Harz-Labkraut** (↗Abb. 273/4)
5 bis 25 cm. ♃. Juni bis Aug. Fichten-
kulturen, Schonungen, Waldwege. Verbreitet im Gebirge.
Stengel ästig, nichtblühende Stengel
liegend, blühende aufrecht.
■    **Kleb-Labkraut, Kletten-Labkraut**
oder **Klebkraut** (↗Abb. 273/5)
60 bis 150 cm. ☉. Juni bis Okt. Äcker,
Waldränder, Schuttplätze, Ufer. Verbreitet.
Stengel klettend. Blätter am Rand und
auf den Mittelnerven stachlig. Früchte
mit hakigen Borsten.

**Meier (3 Arten)**

■    **Färber-Meier** (↗Abb. 273/6)
30 bis 60 cm. ♃. Juni bis Aug. Gebüsche, Eichen- und Kiefernwälder. Zerstreut.
Stengel meist einzeln, aufrecht.
Früchte glatt. Untere Blätter zu 6,
obere Blätter zu 4.

273/1 Gewimpertes Kreuzlabkraut

273/2 Waldmeister

273/3 Echtes Labkraut

273/4 Harz-Labkraut

273/5 Kleb-Labkraut

273/6 Färber-Meier

| Familie | Geißblattgewächse |
|---|---|
| Blüten und Blütenstände 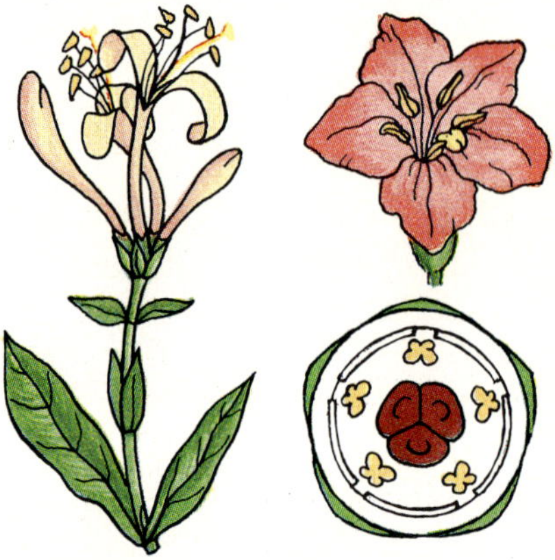 | Zwittrig. Strahlig oder zweiseitig-symmetrisch.<br>5 Kelchblätter, verwachsen, unscheinbar;<br>5 Kronblätter, verwachsen;<br>meist 5 Staubblätter;<br>1 Fruchtknoten, mit 1 sehr langen oder sehr kurzen Griffel.<br>Blüten paarweise oder zu vielen in stark verzweigten oder dicht gedrängten Blütenständen. |
| Früchte  | Meist Beeren oder Steinfrüchte, seltener Kapseln. |
| Blätter  | Gegenständig, ihre Blattstiele durch Querleiste verbunden; meist einfach, manchmal gefiedert. |
| Sproßachse | Meist holzig; aufrecht oder windend. |

Allgemeine Angaben: Meist Sträucher. Zierpflanzen: z. B. Schneeball, Heckenkirsche, Weigelie ( ↗ Abb. 401/3 u. 401/6).
400 Arten, im Gebiet 11, geschützt: Moosglöckchen

1 Blätter unpaarig gefiedert.
Holunder ↗ S. 275
1* Blätter ungeteilt . . . . . . . . 2
2 Blüten zweiseitig-symmetrisch, Krone zweilippig.
**Geißblatt und Heckenkirsche** ↗ S. 276
2* Blüten strahlig, Krone glocken- oder tellerförmig . . . . . . . . . . 3
3 Blätter kürzer als 5 cm, ganzrandig. Krone rosa. Beeren weiß.
**Schneebeere** ↗ S. 276
3* Blätter länger als 5 cm, Blattrand gesägt oder gezähnt. Krone weiß. Beerenartige Steinfrüchte rot oder schwarz. **Schneeball** ↗ S. 275

## Holunder (3 Arten)

1 Stengel krautig. Nebenblätter lanzettlich oder eiförmig. Staubbeutel rot bis schwarz. Blüten weiß oder rötlich, duftend. Blütenstände schirmförmig. Früchte schwarz.
60 bis 150 cm. ♃. Juni, Juli. Steinige Abhänge, Wegränder. Zerstreut im Thüringer Wald, sonst selten.
**Zwerg-Holunder** oder **Attich**
1* Stengel verholzt. Pflanze strauchförmig. Blätter ohne Nebenblätter. Staubbeutel gelb . . . . . . . . . . 2
2 Blütenstände schirmförmig. Krone weiß. Früchte schwarz. Bis 7 m. ♄.

Juni. Gebüsche, Wälder. Verbreitet. Arzneipflanze: getrocknete Blüten als „Fliedertee". **Schwarzer Holunder**
2* Blütenstände eiförmig oder kugelig. Krone gelb. Früchte rot.
Bis 3 m. ♄. Apr., Mai. Wälder, Kahlschläge, Schutthalden. Verbreitet im Gebirge, sonst zerstreut, im Norden selten.
**Roter Holunder, Berg-Holunder** oder **Hirsch-Holunder** (↗ Abb. 275/2)

## Schneeball (2 Arten)

1 Blätter drei- bis fünflappig, beiderseits grün. Blüten am Rande des schirmförmigen Blütenstandes größer als die anderen Blüten. Früchte gelb bis rot.
Bis 3 m. ♄. Mai, Juni. Feuchte Gebüsche, Laubwälder. Verbreitet. Pflanzen mit kugelförmigen Blütenständen (Name!). Oft als Zierstrauch angepflanzt. **Gemeiner Schneeball**
1* Blätter eiförmig, unterseits graufilzig. Alle Blüten gleich. Früchte erst rot, dann schwarz.
Bis 2,5 m. ♄. Apr., Juni.
Sonnige Gebüsche, Waldränder. Zerstreut im Südwesten. Auch als Zierstrauch angepflanzt.
**Wolliger Schneeball** (↗ Abb. 275/1)

275/1 Wolliger Schneeball

275/2 Roter Holunder

276/1 Echtes Geißblatt

276/4 Rote Heckenkirsche

**Schneebeere (1 Art)**

Blätter rundlich-eiförmig, meist unge-
teilt, teilweise unregelmäßig gelappt.
Blütenstände ährenförmig.
Bis 1,5 m. ♄. Juli, Aug. Gebüsche.
Zerstreut. Häufig als Zierstrauch ange-
pflanzt.    **Schneebeere** oder **Knallerbse**

**Geißblatt und Heckenkirsche (4 Arten)**

1    Stengel windend (Lianen). Blüten
zu 6 und mehr in Quirlen
(↗Abb. 276/2), Krone 3 bis 5 cm lang.
                                    . . . 2
1*    Stengel nicht windend, aufrecht.
Blüten zu 2 auf gemeinsamem Stiel
(↗Abb. 276/3). Krone kürzer als 3 cm.
                                    . . . 3
2    Oberste Blätter der blühenden
Zweige schalenförmig verwachsen

(↗Abb. 276/2); Blätter kahl. Blüten
stark duftend.
Bis 5 m. ♄. Mai, Juni. Gebüsche,
Laubwälder. Verbreitet im Südwesten,
sonst zerstreut. Als Zierstrauch angepflanzt.
    **Echtes Geißblatt** oder **Jelängerjelieber**
                        (↗Abb. 276/1 u. 402/5)
2*    Alle Blätter getrennt, unterseits
behaart. Blüten duftend.
Bis 3 m. ♄. Juni bis Aug. Gebüsche,
Wälder. Verbreitet. Als Zierstrauch angepflanzt.    **Deutsches Geißblatt**
3    (1) Gemeinsamer Blütenstiel behaart, ein- bis zweimal so lang wie die
Blüten. Blüten gelblich. Blätter beiderseits weichhaarig. Beeren rot.
Bis 2 m. ♄. Mai, Juni. Gebüsche,
Laubwälder. Zerstreut.
    **Rote Heckenkirsche** (↗Abb. 276/4)
3*    Gemeinsamer Blütenstiel kahl,
drei- bis viermal so lang wie die Blüten. Blüten rosa. Blätter kahl oder nur
unterseits auf den Adern etwas behaart. Beeren schwarz.
Bis 1,5 m. ♄. Mai, Juni. Gebüsche,
Mischwälder. Zerstreut im Gebirge.
    **Schwarze Heckenkirsche**

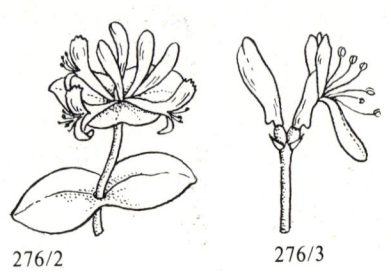

276/2                    276/3

| Familie | Baldriangewächse |
|---------|------------------|
| Blüten und Blütenstände<br> | Zwittrig oder eingeschlechtig. Unsymmetrisch.<br>Kelch mit mehreren Zähnen oder als Haarkranz ausgebildet;<br>Krone mit 3 bis 5 Zipfeln;<br>1 bis 4 Staubblätter;<br>1 Fruchtknoten, unterständig, mit 1 bis 3 Narben.<br>Hauptachse des Blütenstandes endet in einer Blüte, unter der (meist 2) Seitenachsen entspringen, die in gleicher Weise verzweigt sind. |
| Früchte | Nüsse. |

Allgemeine Angaben: Ausdauernde oder einjährige Kräuter, selten Sträucher. Einige Arten Gemüse oder Heilpflanzen.
360 Arten, im Gebiet 8

1   Stengel von unten an verzweigt. Alle Blätter ungeteilt. Blüten hell bläulich.                **Rapünzchen** ↗ S. 277
1*   Stengel nur im Blütenstand verzweigt. Höchstens die Grundblätter ungeteilt. Blüten rötlich oder weiß.
                **Baldrian** ↗ S. 278

**Rapünzchen (6 Arten)**

■   **Gemeines Rapünzchen**
(↗ Abb. 277/1)
5 bis 15 cm. ☉. Apr., Mai. Äcker, Wegränder, Schutt. Verbreitet. Auch als Salatpflanze verwendet.
Blätter länglich bis spatelförmig.

277/1 Gemeines Rapünzchen

**Baldrian (2 Arten)**

1    Nur die Stengelblätter gefiedert,
Grundblätter ungeteilt, rundlich bis eiförmig. Blüten nur ♀ oder nur ♂.
10 bis 20 cm. ♃. Mai, Juni. Nasse
Wiesen, Moore. Verbreitet.
                                        **Kleiner Baldrian**
1*   Alle Blätter gefiedert. Blüten ♂.
40 bis 160 cm. Mai bis Aug. Feuchte
Wiesen, Laubwälder. Verbreitet.
        **Echter Baldrian** (↗Abb. 278/1)

278/1 Echter Baldrian

**Familie Moschuskrautgewächse**

Kräuter. Blüten zwittrig, strahlig. 4 bis 5 Kronblätter, verwachsen; 4 bis 5 Kelchblätter, verwachsen; 4 bis 5 Staubblätter; 1 Fruchtknoten mit 1 Griffel. Blüten in
Köpfen.
2 Arten, im Gebiet 1

**Moschuskraut (1 Art)**

Krone grünlichweiß, an der endständigen Blüte mit 4 Zipfeln, an den seitlichen Blüten mit 5 Zipfeln.
5 bis 15 cm. ♃. März bis Mai. Feuchte
Gebüsche und Wälder. Zerstreut.
                **Gemeines Moschuskraut**
                          (↗Abb. 278/2)

278/2 Gemeines Moschuskraut

| Familie | Kardengewächse |
|---|---|
| Blüten und Blütenstände | Zwittrig. Meist strahlig; Blütenhülle mit Außenkelch. 4 Kelchblätter, verwachsen oder als Borsten; 4 bis 5 Kronblätter, am Grunde verwachsen; 4 Staubblätter, selten 2; 1 Fruchtknoten, unterständig, Griffel mit 1 bis 2 Narben. Blüten in Körben, Korbboden mit Spreublättern oder Haaren. |
| Blätter | Gegenständig, manchmal am Grunde verwachsen. |

Allgemeine Angaben: Meist ausdauernde Kräuter, selten Sträucher. 270 Arten, im Gebiet 10

1 Stengel stachlig. Blütenkörbe eiförmig oder kugelig . . . . . . . . . . 2
1* Stengel nicht stachlig. Blütenkörbe flach oder halbkuglig . . . . . . 3
2 Blätter gestielt; obere Stengelblätter dreiteilig (↗Abb. 279/1).
**Schuppenkarde** ↗ S. 280
2* Blätter sitzend; Stengelblätter am Grunde breit verwachsen (↗Abb. 279/2). **Karde** ↗ S. 280
3 (1) Krone mit 5 Zipfeln. Außenkelch mit ungeteiltem, häutigem Saum (↗Abb. 279/3 u. 4).
**Skabiose** ↗ S. 280
3* Krone mit 4 Zipfeln. Außenkelch mit 4 Zähnen (↗Abb. 279/5 u. 6) . . 4
4 Blütenkörbe mit Spreublättern, halbkugelig (zur Fruchtzeit fast kugelig). Krone aller Blüten mit gleichgroßen Zipfeln (↗Abb. 279/7).
**Teufelsabbiß** ↗ S. 281
4* Blütenkörbe ohne Spreublätter, aber mit Haaren, flach. Krone der Randblüten mit ungleichgroßen Zipfeln (↗Abb. 279/8).
**Witwenblume** ↗ S. 281

279/1

279/2

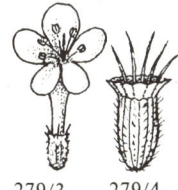 

279/3    279/4         279/5    279/6

279/7              279/8

### Schuppenkarde (1 Art)

Blütenkörbe kugelig, vor dem Aufblühen nickend. Krone weißlich.
60 bis 120 cm. ☉. Juli, Aug. Gebüsche, Auwälder. Zerstreut, im Norden selten. **Behaarte Schuppenkarde**

### Karde (2 Arten)

■ **Wilde Karde** (↗Abb. 280/4)
70 bis 200 cm. ☉. Juli, Aug. An Ufern, feuchten Weg- und Waldrändern. Zerstreut, im Norden selten.
Stengelblätter ungeteilt. Hüllblätter um die Blütenkörbe bogenförmig aufgerichtet.

280/4 Wilde Karde

### Skabiose (3 Arten)

1 Grundständige Blätter ungeteilt, ganzrandig, spitz. Kelchborsten hellgelb. Krone (meist) hellblau, selten weiß oder gelb, duftend.
20 bis 50 cm. ♃. Juli bis Nov. Gebüsche, Wald- und Wegränder. Zerstreut, im Norden selten. **Duft-Skabiose**
1* Grundständige Blätter mehr oder weniger tief geteilt (↗Abb. 280/1 u. 2) oder Blattrand gekerbt (↗Abb. 280/3), stumpf. Kelchborsten braun oder rot. Krone nicht duftend . . . . . . . . . 2
2 Krone hellgelb. Fruchtkorb eiförmig.
25 bis 60 cm. ♃. Juli bis Okt. Trockene Hänge, Weg- und Waldränder. Zerstreut. **Gelbe Skabiose** (↗Abb. 280/5)
2* Krone bläulich bis rot, selten weiß. Fruchtkörbe mehr oder weniger kugelig.
25 bis 60 cm. ♃. Juli bis Nov. Wiesen,

280/5 Gelbe Skabiose

280/6 Acker-Witwenblume

280/1    280/2    280/3

Hänge, Weg- und Waldränder. Zerstreut. **Tauben-Skabiose**

**Teufelsabbiß (1 Art)**

Krone blau bis violett. Blätter länglich, meist ganzrandig.
15 bis 80 cm. ♃. Juli bis Sept. Feuchte Moorwiesen, Waldränder, Heiden. Verbreitet. **Gemeiner Teufelsabbiß**

**Witwenblume (3 Arten)**

1 Stengelblätter fiederspaltig, graugrün, matt. Krone blau.
30 bis 80 cm. ♃. Juli, Aug. Wiesen, Weg- und Waldränder. Verbreitet. **Acker-Witwenblume** (↗Abb. 280/6)
1* Stengelblätter ungeteilt, grün, fast glänzend. 2 seltene Arten, besonders im Elbsandsteingebirge.

| Familie | Windengewächse |
|---|---|
| Blüten und Blütenstände | Zwittrig. Strahlig.<br>5 Kelchblätter, verwachsen;<br>5 Kronblätter, verwachsen;<br>5 Staubblätter;<br>1 Fruchtknoten, oberständig, mit 1 oder 2 Griffeln.<br>Blüten einzeln. |
| Früchte | Kapseln. |
| Sproßachse | Liegend oder windend. |
| Blätter | Wechselständig, ganzrandig, meist herz- oder pfeilförmig. |
| Allgemeine Angaben: Ausdauernde Kräuter, selten Sträucher. 1600 Arten, im Gebiet 3 | |

1 Kelch von 2 Blättern umgeben (↗Abb. 281/1 u. 2). Krone 4 bis 7 cm lang. **Winde** ↗ S. 281
1* Kelch nicht von Blättern umgeben (↗Abb. 281/3). Krone bis 3 cm lang. **Ackerwinde** ↗ S. 281

**Ackerwinde (1 Art)**

Stengel windend oder liegend. Blätter pfeil- bis spießförmig.
20 bis 80 cm. ♃. Juni bis Sept. Äcker, Gärten, Wegränder. Überall verbreitet.
**Gemeine Ackerwinde** (↗Abb. 282/1)

281/1          281/2          281/3

**Winde (2 Arten)**

1 Kelch völlig eingehüllt (↗Abb. 281/1). Blattfläche mit abgerundeten Buchten (↗Abb. 282/3). Krone meist rosa mit 5 weißen Streifen.

282/1 Gemeine Ackerwinde

282/2 Zaun-Winde

1 bis 3 m. ♃. Juni bis Sept. Feuchte
Hecken, Wegränder. Zerstreut. Auch
Zierpflanze.　　　　　**Pracht-Winde**
**1\*** Kelch nicht völlig eingehüllt
(↗Abb. 281/2). Blattfläche mit spitzen
Buchten (↗Abb. 282/4). Krone meist
weiß. 1 bis 3 m. ♃. Juni bis Sept. Ufer-
gebüsche, Röhrichte. Verbreitet.
　　　　**Zaun-Winde** (↗Abb. 282/2)

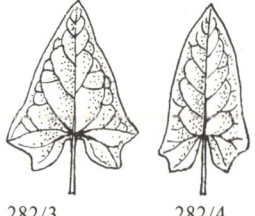

282/3　　　　　282/4

## Familie Seidengewächse

Kräuter. Schmarotzerpflanzen. Auf Kulturpflanzen schädlich. Blüten zwittrig,
strahlig. Kelch und Krone verwachsen, vier- bis fünfzipflig. 5 Staubblätter.
1 Fruchtknoten, oberständig. Blüten in dichten Knäueln oder Rispen. Stengel
fadenförmig, windend, gelblichweiß, ohne Blätter, ohne Wurzeln.
170 Arten, im Gebiet 8

### Seide (8 Arten)

■　**Europäische Seide** (↗Abb. 282/5)
30 bis 150 cm. ☉. Juni bis Aug. Ufer,
auf Stauden und Gehölzen. Verbreitet.
Griffel so lang wie die Krone.

282/5 Europäische Seide

| Familie | Boretschgewächse (Rauhhaargewächse) |
|---|---|
| Blüten und Blütenstände | Zwittrig. Strahlig. 5 Kelchblätter, verwachsen; 5 Kronblätter, verwachsen; 5 Staubblätter; 1 Fruchtknoten, oberständig, durch Scheidewände in 4 Teile zerfallend. Blüten in zwei Reihen nebeneinander angeordnet. Blütenstand vor dem Aufblühen häufig nach unten gekrümmt. |
| Früchte | 4 Teilfrüchte. |
| Blätter | Ungeteilt, ganzrandig, meist rauhhaarig (↗Name!). |

Allgemeine Angaben: Ausdauernde oder einjährige Kräuter, Bäume oder Sträucher. Einige Arten früher als Heil-, Gewürz- oder Färbepflanzen: z. B. Steinsame; Gewürzpflanze: z. B. Boretsch. 2 000 Arten, im Gebiet 28, geschützt: Schmalblättriges und Weiches Lungenkraut

1 Pflanze kahl. **Wachsblume**↗S. 284
1* Pflanze behaart . . . . . . . . . . 2
2 Kronzipfel ungleich. Krone zweilippig (↗Abb. 283/1).
　　　　　**Natterkopf**↗S. 284
2* Kronzipfel gleich (↗Abb. 283/2 u. 284/3) . . . . . . . . . . . . . . . 3
3 Krone innen mit Haarring oder Haarbüscheln (↗Abb. 283/4 u. 5) . . 4
3* Krone innen mit Schlundschuppen (↗Abb. 283/6 u. 7) . . . . . . . 6
4 Kelch bis fast zum Grunde geteilt.
　　　　　**Steinsame**↗S. 284
4* Kelch höchstens bis zur Mitte geteilt . . . . . . . . . . . . . . . . . 5
5 Krone rot, blau oder violett.

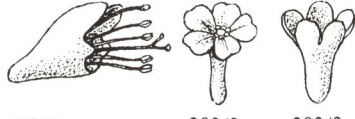

283/1　　　283/2　　　283/3

283/4　　283/5　　283/6　　283/7

Pflanze mit langgestielten Grundblättern. **Lungenkraut**↗S. 284
5* Krone dunkelbraun bis violett. Pflanze ohne langgestielte Grundblätter. **Mönchskraut**↗S. 285

**6** (3) Stengelkanten mit nach unten gerichteten kleinen Stacheln besetzt (↗Abb. 284/1, Lupe!). Kelch an den Früchten zusammengedrückt, gezähnt (↗Abb. 284/2).
Schlangenäuglein ↗ S. 285
**6*** Stengelkanten ohne Stacheln, Stengel manchmal mit Borsten oder Haaren. Kelch nie flach zusammengedrückt . . . . . . . . . . . . . . . 7
**7** Krone nickend, glockenförmig (↗Abb. 284/3). Beinwell ↗ S. 285
**7*** Krone aufrecht oder abstehend, nicht glockenförmig . . . . . . . . . . 8
**8** Teilfrüchte mit Stacheln, wie Kletten haftend . . . . . . . . . . . 9
**8*** Teilfrüchte ohne Stacheln . . . 10
**9** Teilfrüchte ganz mit Stacheln bedeckt (↗Abb. 284/4). Krone violett bis braunrot. Hundszunge ↗ S. 285
**9*** Teilfrüchte nur auf den Kanten mit Stacheln (↗Abb. 284/5 u. 6). Krone hellblau.
2 seltene Arten. Igelsame und Hackelie
**10** (8) Teilfrüchte napfförmig (↗Abb. 284/7). Kronzipfel viel länger als Kronröhre (↗Abb. 283/6). Schlundschuppen weiß mit roten Punkten oder gelb.
2 seltene Arten. Gedenkemein
**10*** Teilfrüchte nicht napfförmig (↗Abb. 284/8 bis 10). Kronzipfel kürzer als Kronröhre oder gleichlang . 11
**11** Schlundschuppen weiß; borstig oder samtig behaart (↗Abb. 283/7, Lupe!). Krone rötlich bis violett.
Ochsenzunge ↗ S. 286
**11*** Schlundschuppen gelb; kahl (Lupe!). Krone blau.
Vergißmeinnicht ↗ S. 286

## Wachsblume (1 Art)

Krone gelb. Kronzipfel spitz, zusammenneigend. Blätter oft weißlich gefleckt.
15 bis 60 cm. ☉. Mai bis Juli. Gebüsche. Selten, im Norden fehlend.
**Kleine Wachsblume**

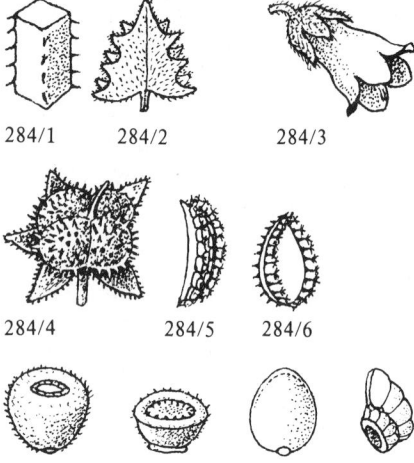

284/1　　284/2　　284/3

284/4　　　284/5　　284/6

284/7　　　284/8　　　284/9　　284/10

## Natterkopf (1 Art)

Krone hellrot, später blau. Griffel an der Spitze zweispaltig (wie eine Natternzunge!). Pflanze stechend behaart. 25 bis 100 cm. ☉. Mai bis Okt. Trockenrasen, Wegränder. Verbreitet.
**Gemeiner Natterkopf**
(↗Abb. 285/1 u. 398/2)

## Steinsame (3 Arten)

■ **Purpur-Blauer Steinsame** (↗Abb. 285/2)
30 bis 60 cm. ♃. Apr. bis Juni. Gebüsche, Laubwälder. Verbreitet.
Blüten purpurrot, später tiefblau. Teilfrüchte glatt, weißglänzend. Pflanze mit Ausläufern.

## Lungenkraut (3 Arten)

**1** Grundblätter und untere Stengelblätter mit herz- bis eiförmiger Blattfläche, vom Stiel deutlich abgesetzt. 10 bis 30 cm. ♃. März bis Mai. Laubwälder, Gebüsche. Verbreitet.
**Echtes Lungenkraut** (↗Abb. 285/3)
**1*** Grundblätter mit lanzettlicher Spreite, in den Stiel übergehend. Alle Stengelblätter ohne Stiel.
**2 seltene Arten**

285/1 Gemeiner Natterkopf

285/2 Purpur-Blauer Steinsame

285/3 Echtes Lungenkraut

## Mönchskraut (1 Art)

Pflanze durch dichte, weiche Behaarung graugrün. Krone 10 bis 14 mm lang.
20 bis 50 cm. ♃. Apr., Mai. Äcker, Wegränder. Selten.
**Braunes Mönchskraut**

## Schlangenäuglein (1 Art)

Stengel niederliegend, brüchig. Blätter sehr dünn. Blüten blau.
20 bis 50 cm. ⊙. Mai bis Aug. Wegränder, Schutt. Zerstreut.
**Liegendes Schlangenäuglein**

## Beinwell (2 Arten)

1  Obere Blätter weit am Stengel herablaufend (↗Abb. 285/4), mit steifen Haaren. Stengel geflügelt. Krone rötlich bis violett oder gelblich-weiß.
30 bis 100 cm. ♃. Mai bis Juli. Gräben, Wiesen. Verbreitet.  **Gemeiner Beinwell**

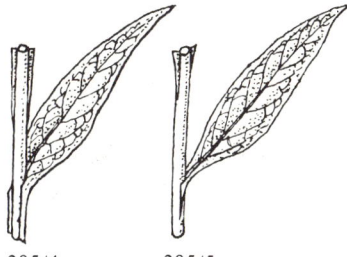

285/4          285/5

1*  Obere Blätter nicht am Stengel herablaufend (↗Abb. 285/5), mit weichen Haaren. Stengel nicht geflügelt. Krone blaßgelb. 15 bis 30 cm. ♃. Apr., Mai. Gebüsche. Selten, nur Oder- und Elbegebiet.  **Knoten-Beinwell**

## Hundszunge (2 Arten)

1  Blätter auf der Oberseite kahl, glänzend. Krone rotviolett. Sehr selten, Thüringen, Harz.
**Deutsche Hundszunge**
1*  Blätter filzig behaart. Krone dunkelviolett, später braun bis rot.

286/1 Gemeine Hundszunge

286/2 Gebräuchliche Ochsenzunge

286/3 Acker-Vergißmeinnicht

286/4 Sumpf-Vergißmeinnicht

30 bis 80 cm. ☉. Mai bis Juli. Hecken und Wegränder. Verbreitet.
**Gemeine Hundszunge** (↗Abb. 286/1)

**Ochsenzunge (2 Arten)**

1　Kronröhre gekrümmt (↗Abb. 286/5). Krone hellblau u. weiß. 20 bis 40 cm. ☉, ☉. Mai bis Sept. Äcker. Verbreitet.
**Acker-Ochsenzunge** oder **Krummhals**
1*　Kronröhre gerade (↗Abb. 286/6). Krone dunkelviolett. 30 bis 80 cm. ☉, ⨁. Mai bis Sept. Schuttstellen. Verbreitet.
**Gebräuchliche Ochsenzunge** (Abb. 286/2 u. 398/1)

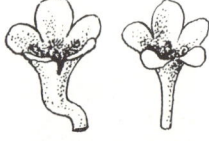

286/5　　　　286/6

**Vergißmeinnicht (9 Arten)**

■　**Sumpf-Vergißmeinnicht** (Abb. 286/4)
10 bis 100 cm. ⨁. Mai bis Sept. Gräben, nasse Wiesen. Verbreitet.

■　**Acker-Vergißmeinnicht** (Abb. 286/3)
10 bis 40 cm. ⨁. Apr. bis Sept. Äcker.

| Familie | Nachtschattengewächse |
|---|---|
| Blüten | Zwittrig. Meist strahlig. 5 Kelchblätter, verwachsen; 5 Kronblätter, am Grunde verwachsen; 1 Fruchtknoten, oberständig, Narbe zweilappig. |
| Früchte | Zweifächrige Beeren oder Kapseln. |
| Blätter | Wechselständig, vielgestaltig, ungeteilt oder geteilt. |

Allgemeine Angaben: Meist einjährige Kräuter, Sträucher. Viele Kultur- und Zierpflanzen: z. B. Kartoffel, Tomate, Paprika, Eierpflaume, Tabak, Petunie; Gift- und Heilpflanzen: z. B. Bilsenkraut, Tollkirsche.
2300 Arten, im Gebiet 11

1    Staubbeutel zu einem Kegel zusammengeneigt (↗Abb. 287/1). Frucht eine Beere . . . . . . . . . . . . . . . 2
1*   Staubbeutel nicht zusammengeneigt (↗Abb. 287/2). Frucht eine Beere oder Kapsel . . . . . . . . . . 4
2    Blüten in Blütenständen. Krone weiß, violett oder rötlich. Kelch kleiner als die Frucht. Blätter eiförmig-lanzettlich            **Nachtschatten** ↗S. 290
2*   Blüten einzeln. Krone schmutzigweiß oder hellblau. Kelch zur Fruchtzeit größer als die Frucht, sie völlig einschließend . . . . . . . . . . . . 3
3    Krone hellblau mit weißer Röhre. Kelch zur Fruchtzeit grün, geflügelt (↗Abb. 287/3 u. 4). **Giftbeere** ↗S. 288

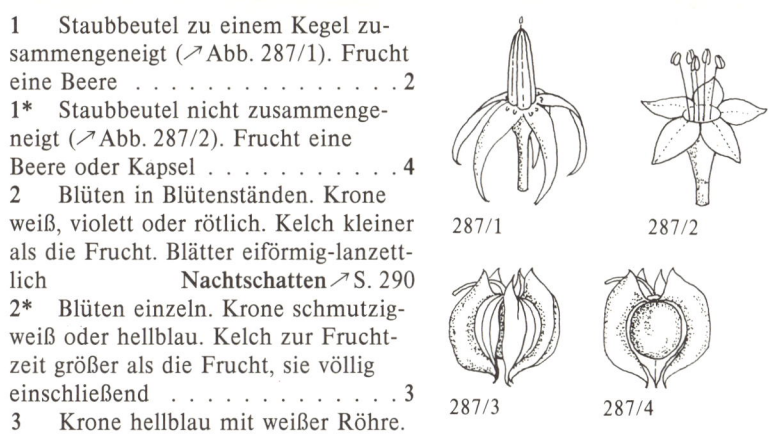

287/1        287/2

287/3        287/4

288/1 Kartoffel

288/2 Tomate

288/3 Paprika

288/4 Petunie

3* Krone schmutzig weiß. Kelch zur Fruchtzeit orangerot; kantig, lampionförmig (Name!) (↗Abb. 288/5 u. 6).
**Blasenkirsche** ↗ S. 289

4 (1) Sträucher, Zweige hängend. Krone rötlich-lila oder violett.
**Bocksdorn** ↗ S. 289

4* Kräuter . . . . . . . . . . . . . 5

5 Blätter ganzrandig. Krone violettbraun. **Tollkirsche** ↗ S. 289

5* Blätter buchtig gezähnt. Krone gelblich, weiß oder violett . . . . . . 6

6 Krone gelblich-weiß mit violetten Adern. **Bilsenkraut** ↗ S. 289

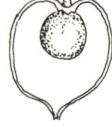

288/5                    288/6

6* Krone weiß oder violett.
**Stechapfel** ↗ S. 290

**Giftbeere (1 Art)**

Blätter buchtig gezähnt, kahl.
30 bis 100 cm. ☉. Juli bis Okt. Schuttplätze. Selten. Auch Zierpflanze. Giftig! **Giftbeere**

289/1 u. 289/2 Tollkirsche, blühend und fruchtend

289/3 Gemeiner Bocksdorn

289/4 Schwarzes Bilsenkraut

## Bocksdorn (2 Arten)

■ **Gemeiner Bocksdorn**
(↗Abb. 289/3)
1 bis 3 m. ♄. Juni bis Sept. Hecken,
Gebüsche, Schuttplätze. Verbreitet.
Giftig!
Sträucher mit hängenden dünnen
Zweigen, meist dornig. Beeren rot bis
orange.

## Tollkirsche (1 Art)

Blüten nickend. Frucht eine schwarze
Beere.
50 bis 150 cm. ♃. Juni bis Aug. Schattige Wälder. Zerstreut. Giftig!
        Tollkirsche (↗Abb. 289/1 u. 2)

## Bilsenkraut (1 Art)

Stengel und Blätter mit klebrig-zotti-
gen Haaren. Pflanze unangenehm duftend.
20 bis 80 cm. ☉, ☉. Juni bis Okt.
Dorfplätze, Äcker. Zerstreut. Giftig!
    Schwarzes Bilsenkraut (↗Abb. 289/4)

## Blasenkirsche (1 Art)

Blüten weiß, einzeln. Fruchtkelche
sehr groß, orangerot, die rote Beere
umschließend. Beeren eßbar. 25 bis
60 cm. ♃. Mai bis Aug. Gebüsche.
Zerstreut, im Norden selten. Auch
Zierpflanze.         **Blasenkirsche** oder
    **Lampionpflanze** (↗Abb. 290/1)

**Stechapfel (1 Art)**

Kronröhre viel länger als die Kronzipfel. Stengel kahl, stark verzweigt. Frucht eine stachlige Kapsel. 30 bis 120 cm. ☉. Juni bis Okt. Dorfplätze, Wegränder. Zerstreut. Giftig!
**Weißer Stechapfel** (↗ Abb. 290/2)

**Nachtschatten (4 Arten)**

1   Pflanze strauchartig, Stengel am Grunde holzig. Krone violett. Reife Beeren rot, eiförmig. 30 bis 200 cm. ♄. Juni bis Aug. Feuchte Gebüsche, Ufer. Verbreitet.
**Bittersüßer Nachtschatten**
(↗ Abb. 290/3)
1*   Pflanze krautig. Krone weiß, selten lila, violett oder rötlich . . . . . . 2
2   Reife Beeren schwarz, selten grünlich. 10 bis 80 cm. ☉. Juni bis Okt. Äcker, Gärten, Dorfplätze. Verbreitet.
**Schwarzer Nachtschatten**
2*   Reife Beeren rot oder gelb.
**3 seltene Arten**

290/1 Blasenkirsche oder Lampionpflanze

290/2 Weißer Stechapfel

290/3 Bittersüßer Nachtschatten

| Familie | Braunwurzgewächse |
|---|---|
| Blüten und Blütenstände | Zwittrig. Fast regelmäßig strahlig oder zweilappig. Krone meist röhrenförmig oder glokkenförmig, zuweilen mit Sporn oder Wulst. 5 Kronblätter, oft durch Verwachsung scheinbar nur 4; meist 4 Staubblätter (2 längere und 2 kürzere), selten 5; 1 Fruchtknoten, oberständig. Blüten in Trauben, Ähren, Rispen oder in doldenähnlichem Blütenstand. Einzelblüten selten. |
| Früchte | Kapseln oder Beeren. |
| Blätter | Meist wechsel- oder gegenständig. |

Allgemeine Angaben: Einjährige oder ausdauernde Kräuter, selten Sträucher. Viele Zier- und Arzneipflanzen: z. B. Löwenmaul.
3 000 Arten, im Gebiet 64, geschützt: 6 Arten

1 Stengel weißlich, ohne grüne Blätter, nur mit blaßroten schuppenförmigen Blättern. Blütenstand nach einer Seite gewendet, nickend.
Schuppenwurz ↗ S. 295
1* Stengel grün, mit grünen Blättern . . . 2
2 5 Staubblätter, alle mit Staubbeuteln. Krone gelb oder violett.
Königskerze ↗ S. 297
2* 2 oder 4 Staubblätter, z. T. ohne Staubbeutel . . . . . . . . . . . . . 3
3 2 Staubblätter. Krone radförmig

291/1　　　　291/2
mit sehr kurzer Röhre (↗ Abb. 291/1) oder fast zweilippig (↗ Abb. 291/2).
Ehrenpreis ↗ S. 297
3* 4 Staubblätter . . . . . . . . . . 4
4 Nur 2 Staubblätter mit Staubbeuteln . . . . . . . . . . . . . . . . . 5

**4\*** Alle 4 Staubblätter mit Staubbeuteln . . . . . . . . . . . . . . . . . . 6
**5** Blätter lanzettlich. Stengel aufrecht. Krone weiß oder rötlich.
Gnadenkraut ↗ S. 295
**5\*** Blätter elliptisch, ganzrandig. Stengel meist niederliegend. Krone weiß. Unterlippe am Rand violett.
**Großes Büchsenkraut**
**6** (4) Blätter grundständig, ganzrandig (Abb. 292/1). Schlammkraut ↗ S. 296
**6\*** Blätter stengelständig, wenn grundständig, dann tief eingeschnitten . . . 7
**7** Krone mit Sporn (↗ Abb. 292/2) 8
**7\*** Krone ohne Sporn (Abb. 292/3) 11
**8** Stengel aufrecht . . . . . . . . . 9
**8\*** Stengel niederliegend oder kriechend . . . . . . . . . . . . . . . . 10
**9** Stengel und Blätter behaart. Blüten in den Achseln von Blättern
(↗ Abb. 292/4). **Klaffmund** ↗ S. 296
**9\*** Stengel und Blätter kahl. Blüten in einem endständigen Blütenstand
(↗ Abb. 292/5). **Leinkraut** ↗ S. 293
**10** (8) Blätter rundlich-nierenförmig, 3- bis 7lappig (↗ Abb. 292/6). Pflanze kahl. **Zimbelkraut** ↗ S. 299
**10\*** Blätter eiförmig oder pfeilförmig (↗ Abb. 292/7 u. 8). Pflanze drüsig behaart. **Tännelkraut**
**11** (7) Krone am Schlund durch sackartigen Wulst der Unterlippe (Gaumen) verschlossen. Kronröhre am Grund mit Höcker (↗ Abb. 292/9). Krone 1 cm lang, rosa.
**Feldlöwenmaul** ↗ S. 296
**11\*** Krone am Schlund offen. Kronröhre am Grund ohne sackartigen Höcker (↗ Abb. 292/10 u. 11; 293/1 u. 2) .
. . . 12
**12** Alle Blätter wechselständig und ungeteilt. Krone glockenförmig, fingerhutförmig (↗ Abb. 292/10 u. 11), purpurrot oder gelb. **Fingerhut** ↗ S. 294
**12\*** Wenigstens untere Blätter gegenständig oder tief eingeschnitten . . 13
**13** Krone fast kugelig, schwach zwei-

292/1

292/2

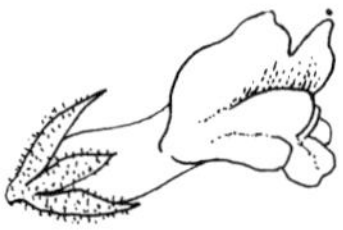

292/3

292/4

292/5

292/6

292/7

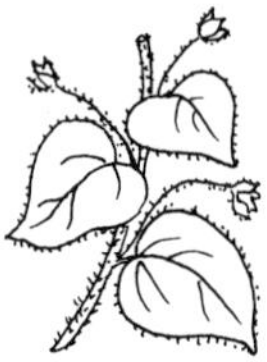

292/8

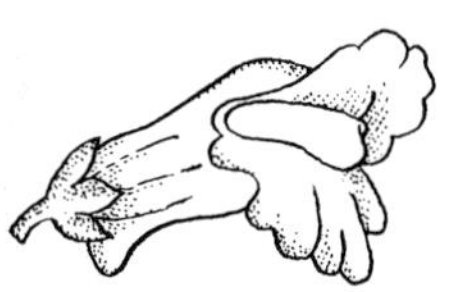

292/9

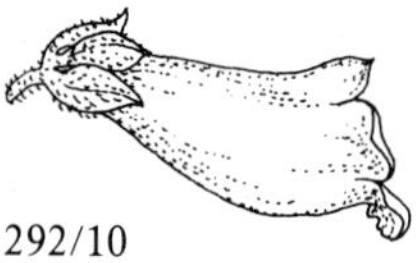

292/10

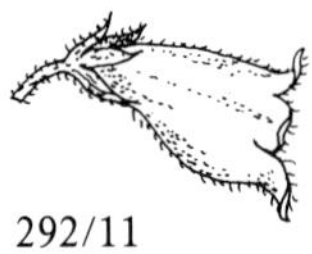

292/11

lippig (↗Abb. 293/1 u. 2). Dunkelrot-
bräunlich. **Braunwurz** ↗ S. 294
13* Krone länglich, deutlich zweilippig (↗Abb. 293/3 bis 5), gelb, weiß
oder rot . . . . . . . . . . . . . . 14
14 Kelch bauchig, aufgeblasen
(↗Abb. 293/3 u. 4).
**Klappertopf** ↗ S. 293
14* Kelch nicht bauchig aufgeblasen
(↗Abb. 293/5) . . . . . . . . . . . 15
15 Blätter fast fiederförmig eingeschnitten (↗Abb. 293/6). Krone deutlich zweilippig, Oberlippe helmförmig
zusammengedrückt (↗Abb. 293/7). . .
. . . **Läusekraut** ↗ S. 294
15* Blätter ungeteilt . . . . . . . 16
16 Unterlippe im Schlund mit zwei
Höckern, Oberlippe seitlich zusammengedrückt. **Wachtelweizen** ↗ S. 298
16* Unterlippe ohne Höcker, Oberlippe helmförmig oder flach . . . . 17
17 Blüten 2 bis 5 cm lang, gelb, zuweilen rot gefleckt.
**Gauklerblume** ↗ S. 299
17* Blüten kürzer als 2 cm . . . . . 18
18 Krone weiß oder lila mit gelbem
Schlundfleck und violetten Streifen.
**Augentrost** ↗ S. 296
18* Krone rot oder gelb.
**Zahntrost** ↗ S. 295

**Leinkraut (4 Arten)**

1 Krone bläulich oder violett, zum
Teil der Gaumen gelb. Selten.
**Acker-Leinkraut u. Streifen-Leinkraut**
1* Krone gelb mit orangefarbenem
Gaumen . . . . . . . . . . . . . . 2
2 Blätter breit lanzettlich, etwas
stengelumfassend (↗Abb. 293/8).
Krone ohne den Sporn 1,2 bis 2,0 cm
lang (↗Abb. 293/9).
30 bis 100 cm. ♃. Juni bis Okt. Trokkene Rasen. Selten.
**Ginsterblättriges Leinkraut**
2* Blätter fast linealisch, nicht stengelumfassend. Krone kürzer . . . . . 3
3 Blütenstiele so lang wie die Kelch-

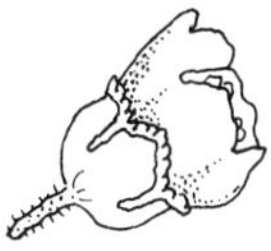

293/1 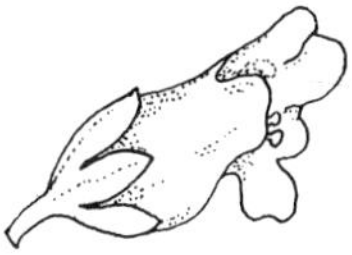    293/2

293/3 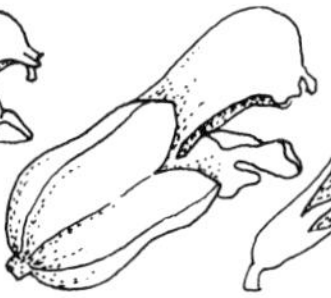    293/4 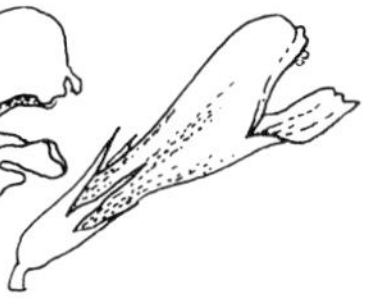    293/5

293/6 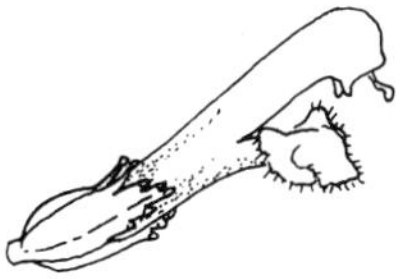    293/7

293/8     293/9     293/10     293/11

blätter oder kürzer (↗Abb. 293/10).
Frucht eiförmig.
20 bis 75 cm. ♃. Juni bis Okt. Wegränder, Äcker, Kahlschläge. Verbreitet.
**Gemeines Leinkraut** (↗Abb. 295/1)
3* Blütenstiele länger als die Kelchblätter (↗Abb. 293/11). Frucht kugelig. Selten. **Ruten-Leinkraut**

**Klappertopf (5 Arten)**
1 Kronröhre fast gerade, kürzer als
der Kelch (↗Abb. 294/1), Krone hellgelb.
15 bis 40 cm. ☉. Mai bis Aug. Nasse
Wiesen. Verbreitet.
**Kleiner Klappertopf**

1* Kronröhre aufwärts gebogen, so lang wie oder länger als der Kelch . . 2
2 Kronröhre allmählich aufwärts gebogen . . . . . . . . . . . . . . . . . 3
2* Kronröhre plötzlich aufwärtsgebogen (↗ Abb. 294/2). Selten, nur oberes Erzgebirge. **Alpen-Klappertopf**
2** Selten, nur Thüringer Wald. **Begrannter Klappertopf**
3 Stengel und Deckblätter fast kahl. Blätter länglich-lanzettlich. Deckblätter zugespitzt mit ungleichgroßen Zähnen (↗ Abb. 294/4). 20 bis 50 cm. ⊙. Mai bis Sept. Feuchte Wiesen. Verbreitet.
**Großer Klappertopf** (↗ Abb. 295/2)
3* Stengel und Deckblätter mit zottigen Haaren. Blätter eiförmig. Deckblätter mit gleichgroßen Zähnen (↗ Abb. 294/5). 10 bis 80 cm. ⊙. Mai bis Juli. Wiesen, Äcker. Verbreitet, im Norden fehlend.
**Zottiger Klappertopf**

**Braunwurz (2 Arten)**

1 Stengel und Blütenstiele geflügelt (↗ Abb. 294/6). Krone rotbraun, am Grunde grünlich-gelb. 50 bis 100 cm. ♃. Juli bis Sept. Gräben, Bäche, Ufer. Zerstreut.
**Flügel-Braunwurz**
1* Stengel und Blütenstiele ungeflügelt, scharf vierkantig (↗ Abb. 294/7). Krone braun, am Grunde grünlich. 50 bis 100 cm. ♃. Juni bis Sept. Gräben, Gebüsche, Waldränder. Verbreitet. **Knoten-Braunwurz** (↗ Abb. 295/3)

**Läusekraut (2 Arten)**

1 Stengel zu mehreren, äußere niederliegend. Blüten gestielt. Kelch mit 5 Zähnen (↗ Abb. 294/8). 5 bis 15 cm. ⊙. ♃. Mai bis Juli. Feuchte Wiesen. Zerstreut.
**Wald-Läusekraut** ▼
1* Stengel einzeln, aufrecht, ästig. Blüten fast ungestielt. Kelch zweiteilig

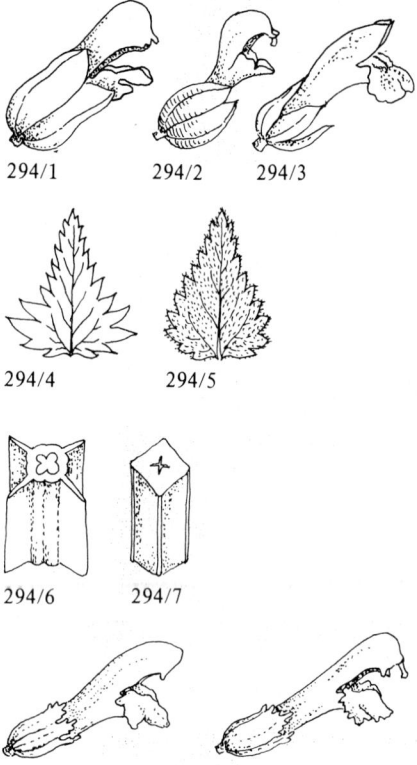

294/1    294/2    294/3

294/4    294/5

294/6    294/7

294/8    294/9

mit blattartigen Lappen (↗ Abb. 294/9). 20 bis 50 cm. ⊙. Mai bis Juli. Nasse Wiesen, Teichränder. Verbreitet.
**Sumpf-Läusekraut** ▼

**Fingerhut (2 Arten)**

1 Krone rot, selten weiß, innen rot gefleckt. Blätter unterseits graufilzig. 40 bis 150 cm. ⊙. Juni bis Aug. Kahlschläge. Giftig! **Roter Fingerhut**
1* Krone hellgelb, innen mit braunen Adern. Blätter unterseits mit steifen Haaren. 60 bis 120 cm. ♃. Juni bis Juli. Waldränder, Laubwälder, Kahlschläge. Zerstreut, im Norden fehlend. Giftig!
**Großblütiger Fingerhut** ▼

295/1 Gemeines Leinkraut

295/2 Großer Klappertopf

295/3 Knoten-Braunwurz

295/4 Roter Zahntrost

**Zahntrost (2 Arten)**

**1** Krone rot, filzig, behaart. Blätter eiförmig, gezähnt.
25 bis 50 cm. ☉. Mai bis Sept. Äcker, Weiden, Straßenränder und Salzwiesen. Verbreitet.
**Roter Zahntrost** (↗Abb. 295/4)
**1\*** Krone gelb, schwach behaart. Blätter eiförmig-lanzettlich, obere ganzrandig.
15 bis 40 cm. ☉. Juli bis Sept. Trokkene Wegränder und Gebüsche. Im Süden zerstreut, im Norden selten.
**Gelber Zahntrost**

**Schuppenwurz (1 Art)**

Blätter blaßrot, schuppenförmig. Kronenoberlippe helmförmig, ungeteilt. Kronenunterlippe dreilappig.
10 bis 20 cm. ♃. März bis Mai. Gebüsche, Laubwälder. Verbreitet.
**Schuppenwurz** (↗Abb. 296/1)

**Gnadenkraut (1 Art)**

Blätter kreuz-gegenständig. Krone weiß oder rötlich, 0,8 bis 1 cm lang.
15 bis 30 cm. ♃. Juni bis Aug. Moor- und Sumpfwiesen. Selten.
**Gottes-Gnadenkraut** ▼

296/1 Schuppenwurz

296/2 Gemeiner Augentrost

296/3 Großblütige Königskerze

296/4 Mehlige Königskerze

**Schlammkraut (1 Art)**

Blätter grundständig, langgestielt. Blütenstiele viel kürzer als die Blattstiele. Krone rötlich.
3 bis 5 cm. ⊙. Juli bis Okt. Schlammige Ufer, Gräben. Zerstreut.

**Schlammkraut**

**Augentrost (1 Art)**

Blätter ungestielt, eiförmig. Blattrand gezähnt. Kelch behaart. Krone weiß oder lila, mit violetten Streifen.
3 bis 40 cm. ⊙. Mai bis Okt. Weiden, Moorwiesen, Bergwiesen. Verbreitet.

**Gemeiner Augentrost** (↗Abb. 296/2)

**Feldlöwenmaul (1 Art)**

Blätter wechselständig, lanzettlich-linealisch. Krone rosa, dunkler gestreift.
8 bis 30 cm. ⊙. Juli bis Okt. Äcker, Weinberge. Zerstreut.    **Feldlöwenmaul**

**Klaffmund (1 Art)**

Blätter schmal-lanzettlich, ganzrandig, ungestielt. Krone mit Sporn, hell-lila. Gaumen gelblich. Blütenstiele 3 bis 4 mal so lang wie der Kelch.
8 bis 20 cm. ⊙. Juni bis Okt. Äcker, Wegränder, Mauern. Verbreitet.

**Klaffmund**

297/1 Schwarze Königskerze

297/2 Schwarze Königskerze

297/3 Efeublättriger Ehrenpreis

297/4 Gamander Ehrenpreis

## Königskerze (7 Arten)

Kräuter, meist filzig oder wollig behaart. Blüten in langen, kerzenförmigen Blütenständen (Name!) Fast strahlige Blüten mit sehr kurzer Röhre. 5 Staubblätter. Meist an trockenen sonnigen Standorten.

■ **Großblütige Königskerze**
(↗Abb. 296/3)
10 cm bis 3 m. ☉. Juli bis Sept. Sandplätze, Wegränder, Ufer. Verbreitet. Krone 3 bis 3,5 cm breit, die 2 längeren Staubblätter fast kahl.

■ **Schwarze Königskerze**
(↗Abb. 297/1 u. 2)

50 bis 120 cm. ☉. Juni bis Sept. Wegränder, Hecken, Gebüsche. Verbreitet. Krone 1,5 bis 2 cm breit. Alle Staubblätter violettwollig.

■ **Mehlige Königskerze**
(↗Abb. 296/4)
60 bis 120 cm. ☉. Juni bis Aug. Wald- und Wegränder. Zerstreut. Krone 1 bis 1,4 cm breit. Staubblätter weißwollig.

### Ehrenpreis (26 Arten, 2 geschützt)

Blüten meist blau. Kronröhre sehr kurz. Krone vierteilig, 2 Staubblätter. Blüten traubig oder einzeln stehend.

298/1 Bach-Ehrenpreis

298/2 Hain-Wachtelweizen

298/3 Wiesen-Wachtelweizen

298/4 Gelbe Gauklerblume

■ **Efeublättriger Ehrenpreis**
(↗Abb. 297/3)
8 bis 30 cm. ☉. März bis Mai. Äcker, Gärten, feuchte Gebüsche. Verbreitet.
■ **Gamander-Ehrenpreis**
(↗Abb. 297/4)
15 bis 25 cm. ♃. Mai bis Juli. Wiesen, Gebüsche, Mischwälder. Verbreitet. Stengel mit Haaren in 2 Längsreihen.
■ **Bach-Ehrenpreis** (↗Abb. 298/1)
20 bis 60 cm. ♃. Mai bis Sept. Gräben, Quellgebiete, Ufer. Verbreitet. Stengel und Blätter fleischig, kahl.

**Wachtelweizen (5 Arten)**
Blüten zweilippig mit helmartiger Oberlippe. Kronblätter am Rand nach außen umgeschlagen.
■ **Hain-Wachtelweizen**
(↗Abb. 298/2)
5 bis 50 cm. ☉. Juni bis Sept. Wiesen, Laubwälder. Verbreitet.
Kelch mit zottigen wolligen Haaren.
■ **Wiesen-Wachtelweizen**
(↗Abb. 298/3)
10 bis 30 cm. ☉. Mai bis Sept. Wälder, Waldwiesen. Verbreitet.
Kelch kahl.

**Gauklerblume (2 Arten)**

■ **Gelbe Gauklerblume**
(↗Abb. 298/4)
30 bis 60 cm. ♃. Juni bis Okt. Bach-
ufer, Gräben. Im Süden verbreitet, im
Norden zerstreut.
Blüten gespornt.

**Zimbelkraut (1 Art)**

Blätter drei- bis siebenlappig, langgestielt, unterseits oft purpurn. Krone
hellviolett, mit gelbem Gaumen.
30 bis 60 cm. ♃. Juni bis Sept. In
Mörtelfugen an Mauern, in Felsspalten. Verbreitet.        **Mauer-Zimbelkraut**

---

**Familie Sommerwurzgewächse**

Kräuter, gelblich, ohne Chlorophyll. Blätter schuppenförmig, wechselständig.
Blüten in Blütenständen. Kelch und Krone mehr oder weniger zweilippig.
4 Staubblätter, 1 Griffel. Parasiten, schmarotzen auf anderen Samenpflanzen.
180 Arten, im Gebiet 12, meist selten

---

299/1  Panzer-Sommerwurz

299/2  Quendel-Sommerwurz

**Sommerwurz (12 Arten)**

■ **Panzer-Sommerwurz**
(↗Abb. 299/1)
15 bis 40 cm. ♃. Juni. Steinige Hänge,
trockene Wiesen. Selten.
Parasit auf Beifuß.

■ **Quendel-Sommerwurz**
(↗Abb. 299/2)
20 bis 30 cm. ♃. Juni bis Juli. Trokkene Wiesen, steinige Hänge. Zerstreut. Parasit auf Thymian und anderen Lippenblütengewächsen.

## Familie Wasserschlauchgewächse

Kräuter, Sumpf- oder Wasserpflanzen. Blätter mit Einrichtungen zum Insekten-fang. Blüten meist langgestielt. Krone zweilippig, oft mit Sporn, 2 Staubblätter. Fruchtknoten oberständig.
300 Arten, im Gebiet 6, geschützt: Fettkraut, Ockergelber Wasserschlauch

300/1 Echtes Fettkraut

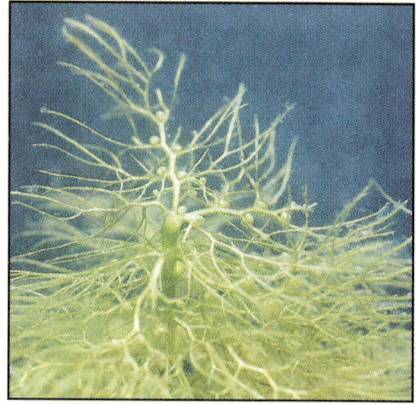

300/4 Gemeiner Wasserschlauch

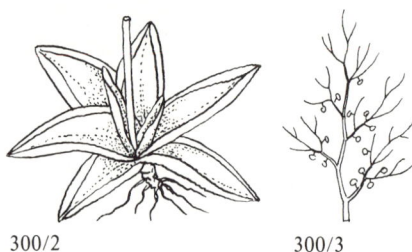

300/2                    300/3

1    Landpflanze, Blätter ungeteilt, leicht nach oben eingerollt (↗Abb. 300/2).          Fettkraut↗S. 300
1*   Wasserpflanze, freischwimmend, Blätter in schmale Zipfel aufgeteilt (↗Abb. 300/3).
                    Wasserschlauch↗S. 300

**Fettkraut (1 Art)**
Blätter rosettenartig, klebrig, am Rande nach oben eingerollt. Blüten einzeln, langgestielt. Krone violett. 5 bis 15 cm. ♃. Mai bis Juni. Nasse Wiesen. Selten.
        **Echtes Fettkraut** ▼ (↗Abb. 300/1)

**Wasserschlauch (5 Arten)**
Blätter vielfach geteilt, mit Fangblasen. Blüten gelb, in Blütenständen.
■    **Gemeiner Wasserschlauch** (↗Abb. 300/4)
15 bis 35 cm. ♃. Juni bis Aug. Grä-ben, Tümpel, Teiche. Im Norden ver-breitet, sonst selten.

| Familie | Wegerichgewächse |
|---|---|
| Blüten und Blütenstände 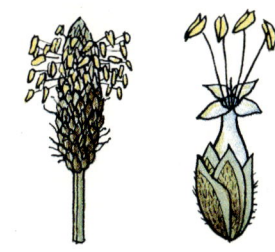 | Zwittrig oder eingeschlechtig. Krone unscheinbar; 4 Staubblätter, Staubfäden sehr lang; 1 Fruchtknoten, oberständig, mit 1 Griffel. Blüten in Ähren oder Köpfen. |
| Blätter  | Meist wechselständig, ungeteilt, oft als Rosette ausgebildet, paralleladrig. |

Allgemeine Angaben: Meist ausdauernde Kräuter, selten Sträucher.
250 Arten, im Gebiet 7

1    Blütenstand mit 3 bis 4 Blüten (↗Abb. 301/1). Blätter linealisch, in grundständiger Rosette.
                    Strandling ↗ S. 301
1*   Blütenstand mit vielen Blüten (↗Abb. 301/2). Blätter eiförmig, lanzettlich oder linealisch.
                    Wegerich ↗ S. 301

**Strandling (1 Art)**

Blütenstand mit einer langgestielten ♂ und 2 bis 3 nicht gestielten ♀ Blüten (↗Abb. 301/1). Blätter linealisch in grundständiger Rosette.
5 bis 10 cm. ♃. Juni bis Aug. Sandige, schlammige Ufer von Gewässern, auch im Wasser. Selten oder zerstreut.
                    **Strandling**

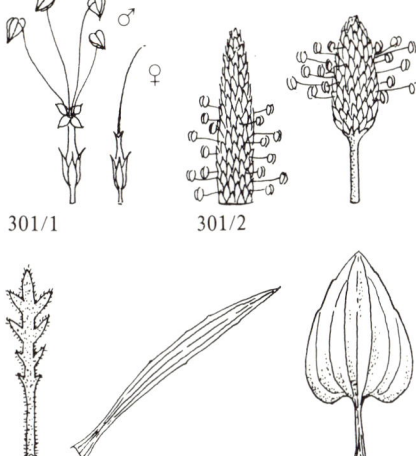

301/1            301/2

301/3      301/4            301/5

**Wegerich (6 Arten)**

1    Stengel mit Blättern, verzweigt. Blätter gegenständig, linealisch. Blüten in kurzen Ähren. Ährenstiele in den Achseln von Blättern, obere fast doldenförmig.

15 bis 30 cm. ☉. Juni bis Sept. Äcker, Wegränder. Verbreitet bis selten.
                    **Sand-Wegerich**
1*   Stengel ohne Blätter, unverzweigt. Blätter in grundständiger Rosette   . . 2

302/1 Krähenfuß-Wegerich

302/2 Breit-Wegerich

2 Blätter grob gezähnt
(↗Abb. 301/3), behaart.
3 bis 30 cm. ☉. ①. Juni bis Sept. Meeresstrand, Salzwiesen. An der Küste
vereinzelt, sonst selten.
**Krähenfuß-Wegerich** (↗Abb. 302/1)
2* Blätter ganzrandig, selten etwas
gezähnt (↗Abb. 301/4 u. 5) . . . . . 3
3 Blätter breit-eiförmig . . . . . . . 4
3* Blätter lanzettlich oder linealisch
. . . 5
4 Blätter plötzlich in den langen
Stiel übergehend, breit-eiförmig
(↗Abb. 302/3), kahl. Ähren so lang
wie ihr Stiel. Staubfäden weiß.
15 bis 30 cm. ♃. Juni bis Okt. Wege,
Grasplätze. Verbreitet.
**Breit-Wegerich** (↗Abb. 302/2)
4* Blätter allmählich in den kurzen
breiten Stiel übergehend, elliptisch
(↗Abb. 302/4), kurz behaart. Ähren 6
bis 8 mal kürzer als ihr Stiel. Staubfäden lila.
15 bis 45 cm. ♃. Mai, Juni. Wiesen,
Wegränder. Selten. **Mittel-Wegerich**
5 (3) Blätter linealisch
(↗Abb. 302/5), fleischig. Ährenstiel
glatt, Kronröhre behaart.
15 bis 30 cm. ♃. Juni bis Okt. Salzwie-

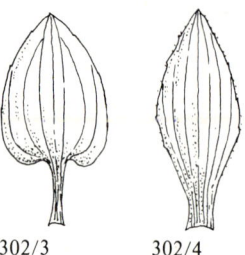

302/3          302/4

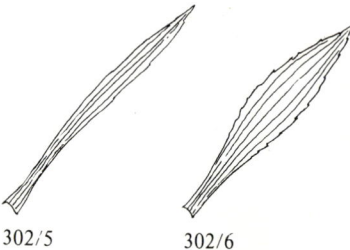

302/5          302/6

sen, Wege. An der Küste vereinzelt,
sonst selten. **Strand-Wegerich**
5* Blätter lanzettlich (↗Abb. 302/6),
dünn. Ährenstiele gefurcht. Kronröhre
kahl.
15 bis 50 cm. ♃. Mai bis Sept. Wiesen,
Wegränder, Äcker. Verbreitet.
**Spitz-Wegerich**

| Familie | Lippenblütengewächse |
|---|---|
| Blüten und Blütenstände | Zwittrig. Meist zweilappig, selten fast strahlig.<br>5 Kronblätter, davon 2 zur Oberlippe, 3 zur Unterlippe verwachsen; meist 4 Staubblätter (2 längere, 2 kürzere);<br>1 Fruchtknoten, oberständig.<br>Blüten quirlständig oder in ähren- oder traubenförmigen Blütenständen. |
| Früchte | Zerfallen in Teilfrüchte mit 4 Samen. |
| Blätter | Kreuzgegenständig, selten quirlig. |
| Sproßachse | Meist deutlich vierkantig. |

Allgemeine Angaben: Meist ausdauernde Kräuter, Sträucher, Bäume. Pflanzen reich an Duftstoffen (ätherische Öle), viele Gewürz-, Duft-, Heilpflanzen: z. B. Majoran, Thymian, Lavendel.
Etwa 3 200 Arten, im Gebiet 64

1 Krone mehr oder weniger einlippig (↗Abb. 304/1 u. 2), oder fast strahlig (↗Abb. 304/3) . . . . . . . . . . 2
1* Krone deutlich zweilippig (↗Abb. 304/4) . . . . . . . . . . . . 6
2 Krone mehr oder weniger einlippig (↗Abb. 304/1 u. 2) . . . . . . . . 3
2* Krone mehr oder weniger strahlig (↗Abb. 304/3) . . . . . . . . . . . . 4
3 Oberlippe vorhanden, aber sehr kurz; Unterlippe mit 3 Lappen (↗Abb. 304/1). Kronröhre innen mit Haarring. **Günsel** ↗ S. 306
3* Oberlippe nicht vorhanden; Unterlippe mit 5 Lappen (↗Abb. 304/2). Kronröhre innen ohne Haarring. **Gamander** ↗ S. 306
4 (2) Krone weiß, innen rot punktiert. 2 Staubblätter mit Staubbeuteln (Lupe!). **Wolfstrapp** ↗ S. 306
4* Krone rot oder violett. 4 Staubblätter mit Staubbeuteln (Lupe!) . . . 5
5 Blüten quirlständig, in kopf- (↗Abb. 304/5) oder ährenförmigen Blütenständen (↗Abb. 304/6). Alle Staubblätter gleichlang. **Minze** ↗ S. 306
5* Blüten gegenständig, in einem kammförmigen Blütenstand (↗Abb. 304/7). Untere Staubblätter deutlich länger als die oberen **Kamminze** ↗ S. 306
6 (1) 2 Staubblätter. **Salbei** ↗ S. 306
6* 4 Staubblätter . . . . . . . . . . 7
7 Oberlippe der Krone wenig gewölbt, fast gerade (↗Abb. 304/9) . . . 8
7* Oberlippe der Krone deutlich gewölbt, an der Spitze helmartig oder tief ausgehöhlt (↗Abb. 304/10) . . . . . 15
8 Staubblätter und Griffel tief in der Kronröhre eingeschlossen. Kelch mit 5 bis 10 Zähnen. Zähne oft lang, hakig umgebogen (↗Abb. 304/8). Krone rein weiß. **Andorn**
8* Staubblätter und Griffel aus der Kronröhre herausragend. Krone nicht reinweiß . . . . . . . . . . . . . . 9
9 Alle Staubblätter oder die zwei

längeren unter der Kronoberlippe hervorragend . . . . . . . . . . . . . . 10
9* Staubblätter nicht unter der Kronoberlippe hervorragend . . . . . . 11
10 Kelch deutlich zweilippig. Blütenstände kopfförmig oder ährenähnlich (↗Abb. 304/11 u. 12).
**Thymian** ↗ S. 308

304/1    304/2
304/3    304/4
304/5    304/6    304/7
304/8    304/9    304/10
304/11    304/12    304/13

10* Kelch strahlig, mit 5 Zähnen. Blütenstände rispenförmig
(↗Abb. 304/13).        Dost↗S. 308
11 (9) Staubblätter unter der Oberlippe parallel verlaufend . . . . . . 13
11* Staubblätter unter der Oberlippe nicht parallel verlaufend. Krone purpurrot oder hellviolett . . . . . . . . 12
12 Pflanze zottig behaart. Blütenquirle mit 10 bis 20 Blüten.
            Wirbeldost↗S. 308
12* Pflanze mehr oder weniger kahl. Blütenquirle mit 6 bis 8 Blüten.
          Steinquendel↗S. 308
13 (11) Kelch bauchig, undeutlich zweilippig. Kelchzipfel stumpf, eiförmig (↗Abb. 305/1). Je 1 bis 3 Blüten in den Achseln der Blätter. 1 seltene Art        Immenblatt
13* Kelch röhrig, strahlig. Kelchzipfel spitz, schmal . . . . . . . . . . . . 14
14 Stengel kriechend, an den Knoten wurzelnd. Blätter nierenförmig, gekerbt. Blüten am Stengel verteilt
(↗Abb. 305/2).    Gundermann↗S. 309
14* Stengel aufrecht. Blätter herzförmig bis eiförmig. Blüten am Ende der Stengel gehäuft (↗Abb. 305/3).
          Katzenminze↗S. 309
15 (7) Kelch deutlich zweilippig . 16
15* Kelch deutlich strahlig, mit 5 Zähnen . . . . . . . . . . . . . . . . 18
16 Obere Staubblätter länger als die unteren. Kelch zur Fruchtzeit offen, Oberlippe des Kelches mit 3 Zipfeln, Unterlippe mit 2 Zipfeln (Abb. 305/4). Verschollen.      Drachenkopf
16* Obere Staubblätter kürzer als die unteren. Fruchtkelch geschlossen . 17
17 Oberlippe des Kelches am Rücken mit einer aufrechten Schuppe
(↗Abb. 305/5). Beide Lippen des Kelches ungeteilt.    Helmkraut↗S. 309
17* Oberlippe des Kelches mit 3 breiten Zähnen, Unterlippe mit 2 Zähnen.
          Braunelle↗S. 309
18 (15) Krone kürzer als 1 cm, rosa.

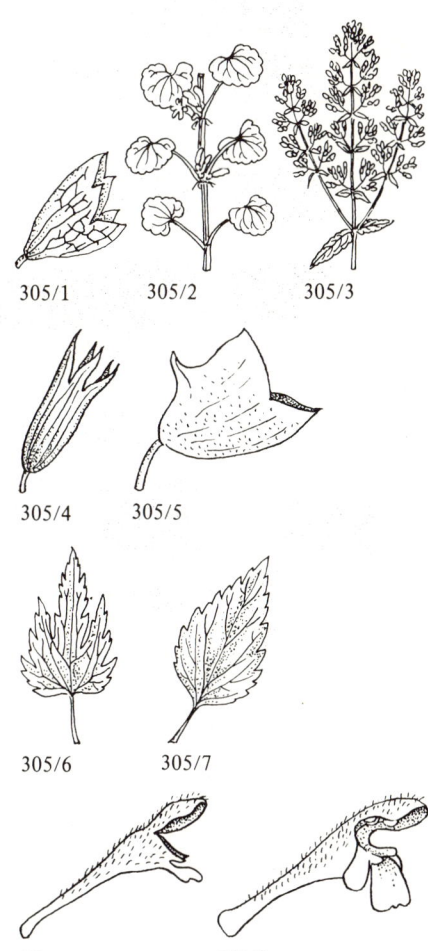

305/1        305/2        305/3

305/4        305/5

305/6        305/7

305/8        305/9

Untere Blätter tief eingeschnitten oder gezähnt, graufilzig (↗Abb. 305/6 u. 7).
          Herzgespann↗S. 310
18* Krone wenigstens 1 cm lang . . 19
19 Unterlippe der Krone mit spitzen, oft sehr kleinen Seitenzipfeln
(↗Abb. 305/8).    Taubnessel↗S. 310
19* Unterlippe der Krone mit stumpfen, breiten Seitenzipfeln
(↗Abb. 305/9) . . . . . . . . . . . 20
20 Unterlippe der Krone mit 2 aufrechten hohlen Höckern
(↗Abb. 306/1).    Hohlzahn↗S. 311

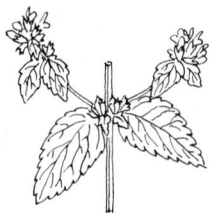

306/1         306/2

**20*** Unterlippe der Krone ohne Hök-
ker . . . . . . . . . . . . . . . . . 21
**21** Blütenstand und Blüten deutlich
gestielt, in den Achseln der Blätter
(↗Abb. 306/2). Kelch mit 10 Adern,
trichterförmig. **Schwarznessel**↗S. 311
**21*** Blütenstand nicht deutlich gestielt, meist am Ende des Stengels . 22
**22** Oberlippe der Krone mit langen,
sternförmigen Haaren, weißfilzig.
                    **Brandkraut**
**22*** Oberlippe der Krone mit wenigen
kurzen Haaren, nicht weißfilzig . . 23
**23** Stengel nur mit 1 bis 3 Paar Blättern.             **Batunge**↗S. 311
**23*** Stengel mit mehr als 3 Paar Blättern.                **Ziest**↗S. 312

## Günsel (4 Arten)

**1** Blüten gelb.
5 bis 15 cm. ☉, ⊙. Mai bis Sept. Äkker, Weinberge. Selten im Südwesten.
               **Gelber Günsel**
**1*** Blüten blau, selten rosa oder
weiß . . . . . . . . . . . . . . . . 2
**2** Deckblätter der oberen Blüten
doppelt so lang wie die Blüten.
7 bis 30 cm. ♃. Mai bis Aug. Bergwiesen. Selten im Harz und im Thüringer
Wald.        **Pyramiden-Günsel**
**2*** Deckblätter der oberen Blüten
etwa so lang wie die Blüten . . . . . . 3
**3** Stengel und Blätter dicht behaart.
Pflanze ohne Ausläufer.
7 bis 30 cm. ♃. Apr. bis Juni. Wälder,
Wiesen. Verbreitet.     **Heide-Günsel**
**3*** Stengel und Blätter fast kahl. Ausläufer mit Blättern.

7 bis 30 cm. ♃. Mai bis Aug. Wiesen,
Gebüsche, Wälder. Verbreitet.
         **Kriech-Günsel** (↗Abb. 307/1)

## Gamander (5 Arten)

■  **Edel-Gamander** (↗Abb. 307/2)
15 bis 30 cm. ♄, ♃. Juli bis Aug. Steinige Hänge, Gebüsche. Zerstreut, nur
im Süden.

## Wolfstrapp (1 Art)

Blätter grob gezähnt, am Grunde fast
geteilt. Stengel verzweigt.
20 bis 100 cm. ♃. Juli bis Sept. Gräben, Ufer, Röhricht. Verbreitet.
      **Ufer-Wolfstrapp** (↗Abb. 307/3)

## Minze (8 Arten)

Blüten fast strahlig, in kopfförmigen
oder ährenförmigen Blütenständen.
Kulturpflanze: Pfeffer-Minze.

■  **Wasser-Minze** (↗Abb. 307/4)
20 bis 80 cm. ♃. Juli bis Okt. Ufer,
Gräben, Röhrichte. Verbreitet.
Blütenstand am Ende des Stengels
kopfförmig.

■  **Acker-Minze** (↗Abb. 307/5)
15 bis 45 cm. ♃. Juni bis Okt. Gräben,
Röhrichte, Äcker, Wiesen. Verbreitet.
Blütenstände in Achseln.

■  **Roß-Minze** (↗Abb. 307/6)
50 bis 100 cm. ♃. Juli bis Sept. Ufer,
Gräben, Wiesen. Zerstreut.
Blütenstand in den Achseln kleiner
Deckblätter.

## Kamminze (1 Art)

Krone rötlich-lila.
30 bis 50 cm. ⊙. Juli bis Sept. Schuttplätze, Wegränder. Zerstreut.
           **Echte Kamminze**

## Salbei (4 Arten)

**1** Stengel am Grunde holzig. Blätter
lanzettlich. Krone hellviolett.
20 bis 70 cm. ♄. Mai bis Juli. Trokkene Hänge. Selten. Auch Kulturpflanze.           **Echter Salbei**

307/1 Kriech-Günsel

307/2 Edel-Gamander

307/3 Ufer-Wolfstrapp

307/4 Wasser-Minze

307/5 Acker-Minze

307/6 Roß-Minze

**1\*** Stengel am Grunde krautig. Blätter eiförmig . . . . . . . . . . . . . 2
**2** Blütenstand mit 15 bis 30 Blüten. Krone hellblau bis lila. 30 bis 60 cm. ♃. Juni bis Sept. Wegränder, Bahndämme. Zerstreut.

Quirl-Salbei

**2\*** Blütenstand mit 2 bis 12 Blüten   **3**
**3** Blätter am ganzen Stengel verteilt, Blattrand regelmäßig gekerbt. Stengel und Blätter mit filzigen Haaren. Krone violett oder rosa. 30 bis 70 cm. ♃. Juni bis Juli. Wegränder. Zerstreut.

Steppen-Salbei

**3\*** Blätter vorwiegend am Stengelgrund, Blattrand unregelmäßig gekerbt. Stengel und Blätter mit borstigen Haaren. Krone dunkelblau. 30 bis 60 cm. ♃. Mai bis Aug. Wiesen, Gebüsche. Verbreitet.

Wiesen-Salbei (↗Abb. 308/1)

**Thymian (3 Arten)**

■ **Gemeiner Thymian** (↗Abb. 308/2) 5 bis 25 cm. ♄. Juni bis Okt. Hügel, Wegränder. Verbreitet. Oberer Teil des Stengels scharf vierkantig.

**Dost (1 Art)**

Blätter eiförmig, unterseits drüsig punktiert. Blütenstand rispenförmig. Krone blaßrot. 20 bis 60 cm. ♃. Juli bis Sept. Waldränder, Gebüsche. Verbreitet.

Gemeiner Dost (↗Abb. 308/3)

**Wirbeldost (1 Art)**

Kelch dicht behaart. Blütenstand mit vielen Blüten. 30 bis 60 cm. ♃. Juli bis Sept. Wälder, Gebüsche, Wegränder. Verbreitet.

Wirbeldost (↗Abb. 309/1)

**Steinquendel (1 Art)**

Blütenstand meist mit 6 Blüten. Krone hellila mit weißem Fleck auf der Unterlippe. 10 bis 30 cm. ☉, ☉. Juni bis Sept.

308/1 Wiesen-Salbei

308/2 Gemeiner Thymian

308/3 Gemeiner Dost

309/1 Wirbeldost

309/2 Gemeiner Steinquendel

309/3 Gundermann

309/4 Gemeines Helmkraut

Waldränder, Hügel, Wegränder. Verbreitet.
**Gemeiner Steinquendel** (↗Abb. 309/2)

### Katzenminze (2 Arten)

■ **Echte Katzenminze**
50 bis 100 cm. ♃. Juli bis Sept. Wege, Dorfplätze. Zerstreut.
Blätter unterseits graufilzig. Kronenunterlippe rot punktiert.

### Gundermann (1 Art)

Blütenkrone blau-violett.
20 bis 40 cm. ♃. Apr. bis Juni. Laubwälder, Wiesen, Gebüsche. Verbreitet.
**Gundermann** (↗Abb. 309/3)

### Helmkraut (4 Arten)

1 bis 2 Blüten in den Achseln von Laubblättern. Oberlippe des Kelches mit schildförmiger Schuppe.
■ **Gemeines Helmkraut**
(↗Abb. 309/4)
10 bis 40 cm. ♃. Juni bis Sept. Ufer, nasse Wiesen, Wälder. Verbreitet.

### Braunelle (3 Arten)

■ **Gemeine Braunelle** (↗Abb. 310/3)
5 bis 30 cm. ♃. Juni bis Sept. Wiesen, Parkrasen. Verbreitet.
Krone blau, violett oder rötlich, selten weiß, 7 bis 15 mm lang.

310/1                    310/2

## Herzgespann oder Katzenschwanz (2 Arten)

**1** Untere Blätter tief eingeschnitten, obere zweilappig, am Grunde keilförmig (↗Abb. 310/1). Staubblätter weit aus der Krone herausragend. 30 bis 100 cm. ♃. Juni bis Sept. Dorfplätze, Hecken, Zäune. Verbreitet.
**Echtes Herzgespann**
**1\*** Blätter nicht tief eingeschnitten, mehr oder weniger eiförmig (↗Abb. 310/2). 50 bis 120 cm. ☉, ☉. Juli, Aug. Wiesen, Gebüsche. Selten. **Katzenschwanz**

## Taubnessel (6 Arten)

**1** Krone gelb, Unterlippe mit roten Flecken. 15 bis 45 cm. ♃. Apr. bis Juli. Gebüsche, Laubwälder. Verbreitet.
**Goldnessel** (↗Abb. 310/4)
**1\*** Krone weiß, rot oder rosa . . . . 2
**2** Krone weiß. 20 bis 50 cm. ♃. Apr. bis Okt. Zäune, Wegränder. Verbreitet.
**Weiße Taubnessel**
**2\*** Krone rot oder rosa, selten an einigen Pflanzen weiß . . . . . . . . . 3
**3** Krone länger als 2 bis 3 cm, purpurrot, Unterlippe dunkelgefleckt. 15 bis 60 cm. ♃. Apr. bis Sept. Feuchte Gebüsche, Waldränder, Hekken. Verbreitet, im Norden selten.
**Gefleckte Taubnessel**
**3\*** Krone kürzer als 2 cm . . . . . 4
**4** Obere Blätter stengelumfassend, untere Blätter gestielt, alle tief gekerbt.

310/3 Gemeine Braunelle

310/4 Goldnessel

310/5 Stengelumfassende Taubnessel

10 bis 30 cm. ☉. Äcker, Gärten, Dorfplätze. Verbreitet.

**Stengelumfassende Taubnessel**
(↗Abb. 310/5)

4* Obere Blätter nicht stengelumfassend, gestielt oder ungestielt . . . . . 5

5 Blätter unregelmäßig gekerbt.
Blattstiel der obersten Blätter etwas
verbreitert.
10 bis 30 cm. ☉, ☉. März bis Okt. Äkker, Gärten, Dorfplätze. Verbreitet.

**Purpurrote Taubnessel**

5* Obere Blätter tief eingeschnitten.
8 bis 30 cm. ☉, ☉. März bis Okt. Äkker, Gärten, Weinberge. Selten.

**Eingeschnittene Taubnessel**

## Schwarznessel (1 Art)

Krone purpurrot bis lilarot, selten
weiß. Stengel und Blätter mit weichen
Haaren. Pflanze unangenehm duftend.
30 bis 100 cm. ♃. Juni bis Aug. Dorfplätze, Hecken. Verbreitet.

**Schwarznessel** (↗Abb. 311/1)

## Hohlzahn (7 Arten)

Unterlippe der Krone mit 2 hohlen
Höckern (Name!).

■ **Bunter Hohlzahn** (↗Abb. 311/2)
50 bis 100 cm. ☉. Juni bis Okt. Wälder, Hecken, Ufer, Äcker. Verbreitet.
Stengel an den Knoten mit steifen
Haaren. Krone 2,5 bis 4 cm lang.

■ **Stechender Hohlzahn**
(↗Abb. 311/3)
10 bis 30 cm. ☉. Juni bis Okt. Äcker,
Gebüsche, Wälder, Dorfplätze. Ver-
breitet.
Stengel mit borstigen Haaren.

## Batunge (1 Art)

Blüten in dichten, ährenförmigen Blütenständen. Krone rot. Blätter dreimal
so lang wie breit, Blattrand gekerbt.
30 bis 100 cm. ♃. Juli bis Aug. Lichte
Wälder, Moore, Wiesen. Verbreitet.

**Gemeine Batunge**

311/1 Schwarznessel

311/2 Bunter Hohlzahn

311/3 Stechender Hohlzahn

312/1 Sumpf-Ziest

312/2 Wald-Ziest

## Ziest (7 Arten)

■ **Sumpf-Ziest** (↗ Abb. 312/1)
30 bis 100 cm. ♃. Juni bis Sept.
Feuchte Äcker, Ufer. Verbreitet.
Blätter schmal bis lanzettlich, herzförmig, obere Blätter ungestielt.

■ **Wald-Ziest** (↗ Abb. 312/2)
30 bis 100 cm. ♃. Juni bis Sept. Gebüsche, Laubwälder. Verbreitet.
Blätter breit herzförmig, gestielt.

### Familie Eisenkrautgewächse

Kräuter und Holzgewächse. Blätter gegenständig oder quirlig. Blüten in Blütenständen. Kronblätter verwachsen, 4 Staubblätter, 1 Griffel. Nutzhölzer: Eisen-
holz, Teakholz.
2 600 Arten, im Gebiet 1

## Eisenkraut (1 Art)

Blätter gegenständig, mittlere dreispaltig mit großem Mittelzipfel. Blüten in
schmalen Ähren, Krone blaßlila mit
gekrümmter Röhre.
30 bis 100 cm. ⊙, ①. Juli bis Sept.
Dorfplätze. Selten.
**Echtes Eisenkraut** (↗ Abb. 312/3)

312/3 Echtes Eisenkraut

## Familie Wassersterngewächse

Krautige Wasserpflanzen. Blätter gegenständig, ganzrandig. Blüten ohne Blütenhülle, eingeschlechtig. 1 Staubblatt, 1 Fruchtknoten mit 2 Griffeln. 25 Arten, im Gebiet 2

**Wasserstern (2 Arten)**

1 Blätter alle untergetaucht, am Grunde deutlich breiter als an der Spitze (↗Abb. 313/2).
10 bis 50 cm. ☉, ♃. Juni bis Sept. Stehende Gewässer. Selten.
**Herbst-Wasserstern**
1* Obere Blätter schwimmen als Rosette an der Wasseroberfläche, am Grunde nicht breiter als an der Spitze (↗Abb. 313/3).
3 bis 25 cm. ☉, ♃. Mai bis Okt. Stehende und fließende Gewässer. Verbreitet.
**Gemeiner Wasserstern** (↗Abb. 313/1)

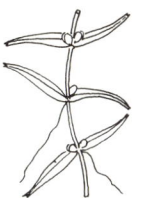
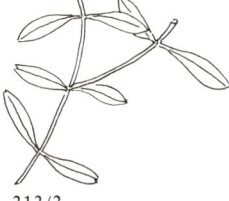

313/2          313/3

313/1 Gemeiner Wasserstern

| Familie | Glockenblumengewächse |
|---|---|
| Blüten und Blütenstände  | Zwittrig. Meist strahlig, fünfzählig. 5 Kelchblätter, miteinander verwachsen; 5 Kronblätter, meist miteinander verwachsen; 5 Staubblätter, oft miteinander verwachsen oder verklebt; 1 Fruchtknoten, oberständig, mit 3 oder 5 Narben. Griffel mit Haaren. Blüten in Trauben, Ähren, Rispen oder in Köpfen mit gemeinsamen Hüllblättern. |
| Früchte | Kapseln mit meist 3 oder 5 Fächern. |
| Blätter | Wechselständig, ungeteilt. |

Allgemeine Angaben: Meist ausdauernde Kräuter, seltener Bäume oder Sträucher. Pflanzen oft mit Milchsaft. Viele Zierpflanzen.
1 200 Arten, im Gebiet 19, geschützt: Breitblättrige Glockenblume

1    Blüten in meist lockeren Trauben, Ähren oder Rispen, nie mit gemeinsamer Hülle. Kronblätter miteinander verwachsen (↗Abb. 314/1 u. 314/2) . 2
1*    Blüten in dichten, walzenförmigen Ähren (↗Abb. 314/3) oder Köpfen, mit gemeinsamer Hülle (↗Abb. 314/4). Kronblätter einzeln (↗Abb. 314/5) oder nur an der Spitze zusammenhängend (↗Abb. 314/7) . . 3
2    Krone glockig (↗Abb. 314/1) oder trichterförmig (↗Abb. 314/6). Fruchtknoten und Frucht kreiselförmig (↗Abb. 314/5). **Glockenblume**↗S. 315
2*    Krone flach (↗Abb. 314/2). Fruchtknoten und Frucht lang, stielförmig. Ackerunkraut. 2 seltene Arten.
**Frauenspiegel**
3    (1) Krone meist krallenförmig gekrümmt, Kronblätter an der Spitze verwachsen (↗Abb. 314/7). Blüten ohne Stiele.    **Teufelskralle**↗S. 315

314/1     314/2

314/3     314/4 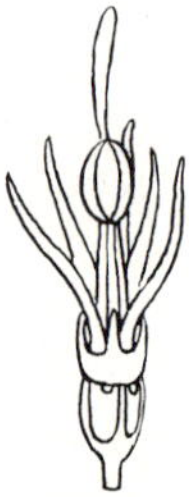    314/5

314/6 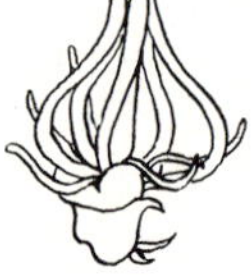    314/7

**3\*** Krone gerade. Kronblätter an der Spitze nicht verwachsen (↗Abb. 314/5). Blüten mit kurzen Stielen.
  Jasione oder Sandknöpfchen ↗ S. 315

**Jasione oder Sandknöpfchen (1 Art)**

Blütenköpfe blau, 1,5 bis 2,5 cm breit. Blätter am Rande wellig. Pflanze ohne Ausläufer.
20 bis 45 cm. ☉, ☉. Juni bis Aug. Trockene Wiesen, sandige Äcker, trockene Kiefernwälder. Verbreitet, im Süden selten.
  **Berg-Jasione oder Schafrapunzel**
        (↗Abb. 315/1)

315/1 Berg-Jasione oder Schafrapunzel

**Teufelskralle oder Rapunzel (3 Arten)**

**1** Blüten in kugeligen Köpfen (↗Abb. 314/4). Kronen blau.
10 bis 30 cm. ♃. Mai bis Juli. Feuchte Wiesen. Im Süden zerstreut, im Norden selten.
  **Kugel-Teufelskralle oder Kopfige Teufelskralle**
**1\*** Blüten in dichten Ähren (↗Abb. 314/3). Kronen weiß bis grünlich oder dunkelblau . . . . . . . . 2
**2** Kronen gelblichweiß, an der Spitze grünlich.
30 bis 80 cm. ♃. Mai bis Juli. Laubmischwälder, Bergwiesen. Verbreitet.
  **Ährige Teufelskralle** (↗Abb. 315/2)
**2\*** Kronen dunkelblau oder schwarzblau.
20 bis 50 cm. ♃. Mai bis Juli. Laubmischwälder der Mittelgebirge, Bergwiesen. Selten.  **Schwarze Teufelskralle**

315/2 Ährige Teufelskralle

**Glockenblume (13 Arten)**

Blüten blau, lila, violett oder weiß, meist in lockeren Ähren, Trauben oder Rispen, selten einzeln. Kronblätter verwachsen. Blätter ganzrandig, gekerbt oder gesägt.
  ■ **Knäuel-Glockenblume**
(↗Abb. 315/3)
30 bis 60 cm. ♃. Juni bis Sept. Trok-

315/3 Knäuel-Glockenblume

kene Wiesen, Waldsäume. Zerstreut.
Blaue Blüten in end- oder seitenständigen Knäueln. Pflanze mit kurzen Haaren.

■ **Rundblättrige Glockenblume**
(↗Abb. 316/1)
15 bis 30 cm. ♃. Juni bis Okt. Wälder.
Verbreitet.
Grundblätter mit langen Stielen, nieren- oder herzförmig, zur Blütezeit oft vertrocknet. Stengelblätter lanzettlich bis schmal.

■ **Wiesen-Glockenblume**
(↗Abb. 316/2)
30 bis 60 cm. ☉. ♃. Mai bis Juli.
Feuchte Wiesen, Gebüsche. Verbreitet.
Blüten lila, trichterförmig.

■ **Nesselblättrige Glockenblume**
(↗Abb. 316/3)
60 bis 100 cm. ♃. Juli, Aug. Laubmischwälder, Gebüsche. Verbreitet.
Stengel scharfkantig, mit steifen Haaren. Blätter brennesselähnlich.

316/1 Rundblättrige Glockenblume

316/2 Wiesen-Glockenblume

316/3 Nesselblättrige Glockenblume

| Familie | Korbblütengewächse |
|---|---|
| Blüten und Blütenstände 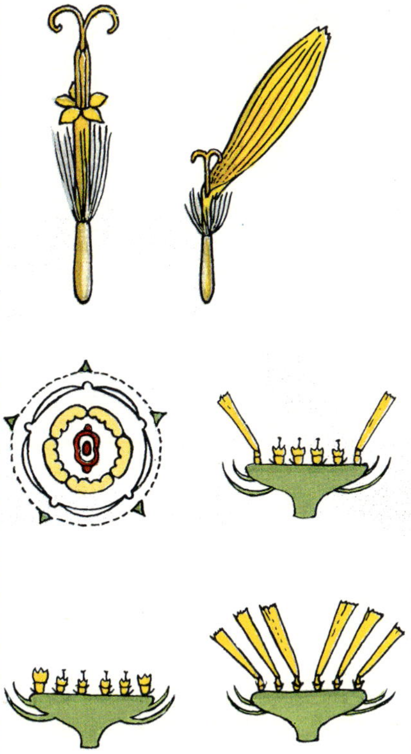 | Meist zwittrig, selten eingeschlechtig; Kelchblätter meist zu einem Haarkranz umgebildet (↗S. 320 ff.), seltener borsten-, schuppen- oder saumförmig oder fehlend; 5 Kronblätter, zu einer Röhre (Röhrenblüten) oder zu einer Zunge (Zungenblüten) verwachsen; 5 Staubbeutel, zu einer Röhre verklebt; 1 Fruchtknoten, unterständig, mit 1 Griffel, 2 Narben. Blüten in Körben, die Röhrenblüten, Zungenblüten oder beide Arten von Blüten enthalten. Sie täuschen oft eine Einzelblüte vor! Körbe von Hüllblättern umgeben, bei einigen Arten zusätzlich Außenhüllblätter. Körbe sind häufig zu Rispen, Trauben oder anderen Blütenständen zusammengesetzt. |
| Früchte  | Nüsse mit einem Samen, Samenschale und Fruchtwand sind verwachsen. Häufig mit Haarkelch als Verbreitungsorgan. |
| Blätter | Wechselständig, selten gegenständig, vielgestaltig. |

Allgemeine Angaben: Einjährige oder ausdauernde Kräuter, selten Sträucher. Weltweit verbreitet. Nutzpflanzen: z. B. Sonnenblume, Zichorie, Chicorée, Schwarzwurzel, Salat, viele Heil- und Zierpflanzen (↗Abb. 317 f.). 22 000 Arten, im Gebiet etwa 200, geschützt: Arnika, Alpen-Bergaster, Silberdistel, Silberscharte, Strohblume, Katzenpfötchen, Schwarzwurzel

318/1 Gartenaster

318/2 Sonnenhut

318/3 Strohblume

318/4 Zierschafgarbe

318/5 Gemswurz

318/6 Studentenblume

319/1 Salat

319/2 Schwarzwurzel

## Bestimmung nach dem Blütenstand

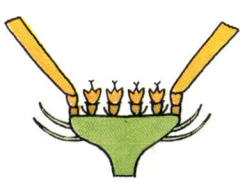

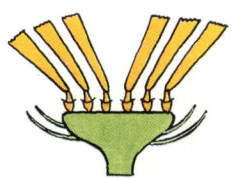

| | | |
|---|---|---|
| Korb enthält Zungenblüten, die am Rand stehen und Röhrenblüten, die innen stehen. Zungenblüten und Röhrenblüten können gleich oder verschieden gefärbt sein. | Korb enthält nur Röhrenblüten. Krone aller Blüten ist röhren- oder trichterförmig ausgebildet. Randblüten sind zuweilen größer als die inneren Blüten, ihre Zipfel können fadenförmig sein. | Korb enthält nur Zungenblüten. Pflanzen enthalten häufig Milchsaft. |
| **Korbblütengewächse mit Röhren- und Zungenblüten** ↗ S. 319 | **Korbblütengewächse mit Röhrenblüten** ↗ S. 321 | **Korbblütengewächse mit Zungenblüten** ↗ S. 323 |

**Korbblütengewächse
mit Röhren- und Zungenblüten**

1 Pflanze zur Blütezeit ohne grüne Blätter. Stengel mit Schuppen . . . . 2
1* Pflanze zur Blütezeit mit grünen

Blättern. Stengel ohne Schuppen . . . 3
2 Stengel mit einem Korb. Blüten goldgelb. **Huflattich** ↗ S. 324
2* Stengel mit vielen Körben. Blüten rot oder weißlich. **Pestwurz** ↗ S. 324

3 (1) Pflanze distelartig, stechend. Korb enthält nur Röhrenblüten; die gelben oder silberweißen inneren Hüllblätter sind strahlig ausgebreitet und täuschen Zungenblüten vor.
Eberwurz ↗ S. 332
3* Pflanze nicht distelartig, nicht stechend. Korb enthält Röhren- und Zungenblüten . . . . . . . . . . . . . . . 4
4 Stengel mit Blättern . . . . . . . 5
4* Stengel ohne Blätter. Blätter nur in grundständiger Rosette
Gänseblümchen ↗ S. 328
5 Blätter gegenständig . . . . . . . 6
5* Blätter wechselständig . . . . . . 8
6 Zungenblüten weiß. Körbe 3 bis 5 mm breit. Knopfkraut ↗ S. 327
6* Zungenblüten gelb. Körbe 10 bis 60 mm breit . . . . . . . . . . . . . 7
7 Früchte mit Haarkranz (↗ Abb. 320/1). Blätter ganzrandig.
Arnika ↗ S. 325
7* Früchte mit 2 bis 4 widerhakigen Borsten (↗ Abb. 320/2), Blätter gesägt.
Zweizahn ↗ S. 327
8 (5) Kelch zu einem Haarkranz umgebildet (Röhrenblüten untersuchen; ↗ Abb. 320/3) . . . . . . . . . 9
8* Kelch zu Schuppen (↗ Abb. 320/4, Lupe!) umgebildet oder fehlend . . . . . . . . . . . . . . . 14
9 Zungenblüten blau, weiß oder rot . . . 10
9* Zungenblüten gelb . . . . . . . 11
10 Zungenblüten in einer Reihe, deutlich zungenförmig. Aster ↗ S. 328
10* Zungenblüten in mehreren Reihen, schmal linealisch bis fädlich.
Berufkraut ↗ S. 329
11 (9) Hüllblätter in einer Reihe, oft mit kurzen Außenhüllblättern am Grunde (↗ Abb. 320/5).
Greiskraut ↗ S. 325
11* Hüllblätter dachziegelartig angeordnet (↗ Abb. 320/6) . . . . . . . 12
12 Körbe länglich, mit wenigen Zungenblüten, meist 5 bis 8.
Goldrute ↗ S. 327

320/1  320/2

320/3  320/4

320/5  320/6

320/7  320/8  320/9

12* Körbe halbkugelig; mit zahlreichen Zungenblüten, mehr als 8 . . 13
13 Haarkelch am Grunde von einem Krönchen umgeben (↗ Abb. 320/7). 2 seltene Arten. Flohkraut
13* Haarkelch am Grunde ohne Krönchen. Alant ↗ S. 332
14 (8) Zungenblüten weiß . . . . . 15
14* Zungenblüten gelb . . . . . . . 18
15 Korbboden mit Spreublättern (Korb längs durchschneiden, ↗ Abb. 320/8 u. 9, Lupe!) . . . . . . 16
15* Korbboden ohne Spreublätter (Lupe!) . . . . . . . . . . . . . . . 17
16 Körbe 2 bis 4 mm breit. Röhrenblüten weißlich. 3 bis 6 Zungenblüten.
Schafgarbe ↗ S. 329

16* Körbe über 5 mm breit. Röhrenblüten gelb. Mehr als 10 Zungenblüten. Hundskamille ↗ S. 329
17 (15) Blätter zwei- bis dreifach fiederteilig. Blattzipfel fadenförmig
(↗ Abb. 321/1). Kamille ↗ S. 330
17* Blätter ungeteilt oder ein- bis
zweifach gefiedert, dann Blattzipfel
nicht fadenförmig (↗ Abb. 321/2).
Margerite ↗ S. 330
18 (14) Pflanze 1 bis 2 m hoch.
Köpfe größer als 5 cm.
Sonnenhut ↗ S. 326
18* Pflanze kleiner als 1 m. Köpfe
kleiner als 5 cm. . . . . . . . . . . 19
19 Korbboden mit Spreublättern
(Korb längs durchschneiden,
↗ Abb. 320/8 u. 9, Lupe!).
Hundskamille ↗ S. 329
19* Korbboden ohne Spreublätter
(Lupe!). Wucherblume ↗ S. 330

Korbblütengewächse
nur mit Röhrenblüten

1 Pflanze distelartig, stechend, mit
Stacheln oder Dornen . . . . . . . . 2
1* Pflanze nicht distelartig, nicht stechend, ohne Stacheln oder Dornen . 8
2 Körbe in igelartig kugeligen Blütenständen (↗ Abb. 321/3 u. 4).
Kugeldistel ↗ S. 332
2* Körbe nicht in kugeligen Blütenständen . . . . . . . . . . . . . . . 3
3 Körbe unscheinbar gefärbt. Am
Grunde der Blattstiele 2 dreiteilige
gelbe Dornen (↗ Abb. 321/5).
Spitzklette ↗ S. 327
3* Körbe auffällig gefärbt. Am
Grunde der Blattstiele keine Dornen 4
4 Blätter stachelig. Früchte mit
Haarkelch (↗ Abb. 321/6) . . . . . . 5
4* Blätter nicht stachelig, nur Hüllblätter stechend. Früchte ohne Haarkelch. Flockenblume ↗ S. 334
5 Körbe am Rande mit strahlig aus-
gebreiteten Hüllblättern, trockenhäutig,
gelblich oder weiß. Eberwurz ↗ S. 332
5* Körbe am Rande ohne strahlig

321/1    321/2

321/3    321/4

321/5    321/6

321/7    321/8    321/9

ausgebreitete Hüllblätter . . . . . . 6
6 Ganze Pflanze dicht grau behaart.
Korbboden grubig, wie Bienenwaben
(↗ Abb. 321/7), ohne Spreublätter.
Eselsdistel ↗ S. 334
6* Pflanze nicht dicht grau behaart.
Korbboden nicht grubig, mit Spreublättern . . . . . . . . . . . . . . . 7
7 Kelchhaare gefiedert
(↗ Abb. 321/8). Kratzdistel ↗ S. 334
7* Kelchhaare nicht gefiedert
(↗ Abb. 321/9). Distel ↗ S. 333
8 (1) Blüten auffällig gefärbt, gelb,
rot, blau. Körbe größer als 5 mm, mit
vielen Blüten . . . . . . . . . . . . . 9
8* Blüten unscheinbar gefärbt, grünlich, weißlich, gelblich, Körbe kleiner,
meist mit wenigen Blüten . . . . . . 24

9    Fruchtknoten und Früchte mit
Haarkelch (↗Abb. 320/3) . . . . . . 10
9*   Fruchtknoten und Früchte ohne
Haarkelch . . . . . . . . . . . . . . 21
10   Pflanze zur Blütezeit mit grünen
Blättern . . . . . . . . . . . . . . . 11
10*  Pflanze zur Blütezeit ohne grüne
Blätter. Stengel mit Schuppen.
                         Pestwurz ↗ S. 324
11   Blüten gelb . . . . . . . . . . . 12
11*  Blüten rot, rosa, violett . . . . 15
12   Blätter geteilt. Hüllblätter in einer
Reihe (↗Abb. 322/1).
                        Greiskraut ↗ S. 325
12*  Blätter ungeteilt. Hüllblätter dachziegelartig (↗Abb. 322/2) . . . . . . 13
13   Blätter linealisch. Blätter und
Stengel nicht behaart.    Aster ↗ S. 328
13*  Blätter lanzettlich bis eiförmig.
Blätter und Stengel behaart . . . . . 14
14   Hüllblätter strohartig, auffällig
gelb.             Strohblume ↗ S. 332
14*  Hüllblätter krautig, grün.
                            Alant ↗ S. 332
15   (11) Stengel mit grünen Blättern
. . . 16
15*  Stengel ohne grüne Blätter. Blätter in grundständiger Rosette.
                    Alpenlattich ↗ S. 325
16   Blätter gegenständig, tief geteilt
(↗Abb. 322/3).     Wasserdost ↗ S. 324
16*  Blätter wechselständig, . . . . . 17
17   Körbe klettenartig. Hüllblätter an
der Spitze hakenförmig gekrümmt
(↗Abb. 322/4).          Klette ↗ S. 333
17*  Körbe nicht klettenartig. Hüllblätter ohne hakenförmige Spitzen . . . 18
18   Randblüten der Körbe viel größer
als die übrigen Blüten (↗Abb. 322/5).
                    Flockenblume ↗ S. 334
18*  Alle Blüten der Körbe etwa
gleichgroß . . . . . . . . . . . . . 19
19   Körbe kleiner als 5 mm. Blüten
rosa oder weiß. Hüllblätter trockenhäutig.           Katzenpfötchen ↗ S. 331
19*  Körbe größer als 5 mm. Blüten
purpurn. Hüllblätter krautig . . . . 20

322/1    322/2    322/3

322/4            322/5

322/6        322/7        322/8

20   Körbe in Rispen. Blätter nicht behaart.                Scharte ↗ S. 334
20*  Körbe einzeln. Blätter unterseits
filzig behaart. Blüten violett. Trockene
Wiesen. 1 seltene Art.   Silberscharte ▼
21   (9) Blätter gegenständig. Früchte
mit 2 bis 4 widerhakigen Borsten
(↗Abb. 320/2).       Zweizahn ↗ S. 327
21*  Blätter wechselständig. Früchte
ohne Borsten . . . . . . . . . . . . 22
22   Blüten rot oder blau. Randblüten
der Körbe größer als die übrigen Blüten (↗Abb. 322/5).
                    Flockenblume ↗ S. 334
22*  Blüten gelb oder grünlich. Alle
Blüten der Körbe etwa gleichgroß  . 23
23   Körbe einzeln, gelbgrün.
                           Kamille ↗ S. 330
23*  Körbe in schirmartigen Blütenständen, goldgelb.   Rainfarn ↗ S. 331
24   (8) Fruchtknoten und Früchte mit
Haarkelch (↗Abb. 322/6) . . . . . . 25
24*  Fruchtknoten und Früchte ohne
Haarkelch . . . . . . . . . . . . . . 27

25 Blätter weiß oder graufilzig. Hüllblätter nicht behaart und trockenhäutig
(↗Abb. 322/7) oder wollig behaart
(↗Abb. 322/8) . . . . . . . . . . . 26
25* Blätter nicht filzig. Hüllblätter
krautig, ohne wollige Haare.
**Berufkraut**↗S. 329
26 Äußere Hüllblätter krautig, mit
wolligen Haaren (↗Abb. 322/8).
**Filzkraut**↗S. 331
26* Alle Hüllblätter trockenhäutig,
nicht behaart (↗Abb. 322/7).
**Ruhrkraut**↗S. 332
27 (24) Blätter geteilt, in schmale
Zipfel endend. Körbe alle gleichartig,
ohne Stacheln. **Beifuß**↗S. 331
27* Blätter ungeteilt, breit herzförmig.
Körbe unterschiedlich, ♂ und ♀, ♀
Körbe mit Stacheln (↗Abb. 323/1).
**Spitzklette**↗S. 327

323/1 323/2
323/3 323/4 323/5
323/6 323/7

## Korbblütengewächse nur mit Zungenblüten

1 Blüten blau, rot oder violett . . . 2
1* Blüten gelb oder orange . . . . . 6
2 Fruchtknoten und Früchte mit
Haarkelch (↗Abb. 323/3, 4 u. 5) . . . 3
2* Fruchtknoten und Früchte ohne
Haarkelch. **Wegwarte**↗S. 335
3 Blüten rot. Körbe mit 4 bis 6 Blüten. **Hasenlattich**↗S. 338
3* Blüten blau bis violett. Körbe mit
mehr als 6 Blüten . . . . . . . . . 4
4 Blätter schmal linealisch. Kelchhaare gefiedert (↗Abb. 323/3).
**Schwarzwurzel**↗S. 337
4* Blätter breit, buchtig gelappt.
Kelchhaare nicht gefiedert
(↗Abb. 323/4 u. 5) . . . . . . . . . 5
5 Blätter fiederteilig mit kleinem,
schmalem Endlappen. Frucht mit
Schnabel, Haarkelch deshalb gestielt
(↗Abb. 323/4). **Lattich**↗S. 338
5* Blätter fiederteilig mit großem,
breitem Endlappen. Frucht ohne
Schnabel, Haarkelch deshalb ungestielt
(↗Abb. 323/5). **Milchlattich**↗S. 338

6 (1) Fruchtknoten und Früchte mit
Haarkelch (↗Abb. 323/2 u. 3) . . . . 8
6* Fruchtknoten und Früchte ohne
Haarkelch . . . . . . . . . . . . . 7
7 Stengel mit Blättern. Untere Blätter mit auffallend großem Endlappen.
**Rainkohl**↗S. 335
7* Stengel ohne Blätter. Blätter nur
in grundständiger Rosette.
**Lämmersalat**↗S. 336
8 (6) Kelchhaare gefiedert
(↗Abb. 323/2) . . . . . . . . . . . 9
8* Kelchhaare nicht gefiedert
(↗Abb. 323/5) . . . . . . . . . . . 14
9 Stengel mit Blättern . . . . . . 11
9* Stengel ohne Blätter, Blätter nur
in grundständiger Rosette . . . . . . 10
10 Korbboden mit langen, sehr
schmalen Spreublättern (Korb längs
durchschneiden, ↗Abb. 323/2, Lupe!).
**Ferkelkraut**↗S. 336
10* Korbboden ohne Spreublätter.
**Löwenzahn**↗S. 336
11 (9) Stengel und Blätter mit steifen
widerhakigen Haaren.
**Bitterkraut**↗S. 336

21*

11* Stengel und Blätter ohne steife widerhakige Haare . . . . . . . . . . 12
12 Hüllblätter in einer Reihe, am Grunde verwachsen (↗Abb. 323/6).
**Bocksbart** ↗S. 337
12* Hüllblätter dachziegelartig angeordnet, nicht verwachsen (↗Abb. 323/7) . . . . . . . . . . . 13
13 Blätter ungeteilt. Früchte vorn verschmälert (↗Abb. 324/1).
**Schwarzwurzel** ↗S. 337
13* Blätter fiederteilig, mit linealischen Zipfeln. Früchte vorn nicht verschmälert (↗Abb. 324/2).
1 seltene Art. **Stielsame**
14 (8) Frucht mit Schnabel. Haarkelch gestielt (↗Abb. 323/4 u. 5) . . . 15
14* Frucht ohne Schnabel, Haarkelch ungestielt (↗Abb. 323/6 u. 7) . . . . . 18
15 Stengel mit Blättern. Körbe mit nur 5 bis 16 Blüten . . . . . . . . 16
15* Stengel ohne Blätter. Blätter mit rückwärts gerichteten Zipfeln, in grundständiger Rosette. Körbe mit zahlreichen Blüten. **Kuhblume** ↗S. 337
16 Frucht unter dem Schnabel mit fünfspaltigem Krönchen und Höckern (↗Abb. 324/3). **Knorpellattich** ↗S. 337
16* Frucht ohne Krönchen und Höcker (↗Abb. 324/4 u. 5) . . . . . . 17
17 Körbe mit bis zu 16 Blüten. Fruchtschnabel lang (↗Abb. 324/4).
**Lattich** ↗S. 338
17* Körbe mit 5 bis 6 Blüten. Fruchtschnabel kurz (↗Abb. 324/5).
**Mauerlattich** ↗S. 338
18 (14) Blätter stachlig gezähnt. Früchte stark zusammengedrückt.
**Gänsedistel** ↗S. 337
18* Blätter nicht stachlig gezähnt. Früchte nicht zusammengedrückt, im Querschnitt rundlich . . . . . . . 19
19 Früchte oben verschmälert (↗Abb. 324/6). Kelchhaare schneeweiß und biegsam. **Pippau** ↗S. 338
19* Früchte oben abgestutzt (↗Abb. 324/7). Kelchhaare schmutzig

324/1    324/2

324/3    324/4    324/5

324/6    324/7

weiß und spröde (lassen sich zu Pulver zerreiben). **Habichtskraut** ↗S. 338

**Wasserdost (1 Art)**

Blüten rosa. Blütenkörbe in schirmartigen Blütenständen.
50 bis 150 cm. ♃. Juli bis Sept. Ufer, Gräben, feuchte Gebüsche. Verbreitet.
**Gemeiner Wasserdost** oder
**Kunigundenkraut**

**Huflattich (1 Art)**

Stengel unverzweigt, mit rötlichen Schuppen und lockeren, weißen Wollhaaren. Blätter grundständig, herzförmig, eckig (↗Abb. 325/3), auf der Unterseite weißfilzig behaart, erscheinen erst nach der Blüte.
7 bis 20 cm. ♃. März bis Apr. Wegränder, Äcker, Schutt. Verbreitet.
**Gemeiner Huflattich**

**Pestwurz (3 Arten)**

1 Blüten hellgelb, Blätter dreieckig (↗Abb. 325/4), unterseits mit weißen Haaren.

325/1 Rote oder Gemeine Pestwurz

325/2 Arnika oder Berg-Wohlverleih

10 bis 30 cm. ♃. Apr. Strand, Dünen, Ufer. An der Küste verbreitet, sonst zerstreut. **Filzige Pestwurz**
1* Blüten rot oder weißlich. Blätter rundlich (↗Abb. 325/5 u. 6), unterseits mit grauen Haaren . . . . . . . . . . 2
2 Blüten rot. Schuppen der Stengel rötlich. Blätter gleichmäßig gezähnt (↗Abb. 325/5).
15 bis 100 cm. ♃. Apr. bis Mai. Bachufer, Gräben, feuchte Wiesen. Zerstreut. **Rote** oder **Gemeine Pestwurz**
(↗Abb. 325/1)
2* Blüten weißlich. Schuppen der Stengel bleich. Blätter ungleich stachelspitzig gezähnt (↗Abb. 325/6).
5 bis 80 cm. ♃. Apr. bis Mai. Waldbäche, feuchte Waldwiesen, Gräben u. Ufer. Im Bergland verbreitet, sonst selten. **Weiße Pestwurz**

### Alpenlattich (1 Art)

Stengel mit 2 bis 3 Schuppenblättern und einem Korb. Blüten purpurrot. Grundblätter langgestielt, herz-nierenförmig, gezähnt.
15 bis 30 cm. ♃. Moorwiesen, feuchte Fichtenwälder u. Heiden. Nur Mittelgebirge. Selten.
**Gewöhnlicher Alpenlattich**

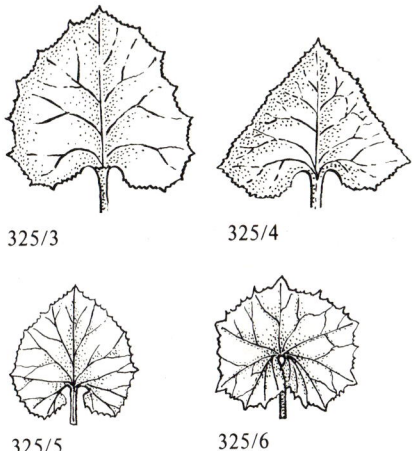

325/3         325/4

325/5         325/6

### Arnika (1 Art)

Stengel unverzweigt, mit 1 bis 3 Blütenkörben.
20 bis 50 cm. ♃. Juni, Juli. Wiesen, Wälder. In Mittelgebirgen verbreitet, sonst selten. Arzneipflanze.
**Arnika** oder **Berg-Wohlverleih** ▼
(↗Abb. 325/2 u. 13/4)

### Greiskraut oder Kreuzkraut (17 Arten)

Blätter ganzrandig oder gezähnt, häufig geteilt. Körbe meist mit Röhrenblüten und Zungenblüten, ohne Spreu-

326/1 Gemeines Greiskraut

326/2 Frühlings-Greiskraut

326/3 Fuchssches Greiskraut

326/4 Dreiteiliger Zweizahn

blätter. Früchte mit weißem, weichem Haarkelch.

■ **Gemeines Greiskraut**
(↗Abb. 326/1)
10 bis 30 cm. ☉, ①. Febr. bis Nov. Äkker, Gärten. Verbreitet.
Hülle der Körbe walzenförmig. Außenhüllblätter sehr kurz, zur Hälfte schwarz.

■ **Frühlings-Greiskraut**
(↗Abb. 326/2)
15 bis 45 cm. ☉, ①. Mai bis Nov. Äkker, Wegränder, Bahndämme, Schutt. Verbreitet.
Hülle der Körbe glockig. Blätter spinnwebig-wollig behaart.

■ **Fuchssches Greiskraut**
(↗Abb. 326/3)
60 bis 150 cm. ♃. Wälder und Gebüsche der Mittelgebirge. Im Süden verbreitet, sonst selten.
Hülle der Körbe walzenförmig.

### Sonnenhut (1 Art)

Stengel ästig, nicht behaart. Untere Blätter fiederteilig. Körbe einzeln, breiter als 5 cm, mit schwarzbraunen Röhrenblüten und gelben Zungenblüten.
1 bis 2 m. ♃. Juli bis Aug. Flußufer, Wälder. Zerstreut. Auch Zierpflanze.
**Schlitzblättriger Sonnenhut** oder **Rudbeckie**

327/1      327/2

## Zweizahn (5 Arten)

■ **Dreiteiliger Zweizahn** (Abb. 326/4)
15 bis 100 cm. ⊙. Juli bis Okt.
Sümpfe, Gräben, Ufer. Verbreitet.
Früchte braun, mit 2 bis 4 Borsten.

## Knopfkraut oder Franzosenkraut (2 Arten)

1   Stengel rauhhaarig-zottig. Spreublätter ungeteilt (↗Abb. 327/1, Lupe!).
Blätter grob gezähnt.
10 bis 80 cm. ⊙. Mai bis Okt. Äcker,
Gärten. Verbreitet.
**Zottiges Knopfkraut** (↗Abb. 327/3 u. 4)
1*  Stengel nicht behaart oder mit wenigen anliegenden Haaren. Spreublätter dreispaltig (↗Abb. 327/2, Lupe!).
Blätter fein gezähnt.
10 bis 60 cm. ⊙. Mai bis Okt. Äcker,
Gärten, Schutt. Verbreitet.
           **Kleinblütiges Knopfkraut**

## Spitzklette (3 Arten)

■ **Gemeine Spitzklette**
(↗Abb. 327/5)
20 bis 130 cm. ⊙. Juli bis Okt. Wegränder, Schutt, Flußufer. Zerstreut.

## Goldrute (3 Arten)

1   Blütenkörbe 7 bis 8 mm lang, in
aufrechten Trauben. Zungenblüten
deutlich länger als die Hülle, goldgelb.
15 bis 100 cm. ♃. Juli bis Okt. Sonnige Hügel, Abhänge, Felsen, Dünen,
Wälder. Verbreitet.
        **Gemeine Goldrute** (↗Abb. 328/1)
1*  Blütenkörbe höchstens 6 mm lang,
sehr zahlreich, in Rispen . . . . . . . 2
2   Stengel unten nicht behaart, etwas
glänzend. Zungenblüten etwas länger

327/3 Zottiges Knopfkraut

327/4 Zottiges Knopfkraut

327/5 Gemeine Spitzklette

328/1 Gemeine Goldrute

328/2 Goldhaar-Aster

328/3 Berg-Aster

328/4 Neubelgien-Aster

als die Hülle. Blätter nicht behaart. 50 bis 250 cm. ♃. Aug., Sept. Ufer, Gebüsche. Auwälder. Zerstreut. Auch Zierpflanze. **Riesen-Goldrute**
2* Stengel unten dicht abstehend behaart. Zungenblüten so lang wie die Hülle. Blätter meist behaart. 50 bis 250 cm. ♃. Aug. bis Okt. Gebüsche, Auwälder. Verbreitet. Auch Zierpflanze. **Kanadische Goldrute**

**Gänseblümchen (1 Art)**

Blätter in einer Rosette; spatelförmig, stumpf, gekerbt. Röhrenblüten gelb, Zungenblüten weiß bis rötlich. 5 bis 15 cm. ♃. Jan. bis Nov. Wiesen, Wei-

den, Parkrasen. Verbreitet. Auch Zierpflanze. **Ausdauerndes Gänseblümcnen**

**Aster (10 Arten)**

1 Blüten gelb. Körbe nur mit Röhrenblüten. Blätter linealisch. 15 bis 45 cm. ♃. Aug. bis Sept. Sonnige Hügel, Abhänge, Gebüsche. Selten. **Goldhaar-Aster** (↗Abb. 328/2)
1* Blüten blau, violett oder weißlich. Körbe mit Röhrenblüten und Zungenblüten. 9 Arten

■ **Berg-Aster** ▼ (↗Abb. 328/3)
20 bis 40 cm. ♃. Juli bis Sept. Trockene Hügel, Gebüsche, Wälder. Selten.

329/1 Scharfes Berufkraut

329/2 Kanadisches Berufkraut

329/3 Färber-Hundskamille

329/4 Gemeine Schafgarbe

■ **Neubelgien-Aster** (↗Abb. 328/4) 80 bis 160 cm. ♃. Sept. bis Okt. Flußufer. Zerstreut. Auch Zierpflanze.

**Berufkraut (3 Arten)**

■ **Scharfes Berufkraut** (↗Abb. 329/1) 10 bis 30 cm. ☉, ♃. Juni bis Sept. Wegränder, Hügel. Zerstreut.

■ **Kanadisches Berufkraut** (↗Abb. 329/2) 30 bis 100 cm. ☉, ◐. Juli bis Okt. Gärten, Wegränder, Bahndämme. Verbreitet.

**Hundskamille (5 Arten)**

Blätter geteilt. Körbe mit Röhrenblüten und Zungenblüten, mit Spreublättern. Früchte kantig, ohne Haarkelch.

■ **Färber-Hundskamille** (Abb. 329/3) 30 bis 60 cm. ♃. Juni bis Sept. Felsen, trockene Wiesen, Ackerränder. Im Süden verbreitet, sonst zerstreut. Korbboden halbkugelig.

**Schafgarbe (5 Arten)**

Blätter geteilt. Körbe klein, in schirmartigen Blütenständen, mit Röhren- und Zungenblüten. Früchte ohne Haarkelch.

■ **Gemeine Schafgarbe**
(↗Abb. 329/4)
30 bis 120 cm. ♃. Juni bis Okt. Wiesen, Wegränder. Verbreitet.
■ **Sumpf-Schafgarbe** (↗Abb. 330/1)
15 bis 150 cm. ♃. Juli bis Sept. Gräben, Gebüsche, sumpfige Wiesen. Verbreitet.

## Kamille (3 Arten)

1  Körbe mit weißen Zungenblüten 2
1*  Körbe ohne Zungenblüten. Korbboden kegelförmig, hohl. Pflanze mit Kamilleduft.
5 bis 30 cm. ☉. Juni bis Aug. Wegränder, Straßen, Schutt, Bahndämme. Verbreitet.
**Strahlenlose Kamille** (↗Abb. 330/2)
2  Pflanze mit Kamilleduft. Korbboden kegelförmig, hohl. Blattzipfel linealisch, flach.
15 bis 40 cm. ☉, ⊙. Mai bis Aug. Äkker, Wegränder, besonders auf Löß- und Lehmboden. Verbreitet. Arzneipflanze. **Echte Kamille** (↗Abb. 330/3)
2*  Pflanze nicht duftend. Korbboden halbkugelig, markig. Blattzipfel fadenförmig.
10 bis 45 cm. ☉, ⊙. Juni bis Okt. Äkker, Wege, Schutt. Verbreitet.
**Geruchlose Kamille**

## Wucherblume (1 Art)

Körbe einzeln, langgestielt. Blätter nicht behaart, grob gesägt bis fiederspaltig.
20 bis 80 cm. ☉. Juli bis Okt. Äcker, Wegränder. Zerstreut.
**Saat-Wucherblume**

## Margerite (5 Arten)

Körbe einzeln oder in schirmartigen Blütenständen, mit Röhrenblüten und Zungenblüten. Früchte ohne Haarkelch.
■ **Wiesen-Margerite** (↗Abb. 331/1)
20 bis 100 cm. ♃. Juni bis Okt. Wiesen. Verbreitet.

330/1 Sumpf-Schafgarbe

330/2 Strahlenlose Kamille

330/3 Echte Kamille

331/1 Wiesen-Margerite

331/2 Gemeiner Beifuß

331/3 Wermut

331/4 Gemeines Katzenpfötchen

### Rainfarn (1 Art)

Körbe 8 bis 11 mm breit, ohne Zungenblüten. Blätter fiederteilig.
60 bis 120 cm. ♃. Juli bis Sept. Raine, Wege, Ufer. Bahndämme, Schutt. Verbreitet. **Gemeiner Rainfarn**

### Beifuß (8 Arten)

Blätter geteilt, oft weiß oder grau. Körbe klein, in Trauben oder Rispen.
■ **Gemeiner Beifuß** (↗Abb. 331/2)
60 bis 120 cm. ♃. Juli bis Sept. Wege, Ufer, Bahndämme, Schutt. Verbreitet. Blätter am Grunde mit Anhängsel, unterseits behaart.

■ **Wermut** (↗Abb. 331/3)
60 bis 120 cm. ♃. Juli bis Sept. Zäune, Hecken, Mauern, Schutt. Verbreitet. Arznei- und Gewürzpflanze.
Pflanze mit seidigen Haaren, weißgrau, mit bitterem Geschmack und Duft.

### Filzkraut (4 Arten)

■ **Zwerg-Filzkraut**
10 bis 20 cm. ⊙. Juli bis Sept. Äcker, Brachen, Dünen. Zerstreut.

### Katzenpfötchen (1 Art)

Pflanze zweihäusig, ♂ Blüten meist weiß, ♀ Blüten meist rosa. Grundblät-

ter spatelförmig, Stengelblätter linealisch, auf der Unterseite behaart.
Pflanze mit oberirdischen Ausläufern.
7 bis 20 cm. ♃. Mai bis Juni. Dünen,
Heiden, Kiefernwälder. Verbreitet.

**Gemeines Katzenpfötchen ▼**
(↗Abb. 331/4)

### Ruhrkraut (3 Arten)

■ **Sumpf-Ruhrkraut** (↗Abb. 332/1)
5 bis 20 cm. ☉. Juli, Aug. Feuchte Äkker, Wege, Ufer. Verbreitet.

### Strohblume (1 Art)

Stengel und Blätter behaart. Untere
Blätter verkehrt-eiförmig, obere lineal-
lanzettlich. Köpfe etwa 6 mm breit.
Hüllblätter trockenhäutig, zitronengelb
oder orange.
10 bis 30 cm. ♃. Juli bis Aug. Dünen,
Kiefernwälder, Weg- und Waldränder.
Verbreitet.

**Sand-Strohblume ▼** (↗Abb. 332/2)

### Alant (5 Arten)

■ **Rauher Alant** (↗Abb. 332/3)
15 bis 45 cm. ♃. Juni bis Juli. Sonnige
Hügel, Abhänge, Gebüsche. Im Süden
zerstreut, sonst selten.
Blätter ungeteilt. Körbe mit Röhrenblüten und Zungenblüten. Alle Blüten
gelb. Früchte mit Haarkelch.

### Kugeldistel (1 Art)

Pflanze distelartig. Blätter fiederspaltig,
unterseits behaart. Blütenstände kugelförmig, aus vielen Körben mit je einer
Blüte zusammengesetzt. Blüten weißlich, Staubbeutel blau.
60 bis 120 cm. ♃. Juni bis Aug. Ufer,
Mauern, Schuttplätze. Verbreitet.

**Große Kugeldistel**

### Eberwurz (2 Arten)

1 Stengel mit einem Blütenkorb.
Korb 4 bis 7 cm breit. Innere Hüllblätter silberweiß. Blätter in einer Rosette,
tief fiederspaltig.

332/1 Sumpf-Ruhrkraut

332/2 Sand-Strohblume

332/3 Rauher Alant

333/1 Große Eberwurz oder Silberdistel

333/2 Große Klette

333/3 Nickende Distel

333/4 Acker-Kratzdistel

3 bis 30 cm. ♃. Juli bis Sept. Trockene Hügel, Heiden, lichte Wälder. Nur im Süden, zerstreut.

**Große Eberwurz** oder **Silberdistel** ▼(↗Abb. 333/1)

1* Stengel mit mehreren Blütenkörben. Korb 2 bis 3 cm breit. Innere Hüllblätter strohgelb. Blätter länglich, buchtig-gezähnt, sehr stachlig. 15 bis 50 cm. ☉. Juli bis Sept. Trockene Hügel, lichte Wälder, Wegränder, Sandgruben. Verbreitet.

**Kleine Eberwurz** oder **Golddistel**

### Klette (4 Arten)

Blätter groß, ungeteilt. Körbe klettenartig, ihre Hüllblätter mit hakenförmigen Spitzen. Blüten rosa bis violett.

■ **Große Klette** (↗Abb. 333/2) 80 bis 150 cm. ☉. Juli bis Aug. Wegränder, Zäune, Schutt, Ufer. Verbreitet.

### Distel (5 Arten)

Blätter stachlig. Körbe mit Röhrenblüten. Früchte mit Haarkelch aus einfachen Haaren.

■ **Nickende Distel** (↗Abb. 333/3) 30 bis 100 cm. ☉. Juli bis Sept. Hügel, Wegränder, Wälder. Verbreitet.

### Kratzdistel (10 Arten)

Blätter stachlig. Körbe mit Röhrenblüten. Früchte mit Haarkelch aus gefiederten Haaren.

■ **Acker-Kratzdistel** (↗Abb. 333/4)
60 bis 120 cm. ♃. Juli bis Sept. Äcker,
Schutt, Wegränder. Verbreitet.

■ **Kohl-Kratzdistel** (↗Abb. 334/1)
50 bis 150 cm. ♃. Juni bis Sept.
Feuchte Wiesen, Gräben, Ufer. Verbreitet.
Blätter weich, fast nicht behaart, den
Stengel umfassend.

■ **Stengellose Kratzdistel**
(↗Abb. 334/2)
3 bis 25 cm. ♃. Juli bis Sept. Trockene
Wiesen, Weiden, Waldränder. Im Süden verbreitet, sonst zerstreut.

### Eselsdistel (1 Art)

Pflanze grau behaart, wie mit Spinnweben bedeckt. Blätter am Stengel herablaufend. Körbe einzeln, rundlich, 3 bis
5 cm lang. Blüten purpurrot.
30 bis 150 cm. ♃. Juli bis Aug. Schutt,
Wege, Steinbrüche. Zerstreut. Auch
Zierpflanze. **Gemeine Eselsdistel**

### Scharte (1 Art)

Straff aufrechte, wenig verzweigte
Staude vom Aussehen einer stachellosen Distel. Obere Blätter ungeteilt, untere Blätter fiederteilig. Blüten purpurlila.
30 bis 100 cm. ♃. Juli bis Aug.
Feuchte Wiesen, lichte Laubwälder.
Zerstreut. Früher zum Gelbfärben verwendet. **Färber-Scharte**

### Flockenblume (11 Arten)

Körbe nur mit Röhrenblüten, die äußeren Blüten meist größer als die inneren. Hüllblätter mit einem trockenen,
gezähnten Zipfel oder mit Dornen.

■ **Kornblume** (↗Abb. 334/3)
30 bis 60 cm. ☉, ☉. Juni bis Okt. Äcker. Verbreitet.

334/1 Kohl-Kratzdistel

334/2 Stengellose Kratzdistel

334/3 Kornblume oder Korn-Flockenblume

335/1 Wiesen-Flockenblume

335/2 Perücken-Flockenblume

335/3 Gemeine Wegwarte oder Zichorie

335/4 Gemeiner Rainkohl

Hüllblätter mit herablaufendem, trockenhäutigem Anhängsel.

■ **Wiesen-Flockenblume**
(↗Abb. 335/1)
10 bis 80 cm. ♃. Juni bis Okt. Wiesen, Wegränder, Gebüsche. Verbreitet.
Hüllblätter mit deutlich abgesetztem, trockenhäutigem Anhängsel.

■ **Perücken-Flockenblume**
(↗Abb. 335/2)
20 bis 100 cm. ♃. Aug. bis Sept. Bergwiesen, Waldränder. In den Mittelgebirgen zerstreut, sonst selten.
Anhängsel der äußeren Hüllblätter mit 1 cm langer, brauner Granne.

**Wegwarte (1 Art)**
Pflanze sperrig verzweigt. Blüten hellblau. Untere Blätter buchtig-fiederspaltig, obere lanzettlich, stengelumfassend.
30 bis 150 cm. ♃. Juli bis Okt. Wegränder, Äcker, Bahngelände. Verbreitet, im Norden zerstreut. Kulturpflanzen: Wurzelzichorie, Chicorée.

**Gemeine Wegwarte** oder **Zichorie**
(↗Abb. 335/3)

**Rainkohl (1 Art)**
Blätter eckig-gezähnt, untere mit großem Endlappen, obere lanzettlich.
30 bis 100 cm. ☉ bis ♃. Juni bis Aug.

Wälder, Gebüsche, Gärten, Äcker. Verbreitet.

**Gemeiner Rainkohl** (↗Abb. 335/4)

### Lämmersalat (1 Art)

Blätter in einer Rosette, spatelförmig, gezähnt, nicht behaart. Stengel unverzweigt oder mit wenigen Zweigen, Stengel und Zweige hohl, am Ende keulig verdickt und mit einem Blütenkorb.
10 bis 25 cm. ☉, ⊙. Juni bis Sept. Heiden, sandige Äcker. Zerstreut.

**Kleiner Lämmersalat**

### Ferkelkraut (3 Arten)

Pflanzen mit Rosetten. Körbe mit gelben Zungenblüten und mit Spreublättern. Früchte mit Haarkelch aus gefiederten Haaren.

■ **Gemeines Ferkelkraut**
(↗Abb. 336/1)
15 bis 80 cm. ♃. Juni bis Sept. Wiesen, Wälder, Heiden. Verbreitet. Früchte lang geschnäbelt.

### Löwenzahn (3 Arten)

■ **Rauher Löwenzahn** (↗Abb. 336/2)
10 bis 60 cm. ♃. Juni bis Okt. Wiesen, Weiden, Wegränder, Parkrasen. Verbreitet.

### Bitterkraut (2 Arten)

1 Äußere Hüllblätter lanzettlich, dachziegelartig, abstehend (↗Abb. 337/1). Pflanze rauhhaarig. Blätter länglich-lanzettlich.
30 bis 60 cm. ⊙. Juli bis Okt. Wiesen, Wegränder, Gebüsche. Zerstreut.

**Gemeines Bitterkraut**

1* Äußere Hüllblätter auffällig herzeiförmig, aufrecht (↗Abb. 337/2). Pflanze mit steifen Haaren. Untere Blätter verkehrt-eiförmig, obere herzförmig stengelumfassend.
30 bis 60 cm. ⊙. Juli bis Aug. Äcker, Gärten, Schutt. Zerstreut, im Norden selten.

**Natterkopf-Bitterkraut**

336/1 Gemeines Ferkelkraut

336/2 Rauher Löwenzahn

336/3 Wiesen-Bocksbart

337/1         337/2

## Bocksbart (3 Arten)

■ **Wiesen-Bocksbart** (↗Abb. 336/3)
30 bis 60 cm. ♃. Mai bis Juli. Wiesen,
Äcker, Wegränder. Verbreitet.
Früchte geschnäbelt. Kelchhaare gefiedert (große Pusteblume).

## Schwarzwurzel (3 Arten)

■ **Violette Schwarzwurzel** ▼
(↗Abb. 337/3)
Blüten mit angenehmem Kakaoduft.
25 bis 50 cm. ♃. Mai bis Juni. Trockene Hänge, Heiden. Selten.

## Knorpellattich (1 Art)

Stengel mit vielen rutenförmigen
Ästen. Grundblätter buchtig-fiederspaltig. Stengelblätter linealisch, meist
ganzrandig. Frucht mit 5 Zähnen und
gestieltem Haarkelch. 30 bis 100 cm. ♃. Juli bis Sept. Heiden, Raine, Dünen, Äcker. Zerstreut.
**Großer Knorpellattich**

## Kuhblume (4 Arten)

■ **Gemeine Kuhblume** (**Löwenzahn**
oder **Butterblume**) (↗Abb. 337/4)
10 bis 50 cm. ♃. Apr. bis Juli. Wiesen,
Äcker, Wegränder. Verbreitet.
Früchte mit Haarkelch (Pusteblume).
Futter- und Heilpflanze.

## Gänsedistel (4 Arten)

1   Hüllblätter meist nicht behaart,
oft weißflockig. Stengel von unten an
verzweigt . . . . . . . . . . . . . . . . 2
1*  Hüllblätter mit zahlreichen Drüsenhaaren. Stengel nicht verzweigt.
Körbe einzeln oder in Doldenrispe   3
2   Blätter weich, blaugrün, am
Grunde pfeilförmig (↗Abb. 338/1).
Früchte fein querrunzlig.
30 bis 100 cm. ☉, ☉. Juni bis Okt.
Gärten, Äcker, Schutt. Verbreitet.
            **Kohl-Gänsedistel**
2*  Blätter derb, dunkelgrün, am
Grunde herzförmig (↗Abb. 338/2).
Früchte glatt.
30 bis 80 cm. ☉, ☉. Juni bis Okt. Gärten, Äcker, Schutt. Verbreitet.
      **Rauhe Gänsedistel** (↗Abb. 339/1)
3   (1) Blätter am Grunde herzförmig,
mit abgerundeten, angedrückten Öhrchen (↗Abb. 338/3). Drüsenhaare der

337/3 Violette Schwarzwurzel

337/4 Gemeine Kuhblume

Hüllblätter gelblich. Körbe etwa 5 cm breit. Früchte braun. 50 bis 150 cm. ♃. Juli bis Okt. Äcker, Schutt, Dünen, Wiesen. Verbreitet. **Acker-Gänsedistel**

**3\*** Blätter am Grunde pfeilförmig, mit zugespitzten, abstehenden Öhrchen (↗Abb. 338/4 u. 5). Drüsenhaare der Hüllblätter schwarz. Köpfe etwa 3 cm breit. Früchte gelblich. 1 bis 3 m. ♃. Juli bis Sept. Ufergebüsche, Sumpfwiesen. Selten, im Norden zerstreut. **Sumpf-Gänsedistel**

### Milchlattich (1 Art)

Blüten blau-violett. Blätter fiederteilig, untere mit 3 Paar Seitenzipfeln und sehr großem dreieckigem Endzipfel. 60 bis 120 cm. ♃. Juli bis Sept. Feuchte Waldstellen. Nur im Gebirge, zerstreut. **Alpen-Milchlattich**

### Mauerlattich (1 Art)

Blüten gelb. Stengel aufrecht, nicht behaart. Blätter mit eckigen Blattzipfeln. 60 bis 80 cm. ♃. Juli bis Aug. Wälder, Hecken, Mauern. Verbreitet. **Zarter Mauerlattich**

### Lattich (5 Arten)

Stengelblätter geteilt. Körbe mit gelben oder blauen Zungenblüten. Früchte mit Schnabel und Haarkelch.
■ **Stachel-Lattich** (↗Abb. 339/2) 60 bis 120 cm. ☉, ☉. Juli bis Sept. Schotter, Gebüsche, Schutt, Wegränder. Verbreitet, im Norden zerstreut. Blätter fast senkrecht in Nord-Süd-Richtung gestellt (Kompaßpflanze). Früchte bräunlich-grau.

### Hasenlattich (1 Art)

Körbe anfangs nickend, in lockerer Rispe. Blätter herzförmig, stengelumfassend, nicht behaart, blaugrün; untere buchtig gezähnt, obere lanzettlich. 50 bis 150 cm. ♃. Juli bis Aug. Schattige Wälder. Nur im Bergland, verbreitet. **Purpur-Hasenlattich**

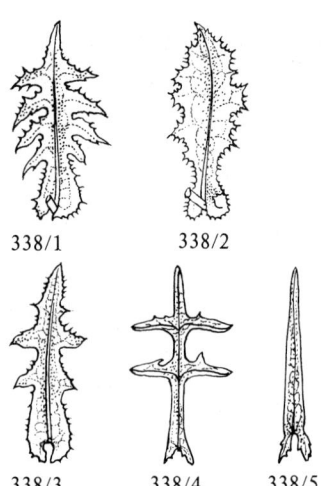

338/1       338/2

338/3     338/4     338/5

**Pippau** oder **Grundfeste (8 Arten)**

Stengel verzweigt, mit Blättern. Körbe mit gelben Zungenblüten. Früchte mit biegsamem, weißem Haarkelch.
■ **Wiesen-Pippau** (↗Abb. 339/3) 50 bis 120 cm. ☉. Mai bis Aug. Wiesen, Wegränder. Verbreitet.

### Habichtskraut (etwa 20 Arten)

Körbe mit gelben oder orangefarbenen Zungenblüten. Früchte mit steifem, gelbem oder bräunlichem Haarkelch. (Etwa 20 Arten, die sich noch in viele Kleinarten gliedern lassen. Abgrenzung und Bestimmung schwierig.)
■ **Wald-Habichtskraut** (↗Abb. 339/4) 20 bis 60 cm. ♃. Mai bis Aug. Wälder, Felsen, Mauern. Verbreitet.
■ **Kleines Habichtskraut** (↗Abb. 339/5) 5 bis 30 cm. ♃. Mai bis Okt. Heiden, Felsen, Wegränder, Parkrasen. Verbreitet.
■ **Orangerotes Habichtskraut** (↗Abb. 339/6) 20 bis 50 cm. ♃. Juni bis Aug. Bergwiesen, Wegränder, Parkrasen. In den Mittelgebirgen selten. Auch Zierpflanze.

339/1 Rauhe Gänsedistel

339/2 Stachel-Lattich

339/3 Wiesen-Pippau

339/4 Wald-Habichtskraut

339/5 Kleines Habichtskraut

339/6 Orangerotes Habichtskraut

| Familie | Froschlöffelgewächse |
|---|---|
| Blüten und Blütenstände | Zwittrig oder eingeschlechtig. Strahlig. Meist 3 Kelchblätter; meist 3 Kronblätter; 6 bis viele Staubblätter; 3 bis viele Fruchtblätter, frei. Blüten in Rispen, Trauben oder Dolden. |
| Früchte | Sammelfrüchte aus vielen Nüßchen. |
| Blätter | Meist grundständig, vielgestaltig; untergetauchte Blätter bandförmig. |

Allgemeine Angaben: Ausdauernde Kräuter, Sumpf- oder Wasserpflanzen. 72 Arten, im Gebiet 4

1 Überwasserblätter pfeilförmig (↗Abb. 340/1). Pflanze eingeschlechtig, untere Blüten ♀, obere ♂.
**Pfeilkraut**↗S. 341
1* Überwasserblätter nicht pfeilförmig (↗Abb. 340/2). Pflanze mit zwittrigen Blüten. **Froschlöffel**↗S. 340

**Froschlöffel (3 Arten)**

■ **Gemeiner Froschlöffel**
(↗Abb. 341/1)
30 bis 100 cm. ⦷. Juni bis Aug. See-

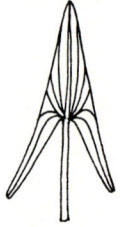
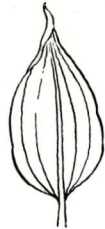

340/1          340/2

und Teichufer, Gräben. Verbreitet. Blüten öffnen sich erst gegen Mittag.

341/1 Gemeiner Froschlöffel

341/2 Spitzes Pfeilkraut

**Pfeilkraut (1 Art)**

Kronblätter weiß, mit purpurnem Nagel. Blätter grundständig, vielgestaltig: untergetauchte Blätter riemenförmig, schwimmende Blätter oval bis pfeilförmig, aus dem Wasser ragende Blätter langgestielt und tief pfeilförmig (↗Abb. 340/1).
30 bis 100 cm. ♃. Juni bis Aug. Teiche, Sümpfe, langsam fließende Gewässer. Zerstreut, im Norden verbreitet. **Spitzes Pfeilkraut** (↗Abb. 341/2)

**Familie Schwanenblumengewächse**

Ausdauernde Kräuter. Sumpf- oder Wasserpflanzen. Blüten zwittrig, strahlig. 6 rötlich-weiße Kronblätter, 6 Kelchblätter, 9 Staubblätter, 6 Fruchtknoten. Sammelfrüchte mit vielen Samen. Blätter grundständig.
13 Arten, im Gebiet 1

**Schwanenblume (1 Art)**

Blätter schilfartig, im unteren Teil dreikantig. Stengel rund. Dolde mit vielen Blüten.
50 bis 150 cm. ♃. Juni bis Aug. See- und Teichufer, Gräben. Verbreitet.
**Doldige Schwanenblume**
(↗Abb. 341/3)

341/3 Doldige Schwanenblume

| Familie | Froschbißgewächse |
|---|---|
| Blüten und Blütenstände | Meist eingeschlechtig, ein- oder zweihäusig. Strahlig.<br>3 Kelchblätter;<br>3 Kronblätter;<br>3 bis 12 Staubblätter;<br>3, 6 oder 9 Fruchtblätter;<br>1 Fruchtknoten, unterständig.<br>Blütenknospen in einer Scheide aus 1 bis 2 Hochblättern eingeschlossen. |
| Früchte | Schließfrüchte, klein und beerenartig, reifen unter Wasser. |
| Blätter | Grundständig oder quirlständig, ungeteilt. |

Allgemeine Angaben: Ausdauernde Wasserpflanzen.
100 Arten, im Gebiet 5, geschützt: Krebsschere

1 Blätter gestielt, Blattfläche rundlich-nierenförmig, ganzrandig, schwimmend. **Froschbiß** ↗ S. 343
1* Blätter ungestielt, linealisch oder länglich, gezähnt oder fein gesägt. Pflanze ganz oder teilweise untergetaucht . . . . . . . . . . . . . . . . 2
2 Blätter in einer Rosette. Pflanze schwimmend. **Krebsschere** ↗ S. 343
2* Blätter in Quirlen an einem gestreckten Stengel. Pflanze untergetaucht. **Wasserpest** ↗ S. 342

**Wasserpest (2 Arten)**

1 Blätter etwa 2 cm lang, schmal länglich. Meist 4 Blätter in den Blattquirlen.
30 bis 60 cm. ♃. Mai bis Aug. Gräben, Kanäle. Selten. Im Gebiet nur ♂ Pflanzen. **Dichtblättrige Wasserpest**
1* Blätter etwa 1 cm lang. Meist 3 Blätter in den Blattquirlen.

30 bis 60 cm. ♃. Mai bis Aug. Stehende und fließende Gewässer. Verbreitet. Im Gebiet nur ♀ Pflanzen.
**Kanadische Wasserpest**
(↗ Abb. 342/1)

342/1 Kanadische Wasserpest

343/1 Aloeblättrige Krebsschere

343/2 Gemeiner Froschbiß

**Krebsschere (1 Art)**

Schwimmpflanze. Blätter lang, schwertförmig. Blattrand stachlig gezähnt
(↗Name: Wasseraloe). Pflanze zweihäusig. Blüten aus dem Wasser herausragend.
15 bis 45 cm. ⟂. Mai bis Aug. Stehende Gewässer, Torfstiche. Im Norden verbreitet, sonst selten.
                **Aloeblättrige Krebsschere ▼**
                (↗Abb. 343/1)

**Froschbiß (1 Art)**

Schwimmpflanze, mit Ausläufern. Blätter in Rosetten, ledrig. Kronblätter
weiß, am Grunde gelb. Pflanze zweihäusig.
15 bis 30 cm. ⟂. Juni bis Aug. Stehende Gewässer, oft zwischen Wasserlinsen. Im Norden verbreitet, sonst zerstreut.
        **Gemeiner Froschbiß** (↗Abb. 343/2)

## Familie Dreizackgewächse

Ausdauernde Kräuter. Binsenähnliche Pflanzen. Auf Salzwiesen und in Sümpfen. Blüten zwittrig, strahlig. Ohne Blütenhülle, unscheinbar. 6 Staubblätter mit
grünen blattähnlichen Anhängseln. 1 Fruchtknoten, oberständig. Blüten in
Trauben oder Ähren. Spaltfrüchte. Blätter grundständig, schmal, linealisch.
18 Arten, im Gebiet 2

**Dreizack (2 Arten)**

1  Griffel mit 3 Narben (Lupe!).
Früchte keulenförmig (↗Abb. 343/3),
in 3 Teilfrüchte zerfallend. Trauben
locker.
15 bis 70 cm. ⟂. Juni bis Aug. Sumpfwiesen. Verbreitet.   **Sumpf-Dreizack**
1*  Griffel mit 6 Narben (Lupe!).
Früchte eiförmig (↗Abb. 343/4), in
6 Teilfrüchte zerfallend. Trauben dicht.

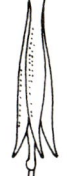

343/3    343/4

15 bis 75 cm. ⟂. Juni bis Aug. Salzwiesen. An der Küste verbreitet, sonst
selten.        **Strand-Dreizack**

| Familie | Laichkrautgewächse |
|---|---|
| Blüten und Blütenstände | Zwittrig. Strahlig. Blütenhülle fehlt. 4 Staubblätter mit blattähnlichen Anhängseln; 1 bis 4 Fruchtblätter, frei oder am Grunde verwachsen. Blüten in Ähren, während der Blütezeit meist aus dem Wasser ragend. |
| Früchte | Sammelfrüchte aus Nüßchen. |
| Blätter | Wechselständig, selten gegenständig. Vielgestaltig, am Grunde verbreitert oder scheidig. |
| Sproßachse | Meist unter Wasser getauchter gabeliger Stengel. |

Allgemeine Angaben: Ausdauernde, schwimmende oder untergetauchte Wasserpflanzen.
90 Arten, im Gebiet 20

**Laichkraut (20 Arten)**

■ **Krauses Laichkraut**
(↗ Abb. 344/1)
30 bis 200 cm. ♃. Mai bis Okt. Seen, Teiche, Gräben. Verbreitet.
Stengel zusammengedrückt, vierkantig. Blätter oft rötlich, alle untergetaucht, am Rand wellig-kraus, fein gesägt (Lupe!).

344/1 Krauses Laichkraut

345/1 Durchwachsenblättriges Laichkraut

345/2 Schwimmendes Laichkraut

■ **Durchwachsenes Laichkraut**
(↗Abb. 345/1)
30 bis 100 cm. Ⳟ. Juni bis Sept. Seen,
Teiche, Flüsse, Gräben. Verbreitet.
Stengel stielrund. Blätter alle untergetaucht, am Grunde tief herzförmig,
den Stengel umfassend.

■ **Schwimmendes Laichkraut**
(↗Abb. 345/2)
60 bis 150 cm. Ⳟ. Mai bis Sept. Seen,
Teiche, Gräben. Verbreitet.
Stengel stielrund. Blätter gestielt.
Schwimmblätter eiförmig bis lanzett-
lich. Untergetauchte Blätter schmal li-
nealisch.

| Familie | Liliengewächse |
|---|---|
| Blüten und Blütenstände  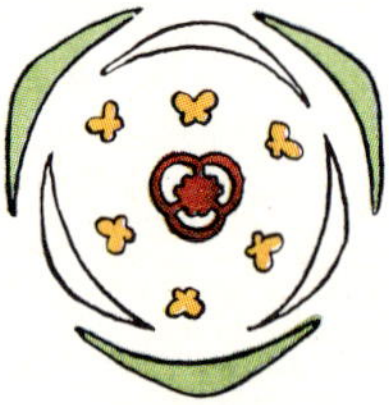 | Zwittrig. Strahlig. 6 Kronblätter, meist auffällig gefärbt, frei oder verwachsen; 6 Staubblätter, selten 4, 8 oder 10; 1 Fruchtknoten, oberständig. Blüten einzeln oder in Trauben. |
| Früchte 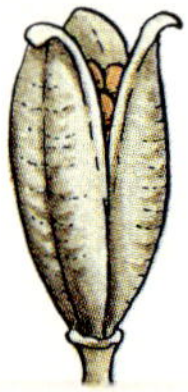  | Kapseln oder Beeren. |
| Blätter | Grundständig oder wechselständig; vielgestaltig. |

Allgemeine Angaben: Ausdauernde Kräuter mit Knollen, Zwiebeln oder Rhizomen. Kulturpflanzen: z. B. Spargel, Zwiebel, Porree, Knoblauch, Schnittlauch; viele Zierpflanzen (↗ S. 347).
3 500 Arten, im Gebiet 43, geschützt: Lilie, Schachblume, Blaustern, Traubenhyazinthe

1 Pflanze im Herbst blühend, dann ohne Blätter. Blätter und Früchte im nächsten Frühjahr erscheinend.
**Zeitlose** ↗ S. 349
1* Pflanze im Frühjahr oder Sommer blühend, dann mit Blättern . . . . . . 2
2 4 Kronblätter, 4 Staubblätter.
**Schattenblume** ↗ S. 350
2* 6 Kronblätter, 6 Staubblätter . . 3
3 Pflanze mit nadelförmigen, grünen Trieben in den Blattachseln. Blätter häutig, schuppenförmig (↗ Abb. 346/1). **Spargel** ↗ S. 350
3* Pflanze ohne nadelförmige Triebe. Blätter krautig, nicht schuppenförmig,

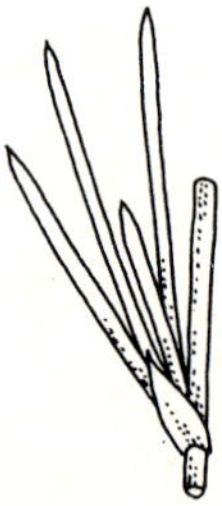

346/1 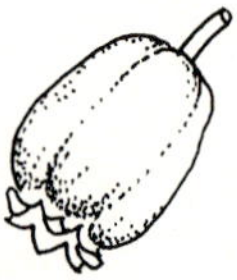          346/2           346/3

Blattfläche deutlich ausgebildet . . . 4
4 Kronblätter zu einer Glocke oder Röhre verwachsen (↗ Abb. 346/2 u. 3) .
. . . 5
4* Kronblätter nicht verwachsen . . 7

347/1 Tulpe

347/2 Feuer-Lilie

347/3 Kaiserkrone

347/4 Hyazinthe

347/5 Schnittlauch

347/6 Spargel

5 Blüten blau. Blätter schmal, linealisch. **Traubenhyazinthe** ↗ S. 350
5* Blüten weiß bis grünlich. Blätter breit, lanzettlich bis eiförmig . . . . . 6
6 Blüten in Trauben. Stengel mit 1 bis 3 Blättern. **Maiglöckchen** ↗ S. 350
6* Blüten einzeln oder zu mehreren in den Blattachseln. Stengel mit vielen Blättern. **Weißwurz** ↗ S. 350
7 (4) Kronblätter länger als 4 cm . 8
7* Kronblätter kürzer als 3 cm . . 10
8 Stengel mit mehreren Blüten. Blüten trichterförmig (↗ Abb. 348/2) oder turbanförmig (↗ Abb. 348/3), feuerrot oder hellpurpurn. **Lilie** ↗ S. 349
8* Stengel mit einer Blüte. Blüten eiförmig (↗ Abb. 348/4) oder glockig (↗ Abb. 348/5) . . . . . . . . . . . . 9
9 Blüten purpurbraun, schachbrettartig gefleckt, nickend.
**Schachblume** ↗ S. 349
9* Blüten gelb (als Zierpflanze in verschiedenen Farben), ungefleckt, aufrecht. **Tulpe** ↗ S. 350
10 (7) Pflanze mit Zwiebelgeruch. Blütenstand kugelig. **Lauch** ↗ S. 352
10* Pflanze ohne Zwiebelgeruch. Blütenstand nicht kugelig . . . . . . . 11
11 Blüten gelb, außen zum Teil grünlich. **Goldstern** ↗ S. 349
11* Blüten blau oder weiß . . . . . 12

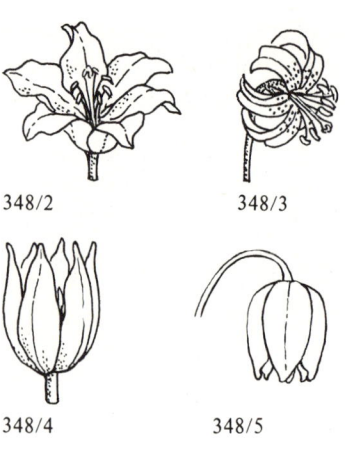

348/2                     348/3

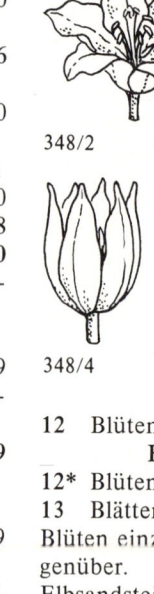

348/4                     348/5

12 Blüten blau.
**Blaustern** oder **Szilla** ↗ S. 350
12* Blüten weiß . . . . . . . . . . 13
13 Blätter wechselständig, eiförmig. Blüten einzeln, jeweils einem Blatt gegenüber.
Elbsandsteingebirge und Erzgebirge. 1 seltene Art. **Knotenfuß**
13* Blätter grundständig, linealisch. Blüten in Blütenständen . . . . . . 14
14 Kronblätter oberseits weiß, unterseits grün. Blätter mit hellem weißem Mittelstreifen. **Milchstern** ↗ S. 350
14* Kronblätter oberseits weiß. Blätter ohne Mittelstreifen. **Graslilie** ↗ S. 349

348/1 u. 348/6 Herbst-Zeitlose, blühend und fruchtend

**Zeitlose (1 Art)**

Herbstblüher. Blüte 10 bis 25 cm lang. Blätter breit-lanzettlich, mit der Kapsel im nächsten Frühjahr erscheinend. 5 bis 40 cm. ♃. Aug. bis Nov. Fruchtreife Juni. Feuchte Wiesen. Im Süden verbreitet, im Norden selten. Sehr giftig.
    Herbst-Zeitlose (↗Abb. 348/1 u. 6)

**Graslilie (2 Arten)**

1 Blüten in Trauben. Kronblätter länger als 15 mm. Kapsel eiförmig, spitz.
30 bis 60 cm. ♃. Mai, Juni. Trockene Hügel und Wälder. Zerstreut.
    Astlose Graslilie (↗Abb. 349/1)
1* Blüten in Rispen. Kronblätter kürzer als 15 mm. Kapsel fast kugelig.
30 bis 80 cm. ♃. Juni bis Aug. Trockene Hügel, Gebüsche, Wälder. Zerstreut.  **Ästige Graslilie**

**Goldstern (7 Arten)**

Kräuter mit Zwiebeln und 1 bis 2 Blättern. Blüten gelb. Früchte Kapseln.
■ **Wald-Goldstern** (↗Abb. 349/2)
8 bis 20 cm. ♃. März bis Mai. Äcker, trockene Wegränder, Weinberge. Verbreitet.

**Lilie (2 Arten)**

1 Kronblätter turbanartig zurückgebogen (Name!), hellpurpurn. Untere und mittlere Blätter quirlständig.
40 bis 100 cm. ♃. Juni, Juli. Laubwälder. Zerstreut bis selten.
    **Türkenbund-Lilie** ▼ (↗Abb. 349/3)
1* Kronblätter nicht zurückgebogen, feuerrot. Blätter wechselständig. Blattachseln oft mit Brutzwiebeln.
50 bis 100 cm. ♃. Juni, Juli. Bergwiesen. Selten. Zierpflanze
    **Feuer-Lilie** ▼ (↗Abb. 347/2)

**Schachblume (1 Art)**

Blüte nickend, schachbrettartig weiß

349/1 Astlose Graslilie

349/2 Wald-Goldstern

349/3 Türkenbund-Lilie

und purpurn gefleckt. Frucht eine Kapsel. Blätter linealisch.
15 bis 30 cm. ♃. Apr., Mai. Nasse Wiesen. Selten. Zierpflanze.
**Schachblume oder Kiebitzei ▼** (↗Abb. 351/1)

**Tulpe (1 Art)**

Blüte gelb, einzeln, am Ende des Stengels. Blätter breit linealisch, flach. Frucht eine dreikantige Kapsel.
20 bis 45 cm. ♃. Apr., Mai. Weinberge, verwilderte Obstgärten, feuchte Wälder. Selten. **Wilde Tulpe**

**Blaustern oder Szilla (3 Arten)**

Kräuter mit Zwiebeln und grundständigen Blättern. Blüten blau. Früchte Kapseln.
■ **Sibirischer Blaustern ▼** (↗Abb. 351/2)
15 bis 25 cm. ♃. März, Apr. Gebüsche, Parks. Selten. Zierpflanze, auch verwildert.

**Milchstern (3 Arten)**

Kräuter mit Zwiebeln und grundständigen Blättern. Blüten weiß oder grünlich. Früchte Kapseln.
■ **Dolden-Milchstern** (↗Abb. 351/3)
10 bis 30 cm. ♃. Apr., Mai. Weinberge, Wegränder, Wiesen. Zerstreut.

**Traubenhyazinthe (5 Arten)**

Kräuter mit Zwiebeln und grundständigen, linealischen Blättern. Blüten in Trauben, blau. Kronblätter kugelförmig verwachsen. Früchte Kapseln.
■ **Weinbergs-Traubenhyazinthe ▼** (↗Abb. 351/4)
15 bis 30 cm. ♃. Apr., Mai. Weinberge, trockene Hügel. Zerstreut. Blüten duftend.

**Spargel (1 Art)**

Stengel mit nadelförmigen grünen Trieben. Blätter schuppenförmig. Früchte rote Beeren.
30 bis 150 cm. ♃. Mai bis Juli. Hekken, Gebüsche, trockene Wiesen. Zerstreut. Kulturpflanze.
**Gemeiner Spargel** (↗Abb. 347/6)

**Schattenblume (1 Art)**

Stengel meist mit zwei wechselständigen, herzförmigen Blättern. Blüten in Trauben, klein, weiß. Früchte rote Beeren.
5 bis 15 cm. ♃. Mai, Juni. Laub- und Nadelwälder. Verbreitet.
**Zweiblättrige Schattenblume** (↗Abb. 351/5)

**Weißwurz (3 Arten)**

1 Blätter quirlständig, zu 3 bis 6, schmal-lanzettlich. Stengel aufrecht. Blüten zu mehreren in Blattachseln, weiß mit grünen Spitzen. Früchte blauschwarze Beeren.
30 bis 70 cm. ♃. Mai, Juni. Mischwälder der Mittelgebirge. Zerstreut.
**Quirl-Weißwurz**
1* Blätter wechselständig, eiförmig bis elliptisch. Stengel bogig überhängend . . . . . . . . . . . . . . .2
2 Stengel kantig. 1 bis 2 Blüten in einer Blattachsel. Beeren violett.
15 bis 45 cm. ♃. Mai, Juni. Trockene Wälder, Waldränder, Gebüsche. Zerstreut. **Duftende Weißwurz** oder **Salomonssiegel** (↗Abb. 404/6)
2* Stengel stielrund. 3 bis 5 Blüten in einer Blattachsel. Beeren dunkelblau.
30 bis 80 cm. ♃. Mai, Juni. Laubwälder. Verbreitet.
**Vielblütige Weißwurz** (↗Abb. 351/6)

**Maiglöckchen (1 Art)**

Meist 2 Blätter. Blüten in Trauben, weiß, duftend. Früchte rote Beeren.
10 bis 20 cm. ♃. Mai, Juni. Laubwälder, Gebüsche. Verbreitet. Giftig!
**Maiglöckchen** (↗Abb. 352/1)

351/1 Schachblume oder Kiebitzei

351/2 Sibirischer Blaustern

351/3 Dolden-Milchstern

351/4 Weinbergs-Traubenhyazinthe

351/5 Zweiblättrige Schattenblume

351/6 Vielblütige Weißwurz

352/1 Maiglöckchen

352/2 Bären-Lauch

352/3 Gras-Lauch

352/4 Schnittlauch

**Lauch (11 Arten)**

Kräuter mit Zwiebeln. Blüten in Dolden oder Köpfen. Früchte Kapseln. Ganze Pflanze mit Zwiebelduft.

■ **Bären-Lauch** (↗Abb. 352/2) 20 bis 50 cm. ♃. Mai, Juni. Laubwälder. Zerstreut, im Norden selten. Blütenstand ohne Brutzwiebeln. Sehr stark duftend.

■ **Gras-Lauch** (↗Abb. 352/3) 60 bis 100 cm. ♃. Juni, Juli. Wiesen, Gebüsche, Auwälder. Zerstreut. Blütenstand mit Brutzwiebeln.

■ **Schnittlauch** (↗Abb. 352/4) 15 bis 50 cm. ♃. Juni bis Aug. Flußufer, feuchte Wiesen. Verbreitet an Elbe und Saale, sonst selten. Auch als Kulturpflanze angebaut.

| Familie | Amaryllisgewächse |
|---|---|
| Blüten | Zwittrig. Strahlig.<br>6 Kronblätter, frei oder verwachsen;<br>6 Staubblätter;<br>1 Fruchtknoten, unterständig. |
| Früchte | Kapseln, trocken oder fleischig. |
| Blätter | Grundständig, linealisch. |

Allgemeine Angaben: Ausdauernde Kräuter mit Zwiebeln. Viele Zierpflanzen. 860 Arten, im Gebiet 5, geschützt!

**1** Kronblätter verwachsen. Blüte mit Nebenkrone (Abb. 353/1 u. 2). Durchmesser größer als 3 cm. **Narzisse** ↗ S. 354
**1\*** Kronblätter frei. Blüte ohne Nebenkrone. Kleiner als 3 cm . . . . . . 2
**2** Alle 6 Kronblätter gleichlang, mit gelbgrünem Fleck. Blätter grasgrün.
**Knotenblume** ↗ S. 353
**2\*** 3 innere Kronblätter kürzer als die 3 äußeren, nur innere Kronblätter mit grünem Fleck. Blätter blaugrün.
**Schneeglöckchen** ↗ S. 353

**Schneeglöckchen (1 Art)**

2 Blätter, Stengel mit einer Blüte. Frucht eine fleischige Kapsel.
8 bis 20 cm. ♃. Febr., März. Laubwälder, Gebüsche. Zierpflanze, auch verwildert. **Kleines Schneeglöckchen** ▼
(↗ Abb. 353/3)

**Knotenblume (2 Arten)**

**1** Stengel mit 1 bis 2 Blüten. Frucht kreiselförmig. Frühjahrsblüher.
10 bis 30 cm. ♃. Febr. bis Apr. Laubwälder, Gebüsche, feuchte Wiesen. Zerstreut, im Norden selten.
**Frühjahrs-Knotenblume** oder **Märzbecher** ▼ (↗ Abb. 354/1)

353/1          353/2

**1\*** Stengel mit 3 bis 6 Blüten. Frucht kugelig. Sommerblüher.
35 bis 60 cm. ♃. Mai, Juni. Nasse Wiesen, Wälder. Selten.
**Sommer-Knotenblume** ▼

353/3 Kleines Schneeglöckchen

354/1 Frühjahrs-Knotenblume

354/2 Gelbe Narzisse oder Osterglocke

**Narzisse (2 Arten)**

**1**  Blüte weiß; Nebenkrone viel kürzer als die Kronzipfel, schüsselförmig, mit rotem Rand. Blüten duftend. 30 bis 50 cm. ♃. Apr., Mai. Selten. Zierpflanze, verwildert.  **Weiße Narzisse** ▼

**1\***  Blüte gelb. Nebenkrone etwa so lang wie die Kronzipfel, becherförmig, nicht duftend. 15 bis 40 cm. ♃. März, Apr. Selten. Zierpflanze, verwildert.
  **Gelbe Narzisse** oder **Osterglocke** ▼
  (↗Abb. 354/2)

---

**Familie Einbeerengewächse**

Ausdauernde Kräuter. Blüten zwittrig, strahlig. Kelch- und Kronblätter frei. 1 Fruchtknoten oberständig. Früchte Beeren oder Kapseln. Blätter gegenständig oder quirlständig, netzadrig.
53 Arten, im Gebiet 1

---

**Einbeere (1 Art)**

4 elliptische, netzadrige Blätter. Blüte einzeln, mit 4 Kelch- und 4 Kronblättern. Frucht eine blauschwarze Beere. 10 bis 30 cm. ♃. Mai, Juni. Laubwälder. Zerstreut. Giftig.
  **Gemeine Einbeere** (↗Abb. 354/3)

354/3 Gemeine Einbeere

| Familie | Schwertliliengewächse |
|---|---|
| Blüten | Zwittrig. Strahlig oder zweiseitig symmetrisch.<br>6 Kronblätter, meist auffällig gefärbt;<br>3 Staubblätter;<br>1 Fruchtknoten, unterständig. |
| Früchte | Kapseln. |
| Blätter | Grundständig oder ungestielt, den Stengel umschließend. |

Allgemeine Angaben: Ausdauernde Kräuter, mit Zwiebeln, Knollen oder Rhizomen. Viele Zierpflanzen.
1 500 Arten, im Gebiet 7, geschützt!

**1** Blüten zweiseitig-symmetrisch, fast zweilippig (↗Abb. 355/1). Kronröhre gekrümmt. Feuchte Wiesen. 1 seltene Art. **Siegwurz** ▼ (↗Abb. 13/3)
**1\*** Blüten strahlig. Kronröhre gerade
. . . 2

**2** Kronblätter alle gleich (↗Abb. 355/2). Kronröhre lang. Narben keilförmig verbreitert.
**Krokus** ↗S. 356

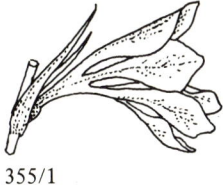

355/1

355/2

356/1

**2\*** Kronblätter unterschiedlich, äußere Kronblätter zurückgeschlagen oder abstehend, innere aufrecht (↗Abb. 356/1). Kronröhre kurz, Narben kronblattartig.

Schwertlilie ↗ S. 356

356/2 Frühlings-Krokus

**Krokus (1 Art)**

Blätter grundständig, schmal linealisch. Blüten weiß, hell- oder dunkelviolett. 8 bis 15 cm. ♃. März, Apr. Selten. Zierpflanze, auch verwildert.

**Frühlings-Krokus** ▼ (↗Abb. 356/2)

**Schwertlilie (5 Arten)**

Kräuter mit Rhizomen, seltener mit Knollen. Blätter schwertförmig. 3 äußere Kronblätter groß, ausgebreitet oder zurückgeschlagen; die 3 inneren Kronblätter klein, aufrecht. Narben kronblattartig. Früchte Kapseln.

■ **Wasser-Schwertlilie** ▼ (↗Abb. 356/3) 60 bis 100 cm. ♃. Mai, Juni. Röhrichte, Gräben, Fluß- und Teichufer. Verbreitet. Kapsel grün, mit hellbraunen Samen.

356/3 Wasser-Schwertlilie

■ **Sibirische Schwertlilie** ▼ (↗Abb. 356/4) 30 bis 80 cm. ♃. Mai, Juni. Feuchte Wiesen. Selten. Kapsel dreikantig, kurz zugespitzt.

356/4 Sibirische Schwertlilie

| Familie | Knabenkrautgewächse oder Orchideen |
|---|---|
| Blüten und Blütenstände | Zwittrig. Zweiseitig symmetrisch; 6 Kronblätter, eines davon als Lippe ausgebildet; 2 oder 1 Staubblatt, mit Anhängsel der Narbe zum Säulchen verwachsen; 1 Fruchtknoten, unterständig. Blüten in Ähren oder Trauben. |
| Früchte | Kapseln mit vielen winzigen Samen. |
| Blätter | Grundständig, wechselständig oder gegenständig; ganzrandig. |

Allgemeine Angaben: Ausdauernde Kräuter, mit Wurzel- oder Sproßknollen. Etwa 20000 Arten, im Gebiet 37, geschützt!

1 Pflanze mit grünen Blättern . . . 3
1* Pflanze ohne grüne Blätter, weißlich, gelblich oder bräunlich . . . . . 2
2 Pflanze gelblich oder bräunlich. Blütenstand mit 10 bis 30 Blüten.
                **Nestwurz** ↗ S. 360
2* Pflanze weißlich oder gelblich. Blütenstand mit 1 bis 6 Blüten.
                2 seltene Arten
3 (1) Lippe schuhförmig (↗ Abb. 357/1), gelb. 1 bis 2 große Blüten.    **Frauenschuh** ↗ S. 358

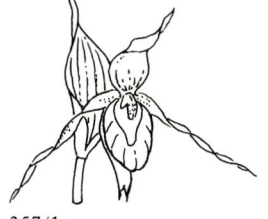

357/1

3* Lippe nicht schuhförmig. Mehr als 2 kleine Blüten . . . . . . . . . 4

4    Blüte mit Sporn (↗Abb. 358/1, 7
u. 8) . . . . . . . . . . . . . . . . 11
4*   Blüte ohne Sporn . . . . . . . . 5
5    Lippe insektenähnlich
(↗Abb. 358/2), mit weichen Haaren
(Lupe!).              **Ragwurz** ↗ S. 360
5*   Lippe nicht insektenähnlich, ohne
Haare . . . . . . . . . . . . . . . . 6
6    Lippe durch eine seitliche Ein-
schnürung zweigliedrig (↗Abb. 358/3)
. . . 7
6*   Lippe nicht zweigliedrig . . . . . 8
7    Innere Kronblätter zusammenneigend (↗Abb. 358/4). Fruchtknoten gedreht, ohne Stiel.
**Waldvögelein** ↗ S. 359
7*   Alle Kronblätter ausgebreitet
(↗Abb. 358/5). Fruchtknoten nicht gedreht, auf gedrehtem Stiel.
**Sitter** ↗ S. 359
8    (6) Blätter gegenständig, eiförmig.
Lippe sehr lang, tief zweispaltig
(↗Abb. 358/6).       **Zweiblatt** ↗ S. 359
8*   Blätter nicht gegenständig. Lippe
kurz, nicht zweispaltig . . . . . . . . 9
9    Blüten weiß. Stengel mit kurzen
Drüsenhaaren . . . . . . . . . . . 10
9*   Blüten gelbgrün. Stengel ohne
Haare.              3 seltene Arten
10   Blätter paralleladrig. Ähre schrau-
big gedreht.
Trockene Hügel. 1 seltene Art.
**Wendelorchis** ▼
10*  Blätter netzadrig. Ähre nicht gedreht.
Nadelwälder. 1 seltene Art.
**Netzblatt** ▼
11   (4) Sporn fadenförmig
(↗Abb. 358/7), länger als der Fruchtknoten . . . . . . . . . . . . . . 12
11*  Sporn walzenförmig
(↗Abb. 358/8), kürzer als der Fruchtknoten . . . . . . . . . . . . . . 13
12   Blüten weiß oder grünlich. Lippe
ungeteilt.       **Waldhyazinthe** ↗ S. 360
12*  Blüten rötlich. Lippe dreilappig.
**Händelwurz** ↗ S. 360
13   (11) Blüte grünlich. Mittelzipfel

358/1        358/2        358/3

358/4        358/5        358/6

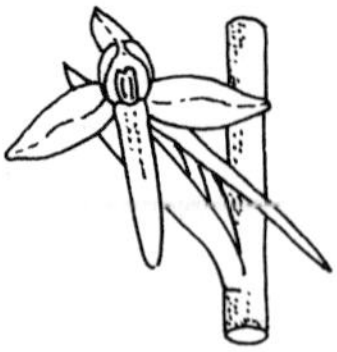

358/7        358/8

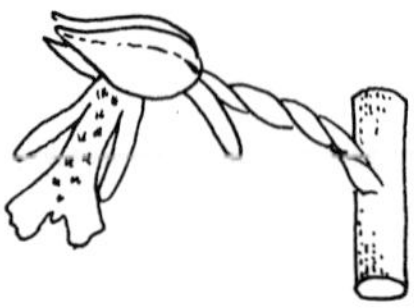

358/9        358/10

der dreiteiligen Lippe über 2 cm lang.
Trockene Wiesen. 1 seltene Art.
**Riemenzunge** ▼ (↗Abb. 13/1)
13*  Blüten rot, selten rosa oder gelb.
Mittelzipfel der dreiteiligen Lippe kür-
zer als 2 cm, oft gespalten.
**Knabenkraut** ↗ S. 361

**Frauenschuh (1 Art)**

Blätter groß, eiförmig. 1 bis 2 Blüten
an langen Stielen. Lippe 3 bis 4 cm
lang, gelb; die übrigen Kronblätter purpurbraun.

15 bis 50 cm. ♃. Mai, Juni. Laubwälder, Gebüsche. Selten.

**Gemeiner Frauenschuh ▼**
(↗ Abb. 359/1)

**Waldvögelein (3 Arten)**

1 Blüten rosa. Stengel und Fruchtknoten mit kurzen Haaren.
30 bis 50 cm. ♃. Juni, Juli. Wälder, Gebüsche. Zerstreut.

**Rotes Waldvögelein ▼**

1* Blüten weiß. Stengel und Fruchtknoten ohne Haare . . . . . . . . . . 2

2 3 bis 8 Blüten, gelblich-weiß. Blätter eiförmig bis lanzettlich. Tragblätter viel länger als der Fruchtknoten (↗ Abb. 358/9).
30 bis 60 cm. ♃. Mai, Juni. Buchenwälder. Zerstreut, im Norden selten.

**Bleiches Waldvögelein ▼**
(↗ Abb. 359/2)

2* 10 bis 20 Blüten, weiß. Blätter schmal lanzettlich. Tragblätter viel kürzer als der Fruchtknoten (↗ Abb. 358/10).
15 bis 45 cm. ♃. Mai, Juni. Laubwälder. Selten.

**Langblättriges Waldvögelein ▼**

**Sitter (5 Arten)**

Blüten in lockeren Trauben. Kronblätter ausgebreitet, Lippe zweigliedrig.
■ **Braunrote Sitter** oder **Strandvanille ▼** (↗ Abb. 359/3)
30 bis 60 cm. ♃. Juni bis Aug. Gebüsche, Dünen. Zerstreut.
Fruchtknoten mit krausen Haaren.
■ **Sumpf-Sitter ▼** (↗ Abb. 360/1)
30 bis 50 cm. ♃. Juni bis Aug. Nasse Wiesen. Zerstreut.

**Zweiblatt (2 Arten)**

■ **Großes Zweiblatt ▼**
(↗ Abb. 360/2)
20 bis 50 cm. ♃. Mai, Juni. Laubwälder, Gebüsche, Wiesen. Verbreitet, im Norden zerstreut.
Stengel mit 2 gegenständigen, eiförmigen Blättern.

359/1 Gemeiner Frauenschuh

359/2 Bleiches Waldvögelein

359/3 Braunrote Sitter oder Strandvanille

360/1  Sumpf-Sitter

360/2  Großes Zweiblatt

360/3  Vogel-Nestwurz

360/4  Grünliche Waldhyazinthe

## Nestwurz (1 Art)

Pflanze ohne grüne Blätter, gelblich bis braun. Blüten mit langer, zweizipfliger Lippe. Frucht eine braune Kapsel.
25 bis 50 cm. ♃. Mai, Juni. Laubwälder. Zerstreut.
            **Vogel-Nestwurz** ▼ (↗Abb. 360/3)

## Waldhyazinthe (2 Arten)

■   **Grünliche Waldhyazinthe** ▼ (↗Abb. 360/4)
20 bis 60 cm. ♃. Mai bis Juli. Laubwälder, feuchte Wiesen, zerstreut.
Blüten mit keulenförmigem Sporn.
Blütenstand pyramidenförmig.

## Händelwurz (1 Art)

Blätter lanzettlich. Blüten in dichter, walziger Ähre. Sporn fast doppelt so lang wie der Fruchtknoten.
25 bis 60 cm. ♃. Mai bis Aug. Wiesen, Wälder und Gebüsche. Verbreitet, im Norden selten.
            **Große Händelwurz** ▼ (↗Abb. 361/1)

## Ragwurz (3 Arten)

■   **Fliegen-Ragwurz** ▼ (↗Abb. 361/2)
15 bis 40 cm. ♃. Mai, Juni. Trockene Wiesen, Gebüsche. Zerstreut.
Blütenstand ± lang, meist mit 4 bis 10 Blüten.
Lippe eine Fliege vortäuschend, pur-

361/1 Große Händelwurz

361/2 Fliegen-Ragwurz

361/3 Bienen-Ragwurz

361/4 Purpur-Knabenkraut

purbraun mit hellblauem oder weißem Fleck.

■ **Bienen-Ragwurz** ▼ (↗Abb. 361/3)
20 bis 40 cm. ♃. Mai, Juni. Trockene Wiesen, Waldränder. Selten.
Blütenstand ± gedrungen, meist mit 3 bis 6 Blüten.
Lippe eine Biene vortäuschend, breit gewölbt, braun mit gelbem Fleck.

### Knabenkraut (12 Arten)

Blätter eiförmig, elliptisch bis lanzettlich. Blüten in Ähren. Krone rot, rosa oder gelb. Blüten mit walzenförmigem Sporn.

■ **Purpur-Knabenkraut** ▼
(↗Abb. 361/4)
30 bis 75 cm. ♃. Mai, Juni. Wälder, Gebüsche, Wiesen. Selten.
Kronblätter zu einem Helm zusammenneigend. Lippe dreispaltig, hellrosa, dunkel punktiert.

■ **Helm-Knabenkraut** ▼
(↗Abb. 362/1)
25 bis 45 cm. ♃. Mai, Juni. Wiesen. Zerstreut.
Blüten duftend. Kronblätter zu einem Helm zusammenneigend, blaßrosa oder grauviolett. Lippe dreispaltig, hellrot mit behaarten dunklen Wärzchen.

362/1 Helm-Knabenkraut

362/2 Blasses Knabenkraut

362/3 Geflecktes Knabenkraut

362/4 Breitblättriges Knabenkraut

■ **Blasses Knabenkraut** ▼
(↗Abb. 362/2)
20 bis 40 cm. ♃. Apr., Mai. Laubwälder, Wiesen. Selten.
Kronblätter mehr oder weniger ausgebreitet. Lippe breit, schwach dreilappig.

■ **Geflecktes Knabenkraut** ▼
(↗Abb. 362/3)
10 bis 60 cm. ♃. Mai bis Aug. Wälder, feuchte Wiesen. Zerstreut.

Lippe breit dreilappig mit dunklen Linien. Blätter immer mit dunklen Flecken.

■ **Breitblättriges Knabenkraut** ▼
(↗Abb. 362/4)
15 bis 70 cm. ♃. Mai, Juni. Nasse Wiesen, Gräben, Sümpfe. Verbreitet.
Lippe deutlich dreiteilig, purpurviolett mit dunklen Linien. Blätter meist mit dunklen Flecken.

| Familie | Binsengewächse |
|---------|----------------|
| Blüten und Blütenstände | Zwittrig. Strahlig.<br>6 Blütenhüllblätter, spelzenartig;<br>6 oder 3 Staubblätter;<br>1 Fruchtknoten, oberständig; mit<br>1 Griffel, mit 3 Narben.<br>Blüten in Rispen oder Büscheln. |
| Früchte | Kapseln. |
| Blätter | Zwei- bis dreizeilig, linealisch flach oder stielrund, borstlich. |
| Sproßachse | Meist ohne Knoten, markig, nie scharfkantig. |

Allgemeine Angaben: Grasähnliche Kräuter.
300 Arten, im Gebiet 27

1    Blätter flach, grasartig, am Rande meist mit Wimperhaaren. Kapsel mit 3 Samen.
     **Hainbinse** oder **Hainsimse** ↗ S. 364
1*   Blätter borstenförmig oder rinnig, oft stengelähnlich, ohne Haare. Kapsel mit vielen Samen.        **Binse** ↗ S. 363

**Binse (20 Arten)**

■    **Flatter-Binse** (↗ Abb. 363/1)
30 bis 150 cm. ♃. Juni bis Aug. Nasse Wiesen, Weiden, Moore. Verbreitet. Stengel glänzend, gelbgrün, glatt.
■    **Zarte Binse** (↗ Abb. 364/1)
15 bis 40 cm. ♃. Juni bis Sept.

363/1 Flatter-Binse

Feuchte Waldwege. Verbreitet.
Kapseln kürzer als die Blütenhüllblätter.

■ **Glieder-Binse** (↗Abb. 364/2)
10 bis 60 cm. ♃. Juli bis Sept. Nasse
Wiesen, Wege, Gräben. Verbreitet.
Blätter innen durch Querwände in Fächer geteilt (Querwände spürbar). Kapseln stachelspitzig, glänzend.

■ **Zusammengedrückte Binse**
(↗Abb. 364/3)
15 bis 30 cm. ♃. Juli, Aug. Feuchte
Wege, Weiden, Wiesen, See- u. Teichufer. Verbreitet, im Norden zerstreut.
Stengel zusammengedrückt, graugrün.

**Hainbinse oder Hainsimse (7 Arten)**

■ **Haar-Hainbinse** (↗Abb. 365/1)
15 bis 30 cm. ♃. Apr., Mai. Wälder,
Gebüsche. Verbreitet.
Pflanze mit kriechenden Ausläufern.
Blätter mit langen weißen Haaren.

■ **Schmalblättrige Hainbinse**
(↗Abb. 365/2)
30 bis 70 cm. ♃. Juni, Juli. Wälder,
Gebüsche. Verbreitet.
Ausläufer höchstens 4 cm lang. Blätter
mit anliegenden Wimperhaaren.

■ **Vielblütige Hainbinse**
20 bis 50 cm. ♃. Apr., Mai. Wiesen,
Heiden. Verbreitet.
Blätter mit abstehenden Wimperhaaren. Blütenhüllblätter braun mit hellerem Rand.

364/1 Zarte Binse

364/2 Glieder-Binse

364/3 Zusammengedrückte Binse

365/1  Haar-Hainbinse

365/2  Schmalblättrige Hainbinse

| Familie | Riedgrasgewächse oder Sauergräser |
|---|---|
| Blüten und Blütenstände | Zwittrig oder eingeschlechtig, unscheinbar. Blütenhülle aus Schuppen oder Borsten, oft fehlend; 3 Staubblätter, selten 2; 1 Fruchtknoten, oberständig, mit 2 bis 3 Narben. Eine bis viele Blüten in Ährchen, Ährchen meist zu Ähren, Rispen oder Köpfen vereinigt, selten einzeln. |
| Früchte | Nüsse, dreikantig oder linsenförmig. |
| Blätter | Dreizeilig, Blattscheiden geschlossen. |
| Sproßachse | Markig, oft dreikantig, ohne Knoten. |

Allgemeine Angaben: Meist ausdauernde Kräuter. Bevorzugt auf feuchten und nassen Standorten.
3 700 Arten, im Gebiet etwa 96

1 Pflanze zur Fruchtzeit (etwa ab Mai) mit weißen, glänzenden Haarbüscheln (↗Abb. 367/1).
**Wollgras** ↗ S. 368
1* Pflanze ohne Haarbüschel . . . . 2
2 Fruchtknoten und Frucht von krugförmigem Schlauch umhüllt (Lupe!), aus dem nur 2 bis 3 Narben herausragen (↗Abb. 367/2). Blüten eingeschlechtig. **Segge** ↗ S. 371
2* Fruchtknoten und Frucht nicht von einem krugförmigen Schlauch umhüllt (Lupe!). Blüten zwittrig (↗Abb. 367/3) . . . . . . . . . . . . 3
3 Stengel nur mit einem aufrechten Ährchen . . . . . . . . . . . . . . . 4
3* Stengel mit mehreren Ährchen in Rispen, Ähren, Köpfen oder Büscheln . . . 5
4 Oberstes Blatt mit kurzer Blattfläche (↗Abb. 367/4). Moore. 1 seltene Art. **Haarsimse**
4* Oberstes Blatt ohne Blattfläche (↗Abb. 367/5). **Sumpfsimse** ↗ S. 368
5 (3) Ährchen in einer endständigen braunen zweizeiligen Ähre (↗Abb. 367/6). Nasse Wiesen, Salzwiesen. 2 seltene Arten. **Quellried**
5* Ährchen in Rispen, Köpfen oder Büscheln . . . . . . . . . . . . . . . 6
6 Ährchen mit 2 bis 3 Blüten, darunter kleinere, leere Deckblätter (Lupe!) . . . . . . . . . . . . . . . . 7
6* Ährchen mit vielen Blüten, ohne kleinere, leere Deckblätter (Lupe!) . . 9
7 Blätter mit Sägezähnen (↗Abb. 367/7 u. 8), scharf schneidend. Sumpfpflanzen, 1 bis 2 m hoch. 1 seltene Art. **Schneide**
7* Blätter ohne Sägezähne. Moorpflanzen, bis 50 cm hoch . . . . . . 8
8 Stengel mit 1 Ährchenbüschel (↗Abb. 367/9). 2 seltene Arten. **Kopfried**
8* Stengel mit mehreren Ährchenbü-

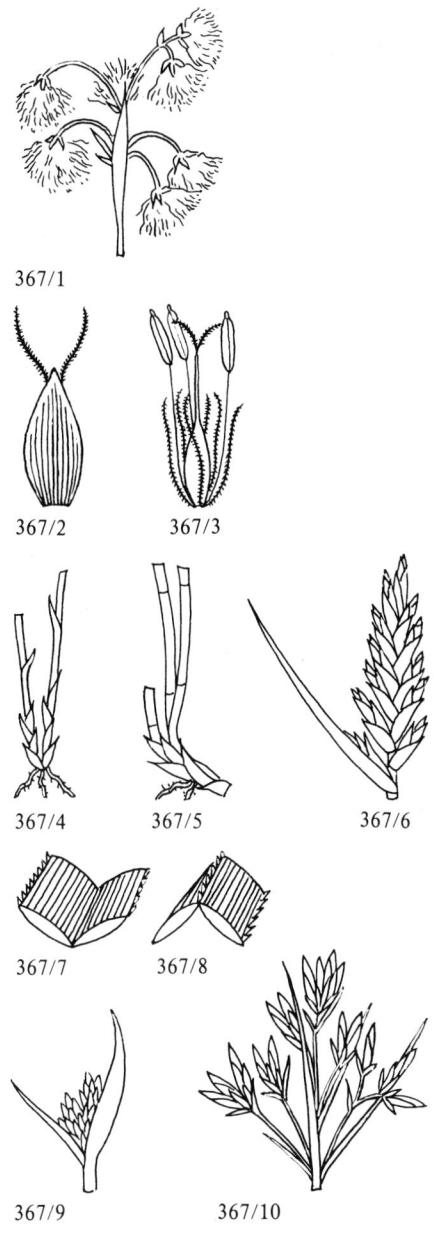

367/1

367/2      367/3

367/4      367/5      367/6

367/7      367/8

367/9      367/10

scheln (↗Abb. 367/10). 2 seltene Arten. **Schnabelried**
9 (6) Blüten in den Ährchen zwei-

368/1 u. 368/2 Schmalblättriges Wollgras, blühend und fruchtend

368/3 Gemeine Sumpfsimse      368/4 Gemeine Teichsimse

368/5

zeilig angeordnet. Deckblätter gekielt. Ährchen daher flach (↗Abb. 368/5). Moor- und Teichböden. 2 seltene Arten. **Zypergras**

9* Blüten in den Ährchen spiralig angeordnet. Ährchen im Querschnitt rundlich.

**Gattungsgruppe Simsen** ↗ S. 369

**Wollgras (3 Arten)**

■ **Schmalblättriges Wollgras**
(↗Abb. 368/1 u. 2)
30 bis 60 cm. ♃. Apr., Mai. Moore. Verbreitet.
Stengel unten stielrund, oben stumpf dreikantig.

**Sumpfsimse (7 Arten)**

■ **Gemeine Sumpfsimse**
(↗Abb. 368/3)
5 bis 100 cm. ♃. Mai bis Aug. Röhrichte, Sümpfe, Gräben, nasse Wiesen. Verbreitet. Pflanze mit Ausläufern.

369/1 Wald-Simse

369/2 Gemeine Strandsimse

369/3 Salz-Teichsimse

369/4 Sand-Segge

## Gattungsgruppe Simsen (10 Arten)

☐ **Simse (2 Arten)**

■ **Wald-Simse** (↗Abb. 369/1)
60 bis 100 cm. ♃. Mai bis Juli.
Sümpfe, nasse Wiesen und Wälder.
Verbreitet.
Stengel dreikantig, Ährchen 4 bis
6 mm lang. Spelzen mit Stachelspitze.

☐ **Teichsimse (5 Arten)**

■ **Gemeine Teichsimse**
(↗Abb. 368/4)
1 bis 4 m. ♃. Mai bis Juli. Röhrichte.
Verbreitet.
Stengel stielrund. Blüten mit 3 Narben.

■ **Salz-Teichsimse** (↗Abb. 369/3)
60 bis 150 cm. ♃. Juni, Juli. Röhrichte. Verlandungspflanze im Brackwasser. Zerstreut.
Stengel graugrün bis braungrün. Blüten mit 2 Narben.

☐ **Strandsimse (1 Art)**

■ **Gemeine Strandsimse**
(↗Abb. 369/2)
30 bis 100 cm. ♃. Juni bis Aug. Röhrichte in Salz- und Brackwasser. An der Küste verbreitet.
Stengel scharf dreikantig, rauh. Spelzen an der Spitze zweispaltig. Ährchen
1 bis 2 cm lang.

370/1 Hasenpfoten-Segge

370/2 Rispen-Segge

370/3 Wiesen-Segge

370/4 Fuchs-Segge

370/5 Scheinzyper-Segge

370/6 Sparrige Segge

**Segge (etwa 65 Arten)**

Blätter grasartig. Blüten eingeschlechtig, in Ährchen. ♂ Blüte mit 3 Staubblättern; ♀ Blüte mit 1 Fruchtknoten. Fruchtknoten eingehüllt in einen krugförmigen Schlauch, aus dem 2 oder 3 Narben herausragen.

■ **Sand-Segge** (↗Abb. 369/4)
15 bis 45 cm. ♃. Mai, Juni. Dünen, trockene Wiesen, Kiefernwälder. Verbreitet, im Süden selten.
Obere Ährchen aus ♂ Blüten, mittlere aus ♂ und ♀ Blüten, untere nur aus ♀ Blüten.

■ **Hasenpfoten-Segge** (↗Abb. 370/1)
20 bis 60 cm. ♃. Juni, Juli. Wiesen, Weiden, Nadelwälder. Verbreitet.
Alle Ährchen an der Spitze mit ♀ und am Grunde mit ♂ Blüten.

■ **Rispen-Segge** (↗Abb. 370/2)
40 bis 100 cm. ♃. Mai, Juni. Sümpfe, nasse Wälder. Verbreitet.
Ährchen an der Spitze mit ♂, am Grunde mit ♀ Blüten.

■ **Wiesen-Segge** (↗Abb. 370/3)
5 bis 25 cm. ♃. Mai bis Aug. Nasse Wiesen, Moore, Ufer. Verbreitet.
Blütenstand mit 1 ♂ Ährchen an der Spitze und mehreren kurzen ♀ Ährchen darunter.

■ **Fuchs-Segge** (↗Abb. 370/4)
30 bis 180 cm. ♃. Mai, Juni. Nasse Wiesen, Röhrichte, Gräben. Verbreitet.

■ **Scheinzyper-Segge** (↗Abb. 370/5)
40 bis 100 cm. ♃. Juni, Juli. Röhrichte, Ufer, Gräben, nasse Wiesen. Zerstreut.
Blütenstand mit einem ♂ Ährchen an der Spitze, darunter 4 bis 6 langgestielte, hängende ♀ Ährchen.

■ **Sparrige Segge** (↗Abb. 370/6)
20 bis 60 cm. ♃. Mai bis Aug. Gebüsche, Laubmischwälder. Verbreitet.
Blätter 2 bis 4 mm breit. Pflanze dichtrasig wachsend. Stengel im oberen Teil rauh. Ährchen an der Spitze ♂, am Grunde ♀.

| Familie | Süßgräser |
|---|---|
| Blüten und Blütenstände | Zwittrig, unscheinbar. Jede Blüte mit 1 Deck- und 1 Vorspelze. Meist 3 Staubblätter; 1 Fruchtknoten, oberständig, mit 2 Narben; 1 bis viele Blüten in Ährchen zusammengefaßt; Jedes Ährchen am Grunde mit 2 Hüllspelzen (selten 0 bis 4). Ährchen in Ähren, Rispen, Ährenrispen. |
| Früchte | Nüsse (Samenschale und Fruchtwand sind verwachsen). |
| Blätter | Zweizeilig, aus einer röhrigen, offenen Blattscheide und der Blattspreite bestehend. An Übergangsstelle häufig mit Blatthäutchen. Halm meist stielrund, hohl, knotig. |

Allgemeine Angaben: Einjährige oder ausdauernde Kräuter. Weltweit verbreitet. Nutzpflanzen: z. B. Weizen, Roggen, Gerste, Hafer, Mais; viele Futtergräser und Ziergräser.
8 000 Arten, im Gebiet 150, geschützt: Federgras

373/1 Roggen

373/2 Weizen

373/3 Gerste

373/4 Hafer

373/5 Mais

373/6 Pampasgras

374/1 Bandgras

374/2 Silberfahnengras

## Bestimmung nach dem Blütenstand

| | | |
|---|---|---|
| Ährchen ungestielt oder an kurzen unverzweigten Stielen. Ähren einzeln oder zu mehreren handförmig angeordnet.<br>**Ährengräser**<br>↗ S. 374 | Ährchen an kurzen, stets verzweigten Stielen. Verzweigung meist erst beim Umbiegen der Ährenrispe erkennbar.<br>**Ährenrispengräser**<br>↗ S. 376 | Ährchen an langen, häufig verzweigten Stielen. Ährchen meist einzeln, selten am Ende längerer Äste in Knäueln.<br>**Rispengräser**<br>↗ S. 377 |

### Ährengräser

1   Halm an der Spitze mit einer Ähre (↗ Abb. 375/1) . . . . . . . . . 2
1*   Halm an der Spitze mit mehreren Ähren (↗ Abb. 375/2 u. 3) . . . . . 10

2   1 Ährchen (↗ Abb. 375/4) auf jedem Absatz der Ährenspindel . . . . 3
2*   3 Ährchen (↗ Abb. 375/5) auf jedem Absatz der Ährenspindel . . . . 8
3   Ährchen mit mehreren Blüten

(Lupe!) . . . . . . . . . . . . . . . . 4
3* Ährchen mit einer Blüte (Lupe!) 7
4 Ährchen kurz gestielt
(↗Abb. 375/7).      **Zwenke** ↗ S. 379
4* Ährchen ungestielt . . . . . . . . 5
5 Grannen gekniet (↗Abb. 375/6).
1 seltene Art.          **Ährenhafer**
5* Grannen gerade (↗Abb. 375/8)
oder nicht vorhanden (↗Abb. 375/9) 6
6 Ährchen mit der schmalen Seite
zur Spindel gerichtet (↗Abb. 375/10).
Ährchen mit 1 Hüllspelze, nur end-
ständiges Ährchen mit 2 Hüllspelzen.
                 **Lolch** ↗ S. 380
6* Ährchen mit der breiten Seite zur
Spindel gerichtet (↗Abb. 375/11). Alle
Ährchen mit 2 Hüllspelzen.
            **Quecke** ↗ S. 383
7 (3) Ähre dicker als der Halm.
Ährchen kammartig abstehend
(↗Abb. 375/12).     **Borstgras** ↗ S. 389
7* Ähre nicht dicker als der Halm.
Ährchen in Vertiefungen der Spindel
eingesenkt (↗Abb. 375/13).
1 seltene Art.        **Dünnschwanz**
8 (2) Strandpflanzen. Ährchen ohne
Grannen.      **Strandroggen** ↗ S. 384
8* Wald-, Wiesen- oder Wegrandpflanzen. Ährchen mit Granne . . . . 9
9 Waldpflanzen. Gipfelährchen der
Ähre deutlich ausgebildet
(↗Abb. 375/14).    **Waldgerste** ↗ S. 384
9* Wiesen- oder Wegrandpflanzen.
Gipfelährchen der Ähre verkümmert
(↗Abb. 375/15).       **Gerste** ↗ S. 384
10 (1) Ähren traubenförmig angeordnet (↗Abb. 375/3).
          **Hühnerhirse** ↗ S. 389
10* Ähren handförmig angeordnet
(↗Abb. 375/2) . . . . . . . . . . . 11
11 Alle Ähren entspringen an einem
Punkt (↗Abb. 376/1).
Sandige Schuttplätze. 1 seltene Art.
             **Hundszahn**
11* Ähren entspringen nicht an einem
Punkt, stehen aber dicht zusammen
(↗Abb. 376/2) . . . . . . . . . . . 12

375/1    375/2       375/3

375/4      375/5       375/6

375/7       375/8      375/9

375/10   375/11   375/12   375/13

375/14        375/15

12 Ährchen mit borstigen Haaren und mit Granne.
Trockene Hügel. 1 seltene Art.
**Bartgras**
12* Ährchen ohne Haare und ohne Granne. . . . . . . **Fingerhirse** ↗ S. 390

**Ährenrispengräser**

1 Ährenrispe mit silbrigen Haaren. Deckspelzen am Rande mit langen seidigen Wimperhaaren (↗ Abb. 376/3).
**Perlgras** ↗ S. 383
1* Ährenrispe ohne silbrige Haare. Deckspelzen ohne Haare oder mit kurzen Haaren . . . . . . . . . . . . . . . 2
2 Hüllspelze stachlig, klettenähnlich (↗ Abb. 376/4). 1 seltene Art.
**Klettengras**
2* Hüllspelze nicht stachlig, nicht klettenähnlich . . . . . . . . . . . . . 3
3 Ährenrispe mit langen, weit herausragenden Borsten (↗ Abb. 376/5).
**Borstenhirse** ↗ S. 390
3* Ährenrispe ohne Borsten . . . . 4
4 Jedes Ährchen am Grunde mit einem kammförmigen Blättchen (↗ Abb. 376/6). **Kammgras** ↗ S. 382
4* Jedes Ährchen am Grunde ohne kammförmiges Blättchen . . . . . . 5
5 Ährchen mit einer Blüte (Lupe!) 6
5* Ährchen mit mehreren Blüten (Lupe!) . . . . . . . . . . . . . . . . 9
6 Ährenrispe locker, Ährchen verdecken Spindel nicht völlig. Pflanze stark duftend. Blüten mit 2 Staubblättern. **Ruchgras** ↗ S. 388
6* Ährenrispe dicht. Ährchen verdecken Spindel völlig. Pflanze nicht duftend. Blüten mit 3 Staubblättern . . . 7
7 Dünenpflanzen. Blüten am Grunde von Haaren umgeben
**Strandhafer** ↗ S. 384
7* Keine Dünenpflanzen. Blüten am Grunde ohne Haare . . . . . . . . . 8
8 Ährchen mit 2 Spitzen und u-förmigem Einschnitt (↗ Abb. 376/7). Hüllspelzen mit Spitzen oder Grannen.
**Lieschgras** ↗ S. 388

376/1

376/2

376/3

376/4

376/5

376/6

376/7

376/8

8* Ährchen eiförmig (↗ Abb. 376/8). Hüllspelzen ohne Spitzen oder Grannen. **Fuchsschwanzgras** ↗ S. 388
9 (5) Pflanze 5 bis 10 cm hoch . 10
9* Pflanze 15 bis 60 cm hoch . . 11
10 Blätter borstenförmig. Deckspelze mit Granne.
Sandige Stellen. Im Norden verbreitet. 2 Arten. **Haferschmiele**
10* Blätter flach. Deckspelze ohne Granne.

Wege, Schuttplätze. 1 seltene Art.
**Hartgras**
11 (9) Deckspelze mit langer Granne.
Blüten mit 1 Staubblatt. 2 seltene Arten.
**Federschwingel**
11* Deckspelze ohne Granne, manchmal mit kurzer Spitze. Blüten mit
3 Staubblättern . . . . . . . . . . . 12
12 Ährenrispe walzenförmig, länger
als 2 cm. Narbe federförmig.
**Schillergras** ↗ S. 386
12* Ährenrispe eiförmig, kürzer als
2 cm. Narbe fadenförmig.
**Blaugras** ↗ S. 383

**Rispengräser**

1 Ährchen mit einer Blüte (Lupe!) .
. . . 2
1* Ährchen mit mehreren Blüten
(Lupe!) . . . . . . . . . . . . . . . 10
2 Ährchen mit langer, herausragender Granne . . . . . . . . . . . . . 3
2* Ährchen mit kurzer Granne oder
ohne Granne . . . . . . . . . . . . 4
3 Granne bis 1 cm lang.
**Windhalm** ↗ S. 385
3* Granne 8 bis 20 cm lang.
**Federgras** ↗ S. 387
4 (2) Ährchen rund, mehr oder weniger kugelförmig . . . . . . . . . . 5
4* Ährchen seitlich zusammengedrückt . . . . . . . . . . . . . . . 6
5 Rispenäste nach allen Seiten gerichtet. Ährchen immer grün.
**Flattergras** ↗ S. 387
5* Rispenäste nach einer Seite gerichtet. Ährchen oft mehrfarbig.
**Perlgras** ↗ S. 383
6 (4) Ährchen mit Hüllspelzen . . 8
6* Ährchen ohne Hüllspelzen . . . 7
7 Pflanze 2 bis 6 cm hoch. Ährchen
bis 1 mm lang.
Schlammböden. 1 seltene Art.
**Scheidenblütgras**
7* Pflanze 50 bis 150 cm hoch; gelbgrün, mit Ausläufern. Ährchen 4 bis
5 mm lang.

Bachufer, Gräben. 1 seltene Art.
**Reisquecke**
8 (6) Ährchen an den Rispenästen
knäulig gehäuft. Blattfläche glatt.
**Glanzgras** ↗ S. 388
8* Ährchen an den Rispenästen lokker angeordnet. Blattfläche gerillt . . 9
9 Pflanze 60 bis 150 cm hoch, derb.
Ährchenachse mit einem Haarkranz.
**Reitgras** ↗ S. 384
9* Pflanze 20 bis 80 cm hoch, zierlich. Ährchenachse ohne Haarkranz.
**Straußgras** ↗ S. 385
10 (1) Ährchen knäuelartig am Ende
der langen Rispenäste gehäuft
(↗ Abb. 377/1). **Knäuelgras** ↗ S. 382
10* Ährchen nicht knäuelartig gehäuft . . . . . . . . . . . . . . . 11
11 Hüllspelzen etwa so lang wie das
Ährchen . . . . . . . . . . . . . . 12
11* Hüllspelzen deutlich kürzer als
das Ährchen . . . . . . . . . . . . 17
12 Rispe ausgebreitet, nicht traubenförmig (↗ Abb. 377/3). Deckspelzen

377/1          377/2          377/3

mit Granne (teilweise im Ährchen verborgen) . . . . . . . . . . . . . . 13
12* Rispe schmal, traubenförmig
(↗ Abb. 377/2). Deckspelzen ohne
Granne.
Heiden, Wiesen, Nadelwälder. 1 zerstreute Art. **Dreizahn**
13 Ährchen groß, 8 bis 20 cm lang.
**Gattungsgruppe Hafer** ↗ S. 385
13* Ährchen klein, 2 bis 5 cm lang . 14
14 Blätter borstlich, silbergrau. Blatt-

scheiden rosa.  **Silbergras** ↗ S. 386
14* Blätter breit, grün . . . . . . . 15
15 Halme wenigstens an den Knoten
mit weichen Haaren. **Honiggras** ↗ S. 386
15* Halme ohne Haare . . . . . . . 16
16 Pflanze duftend. Grannen im Ährchen verborgen. Ährchen mit 3 Blüten.
2 seltene Arten.  **Mariengras**
16* Pflanze nicht duftend. Grannen
aus den Ährchen herausragend. Ährchen mit 2 Blüten.  **Schmiele** ↗ S. 386
17 (11) Pflanze 1 bis 4 m hoch. Im
Röhricht wachsend . . . . . . . . 18
17* Pflanze entweder unter 1 m hoch
oder nicht im Röhricht wachsend . 20
18 Blatthäutchen durch einen Haarkranz ersetzt (↗ Abb. 378/1). Narben
purpurrot.  **Schilf** ↗ S. 389
18* Blatthäutchen vorhanden
(↗ Abb. 378/2 u. 3). Narben weiß. 1
bis 2 m hohe Gräser . . . . . . . . 19
19 Blattsscheiden offen. Ährchenachse behaart.
Fluß- und Seeufer. 1 seltene Art.
  **Schwingelschilf**
19* Blattscheiden fast bis zur Mün-
dung geschlossen. Ährchen nicht behaart.  **Schwaden** ↗ S. 381
20 (17) Ährchen herzförmig
(↗ Abb. 378/4).  **Zittergras** ↗ S. 382
20* Ährchen eiförmig bis lanzettlich
  . . . 21
21 Stengel nur am Grunde mit Knoten und Blättern. Narben purpurrot.
  **Pfeifengras** ↗ S. 389
21* Stengel bis oben mit Knoten und
Blättern. Narben weiß . . . . . . . 22
22 Blatthäutchen durch einen Haarkranz ersetzt (↗ Abb. 378/5).
  **Liebesgras** ↗ S. 389
22* Blatthäutchen häutig oder fehlend, nie ein Haarkranz . . . . . . 23
23 Blattfläche mit Doppelrille (Schie-
nenblatt ↗ Abb. 378/6). Deckspelze auf
dem Rücken gekielt (↗ Abb. 378/7;
Lupe!).  **Rispengras** ↗ S. 381
23* Blattfläche ohne Doppelrille.

378/1  378/2  378/3

378/4  378/5  378/6

378/7  378/8

Deckspelze auf dem Rücken abgerundet (↗ Abb. 378/8; Lupe!) . . . . . . 24
24 Deckspelze mit Granne oder
scharf zugespitzt . . . . . . . . . . 25
24* Deckspelze ohne Granne, stumpf
oder gestutzt . . . . . . . . . . . . 26
25 Rispenäste nach einer Seite gerichtet. Nur 1 bis 2 Rispenäste im unteren Quirl. Deckspelze mit einer
Spitze (Lupe!).  **Schwingel** ↗ S. 380
25* Rispenäste meist nach 2 Seiten
gerichtet. Meist mehr als 2 Rispenäste
im unteren Quirl. Deckspelze kurz,
mit 2 Spitzen (Lupe!).  **Trespe** ↗ S. 379
26 (24) Blattscheiden offen. Bis
6 Blüten in jedem Ährchen.
  **Salzschwaden** ↗ S. 380
26* Blattscheiden geschlossen. Bis
11 Blüten in jedem Ährchen.
  **Schwaden** ↗ S. 381

379/1 Wald-Trespe

379/2 Wehrlose Trespe

379/3 Dach-Trespe

379/4 Weiche Trespe

**Trespe (16 Arten)**

Blütenstand eine große, meist lockere Rispe. Ährchen mit vielen Blüten, meist mit Grannen.

■ **Wald-Trespe** (↗ Abb. 379/1) 80 bis 150 cm. ⦁. Juli, Aug. Laubwälder. Verbreitet, im Norden und Osten selten.
Ährchen mit Grannen. Blattscheiden behaart.

■ **Wehrlose Trespe, Unbegrannte Trespe** (↗ Abb. 379/2) 30 bis 90 cm. ⦁. Juni, Juli. Trockene Wiesen, Schuttplätze. Verbreitet. Pflanze mit Ausläufern.

■ **Dach-Trespe** (↗ Abb. 379/3) 10 bis 45 cm. ☉. Mai, Juni. Schutt, Mauern, Wegränder. Verbreitet. Rispenäste glatt, Halm unter der Rispe mit kurzen Haaren. Blatthäutchen kurz.

■ **Weiche Trespe** (↗ Abb. 379/4) 5 bis 80 cm. ☉, ☉. Mai bis Juli. Wegränder, Wiesen, Äcker. Verbreitet. Ährchen oval, Ährchen und Blattscheiden mit weichen Haaren.

**Zwenke (2 Arten)**

1  Traube aufrecht. Granne kürzer als Deckspelze. Stengel und Blätter steif. Pflanze hellgrün.

60 bis 100 cm. ♃. Juni, Juli. Gebüsche, trockene Hänge. Verbreitet, im Norden selten.          **Fieder-Zwenke**
1*  Traube überhängend. Granne mindestens so lang wie Deckspelze. Stengel und Blätter schlaff. Pflanze dunkelgrün.
60 bis 120 cm. ♃. Juli, Aug. Laubwälder. Verbreitet.          **Wald-Zwenke**
**Lolch (2 Arten)**

■  **Vielblütiger Lolch** oder **Welsches Weidelgras**
30 bis 100 cm. ①, ⊙, ⊗. Juni bis Aug. Wiesen, Wege. Verbreitet. Wichtiges Futtergras.
Ährchen mit Grannen. Blattscheiden etwas rauh.

**Schwingel (16 Arten)**

Blütenstand eine Rispe, Äste zu einer Seite gewendet. Ährchen mit vielen Blüten.
■  **Schaf-Schwingel** (↗ Abb. 380/1)
10 bis 60 cm, ♃. Mai bis Aug. Heiden, trockene Eichen-Kiefernwälder, sonnige Hänge. Verbreitet.
Rispe zur Blütezeit ausgebreitet, sonst zusammengezogen. Blätter borstlich, zusammengefaltet.
■  **Riesen-Schwingel** (↗ Abb. 380/2)
60 bis 150 cm. ♃. Juli, Aug. Laubwälder, Gebüsche. Verbreitet.
Ährchen mit langer geschlängelter Granne. Blattscheiden der unteren Blätter mit spitzem Anhängsel, den Stengel umfassend.
■  **Wiesen-Schwingel** (↗ Abb. 380/3)
40 bis 100 cm. ♃. Juni, Juli. Wiesen, Weiden. Verbreitet. Weidegras.
Ährchen ohne Grannen. Blätter am Rande rauh. Blattscheiden vom Grunde an offen.

**Salzschwaden (2 Arten)**

■  **Gemeiner Salzschwaden**
(↗ Abb. 381/1)

380/1  Schaf-Schwingel

380/2  Riesen-Schwingel

380/3  Wiesen-Schwingel

381/1 Gemeiner Salzschwaden

381/2 Flutender Schwaden

381/3 Einjähriges Rispengras

381/4 Wiesen-Rispengras

15 bis 50 cm. ♃. Juli bis Okt. Salzwiesen, Ostseeküsten. Zerstreut.
Rispenäste rauh, zur Blütezeit waagerecht, zur Fruchtzeit herabgeschlagen.

## Schwaden (5 Arten)

■ **Flutender Schwaden**
(↗ Abb. 381/2)
40 bis 100 cm. ♃. Mai bis Aug. Fließende Gewässer. Verbreitet.
Blattscheiden zweischneidig, zusammengedrückt. Blatthäutchen bis 10 mm lang. Rispenäste zur Fruchtzeit anliegend.

## Rispengras (10 Arten)

Blütenstand meist eine pyramidenförmige Rispe. Ährchen zusammengedrückt, ohne Grannen.

■ **Einjähriges Rispengras**
(↗ Abb. 381/3)
2 bis 50 cm. ⊙, ◑. Jan. bis Dez. Äkker, Gärten, Wege, Weiden. Verbreitet.
Blatthäutchen länglich, weiß.

■ **Wiesen-Rispengras** (↗ Abb. 381/4)
20 bis 90 cm. ♃. Mai, Juni. Wiesen, Weiden, Wege. Verbreitet.
Deckspelze zottig. Blatthäutchen gestutzt.

382/1 Hain-Rispengras

382/2 Gemeines Knäuelgras

382/3 Weide-Kammgras

382/4 Gemeines Zittergras

■ **Hain-Rispengras** (↗Abb. 382/1)
30 bis 80 cm. ♃. Juni, Juli. Laubwälder, Gebüsche. Verbreitet.
Blattspreiten der Halmblätter rechtwinklig abstehend (Wegweisergras).

### Knäuelgras (2 Arten)

1 Pflanze graugrün. Ährchen mit 3 bis 4 Blüten. Deckspelze mit kurzer Granne.
50 bis 120 cm, ♃. Mai bis Juli. Wiesen, Weiden, Wegränder. Verbreitet.
 **Gemeines Knäuelgras** (↗Abb. 382/2)

1* Pflanze hellgrün. Ährchen mit 5 bis 6 Blüten. Deckspelze ohne Granne.
50 bis 120 cm. ♃. Mai bis Juli. Laubwälder. Zerstreut. **Wald-Knäuelgras**

### Kammgras (2 Arten)

■ **Weide-Kammgras** (↗Abb. 382/3)
20 bis 60 cm, ♃. Juni, Juli. Wiesen, Weiden. Verbreitet.
Ährchen mit 2 bis 5 Blüten, am Grunde mit kammförmigen Blättchen.

### Zittergras (1 Art)

Ährchen herzförmig, hängend.

383/1 Nickendes Perlgras

383/2 Einblütiges Perlgras

383/3 Gemeine Quecke

383/4 Mäuse-Gerste

20 bis 50 cm. ♃. Mai, Juni. Wiesen, Weiden. Verbreitet.

**Gemeines Zittergras** (↗Abb. 382/4)

**Perlgras (5 Arten)**

Blütenstand lockere oder ährenförmige Rispe. Ährchen eiförmig bis kugelig, mit 1 bis 2 Blüten, ohne Grannen.
■ **Nickendes Perlgras** (↗Abb. 383/1) 30 bis 60 cm, ♃. Mai, Juni. Laubwälder, Gebüsche. Verbreitet, im Norden zerstreut.
■ **Einblütiges Perlgras** (↗Abb. 383/2)

30 bis 50 cm. ♃. Mai, Juni. Laubwälder. Zerstreut. Ährenrispe grün.

**Blaugras (1 Art)**

Ährchen mit 2 bis 3 Blüten. Blätter flach. Pflanze schieferblau.
10 bis 45 cm. ♃. März bis Mai. Trokkene Wiesen, Wälder. Verbreitet im Südwesten.                **Kalk-Blaugras**

**Quecke (4 Arten)**

■ **Gemeine Quecke** (↗Abb. 383/3) 30 bis 150 cm, ♃. Juni bis Aug. Äcker, Gärten, Wegränder, Dünen. Verbreitet.

Ährchen zweizeilig, eiförmig. Blätter flach, oberseits rauh.

## Gerste (2 Arten)

1 Pflanze grasgrün. Blattscheiden nicht behaart. Ähre 5 bis 12 cm lang, Grannen bis 25 mm lang. 15 bis 40 cm. ☉, ☉. Juni bis Okt. Schuttplätze, Wegränder, Mauern. Verbreitet. **Mäuse-Gerste** (↗Abb. 383/4)
1* Pflanze graugrün. Unterste Blattscheiden behaart. Ähre 2 bis 5 cm lang. Grannen bis 15 mm lang. 30 bis 60 cm, ♃. Juni bis Aug. Salzwiesen. An der Küste verbreitet, sonst selten. **Wiesen-Gerste**

384/1 Waldgerste oder Waldhaargras

## Waldgerste (1 Art)

Ähre dicht, schmal, aufrecht. Untere Blattscheiden mit abstehenden, langen, weichen Haaren. Blätter flach, oberseits behaart. 60 bis 120 cm. ♃. Juni bis Aug. Laubwälder. Zerstreut.
**Waldgerste** oder **Waldhaargras** (↗Abb. 384/1)

## Strandroggen (1 Art)

Pflanze blaugrün, nicht behaart. Blätter steif, stechend, eingerollt. 60 bis 120 cm. ♃. Juni bis Aug. An der Küste verbreitet, sonst selten.
**Strandroggen** oder **Blauer Helm**

384/2 Gemeiner Strandhafer

## Strandhafer (2 Arten)

■ **Gemeiner Strandhafer** (↗Abb. 384/2)
60 bis 100 cm. ♃. Juni, Juli. An der Küste verbreitet, sonst zerstreut. Zur Dünenbefestigung angepflanzt. Blatthäutchen lang, gespalten.

## Reitgras (8 Arten)

Blütenstand eine große, mehr oder weniger ausgebreitete Rispe. Ährchen mit 1 Blüte und mit einem Haarbüschel zwischen den Spelzen.

384/3 Land-Reitgras

385/1 Weißes Straußgras

385/2 Gemeiner Windhalm

385/3 Flaumiger Wiesenhafer

385/4 Hoher Glatthafer

■ **Land-Reitgras** (↗Abb. 384/3)
60 bis 150 cm. ⁀. Juli, Aug. Trockene
Wälder, Gebüsche, sandige Ufer, Dünen. Verbreitet.

**Straußgras (5 Arten)**

Blütenstand eine zarte, lockere Rispe.
Ährchen mit 1 Blüte.
■ **Weißes Straußgras** (↗Abb. 385/1)
10 bis 70 cm. ⁀. Juni, Juli. Feuchte
Wiesen und Äcker, Gräben, Salzstellen. Verbreitet.
Pflanze mit langen oberirdischen Ausläufern.

**Windhalm (2 Arten)**

■ **Gemeiner Windhalm**
(↗Abb. 385/2)
30 bis 100 cm. ☉, ☉. Juni, Juli. Äcker.
Verbreitet.
Rispenäste rauh. Blatthäutchen lang,
gefranst.

**Gattungsgruppe Hafer (8 Arten)**

☐ **Wiesenhafer (2 Arten)**
■ **Flaumiger Wiesenhafer**
(↗Abb. 385/3)
30 bis 100 cm. ⁀. Mai, Juni. Wiesen,
Flachmoore. Verbreitet.
Ährchen groß, meist mit 3 Blüten, be-

grannt. Blätter mit abstehenden, kurzen dichten Haaren. Blattfläche mit Doppelrille, mit abstehenden Wimpern.

☐ **Glatthafer (1 Art)**
■ **Hoher Glatthafer** (↗Abb. 385/4)
60 bis 120 cm. ♃. Juni, Juli. Wiesen, Feld- und Wegränder. Verbreitet.
Ährchen groß, mit 2 Blüten. Blattscheiden nicht behaart, Blattfläche spärlich behaart.

☐ **Hafer (2 Arten)**
■ **Flug-Hafer**
60 bis 120 cm. ☉. Juni bis Aug. Äcker. Zerstreut.
Ährchen mit 3 Blüten. Deckspelze mit langen Haaren. Blattfläche am Rande mit dünnen Wimperhaaren.

**Schmiele (3 Arten)**

■ **Draht- oder Schlängel-Schmiele**
(↗Abb. 386/1 u. 2)
30 bis 60 cm. ♃. Juni bis Aug. Wälder, Heiden, Ödland. Verbreitet.
Blüten mit langer geknieter Granne. Blätter borstenförmig, glänzend, weich.

**Silbergras (1 Art)**

Pflanze silbergrau. Rispe vor und nach der Blüte zusammengezogen. Blätter borstlich, steif aufrecht.
15 bis 30 cm. ♃. Juni, Juli. Sandige Stellen, Dünen, trockene Kiefernwälder. Verbreitet.
     **Sand-Silbergras** (↗Abb. 386/3)

**Schillergras (4 Arten)**

■ **Großes Schillergras**
(↗Abb. 387/1)
30 bis 100 cm. ♃. Juni, Juli. Trockene Wiesen, Wegränder. Zerstreut.
Halm unter der Ährenrispe mit kurzen Haaren. Blätter flach.

**Honiggras (2 Arten)**

1     Halme und Blätter mit weichen Haaren. Granne im Ährchen verbor-

386/1 Draht- oder Schlängel-Schmiele

386/2 Draht- oder Schlängel-Schmiele

386/3 Sand-Silbergras

387/1 Großes Schillergras

387/2 Wolliges Honiggras

387/3 Haar-Federgras oder Pfriemengras

387/4 Echtes Federgras

gen. Rispe weiß, meist rötlich überlaufen.
30 bis 100 cm. ♃. Juni bis Aug.
Feuchte Wiesen, Flachmoore. Verbreitet. **Wolliges Honiggras** (↗Abb. 387/2)
1* Halme ohne Haare, nur an den Knoten behaart. Blätter spärlich behaart oder nicht behaart. Granne aus dem Ährchen herausragend. Rispe gelblich-weiß, oft violett angelaufen.
30 bis 80 cm. ♃. Juli, Aug. Wälder, Gebüsche, Äcker. Zerstreut.
**Weiches Honiggras**

**Federgras (2 Arten)**
1 Granne 10 bis 15 cm lang, nicht

behaart. Blätter sehr lang und schmal.
30 bis 100 cm. ♃. Juli, Aug. Trockene Wiesen. Zerstreut bis selten.
**Haar-Federgras** oder **Pfriemengras** ▼
(↗Abb. 387/3)
1* Granne 10 bis 25 cm lang, federartig behaart. Blätter eingerollt, nicht behaart.
30 bis 100 cm. ♃. Mai, Juni. Trockene Wiesen, Felsfluren. Selten.
**Echtes Federgras** ▼(↗Abb. 387/4)

**Flattergras (1 Art)**
Ährchen eiförmig, hellgrün. Pflanze nicht behaart. Blatthäutchen bis 7 mm lang, an der Spitze zerschlitzt.

60 bis 100 cm. ♃. Mai bis Juli. Laubwälder. Verbreitet.

**Wald-Flattergras** (↗ Abb. 388/1)

## Lieschgras (2 Arten)

Blütenstand eine walzenförmige Ährenrispe. Ährchen mit 1 Blüte.

■ **Wiesen-Lieschgras** (↗ Abb. 388/2)
20 bis 100 cm. ♃. Juni bis Aug. Wiesen, Weiden. Verbreitet.
Ährenrispe sehr dicht, beim Umbiegen
nicht lappig. Blätter lang zugespitzt,
deutlich rauh.

## Fuchsschwanzgras (4 Arten)

Blütenstand eine walzenförmige Ährenrispe. Ährchen eiförmig, mit
1 Blüte.

■ **Wiesen-Fuchsschwanzgras**
(↗ Abb. 388/3)
30 bis 100 cm. ♃. Mai, Juni. Wiesen.
Verbreitet.
Hüllspelzen kahnförmig, spitz.

■ **Knick-Fuchsschwanzgras**
(↗ Abb. 389/1)
15 bis 40 cm. ☉. ♃. Mai bis Okt.
Nasse Wiesen, Ufer. Verbreitet.
Hüllspelzen stumpf.

## Glanzgras (1 Art)

Hohes, schilfähnliches Gras. Rispe rot
überlaufen, zur Blütezeit ausgebreitet.
Blätter breit, blaugrün.
80 bis 250 cm. ♃. Juni, Juli. Gräben,
Ufer, nasse Wiesen. Verbreitet.
Das **Bandgras** (↗ Abb. 374/1) ist eine
Gartenform mit weiß gestreiften Blät-
tern. **Rohr-Glanzgras**

## Ruchgras (2 Arten)

1 Ährenrispe länglich, dicht. Alle
Hüllspelzen ohne Stachelspitze
(Lupe!). Halme oben unverzweigt. Ge-
trocknet wohlduftend.
15 bis 45 cm. ♃. Mai, Juni. Wiesen,
Weiden, Wegränder, Haine. Verbreitet.
**Gemeines Ruchgras** (↗ Abb. 389/2)

388/1 Wald-Flattergras

388/2 Wiesen-Lieschgras

388/3 Wiesen-Fuchsschwanzgras

1* Ährenrispe kurz, locker. Die 2 unteren Hüllspelzen mit Stachelspitzen (Lupe!). Halme oben verzweigt.
5 bis 30 cm. ⊙, ☉. Mai bis Juli. Äcker. Im Norden verbreitet, im Süden selten.

**Grannen-Ruchgras**

**Pfeifengras (1 Art)**

Rispe schmal, zusammengezogen, schieferblau. Halm aufrecht, nur am Grunde mit Knoten und Blättern. Anstelle des Blatthäutchens ein Haarkranz.
30 bis 90 cm. ⍋. Juli bis Sept. Moore, Wälder, Wiesen. Verbreitet.

**Blaues Pfeifengras**

389/1 Knick-Fuchsschwanzgras

**Schilf (1 Art)**

Rispe ausgebreitet, länger als 30 cm, meist violett bis rotbraun. Blätter breitlanzettlich, steif, blaugrün. Statt des Blatthäutchens ein dichter Haarkranz ausgebildet.
1 bis 4 m. ⍋. Juli bis Sept. Sumpfwiesen, Moore, Ufer. Verbreitet.

**Gemeines Schilf**

**Borstgras (1 Art)**

Ähre sehr dünn. Ährchen nach einer Seite gewendet. Ährchen starr und sehr schmal, violett. Blätter graugrün, borstenförmig, steif.
10 bis 30 cm. ⍋. Mai, Juni. Moore, Heiden, Waldränder. Zerstreut.

**Steifes Borstgras**

389/2 Gemeines Ruchgras

**Liebesgras (3 Arten)**

■ **Kleines Liebesgras** (↗Abb. 389/3)
10 bis 40 cm. ⊙. Juli, Aug. Ödland, Schutt, Bahnstrecken. Zerstreut.
Ährchen lineal-lanzettlich, mit 6 bis 16 Blüten.

**Hühnerhirse (1 Art)**

Blütenstand eine pyramidenförmige Traube, besteht aus Ähren. Jedes Ährchen mit einer Blüte, grün oder violett.

389/3 Kleines Liebesgras

Blätter breit, glatt, nicht behaart, ohne Blatthäutchen.
30 bis 100 cm. ⊙. Juli bis Sept. Äcker, Gärten, Schuttplätze. Verbreitet.
**Gemeine Hühnerhirse** (↗Abb. 390/1)

### Fingerhirse (2 Arten)

1 Blütenstand aus 5 bis 8 Ährchen. Blattspreite dicht behaart. Ährchen hellbraun.
20 bis 80 cm. ⊙. Juli bis Okt. Äcker, Gärten, Wegränder. Verbreitet.
**Blutrote Fingerhirse** (↗Abb. 390/2)
1* Blütenstand aus 2 bis 4 Ähren. Blattspreite nicht behaart. Ährchen dunkelbraun.
10 bis 30 cm. ⊙. Juli bis Okt. Äcker, Sandwege. Verbreitet.
**Kahle Fingerhirse**

### Borstenhirse (5 Arten)

■ **Grüne Borstenhirse** (↗Abb. 390/3)
5 bis 30 cm. ⊙. Juli bis Okt. Äcker, Gärten, Wegränder. Verbreitet.
Ährchen klein, ohne Grannen, am Grunde mit zwei langen grünen Borsten. Blatthäutchen durch einen Haarkranz ersetzt.

390/1 Gemeine Hühnerhirse

390/2 Blutrote Fingerhirse

390/3 Grüne Borstenhirse

| Familie | Aronstabgewächse |
|---|---|
| Blüten und Blütenstände | Zwittrig oder eingeschlechtig, unscheinbar, klein. Dreizählig. Blüten in fleischigen Kolben, am Grunde mit einem oft auffällig gefärbten Hochblatt. |
| Früchte | Beeren. |
| Blätter | Grund- oder wechselständig, oft netzadrig. |

Allgemeine Angaben: Ausdauernde Kräuter, mit knolligem oder kriechendem Rhizom, Arznei- und Gewürzpflanze: Kalmus.
1 800 Arten, im Gebiet 3, geschützt: Calla

1    Blätter linealisch, schwertförmig. Kolben scheinbar seitenständig. Hochblatt grün, stengelförmig.
Kalmus ↗ S. 392
1*   Blätter herz- oder pfeilförmig. Kolben deutlich endständig. Hochblatt weißlich, blattförmig . . . . . . . . 2
2    Sumpfpflanze. Hochblatt weiß, offen, den Kolben freilassend. Kolben eiförmig. Calla ↗ S. 392
2*   Waldpflanze. Hochblatt grünlich- oder rötlich-weiß, zum Teil um den Kolben geschlossen. Kolben walzenförmig. Aronstab ↗ S. 392

391/1 Gemeiner Kalmus

### Kalmus (1 Art)

Blätter stengelständig, ungestielt; am Rande meist gewellt. Kolben walzig, etwas gebogen. Rhizom aromatisch duftend.
60 bis 120 cm. ♃. Juni, Juli. Röhrichte an Seen, Teichen, Flüssen. Verbreitet.
**Gemeiner Kalmus** (↗Abb. 391/1)

### Calla (1 Art)

Blätter grundständig, langgestielt, herzförmig bis eiförmig. Blüten zwittrig. Beeren rot.
15 bis 30 cm. ♃. Mai bis Sept. Sümpfe, Moore. Zerstreut. Giftig.
**Sumpf-Calla** ▼ oder **Schweinsohr** (↗Abb. 392/1)

### Aronstab (1 Art)

Blätter grundständig, langgestielt, pfeilförmig, glänzend dunkelgrün, zuweilen gefleckt. Beeren rot.
15 bis 40 cm. ♃. Apr. bis Juni. Laubwälder. Zerstreut, im Norden selten. Giftig. **Gefleckter Aronstab** (↗Abb. 392/2 u. 3)

392/1 Sumpf-Calla oder Schweinsohr

392/2 Gefleckter Aronstab

392/3 Gefleckter Aronstab, Fruchtstand

| Familie | Wasserlinsengewächse |
|---|---|
| Blüten | Eingeschlechtig. Sehr selten. Sehr klein. |
| Früchte | Sehr selten. |
| Vegetationskörper | Linsenförmig oder gestielt lanzettlich, ohne Gliederung in Stengel und Blätter. Oft mehrere miteinander verbunden. |

Allgemeine Angaben: Ausdauernde, schwimmende oder untergetauchte Wasserpflanzen.
25 Arten, im Gebiet 5

1 Pflanze ein stecknadelkopfgroßes grünes Körnchen, ohne Wurzeln (Lupe!). **Zwergwasserlinse** ↗ S. 394
1* Pflanze größer, in rundliche oder längliche Glieder geteilt, wenigstens an der Oberseite flach, mit Wurzeln . . . 2
2 Jedes Glied mit einer Wurzel.
**Wasserlinse** ↗ S. 393
2* Jedes Glied mit mehreren Wurzeln. **Teichlinse** ↗ S. 393

**Wasserlinse (3 Arten)**

1 Glieder rundlich, ungestielt, schwimmend . . . . . . . . . . . . . 2
1* Glieder lanzettlich, gestielt, untergetaucht, kreuzweise zusammenhängend (↗ Abb. S. 393 oben, rechts).
0,7 bis 1 cm. ♃ Juni. Ruhige Seen, Teiche, Gräben. Verbreitet.
**Untergetauchte Wasserlinse**
2 Glieder beiderseits flach, grün; zu wenigen zusammenhängend.
0,3 cm. ♃ Mai, Juni. Gräben, Teiche, Seen. Verbreitet.
**Kleine Wasserlinse** (↗ Abb. 393/1)

2* Glieder nur oberseits flach, grün; unterseits stark gewölbt, schwammig, weißlich.
0,3 cm. ♃ Apr. bis Juni. Tümpel, Gräben, Dorfteiche. Zerstreut.
**Buckelige Wasserlinse**

**Teichlinse (1 Art)**

Glieder schwimmend, beiderseits flach.

393/1 Kleine Wasserlinse

Unterseite meist rot, mit einem Wurzelbüschel.

0,3 bis 1 cm. ♃. Mai. Juni. Teiche, Seen. Verbreitet.

**Vielwurzlige Teichlinse**(↗Abb. 394/1)

### Zwergwasserlinse (1 Art)

Glieder schwimmend, fast kugelig. In Europa fast nie blühend. Kleinste bekannte Blütenpflanze.

0,1 cm. ♃. Teiche und Tümpel. Selten.

**Wurzellose Zwergwasserlinse**
(↗Abb. 394/1)

394/1 Vielwurzlige Teichlinse
und Wurzellose Zwergwasserlinse

## Familie Igelkolbengewächse

Ausdauernde Kräuter. Sumpf- oder Wasserpflanzen. Blüten eingeschlechtig, unscheinbar. Blüten in kugeligen Köpfen, die in Rispen, Ähren oder Trauben zusammenstehen. Steinfrüchte. Blätter zweizeilig, linealisch, aufrecht oder schwimmend.
20 Arten, im Gebiet 3

### Igelkolben (3 Arten)

■  **Ästiger Igelkolben** (↗Abb. 394/2)

30 bis 50 cm. ♃. Juni bis Aug. Ufer von Seen, Teichen, Flüssen. Verbreitet. Blütenköpfe in Rispen, an den Ästen jeweils unten ♀, oben ♂ Köpfe.

394/2 Ästiger Igelkolben

## Familie Rohrkolbengewächse

Sumpfpflanzen. Blüten eingeschlechtig, unscheinbar, klein. Blütenstand walzenförmiger Kolben; ♀Blüten unten; ♂ Blüten oben. Nüsse. 15 Arten, im Gebiet 2

### Rohrkolben (2 Arten)

1   Blätter 0,3 bis 1,0 cm breit, unterseits gewölbt. ♂ und ♀ Kolbenabschnitt 3 bis 5 cm voneinander entfernt. ♀ Kolben zimtbraun. 1 bis 3 m. ♃. Juli, Aug. Stehende Gewässer, Gräben. Verbreitet.
**Schmalblättriger Rohrkolben**

1*  Blätter 1,0 bis 2,0 cm breit; flach. ♂ und ♀ Kolbenabschnitt nicht voneinander entfernt. ♀ Kolben schwarzbraun. 1 bis 2 m. ♃. Juli, Aug. Ränder stehender Gewässer. Verbreitet.
**Breitblättriger Rohrkolben**
(↗Abb. 395/1)

395/1 Breitblättriger Rohrkolben

# Vielfalt der Pflanzen

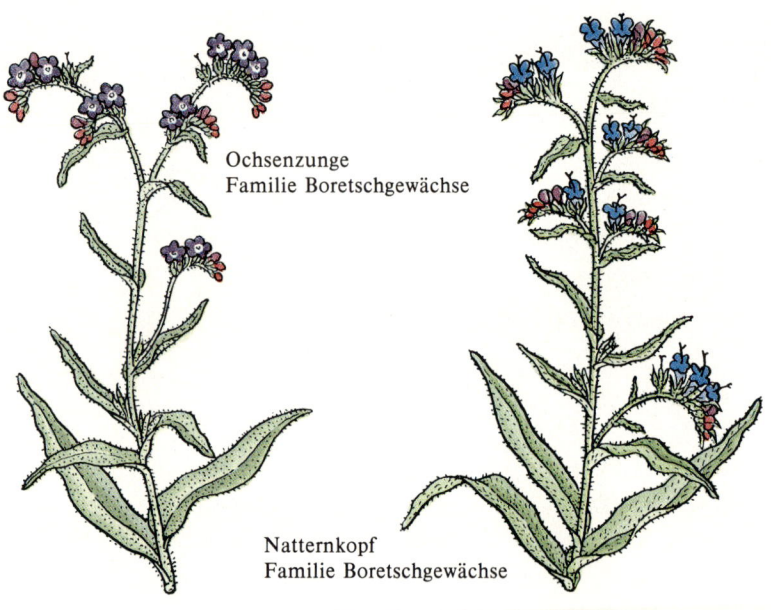

Ochsenzunge
Familie Boretschgewächse

Natternkopf
Familie Boretschgewächse

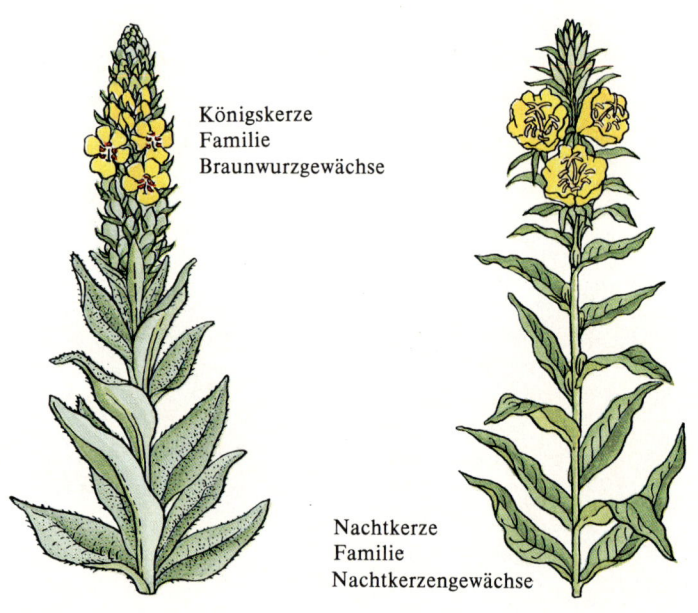

Königskerze
Familie
Braunwurzgewächse

Nachtkerze
Familie
Nachtkerzengewächse

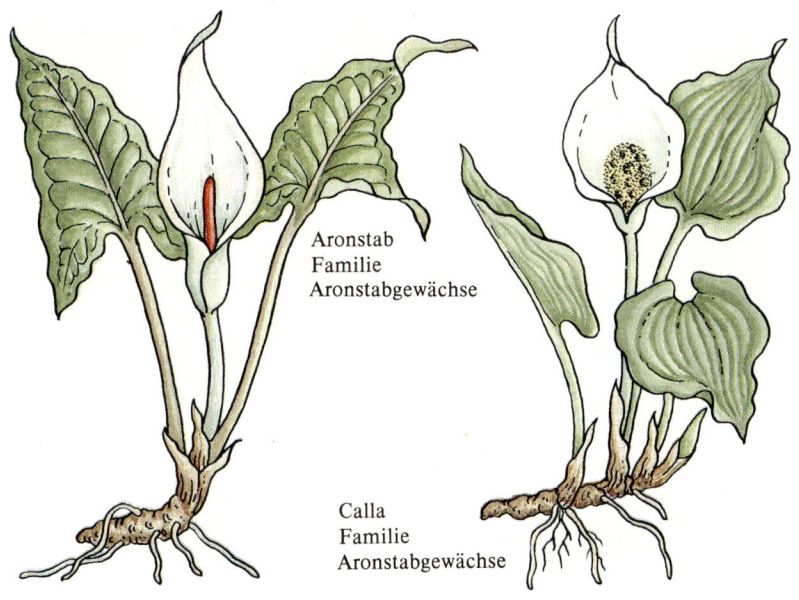

Aronstab
Familie
Aronstabgewächse

Calla
Familie
Aronstabgewächse

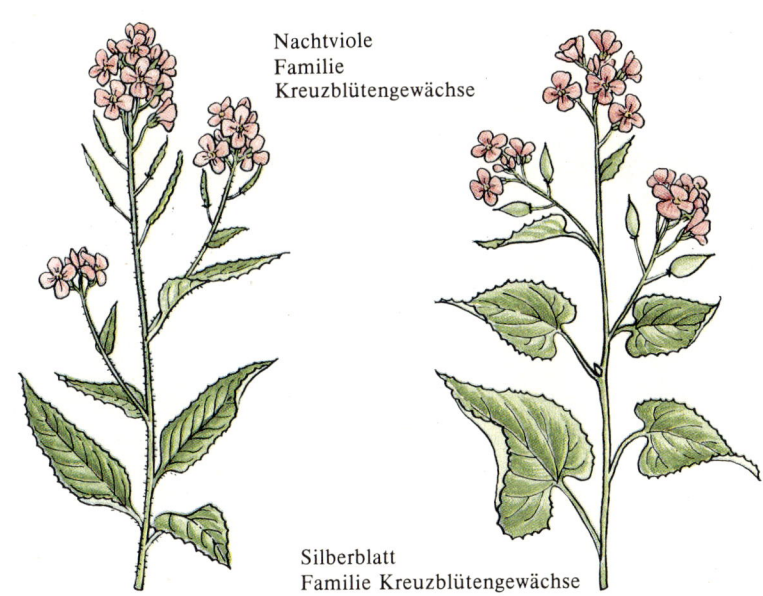

Nachtviole
Familie
Kreuzblütengewächse

Silberblatt
Familie Kreuzblütengewächse

400/1 Garten-Fuchsschwanz

400/2 Bergenie

400/3 Waldrebe, Clematis

400/4 Tränendes Herz

400/5 Rizinus

400/6 Kermesbeere

401/1 Essigbaum

401/2 Silberregen

401/3 Weigelie

401/4 Rhododendron

401/5 Tamariske

401/6 Runzelblättriger Schneeball

402/1 Weißdorn

402/2 Kornelkirsche oder Herlitze ▼

402/3 Goldregen

402/4 Robinie

402/5 Echtes Geißblatt

402/6 Mahonie

403/1 Lorbeer-Weide

403/2 Gemeine Waldrebe

403/3 Pfaffenhütchen

403/4 Hainbuche

403/5 Gemeine Esche

403/6 Drüsiger Götterbaum

404/1 Weißer Senf

404/2 Brillenschötchen

404/3 Odermennig

404/4 Braunroter Sitter ▼

404/5 Wald-Schlüsselblume ▼

404/6 Duftende Weißwurz

405/1 Klette

405/2 Zweizahn

405/3 Kuhblume

405/4 Wiesen-Bocksbart

405/5 Schmalblättriges Weidenröschen

405/6 Pestwurz

406/1 Gemeine Fichte

406/2 Stech-Fichte

406/3 Küsten-Douglasie

406/4 Kanadische Hemlocktanne

406/5 Schwarz-Kiefer

406/6 Europäische Lärche

407/1 Ginkgo

407/2 Gemeiner Wacholder ▼

407/3 Gemeine Eibe ▼

407/4 Griechische Tanne

407/5 Weißzeder

407/6 Abendländischer Lebensbaum

408/1 Gemeine Fichte

408/2 Edel-Tanne

408/3 Gemeine Eibe ▼

408/4 Wald-Kiefer

408/5 Gemeine Birke, jung

408/6 Gemeine Birke, alt

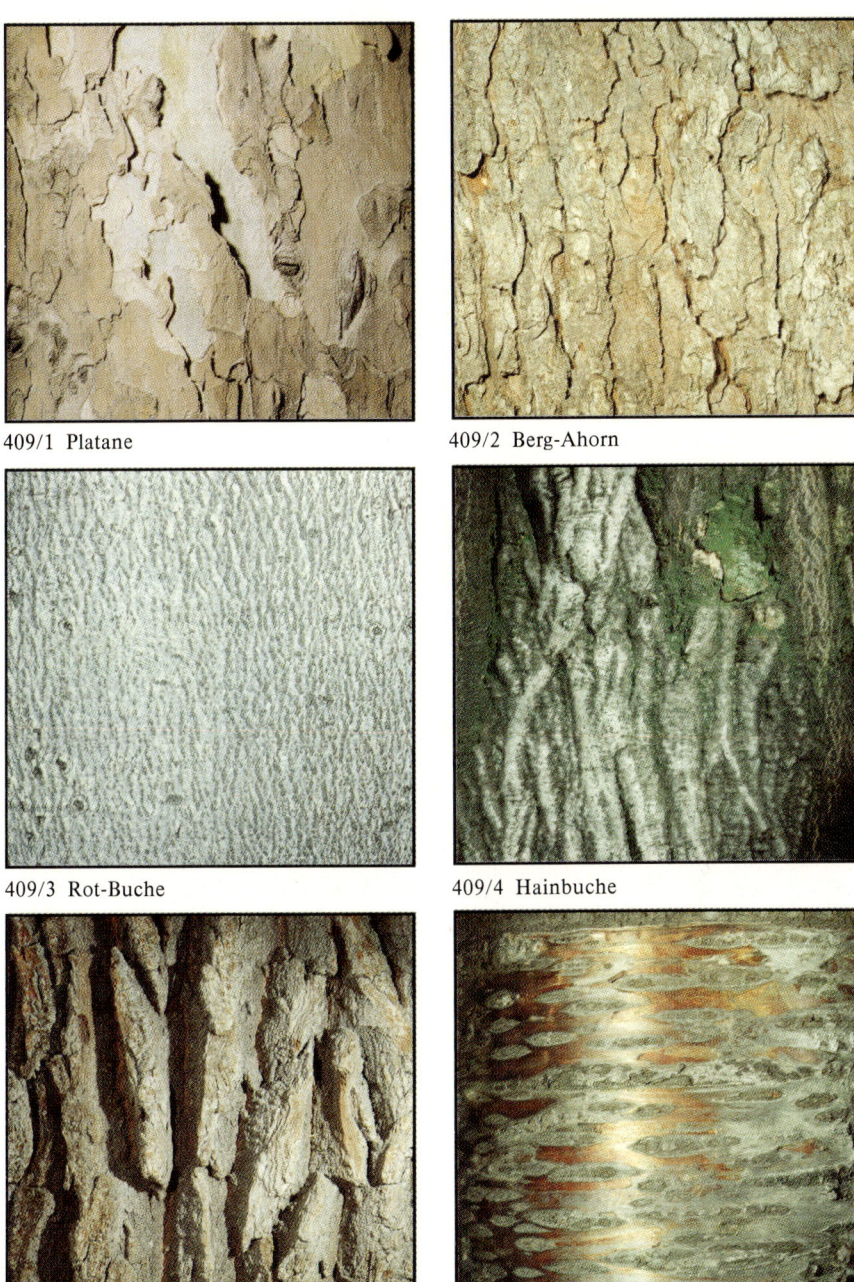

409/1 Platane

409/2 Berg-Ahorn

409/3 Rot-Buche

409/4 Hainbuche

409/5 Trauben-Eiche

409/6 Süß-Kirsche

410/1 Gemeine Hasel

410/2 Schwarz-Erle

410/3 Gemeine Birke

410/4 Rose

410/5 Süß-Kirsche

410/6 Weißdorn

410/7 Kornelkirsche ▼

410/8 Forsythie

410/9 Gemeiner Flieder

411/1 Sal-Weide

411/2 Roßkastanie

411/3 Gemeine Esche

411/4 Gemeiner Schneeball

411/5 Sanddorn

411/6 Seidelbast ▼

411/7 Hainbuche

411/8 Stiel-Eiche

411/9 Rot-Buche

412/1 Eichengalle

412/2 Buchengalle

412/3 Rosengalle

412/4 Fichtengalle

412/5 Porlingspilz an Birne

412/6 Porlingspilz an Birne

413/1 Erbsenstrauch

413/2 Blasenstrauch

413/3 Gartenwicke oder Duft-Platterbse

413/4 Garten-Lupine

413/5 Ackerbohne oder Puffbohne

413/6 Feuer-Bohne

# Weiterführende Literatur

FITSCHEN, J.: Gehölzflora. Quelle und Meyer, Heidelberg/Wiesbaden 1990

GODET, J.-D.: Knospen und Zweige der einheimischen Baum- und Straucharten. Neumann-Neudamm, Melsungen 1983

POLUNIN, O.: Bäume und Sträucher Europas. BLV, München/Bern/Wien 1977

ROTHMALER, W.: Exkursionsflora von Deutschland, Band 2 Gefäßpflanzen. Volk und Wissen, Berlin 1990
– Exkursionsflora von Deutschland, Band 3 Atlas der Gefäßpflanzen. Volk und Wissen, Berlin 1991

SCHMEIL, O., FITSCHEN, J.: Flora von Deutschland. Quelle und Meyer, Heidelberg/ Wiesbaden 1990

WEYMAR, H.: Buch der Farne, Bärlappe und Schachtelhalme. Neumann, Radebeul 1960
– Buch der Lippenblütler und Rauhblattgewächse. Neumann, Radebeul/Berlin 1961
– Buch der Korbblütler. Neumann, Radebeul 1966
– Buch der Doldengewächse. Neumann, Radebeul 1966
– Buch der Gräser und Binsengewächse. Neumann, Radebeul 1972
– Buch der Rosengewächse. Neumann, Radebeul 1973
– Buch der Schmetterlingsblütler. Neumann, Radebeul 1973
– Buch der Kreuzblütler. Neumann, Leipzig/Radebeul 1988

WÜNSCHE-SCHORLER: Die Pflanzen Sachsens. Deutscher Verlag der Wissenschaften, Berlin 1956

# Register

* Abbildungshinweis

Bearbeiter:

Dr. Annerose Klopfer: 127 bis 147;
Prof. Dr. Klaus Klopfer: 69 bis 71, 215 bis 219, 317 bis 395;
Dr. Wolfgang Klug: 148 bis 176, 180 bis 186, 188 bis 189, 195 bis 199, 314 bis 316;
Dr. Susanne Kosmale: 250 bis 261, 268 bis 269;
Gertrud Kummer: 9 bis 16, 36 bis 39;
Dr. Irmtraut Meincke: 287 bis 313;
Dr. Manfred Neubauer: 17 bis 22, 61 bis 69 (z.T.), 100, 116 bis 126, 177 bis 179, 187, 190 bis 194, 203 bis 204 (z.T.), 208 (z.T.) bis 213, 223 (z.T.) bis 224 (z.T.), 230 bis 242 oben, 248 unten bis 249, 262 bis 267, 270 bis 276;
Ute Püschel: 23 bis 35, 277 bis 286;
Horst Theuerkauf: 46 bis 49 (Farnpflanzen), 74 bis 85;
Prof. Dr. Erwin Zabel: 41 bis 46 links, 49 rechts bis 60, 86 bis 109, 111 bis 115, 200 bis 202, 204 (z.T.) bis 208 (z.T.), 220 bis 223 (z.T.), 224 (z.T.) bis 229, 242 unten bis 248 oben.


Bildnachweis

Fotos: H. Theuerkauf, Gotha, außer:

77/2 u. 4, 78/2, 98/1 u. 4, 107/3, 108/4, 112/1, 120/1, 131/1 u. 4, 133/6, 135/3 u. 6, 139/15, 140/2, 145/1, 2 u. 4, 146/2, 149/1, 158/1, 165/4, 183/4, 191/5, 192/2 u. 3, 193/1 u. 2, 197/1, 199/2, 201/1 u. 2, 207/7, 208/4, 209/3 u. 4, 211/4, 212/1, 225/1, 226/3, 240/1, 241/5, 245/1 u. 2, 249/2, 256/7, 257/3, 262/1, 263/1, 275/2, 276/4, 286/3 u. 4, 288/1, 289/1, 290/3, 296/4, 297/1 u. 4, 307/4 u. 6, 310/3, 312/3, 315/1 u. 3, 316/2, 318/5, 325/1, 326/1–3, 329/4, 330/1 u. 3, 331/1, 332/1 u. 2, 333/4, 334/1, 335/1, 336/2, 339/1, 341/2, 345/2, 347/2 u. 3, 347/6, 351/2 u. 3, 351/6, 352/4, 354/1, 356/2 u. 4, 362/4, 380/1, 383/4, 390/1, 391/1 u. 2, 394/2 (H. Blümel, Mücka);

352/2 (W. Fiedler, Leipzig);

79/5, 219/1, 269/5, 302/1 (F. Fukarek, Greifswald)

14/2 (K. Heinzel, Berlin);

75/5, 79/4, 104/2, 105/5, 108/2, 109/1 u. 2, 123/1, 133/4, 141/1–3, 171/3 u. 4, 189/2, 198/3, 246/2, 256/6, 259/1, 267/1, 309/4, 313/4, 351/1, 368/4, 370/2 (L. Jeschke, Greifswald);

43/3, 117/6, 136/3 u. 4, 137/2, 144/5, 216/7, 218/1, 264/1, 328/4, 331/3, 335/2, 370/6, 386/1, 394/1, 407/1 u. 4 (K. Klopfer, Potsdam);

77/3, 80/2, 94/2, 266/4, 299/1, 362/2 (M. Neubauer, Potsdam);

297/3 (Pötsch);

41/1, 110/1 (R. Schuster, Greifswald);

Außentitel (Superbild / Gräfenhain)

205/4, 225/2, 387/4 (E. Zabel, Güstrow);

300/1 (W. Zimmermann, Gotha)

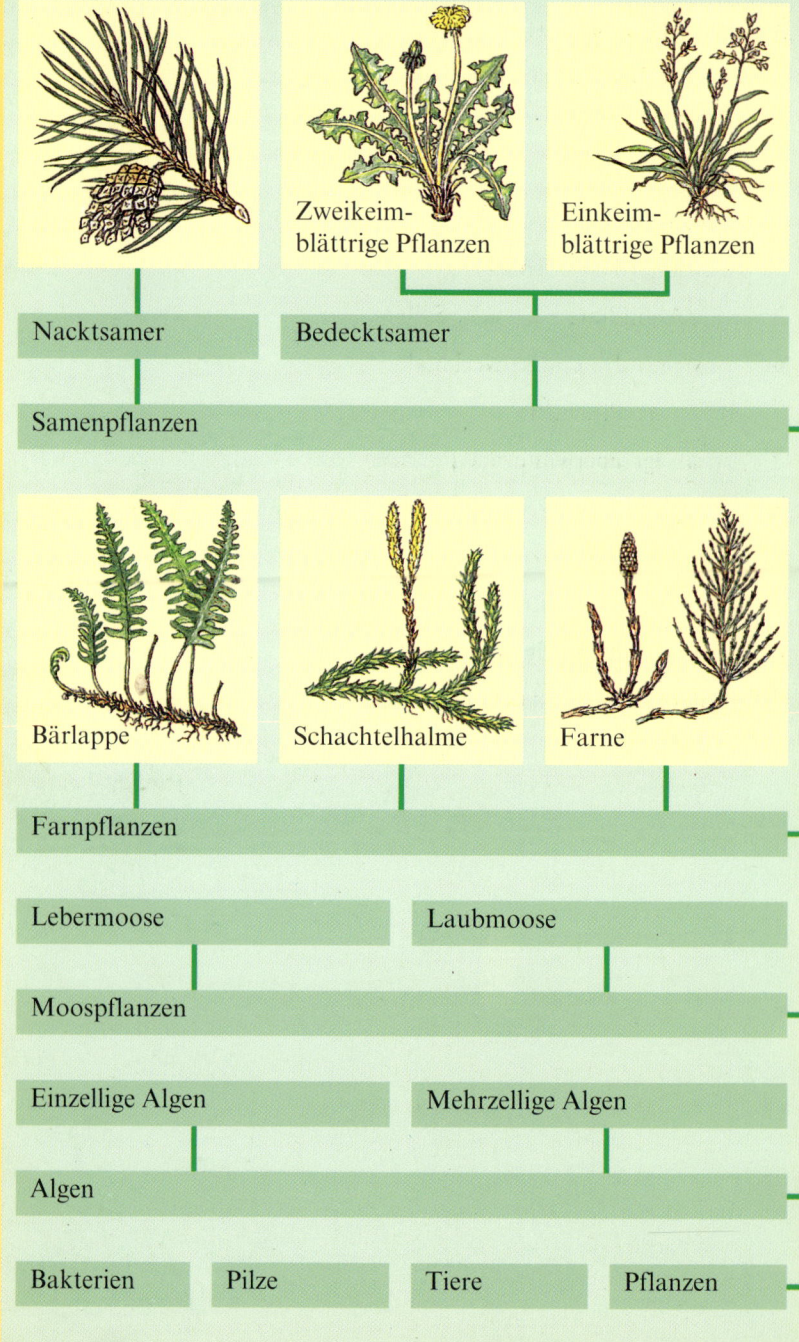

# Hauptgruppen der Organismen

Nacktsamer

Bedecktsamer

Samenpflanzen

Zweikeim-
blättrige Pflanzen

Einkeim-
blättrige Pflanzen

Bärlappe

Schachtelhalme

Farne

Farnpflanzen

Lebermoose

Laubmoose

Moospflanzen

Einzellige Algen

Mehrzellige Algen

Algen

Bakterien

Pilze

Tiere

Pflanzen